U0959816

权威・前沿・原创

皮书系列为
“十二五”“十三五”国家重点图书出版规划项目

BLUE BOOK

智库成果出版与传播平台

传媒蓝皮书

BLUE BOOK OF CHINA'S MEDIA

中国传媒产业发展报告（2021）

REPORT ON DEVELOPMENT OF CHINA'S MEDIA INDUSTRY (2021)

主　编 / 崔保国　徐立军　丁　迈

执行主编 / 杭　敏　徐　佳

社会科学文献出版社

SOCIAL SCIENCES ACADEMIC PRESS (CHINA)

图书在版编目(CIP)数据

中国传媒产业发展报告.2021 / 崔保国，徐立军，丁迈主编. -- 北京：社会科学文献出版社，2021.8
（传媒蓝皮书）
ISBN 978-7-5201-8627-8

Ⅰ.①中… Ⅱ.①崔… ②徐… ③丁… Ⅲ.①传播媒介-产业发展-研究报告-中国-2021 Ⅳ.①G219.2

中国版本图书馆CIP数据核字（2021）第131056号

传媒蓝皮书
中国传媒产业发展报告（2021）

主　　编 / 崔保国　徐立军　丁　迈
执行主编 / 杭　敏　徐　佳

出 版 人 / 王利民
责任编辑 / 范　迎

出　　版 / 社会科学文献出版社·人文分社（010）59367215
地址：北京市北三环中路甲29号院华龙大厦　邮编：100029
网址：www.ssap.com.cn
发　　行 / 市场营销中心（010）59367081　59367083
印　　装 / 三河市东方印刷有限公司

规　　格 / 开 本：787mm×1092mm　1/16
印 张：30　字 数：454千字
版　　次 / 2021年8月第1版　2021年8月第1次印刷
书　　号 / ISBN 978-7-5201-8627-8
定　　价 / 138.00元

本书为CSSCI来源集刊
This Blue Book is authenticated as a source periodical of CSSCI

传媒蓝皮书（2021）
出 品 方

清华大学传媒经济与管理研究中心
央视市场研究股份有限公司
中国广视索福瑞媒介研究有限责任公司
清华—日经传媒研究所
中国新闻史学会传媒经济与管理研究委员会
清华大学文化创意发展研究院
清华大学经济传播研究中心
中国新闻出版研究院《传媒》杂志社

传媒蓝皮书（2021）
课 题 组

课题组组长　崔保国　徐立军　丁　迈

课题组副组长　杭　敏　段春卉　郑维东　陈媛媛

课题组成员　（排名按姓氏拼音为序）

陈国权　邓小院　韩　博　金文恺　林　杨
刘金河　邵　鹏　孙　平　王晨阳　王婷奕
徐　佳　杨　乐　殷滋淳　张　锐　张　伟
周　逵　朱鸿军

传媒蓝皮书编委会

主要编撰者简介

崔保国 清华大学新闻与传播学院教授、博导，清华大学文化创意发展研究院副院长，清华大学传媒经济与管理研究中心主任，中国科技新闻学会副理事长，中国新闻史学会传媒经济与管理研究委员会副会长。从2004年开始担任“传媒蓝皮书”主编。主要从事传播学理论、传媒经济与管理、互联网治理等方面的研究。近年来作为首席专家承担了国家社科基金重大项目“下一代互联网与国际传播新秩序研究”、教育部重大项目“构建全球化互联网治理体系研究”等。

徐立军 央视市场研究（CTR）执行董事、总经理，CTR媒体融合研究院执行院长，高级记者，长期从事媒体实践与市场研究工作，在中央电视台的市场策略研究咨询工作中担任过重要角色，在频道经营、受众研究及数据挖掘方面发挥了重要作用。推动并参与了《电视收视率调查准则》国家标准（GB/T30350－2013）的制定出台。现全面负责央视市场研究（CTR）的经营和管理工作，发起成立国内第一家媒体融合研究院，主导建立旨在覆盖全国所有智能电视机全量数据的智能电视大数据联盟，创新研发CTR媒体融合效果评估体系，主导成立CTR短视频工作室。

丁　迈 中国传媒大学传播学专业博士，20余年市场研究行业实践经验，具有丰富的社会调研和跨行业客户服务经历，多部论文和专著屡获省部级和行业大奖。在应用统计学、定性定量研究方法、数据处理与分析技术、测量体系以及传媒市场研究等领域具有极强的专业知识。加入 CSM 前为中国传媒大学教授、博士生导师。现全面负责中国广视索福瑞媒介研究（CSM）的经营和管理工作，主导构建融合媒体数据云平台“V + Scope”，研发省级电视台融合传播指数、全国短视频用户价值报告等重量级新产品，推进全媒体视听同源测量项目实施落地。

杭　敏　清华大学新闻与传播学院副院长、教授、博导、新闻与传播学院经济传播研究中心主任，全球财经新闻项目主任，兼任瑞典延雪平大学传媒管理研究中心东亚所主任。获得瑞典延雪平大学工商管理与经济学博士，曾先后在美国哥伦比亚大学商学院和瑞典隆德大学商学院工作。主要研究领域为传媒经济管理、财经新闻与经济传播；出版著作包括：*Media Entrepreneurship*：*Theories and Cases*、《国际财经媒体发展研究》、《全球网播：新媒介商业运营模式》等。

徐　佳　复旦大学新闻学院副教授；Sage 期刊 *Global Media and Communication* 国际编委；复旦—伦敦政治经济学院全球媒体与传播双硕士项目主任，复旦—巴黎政治大学传播、媒体与创意产业双硕士项目主任。主要研究领域为国际传播、全球传播、文化研究。

摘　要

《中国传媒产业发展报告》自2004年起每年出版，是由清华大学传媒经济与管理研究中心牵头，联合CTR、CSM以及国内外学界、业界众多学者、专家共同参与的协同创新项目。《中国传媒产业发展报告》于2012年起被认证为CSSCI来源集刊，已成为研究和分析中国传媒产业以及了解全球传媒业的权威专业工具书。

《中国传媒产业发展报告（2021）》在对2020年中国传媒各领域发展状况进行系统梳理的同时，也对近20年来国内外传媒产业的发展进行了回顾。全书从结构上分为总报告、传媒洞察、媒体行业与市场报告、媒介融合与传媒创新报告、全球传媒市场报告、传媒市场主要数据六大板块，内容上覆盖影视、报刊、图书、广播、广告、网络游戏、网络视听等多个行业的发展报告，并结合全球各区域传媒产业发展状况进行综合对比研究。读者通过一书可了解全球传媒业。

2020年，受新冠肺炎疫情及经济下行压力影响，中国传媒产业总产值增速回落，传统媒体收入严重下滑，手机视频等互联网相关业务的发展却异常火爆。后疫情时代，数字技术的广泛应用与消费行为的深度变迁将勾勒出新的传媒生态，而视频作为新的信息传播形式也将撬动产业新一轮的创新和变革。

本书主要从营收规模和产业结构的视角来描绘和考察传媒产业，以全球视野审视传媒产业，以扎实的数据支撑对传媒产业的分析。对传媒产业生态变化和发展趋势所做的解析，对政府主管部门、业界、学界及传媒管理机构具有多方面的参考意义；对国家信息传播体制的设计规划、传媒政策制定、媒体组织发展等会产生重要影响；对从事新闻传播研究特别是传媒经济与管理研究的高校教师及研究人员来说也是一本实证性的基础研究书。

目 录

Ⅰ 总报告

Ⅱ 传媒洞察

Ⅲ 媒体行业与市场报告

Ⅳ　媒介融合与传媒创新报告

Ⅴ 全球传媒市场报告

Ⅵ 传媒市场主要数据

皮书数据库阅读**使用指南**

总 报 告

General Report

B.1

2020 ~2021年中国传媒产业发展报告

——兼论新世纪传媒20年

崔保国 陈媛媛 *

摘 要： 传媒的概念在21世纪的第一个20年里发生了很大的变化，传媒的边界一次次被突破，我们需要新的表述、新的体系、新的思维去认识和把握今天的传媒。尽管如此，我们还是先要给传媒产业一个规模和结构性的描述，2020年中国传媒产业总产值达25229.7亿元，较2019年增长6.51%。受大环境影响，传统媒体收入仍持续下降，但新冠肺炎疫情期间的居家“新常态”使用户线上服务需求扩大，在线领域收入增长迅猛，视频直播、在线教育、游戏电竞等热门领域行业规模都有大幅增长。数字经济的崛起、世界格局的变化对传媒产业的发展和走向产生着巨大影响。

* 崔保国，清华大学新闻与传播学院教授、博导，“传媒蓝皮书”主编；陈媛媛，清华大学新闻与传播学院助理研究员。

关键词： 传媒产业 数字经济 反垄断

一 新世纪传媒20年的发展

1. 中国传媒产业的20年发展

在分析考察2020年的传媒产业之前，我们有必要对21世纪的第一个20年的传媒业做一个整体地回顾。这20年间，虽然没有爆发如20世纪初第一次世界大战那样的全球大动荡，但世界传媒业的发展可谓翻天覆地。新千年伊始，就出现了传媒大并购的浪潮；“9·11”事件的现场直播直击全球，电视时代的全球传播发挥到了顶点；接着是门户网站、搜索引擎、电子商务风行各国；而后是Facebook、微信、微博等一批社交媒体的兴起；2010年以后是大数据、云计算的时代，人工智能、区块链、5G等技术创新纷纷登场；网络平台开始崛起并进入全球治理的视野；数字经济开辟了一片新领域；2020年的新冠肺炎疫情给人类提出了全新挑战，加速了传媒的数字化变革。

传媒的内涵和外延在21世纪的第一个20年中发生了很大的变化，传媒的边界一次次被突破。传媒产业的媒介新形态、媒体新业态不断涌现，并逐步形成以数字为基础的传媒新生态系统。尽管如此，我们还是努力给传媒产业一个规模和结构性的描述，同时探索现代传媒产业的新理论和新体系。根据“传媒蓝皮书”课题组的统计，2000年中国传媒产业总产值只有1500亿元，2013年突破了1万亿元，2018年突破了2万亿元，2020年虽受疫情影响但依然正向增长，总产值预计将于2024年超过3万亿元（见图1）。

2020年是中国“十三五”规划收官之年，“十三五”期间居民文化、娱乐消费支出不断增加，中国传媒产业稳步发展，总产值年均复合增长率达8%。从细分领域看，5年间，中国的图书出版量从90.37亿册增长至101亿册；电影银幕数量从4.1万块增长至7.6万块；中国网民数从7.3亿人增长至9.89亿人，移动网民数从6.98亿人增长至9.86亿人，互联网普及率持续提升，“互联网+”行动带动了生产模式和组织方式的变革，互联网技术与

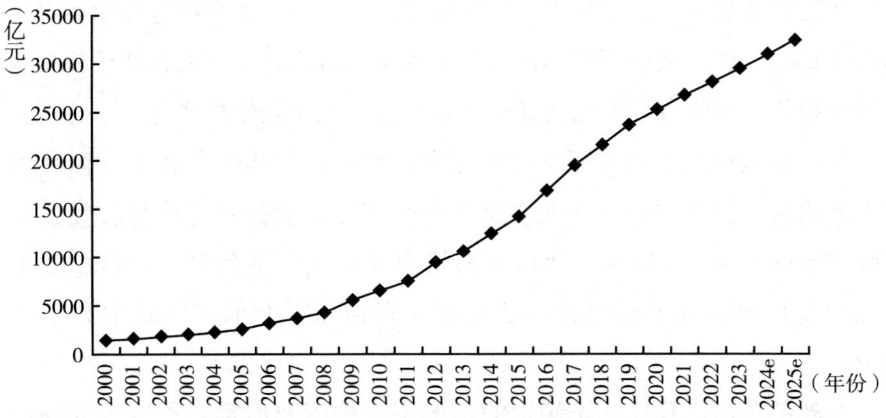

图1　2000～2025年中国传媒产业总产值

传媒领域的融合催生出了新的业态。短视频于2016年开始发力，短短几年时间，用户规模已近7亿人，内容的丰富性和商业模式的多元化使其具有极大的开发价值。

2. 传媒产业发展的新背景与宏观经济变化

突如其来的新冠肺炎疫情给全球经济和社会发展带来了冲击。根据国际货币基金组织的预测，2020年世界经济规模下降约4.4%，全球GDP总量较2019年约减少3.91万亿美元。目前来看，疫情的不利影响将在一段时间内持续存在，并辐射到各行各业的生产和消费中。2020年，中国GDP总量首次突破百万亿元大关，达101.6万亿元，同比增长2.3%，虽然增长率有所下降，但中国是全球唯一实现经济正增长的主要经济体。

全球传媒市场整体呈现与世界经济同步波动的特征，而传媒细分行业发展则态势各异，强者更强的“马太效应”加剧。根据普华永道的预测，2020年全球娱乐及传媒产业产值降至2万亿美元，总体市场规模较2019年萎缩了5.6%，绝对值损失达1200亿美元，产业增速下降并呈现负增长态势。①

① 数据来源：PWC，https：//www.pwc.com/gx/en/industries/tmt/media/outlook.html。

从发展趋势来看，依托于人工智能、虚拟现实、大数据等技术而兴起的新业态日益成熟，从中折射出传媒生态体系向数字化与智能化持续转型发展的必然趋势。网络视听和社交新形态将加速传媒市场结构变化。

虽然中国网络游戏、网络视频等内容产品在“出海”探索和国际市场中有所收获，但中国传媒企业在海外的平台建设和技术布局却历经挫折并面临严峻的考验。TikTok、微信等网络媒体在美国受到打压，这已经不是单纯的商业问题或市场问题，已经卷入到错综复杂的国际政治和中美关系中。

在外部环境不稳定、不确定的情况下，中国政府提出国内大循环和国内国际双循环的发展战略。传媒产业作为整体经济的重要组成部分，也将通过业务优化、战略调整、融合转型、升级改造等一系列措施，从生产、消费、流通、消费等环节去提高资源配置效率，打造内外双循环的媒体生态系统。

二　数字时代的传媒生态系统

传媒涵盖媒介、媒体概念，同时又具有更综合、更系统的含义，我们主张使用媒介、媒体、传媒三个层次的概念来表述传媒现象。传媒产业是在产业链、供应链、价值链上相关联的企业的集群。过去的传媒产业，其龙头企业是以内容生产为主的传媒集团，而现在的传媒产业，其龙头企业是以内容分发为主的大型网络平台。这是一场产业革命式的转变，很多传统媒体在这场变革中陨落或被边缘化。传媒产业发展既是信息技术创新的过程，也是人类文明进步的缩影。对于数字时代下传媒的再认识和重新定义是把握当下传媒产业变革、社会经济发展、人类文明进步的关键和基础。

随着互联网技术的快速发展与广泛应用，传媒产业的媒介形态和媒体业态都在不断改变，已经逐步形成了以网络和数字为基础的传媒新生态系统。由科技创新推动的媒介形态变革必然引起媒体业态和传媒市场的结构性变化，媒体业态的变化又将引起整个传媒生态变化，甚至是社会生态的变化。因此，科技创新是一系列变化的基础和推动力。在当前大数据、人工智能、5G、量子计算、区块链等新技术飞速发展的背景下，媒介形态正在经历新一轮的变革，正在重构媒体业态和传媒产业结构，正在形成新的传媒生态系统。

传媒研究纷繁复杂，亟须一种新的研究方法。近些年来，我们探索性地把生态学研究方法导入传媒研究当中。生态系统指在自然界的一定的空间内，生物与环境构成的统一整体。在这个统一整体中，生物与环境相互影响、相互制约，并在一定时期内处于相对稳定的动态平衡状态。生态系统是开放的系统，范围可大可小。我们赖以生存的地球就是个大生态系统，而今天的人类大部分时间生活在网络空间中，网络空间也成为人类倚赖的、崭新的生态系统。

互联网诞生已经超过 50 年，数字媒体的发展也超过 20 年，根据既往近 20 年的研究经验，我们发现对传媒的研究是一种多维、多层、多元的综合性研究，传媒既是一种经济现象，也是一种技术创新现象，甚至是一种全球现象。传媒生态研究方法是一种能够把微观的媒介传播现象和宏观的全球传播现象统筹起来的研究方法。传媒生态研究已经远远超出了传播学和媒介研究的范畴，属于多学科交叉的高维研究。

在此，我们试着给传媒生态系统下个定义：传媒生态系统指在全球范围的自然空间和网络空间内，人、传媒和环境构成的统一整体。在这个统一整体中，人、传媒和环境相互影响、相互制约，并在一定时期内处于相对稳定的动态平衡状态。传媒生态系统是开放的系统，但也可能形成人为的隔绝和封闭，传媒生态系统的范围可大可小，一般是以民族、国家、社会为基本范畴的。现代传媒的生态系统和网络空间系统几乎是重合的，信息基础设施、数字资源、媒体、媒介终端构成传媒生态系统的基础架构，人和媒体成为这个生态系统的能量、动力。

我们把现代传媒生态系统中的传媒产业分成 20 个大类和 60 个小类并勾画出一个数字时代的传媒生态系统图（见图 2）。

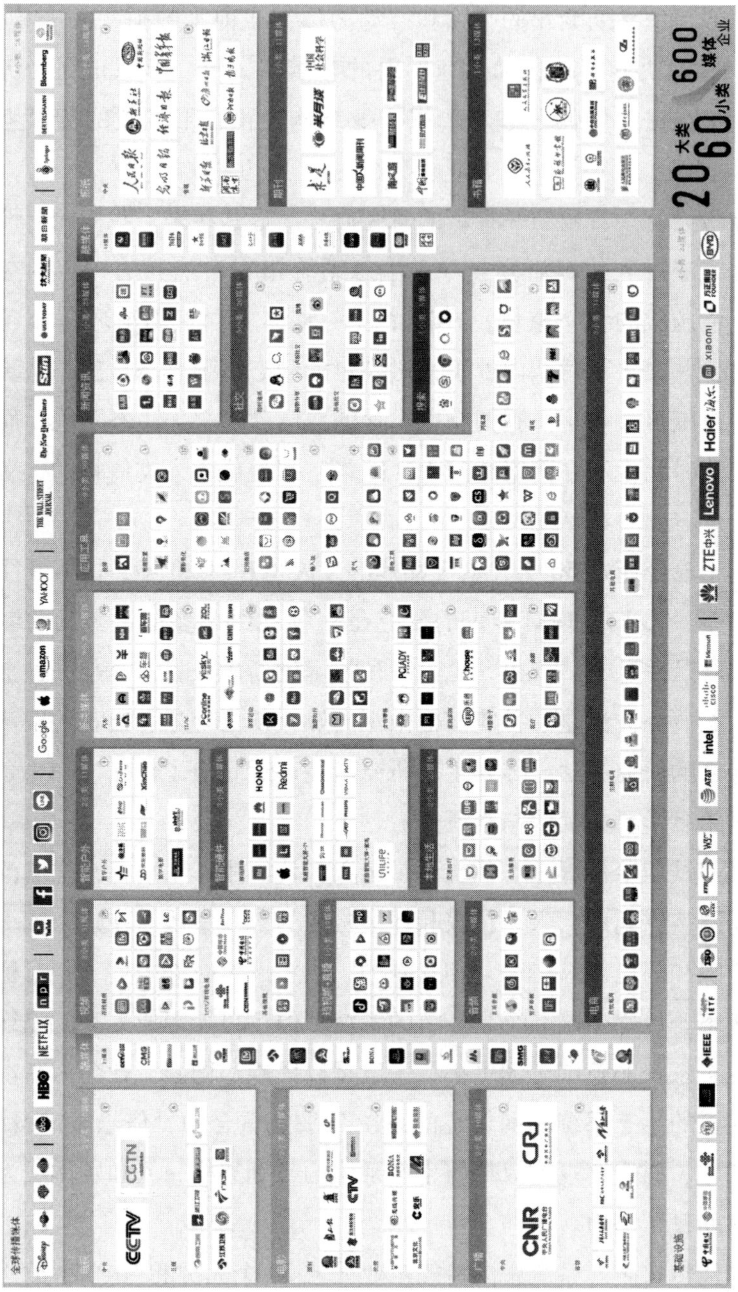

图 2 传媒生态系统示意（2021 版）

资料来源：“传媒蓝皮书”课题组整理绘制。

三　2020年中国传媒产业规模与发展特点

1. 2020年中国传媒产业规模及结构

根据“传媒蓝皮书”课题组的统计，2020 年中国传媒产业总产值达 25229.7 亿元，同比增长 6.51%，虽然增长率较 2019 年下跌 3.3 个百分点（见图 3），但依然高于 GDP 增长率。传媒细分领域呈现两极化发展态势，报刊、图书、电影等传统领域业务受疫情影响收入有所下降，但网络视听、网络广告、网络游戏等互联网业务在疫情背景下的“宅经济”中却呈超常发展态势（见图 4）。

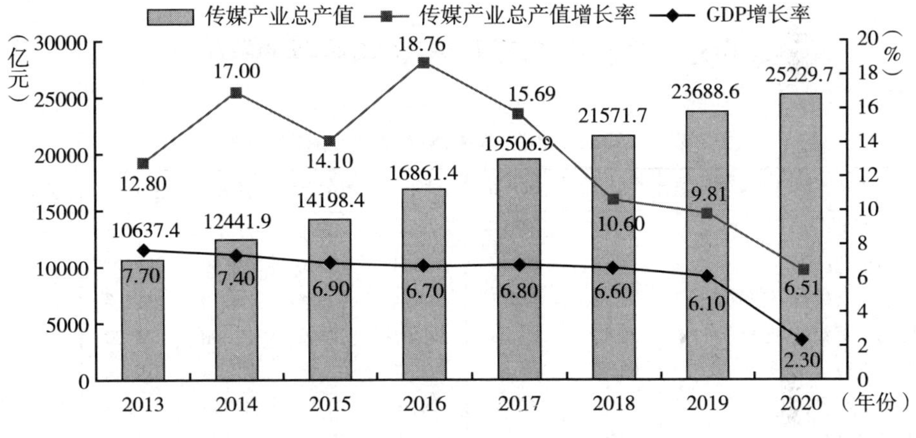

图 3　2013～2020 年中国传媒产业总产值与增长率

2014～2020 年中国传媒产业形态数据如表 1 所示。传统媒体领域内，报纸、期刊产量持续下降；受疫情影响，2020 年图书出版量略有下降。受疫情期间大众“居家”行为影响，移动互联网应用需求激增，直播、视频等大流量应用场景拉动移动互联网接入流量迅猛增长。2020 年，移动互联网接入流量消费达 1656 亿 GB，较 2019 年大幅增长 35.7%。[①]

① 工业和信息化部：《2020 年通信业统计公报》，2021 年 1 月 22 日。

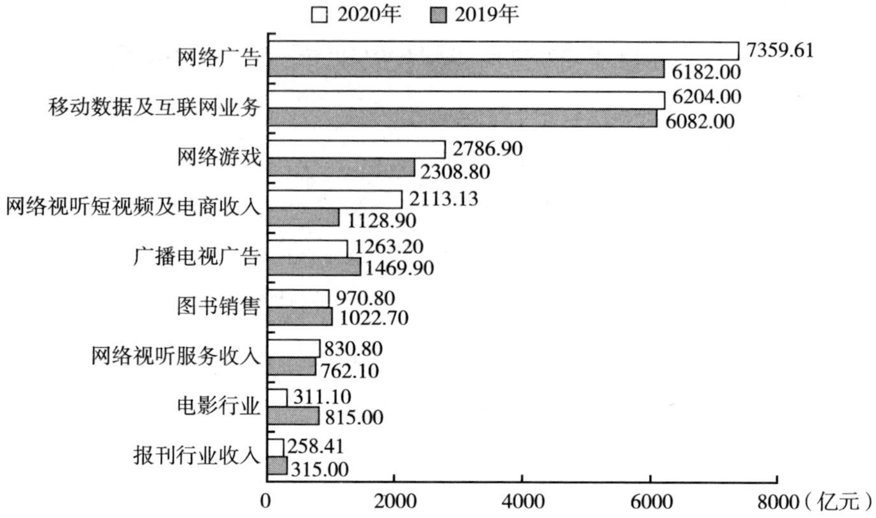

图 4　2019～2020 年中国传媒产业主要细分市场收入

表 1　2014～2020 年中国传媒产业形态数据

项目	2014 年	2015 年	2016 年	2017 年	2018 年	2019 年	2020 年
报纸种类（种）	1912	1906	1894	1884	1871	1851	—
期刊种类（种）	9966	10014	10084	10130	10139	10171	—
报纸出版数量（亿份）	463.90	430.1	390.1	362.5	337.3	315.0	277.0
期刊出版数量（亿册）	30.95	28.78	26.97	24.92	22.90	22.00	20.00
图书出版数量（亿册）	81.85	86.62	90.37	92.44	100.10	102.00	101.00
电影院数量（家）	4918	6373	7985	9504	10463	11309	11856
电影银幕数量（块）	23592	31627	41179	50776	60079	69787	75581
广告经营单位数量（家）	543690	671893	875146	1123059	1379892	1633135	—
手机用户数量（万户）	128609.3	130573.8	132193.0	142000.0	157000.0	160134.0	159406.0
固定电话用户数（万户）	24943	23099.6	20663	19400	13953	19104	18191
网站数量（万个）	335.0	422.9	482.0	533.0	523.0	497.0	443.0
域名数量（万个）	2060.1	3102.1	4227.6	3848.0	3792.8	5094.2	4198.0
网民总人数（万人）	64875	68826	73125	77198	82851	90359 *	98899
手机上网人数（万人）	55678	61981	69531	75265	81698	89690 *	98576
移动互联网接入流量（亿 GB）	20.6	41.9	93.8	245.9	711.1	1220.0	1656.0
App 数量（万款）	—	—	—	403	452	367	345

说明：* 为 2020 年 3 月数据。

资料来源：课题组根据国家新闻出版广电总局、工业和信息化部、CNNIC 公开发表数据整理。

2. 2020年中国传媒产业发展特点

在线业务大放异彩。疫情期间，用户线上需求得以释放。游戏、视频等在线领域相关板块经营业绩稳定上升。短视频经历 2019 年、2020 年两年的快速发展，用户数量及使用时长进一步增长。直播及电商走向多样化及普及化，传媒企业运营融入电商模式，促进业绩增长，“社区 + 电商 + 数字服务”成为媒体运营新格局。资本聚焦在线教育、网络办公、直播电商、游戏电竞等热门领域。

时代机遇造就社会“媒介化”改造。社会的数字内容和服务需求不断增加，形成了一个巨大的市场①，为适应新形势，各行各业启动资源进行“媒介化”加分改造。传统企业通过直播带货对商业销售渠道进行重构，教育机构通过内容传播进行用户积累，医疗机构借助数据互通互联、可穿戴设备打造线上医疗生态圈。企业通过互联网的逻辑、手段对商业进行改造，而这种广泛化的改造促进了社会的“媒介化”。如今的传媒对于生产者、经营者来说，承担着包括关系资源积累、品牌传播、产品销售、服务反馈在内的多种功能。

媒体融合促进传媒“双循环”发展。随着媒体融合的全局化和纵深化，传统媒体全方位进行资源盘活，例如广电机构的 MCN 建设、主持人直播带货等。融合不但是由传统媒体向互联网媒体的融合，也是后者向主流媒体靠拢方向的融合，例如互联网媒体通过吸收传统媒体人才、收购传统媒体部分业务，以此获取在主流内容报道上的权威性和专业性。大融合背景下，媒体之间的资源互换、数据流通、圈层互动将更为深入和广泛，国内大循环与国际大循环相互配合、互为依托的发展大格局也将为传媒资源的统筹、产品流通、消费提升起到重要的保障作用。

隐私保护与数据使用的合法性。2020 年，强有力的群防群控措施使中国较好的控制住了新冠肺炎疫情，而以“二维码”密织起来的大数据“防

① 江小涓：《服务业数字化：跨越与创新》，服务业数字化发展与中国经济新动能研讨会，2020 年 5 月。

疫网”成为疫情防控行之有效的方法。通过大数据进行疫情防控，这是在微粒社会①下，对大数据合理使用的典型案例。经过算法分析的数据具有很高的经济价值和社会价值，但数据分析的规模经济效应也会给不法者带来可乘之机，数据泄露、不当数据收集等现象危及公众信息安全。2020 年年末，《个人信息保护法（草案)》公布并向公众征求意见。这次立法注定将深刻影响每一个数据个体。在切实的监管下，数据应用将在个人信息保护、信息自由流动、社会公共利益、平台经济效益等各方面取得平衡，从而使数据实现价值最大化。

3. 平台经济领域治理与反垄断

2021 年 4 月，针对阿里巴巴涉嫌“实施滥用市场支配地位行为”，国家市场监督管理总局对阿里巴巴集团做出行政处罚，责令其停止“二选一”垄断行为，并处以 182. 28 亿元罚款。② 整个案件标志着中国在平台经济监管方面的积极态度和强化反垄断、防止资本无序扩张的切实行动。③

垄断形成的条件之一是互联网巨头企业基于强大的资本、技术实力形成了可对市场支配的能力。互联网巨头企业在搜索、社交和电商等互联网最主要的应用领域中、在很多区域市场上形成一家独大的市场格局。在竞争过程中，有些企业除了通过正常的，如并购、创新、技术更新等竞争手段外，还常常借助数据、算法等独有资源及技术以非正规手段打压竞争对手。

反垄断就是要在不破坏市场结构、不影响行业整体发展的前提下，破除贸易竞争壁垒，恢复市场正常竞争秩序，促进市场正当竞争活力。从过往的经验来看，规范、法律、制度的出台及监管的实施往往是落后于技术的突破和应用的。相对宽松的环境有利于平台的创新与创造，完善的监管机制使整

① 喻国明：《未来传播学研究的三个关键性课题》，《教育传媒研究》2021 年第 2 期。

② 数据来源：国家市场监督管理总局。

③ 《人民日报评阿里巴巴被行政处罚：推动平台经济规范健康持续发展》，人民日报官方微博，2021 年 4 月 12 日。

个行业的发展生机勃勃，这也是平台能良性发展所倚赖的健康环境。依法规范，正是对平台经济发展的有力支持。①

四　2020年中国传媒细分行业发展状况

1. 报纸、期刊、图书

2020年，受疫情影响，本就身处转型中的纸媒元气大伤，大量纸媒通过停印纸质版报刊或减版来维持生存。根据CTR媒介智讯数据，2020年报纸、期刊广告刊例花费分别下降28.2%、30.0%，报刊经营收入继续收缩（见图5）。纸质报刊发展身陷困境，进一步凸显了报刊业深度融合的紧迫性。虽然传统发行业务短期无法回暖，但数字订阅收入在一定程度上对传统业务板块收入的流失有所弥补。疫情期间大众对疫情相关信息与报道的需求激增，也刺激了媒体全方位的内容生产。省级党报集团的运营情况整体比较稳定，市场化程度较高的都市报、晚报的市场则大幅萎缩。也有一些报业集团的经营逆势上扬，如江苏省的新华日报报业集团、浙江省的浙江日报报业集团等都走出了新路，取得了很好的社会效益和经济效益。

2020年中国图书零售市场总码洋规模为970.8亿元，同比下降5.08%，近20年首次出现负增长。② 疫情对线下书店造成极大的冲击，全年实体店图书零售码洋规模为203.6亿元，同比下降33.8%。线下萧条，线上却景致不同，网络渠道收入增速放缓但仍保持正向增长，同比增长7.27%，码洋规模为767.2亿元（见图6）。线上书展、直播售书、数字阅读等新模式不断涌现，为图书经济开辟了新增长点。

2. 广播、电视

广播、电视业依托其资源优势率先品尝媒体融合转型发展的果实。2020

① 《人民日报评阿里巴巴被行政处罚：推动平台经济规范健康持续发展》，人民日报官方微博，2021年4月12日。

② 数据来源：北京开卷信息技术有限公司。

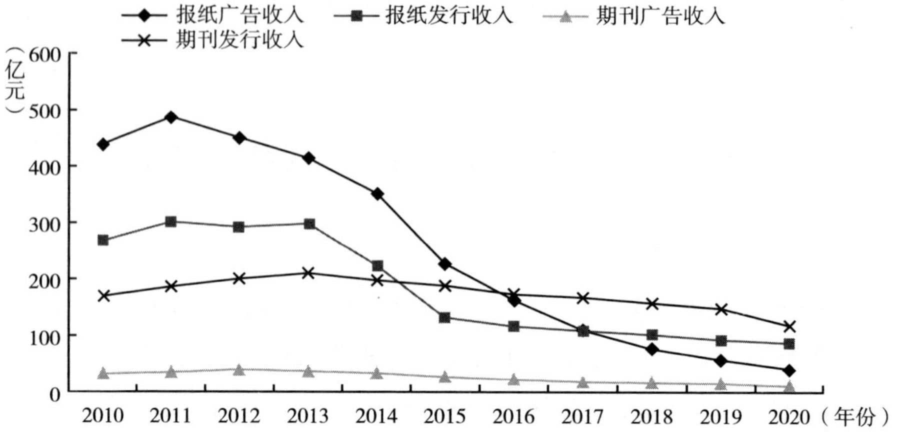

图 5　2010～2020 年报刊广告及发行收入

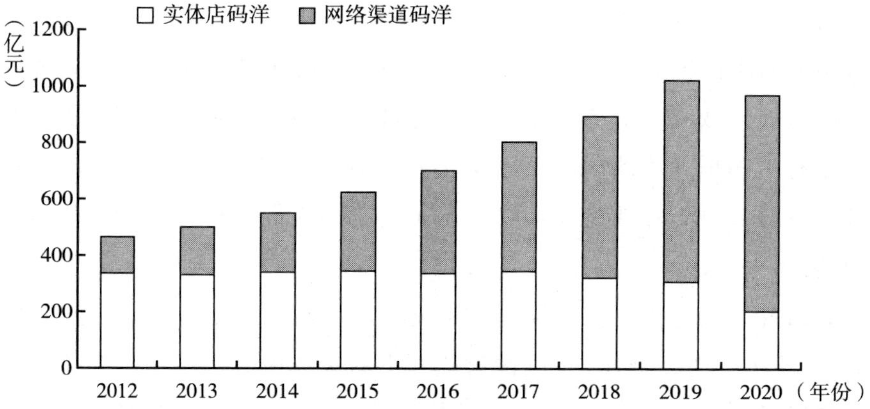

图 6　2012～2020 年图书零售市场总码洋规模

年尽管广播传统收听端收听总量出现萎缩，融媒体云端收听量却创新高。2020 年全国广播融媒体云端累计点击量为 115.04 亿人次，同比增幅达 11.7%。除了自建平台，疫情期间，广播电台在各类社交媒体平台上的表现也大放异彩：全国省级电台微信公众号累计阅读量同比增长 68.7%，微博互动量同比增长 20.5%，今日头条端阅读量增长超 2 倍。[①] 广播业深耕融媒

① 数据来源：赛立信媒介研究。

体领域，为进一步变现升级打下坚实基础。

居民居家时间增长使电视业焕发生机，各端收视数据大幅回升，影视综艺作品“爆款”频出。2020 年全国人均收视时长回升到 132 分钟，相比 2019 年增长了 6.4%，同时，电视业首次出现观众年轻化趋势，4 ~24 岁观众数量同比增幅超过了 10%，特别是 15 ~24 岁观众数量增幅高达 18%。[①] 疫情暴发初期，电视业快速反应，推出的众多抗疫节目承担起舆论引导和情绪疏导的功能，满足了广大群众对权威信息的需求。时值脱贫攻坚决胜之年和中国共产党成立 100 周年前夕，无论是电视剧还是综艺节目都以主旋律为内容核心，进一步增强电视业在舆论场的声量和传播力。

3. 电影产业

2020 年，尽管电影市场遭遇重创，但下半年影院复工后，整个市场以强大的活力快速恢复生机，创造出全年 204.17 亿元（约 31.28 亿美元）的票房（见图 7），虽然这样的票房交出的是跳水式下降的成绩单，中国却首次超过北美成为全球最大的电影市场。院线上映的受阻引发生产制作进程放缓的连锁反应，全年电影产量同比下降 37.5%，但疫情期间进口影片数量的下降助推国产电影真正成为市场主力。数据显示，超 200 部的国产影片以 170.93 亿元的票房成绩取得 84% 的市场份额，有 23 部国产电影票房过亿元，《八佰》《我和我的家乡》《姜子牙》《金刚川》《夺冠》《拆弹专家 2》等作品市场反响突出，提振了整个中国电影市场。

4. 互联网与社交媒体

根据 CNNIC 统计数据，截至 2020 年年底，中国网民规模达 9.89 亿人，互联网普及率达 70.4%，手机网民达 9.86 亿人（见图 8），各类移动应用（App）数量达 345 万款。手机网民数量几乎追平总体网民的数量。从市场格局来看，微信继续领跑社交媒体市场，抖音、快手虽然是后起之秀，但在用户数量上已经直追微博。疫情期间的居家防疫状态促成大众远程互联的“新常态”，互联网和社交媒体在疫情常态化防控中发挥了积极作用。

---

① 数据来源：CSM 媒介研究。

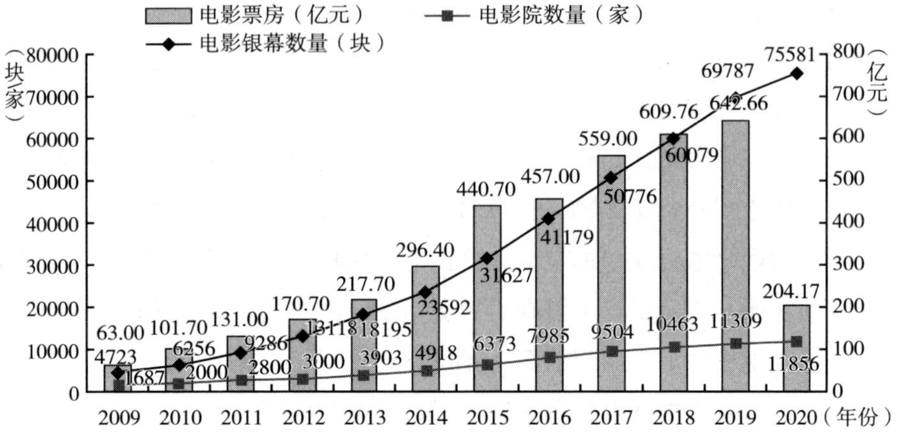

图 7　2009～2020 年中国电影票房与电影院、电影银幕数量

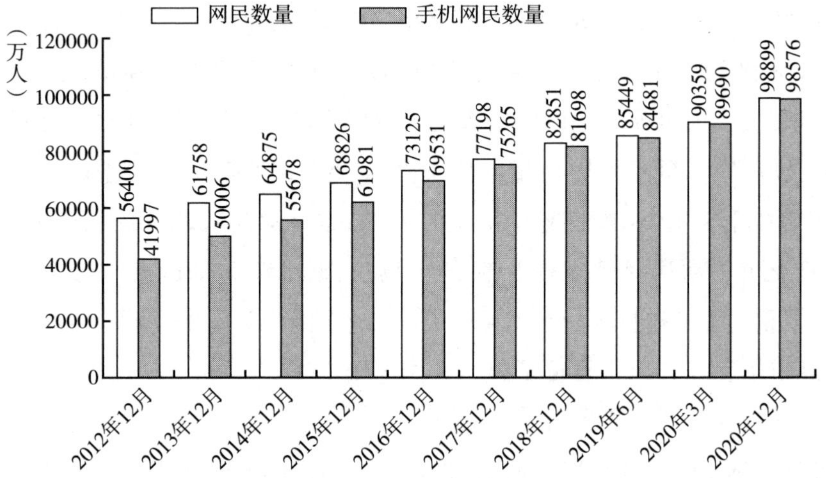

图 8　2012～2020 年中国互联网网民数量

5. 网络视听

截至 2020 年年底，中国网络视听用户规模达 9.44 亿人，网民使用率达 95.4%。[①] 随着 5G 应用的普及，视频化表达应该是接下来 10 年里内容领域

① 中国网络视听节目服务协会：《2020 中国网络视听发展研究报告》，2020 年 10 月 13 日。

的主题，而直播凭借其轻松、容易的生产模式可能成为个人表达的重要方式。①

在中国，优酷、爱奇艺、腾讯视频、芒果 TV、Bilibili 等长视频网站和抖音、快手、西瓜视频等新兴短视频应用共同组成了网络视听市场新格局。短视频持续了 2019 年的火爆发展态势，且逐渐实现从年轻群体向全群体、下沉市场到一线城市用户的全覆盖。主打以版权视频为代表的视频平台具有较强的竞争力，通过独家放映的模式而收获不少付费用户，同时平台打造的内容生态圈也激励了优质视频内容的生产。

网络剧从 2019 年的“全民爆款”时代进入较为冷静的“分众爆款”时代，2020 年全网上新网络剧共计 292 部，共计达到有效播放 1518 亿次。网络综艺呈现 IP“井喷”景象，全年网络综艺节目共上新 134 部，《青春有你 2》《创造营 2020》《乘风破浪的姐姐》《这就是街舞 3》等强势 IP 拉动网络娱乐文化消费回暖。另外，3D 建模、全息成像等技术也开始赋能网络综艺节目。

6. 在线教育

2020 年，在线学习的刚需极大地促进了网络教育平台的版图扩张，CNNIC 数据显示，疫情期间的 3 月，国内在线教育用户规模达到了 4.2 亿人，到疫情基本得到控制的 6 月，用户依然有 3.8 亿人，行业渗透率大幅提升，用户使用习惯已基本养成。

从垂直细分行业来看，K12 领域增速最快，头部企业已经崭露头角。截至 2020 年 10 月底，猿辅导已累计融资 32 亿美元，估值高达 155 亿美元；作业帮于 6 月获得 E 轮 7.5 亿美元融资，好未来、跟谁学、新东方在线等已上市的在线教育企业市值屡创新高。② 互联网巨头企业也纷纷入场在线教育领域，如腾讯和快手投资火花思维，字节跳动在 10 月推出“大力教育”等。同时，低幼学前教育、素质教育、职业培训等在线教育垂类也以破竹之

① 《张小龙两小时演讲全文：微信十年的产品思考》，金融界，2021 年 1 月。

② 《融资激增、虚假宣传乱象齐飞，2020 年在线教育“冰火两重天”》，《北京日报》，https://www.bjd.com.cn/finance/2020/12/30/39294t147.html，2020 年 12 月 30 日。

势迅猛增长，为在线教育在资本市场创造了极大的想象空间。

然而，激烈的市场竞争也引发了诸多市场乱象，严格监管已经明确成为政策风向。《促进在线教育行业健康发展倡议书》等政策性文件的发布为在线教育市场集体“降温”，加强行业自律、提升课程产品和师资质量、回归教育本质是在线教育行业持续发展的根本。

7. 网络游戏

2020 年，中国网络游戏市场以较快速度增长，用户规模达 6.65 亿人，实际销售收入达 2786.87 亿元，同比增长 20.71%。移动端是网络游戏市场的主流入口，实际销售收入突破 2000 亿元，同比增长 32.61%，市场占有率攀升至 75.64%。[①]《原神》《动物森友会》《黑神话：悟空》《赛博朋克 2077》等游戏不断破圈，爆款频出。网络游戏与影视、文创等泛娱乐领域深度融合，共同构建大文娱产业 IP 生态链，通过跨界联动、创新玩法探索出游戏创收、盈利的新途径。5G、4K、AR、VR 等技术的应用使得身临其境的视效体验、沉浸式玩法、跨时空云游互动近在咫尺。版号监管和未成年人保护仍是游戏行业的关注重点。2020 年 9 月，国家新闻出版署首次发布版号撤销公告，游戏违法违规将会面临永久下架清算，此举对行业起到了警示作用。

8. 广告业

在疫情冲击下，2020 年中国传统媒体广告市场经营总额大幅下滑，但互联网广告经营额依然保持上升态势，线上经济的亮眼表现提振了整个广告市场。互联网广告的可视性、规模性以及精准性，让广告主趋向于以互联网媒体为核心的综合广告分发渠道。根据中关村互动营销实验室数据，2020 年视频平台广告收入增速迅猛，较 2019 年增长了 64.91%，超过 900 亿元。其中短视频平台广告收入增幅达 106%，远超长视频平台 25% 的增幅。[②] 在新商业、新零售的浪潮下，电商广告收入依然保持了两位数的高增长态势。

① GPC、中国游戏产业研究院：《2020 年中国游戏产业报告》，2020 年 12 月。

② 中关村互动营销实验室：《2020 中国互联网广告数据报告》，2021 年 1 月 12 日。

同时，程序化广告因其具有的精准特性，收入增长亦颇为可观；社交媒体广告得益于“私域”特性，同样受到广告主的青睐。

由于疫情造成2020年部分广告主广告投放量减少，预计2021年广告市场同比将有所增长。同时，得益于互联网广告的低门槛特征，小微、新锐品牌广告主的群体力量也将成为广告市场的重要增长源。

五　展望传媒未来20年

1. 数字经济兴起带给传媒产业的改变

传统媒体来自广告经营、用户留存等各方面的压力将会继续加大，而对于长期发展来说，全面的数字化转型是开拓多元经营局面的必由之路。

首先是用有深度、专业化的内容提升数字订阅量。在疫情相关新闻报道上，传统媒体基于其内容的深度和专业性，受到用户的青睐，产品的数字订阅用户数暴增，全球传统媒体市场普遍存在这种趋势，例如美国《纽约时报》在2020年新增100多万数字用户，英国《卫报》付费应用的订阅者增长了60%。[①] 其次是通过内容引导消费，媒体开拓零售业务。各种媒体将不会错过电子商务发展的“东风”，从零售业务的增长中分一杯羹。

2. 应用场景与新技术赋能下的媒体变革

传媒各个行业积极探索5G、人工智能、区块链等技术的适用场景，用技术赋能实现在新阶段的市场占领。有两个主要的趋势，一个是以传统媒体为代表的技术应用探索，探索技术在新闻生产、内容展示、阅读体验等方向的应用，如报刊与信息技术企业合作开发包括实时新闻采编、远程数据连接、虚拟现实展示、全景摄影等新应用。[②] 另一个是以互联网巨头企业为代表的技术开发，例如Facebook开发一种名为“TL；DR”的人工智能，将新

① 路透社新闻研究所：《2021年新闻媒体行业趋势及预测》，https：//mp. weixin. qq. com/s/－yApaohc1CJWcxASLXq8dg。

② 资料来源：https：//www. nytco. com/collaborate/how－the－new－york－times－uses－new－journalistic－tools－developed－for－5g/。

闻总结成更短的摘要简介[①]；Google 尝试用人工智能预测新冠肺炎疫情的传播[②]；亚马逊发布 AR 购物工具 Room Decorator，试图给消费者带来更好的购物体验。在竞争激烈的互联网下半场，"优质内容 + 新技术应用"这一组合依然是传媒企业寻求突围的不二选择。

3. 反垄断与隐私保护的竞争环境治理

全球反垄断大旗很早就开始飘扬。近年来，欧盟已经在大型互联网平台规制方面走在前列，有效纠正了大型互联网平台的一些垄断行为。而美国在 2019 年也开启了针对四大互联网平台的反垄断调查。在数字经济时代，互联网平台所拥有的市场势力范围已经远远超过了传统的企业，原有市场机制已经不能起到有效的制约作用，所以行业发展进入一个必须重新审视互联网巨头企业发展行为的新阶段。反垄断是对互联网巨头企业权利的一种制约，但不意味着对企业发展的打压。在网络驱动和数据驱动下，数字经济将向纵深化发展，未来会有更多的问题摆在监管者面前，如何平衡企业发展和公众利益将是全世界共同面对的时代命题。

当今世界正面临百年未有之大变局，疫情加速了大变局的变化并增加了不确定性。综观全球，新冠肺炎疫情、国际格局和数字经济等因素将推动全球产业链、供应链和价值链的重构，以科技创新为核心的竞争已经上演。信息技术发展进入新阶段，互联网反垄断将为创新及公平竞争提供良好环境。中国经济将在构建完整内需体系的基础上，逐步向国内国际双循环新格局发展。可以预见，传媒产业作为中国经济发展的重要组成部分，将在未来5～10 年迎来更深远的发展。

① 资料来源：https：//new. qq. com/omn/20201225/20201225A06L9Z00. html。

② 资料来源：https：//baijiahao. baidu. com/s？ id = 1689109501163800782&wfr = spider&for = pc。

传媒洞察

Media Industry Insight

B.2
2020年中国媒体融合创新发展报告

徐立军 *

摘　要：2020年以来，中国媒体融合进入纵深发展的关键阶段，加之新冠肺炎疫情的影响，留给中国传统媒体的时间更为紧迫。本文以梳理2020年以来中国媒体融合大事记为基础，通过分析疫情带来的新挑战,媒体在互联网主战场的新发展,以及媒体推进市场化改革、参与社会治理、创新经营，来透视中国媒体融合在疫情之年的主要发展脉络。

关键词：媒体融合　市场化　社会治理　媒体经营

2020 年新冠肺炎疫情的出现，给人类社会带来具有极强的穿透性和广泛性的冲击，传媒行业亦不能幸免。疫情的暴发让正处于关键纵

* 徐立军，央视市场研究（CTR）执行董事、总经理，CTR 媒体融合研究院执行院长。

深发展阶段的中国媒体融合陡增更多的不确定性。如何在急速推进的数字化浪潮中，快速跟进并占领互联网主阵地？如何在疫情肆虐下发挥媒体应有的社会价值？如何在传统广告应激性下滑的情势下，找到新的营收增长点？这是中国传统媒体在疫情之年面临的重要议题和挑战。

一　疫情之下的媒体融合新挑战

新冠肺炎疫情对传媒行业的发展产生了短期和长期的影响。短期看，疫情初期，为了尽快控制疫情发展，中国采取了严格的隔离防控措施，绝大多数国人居家生活。这种情况下，家庭休闲娱乐产业获得了空前发展，从大屏到小屏，从剧集到游戏，从订阅付费到会员注册，与家庭休闲娱乐相关的产业链迅速扩大。以电视为例，疫情初期，电视到达率出现明显增长。2020年2月，有54.2%的中国人每天都打开电视，该比例较1月上升4.5个百分点，较2019年同期上升2.3个百分点。不过，这样的态势并没有持续，在疫情高峰过后，自2020年3月开始，电视到达率回归常态，而且与2019年同期相比还出现了下降。显然，电视到达率的暂时回升仅是疫情带来的一个短期效应。

在短期效应之外，有一个不容忽视的长期效应在悄然影响着中国媒体市场的发展格局。根据CNNIC的统计数据，截至2020年6月，中国50岁以上的中老年网民在总体网民中的占比快速激增到22.8%，达到了2.14亿人，相比2020年3月的1.53亿人，中老年网民人数增加了6100万人。数据指明了一个显著且不可逆转的趋势——中老年群体的互联网使用习惯被强制性加速，本来需要3～5年的渗透才能实现的转化，因为疫情影响，在两三个月内得以快速完成。这是整个传媒行业需要警醒的长期趋势，也是疫情带给中国传媒行业的新挑战：唯有加快推进媒体融合，抢占互联网主战场，除此之外别无退路。

二　媒体融合纵深推进，主力军全面挺进主战场

2020年9月，中办、国办印发了《关于加快推进媒体深度融合发展的意见》，提出深化体制机制改革，加大全媒体人才培养力度，“推动主力军全面挺进主战场，以互联网思维优化资源配置”，中国媒体融合驶入升级、深化的快车道。此后，国家新闻出版广电总局发布《关于加快推进广播电视媒体深度融合发展的意见》，各地各级媒体也纷纷落实中央和国家新闻出版广电总局的要求，出台各自关于媒体深度融合发展的政策。各大媒体同时在战略层面推进媒体融合的纵深发展，例如，中央广播电视总台在“5G + 4K/8K + AI”全新战略布局下全面推开内容供给侧结构性改革；湖南广电“芒果模式”迭代为2.0版，从原有的“一体两翼，一体多元”升级为“一云多屏，多元一体”；SMG推出BesTV + 流媒体战略，将流媒体战略上升为集团整体战略。

强力推进之下，各家媒体的融媒体传播业务也出现明显增长态势。以广电机构为例，CTR媒体融合效果评估体系数据显示，截至2020年年底，21家广电机构自有App产品累计下载量增长翻倍；15家广电机构微信账号年度阅读量实现翻番；235个广电机构微博账号的粉丝量过百万；25个广电机构短视频账号的粉丝量翻番；广电机构在抖音、快手平台上粉丝量超百万的账号达到334个，其中25个粉丝量达千万级的账号已成为市场顶流；广电机构在其他第三方平台也已经有124个粉丝量过百万的大号。

随着媒体视频化浪潮演进，各家媒体在短视频、直播领域的发展尤其火热。中央广播电视总台的5G新媒体平台“央视频”上线1年多以来累计下载量达2.7亿次，单日活跃用户数最高近千万人。除了壮大自建平台，在第三方平台布局方面，各家传媒机构也加大发展力度。CTR—快手媒体号榜单数据显示，2020年媒体机构在快手平台上粉丝量位列前100的头部账号的短视频发布量同比增长了近4倍，粉丝量平均同比增长了75%。在抖音平台，有两个非常突出的案例，人民日报、央视新闻的短视频账号粉丝量已经

过亿，成为在一个平台中唯二粉丝量过亿的账号，成为全市场所有账号的翘楚。在政策引领和激励下，主流媒体全面挺进短视频的主阵地，加速布局和发展短视频业务。

三 深化改革，大力引入市场化机制

业务转型和体制革新必须同步，媒体融合的纵深发展一定要用新体制装新业务。

近两年，发展MCN业务成为各家媒体进行体制机制创新的一个重要突破点。MCN天然具有市场化特质，其涉及媒介组织形态、体制机制以及媒体业务方向的变革，是更深层次的改革创新。特别是广电机构，正在依托原有资源优势快速布局MCN业务。江苏广电总台打造的荔星传媒MCN，全面整合和开发在垂直领域具有影响力的华东传媒创作力量（包括江苏广电主持人、记者、编导、制片等成熟头部创作人），为江苏省乃至华东地区新生代内容创作人提供专业高效的内容生产管理、内容运营、粉丝管理、商业变现等服务；南京广电升级奇迹畅娱MCN，目前旗下签约账号已近300个，粉丝达4000万人，在活动宣传、直播带货、政务宣传推广、城市形象推介等领域已经取得一定成效；重庆广播电视集团与腾讯组建联合工作室，打造针对重庆城市生活的媒体号及衍生的自媒体矩阵，该工作室成为重庆地区具有竞争优势的MCN机构。广电MCN已从少数试点走向全面布局态势。以抖音平台为例，根据相关研究报告，2020年全国入驻抖音的媒体MCN已达近百家，机构数量同比增长150%，媒体MCN机构旗下创作者数量同比增长500%。在实践中，MCN业务也正在为各家媒体开拓新的营收增长点，各类媒体MCN已经探索出了广告发行、直播带货、内容制作、版权代运营、账号孵化运营、平台补贴分成、衍生品开发、政府业务等多元化的经营模式。

股份制改革也是一条媒体深化改革、充分发挥市场机制作用的重要路径。以SMG为例，旗下幻维数码原本是一家纯国资企业，近年来实施员工持股改革，引入战略投资者，成为SMG控股、团队持股、外部投资者入股的混合所有制企业。2020 年幻维数码召开股份公司成立大会，正式改制为股份制公司，目前已成为 SMG 旗下市场化程度最高的机构之一。该公司没有事业编制员工，业务运营方面完全独立，业务领域已经远超 SMG 体系，成为很多头部卫视和网络视频平台的重要合作伙伴，展现出了强劲的市场活力。

四 从小融合到大融合，积极参与社会治理

相对于媒体内部变革的“小融合”，与社会千百行业间的“大融合”则让媒体发展前景更广阔。这两年，“媒体 + 政府 + 服务”模式正在各级各地媒体间被广泛推进，媒体发展从“小融合”走向“大融合”。

2020 年，媒体在参与社会治理方面展现出了积极的社会能量。以中央广播电视总台为例，2020 年 3 月，为助力复工复产，旗下央视频联合国投人力资源服务有限公司共同推出“春暖花开国聘行动”大型线上“云招聘”活动，共吸引 1 万多家企事业单位入驻，近百所高校参与，为应届毕业生等提供了超过百万个岗位；在经济纾困领域，中央广播电视总台打造了“搭把手、拉一把”“谢谢你为湖北拼单”等直播带货公益活动，帮助企业实现累计销售额近百亿元。

疫情期间，作为疫区中心的媒体机构，湖北广电长江云融媒体平台发挥的作用远远超出了内容传播的范畴。比如，长江云开通征集新冠肺炎求助者信息的功能，提供在线义诊服务，超过 6500 名患者通过长江云融媒体平台得到救治，其联合“微医”App，由 55000 名医师提供 24 小时在线接诊服务，平台访问量高达 1.3 亿次，约 170 万用户实现了应诊。传统广播媒体在特殊时期也参与到战“疫”之中，湖北之声开办了面向方舱医院患者、医护人员播出的“方舱广播”，陪伴患者和医护度过艰难时期。因为显而易见的价值，“方舱广播”很快被专家编制到了战“疫”心理防护方案中，从最初的武汉客厅方舱医院向所有方舱医院推广。

疫情也加快了媒体涉足教育领域的步伐。疫情期间，央视频开通“云

充电”停课不停学系列教育课程，与学而思网校、作业帮、猿辅导、新东方、英态、VIPKID 等头部教育机构合作，提供多样化课程学习平台，相关专题直播 + 点播累计观看超 8.6 亿次。SMG 也与上海教委合作打造“上海市空中课堂”，组织 1000 多名骨干教师录制教学内容，并通过有线电视、IPTV、腾讯云和钉钉等平台进行多渠道分发，针对不同年级、不同学科的学生精准施教。疫情后，“上海市空中课堂”建立长效合作机制，SMG 旗下东方明珠新媒体股份有限公司开始为其提供包括内容、技术、运营在内的全方位服务保障，项目对上海市民的覆盖率已达 100%。

在媒体服务化大趋势之下，媒体服务社会治理正在逐步由宣传引导向更广泛的社会服务转化，媒体介入教育、就业、扶贫等社会经济民生领域，借助自身优势，提升社会服务效率，实现社会价值创新，这既是媒体融合深度发展的路径，也是媒体实现自身价值的应有之义。

五　融合营销突破，新媒体经营日渐壮大

在新的传播时代，媒体的营销模式正在发生改变，媒体广告经营不再只针对品牌和产品本身做工作，不再仅是硬广、软广，或是产品的简单曝光，而需要深入了解广告主的特色与诉求，和广告主一起重新定义和细分他们的商业元素，包括企业文化、生产工艺、创新故事等。媒体应将内容和商业元素有机结合，让营销做到润物细无声。同时，媒体的广告资源面也在不断拓展，从传统的时段、版面延伸至平台、账号、网红、热搜等。在此背景下，更多的融合营销模式和案例正在出现。

2020 年，受疫情影响，社会经济发展遭遇挑战，广告市场处于重压之下的结构性调整状态，广告主的营销预算一方面进一步向头部媒体、顶级资源集中，一方面开始寻找新的营销支点。在此背景下，“直播带货”这一互联网新兴业态迎来了现象级爆发。CTR 调研数据显示，约 30% 的短视频/直播使用者半年周期内在平台上有过消费行为，其中近四成消费者消费频次集中在每月 2 次以上。正在转型中的传统媒体抓住这一新兴的市场机会，开始

下场试水直播带货，并获得了良好的社会效益和可观的经济效益。以中央广播电视总台为例，从“小朱配琦”等为湖北特产进行的公益直播带货发端，借助“电视+电商”“直播+电商”的直播带货融合模式，“央视 Boys”3小时带货14亿元，创下中央广播电视总台直播带货新纪录；“买遍中国”项目也在全国31个省份开展巡回带货直播，并逐渐形成品牌效应，直播带货也成为中央广播电视总台新媒体经营创新的一个重要突破点。到2020年年底，中央广播电视总台直播带货累计 GMV 近100亿元。

为实现经营破局，各家媒体除了试水直播带货，也在拓展更多的融媒体营销模式和营收渠道。2020年，中央广播电视总台的拳头产品“品牌强国工程”被改造升级成为一套“融媒体传播服务方案”，中央广播电视总台整合旗下优质的电视、广播等传统媒体资源，纳入央视频、央视新闻、央视财经等核心新媒体平台资源，实现大屏小屏联动、线上线下互动，让品牌的传播效果大大提升，产品的新生影响力也获得兑现，2021年“品牌强国工程”的签约金额同比增长了30%以上。地方广电大厂湖南广电则在机制层面实现革新，先于2020年将经营传统广告业务的广告部改组为湖南卫视商业运营中心，又于2021年年初将湖南卫视商业运营中心和湖南天娱广告有限公司合并，打造湖南广电全新的商业生态系统，将体制内运行的一个广告部门转变为市场化运营的公司，机制革新带来了效率和效益的提升。湖南广电旗下芒果 TV 则开始布局内容电商赛道，2020年9月上线“小芒”平台，以内容为根基进行商业拓展，将定制尖货在综艺、电视剧 IP 中进行深度植入，并引入品牌主理机制，打造艺人联名品牌，组织包括艺人在内的大量 KOL 参与商品的“种草”，进而打造“种草+割草”闭环。内蒙古广电推出了“爱上内蒙古”工程，开展内蒙古文化上抖音、“爱上内蒙古”系列网络直播、“网络红人”内蒙古品牌形象推介等活动，同时举办电商节推介地域特色产品，实现宣传和经营双收益。地面频道湖北经视打造“社区天天乐”项目，构建“社区媒体”属性，深耕社区资源，打通与用户精准沟通的“最后一公里”。

随着传统广告之外的营收多点开花，中国传统媒体的新媒体营收正在日渐增长。国家新闻出版广电总局发布的《2020 年全国广播电视行业统计公报》显示：2020 年全国广播电视行业的广告收入为 1940.06 亿元，其中传统广播电视广告收入为 789.58 亿元，同比下降 20.95%；广播电视和网络视听机构通过互联网取得的新媒体广告收入为 889.96 亿元，同比增长 7.38%。媒体融合要想最终取得成功，在互联网主战场开拓可持续的新营收增长模式亦是关键。

六　国际传播升维，融合传播成为主赛道

习近平总书记强调，讲好中国故事，传播好中国声音，展示真实、立体、全面的中国，是加强中国国际传播能力建设的重要任务。在媒体融合时代，国家对媒体国际传播任务有新的历史要求。同样，新传播时代的国际传播也需要具备新的能力，其中一个突出的变化就是当下的国际传播一定要以融合传播为主要方式、以互联网平台为主要渠道和手段。不同于以往频道、频率等媒体资源的海外落地，中国媒体更需要在互联网新赛道上传播好中国声音。

近两年，中国的主流媒体不断加大海外传播力度，积极布局海外社交平台。以中央广播电视总台为例，2020 年，其在 YouTube、Facebook 两大国际主流社交媒体平台开设账号超过 240 个，账号累计订阅量 3.7 亿个；中央广播电视总台旗下 CGTN 已建成一网、一端、一集群国际传播矩阵，在 Facebook、INS、Twitter 等 17 个平台开设了 CGTN 主账号，多语种账号海外粉丝达到 2.5 亿人，其中海外英语主账号活跃粉丝有 1.5 亿人，其系列时评文章《十评中国成功的秘密》经 CGTN 全球媒体网络联盟发布后，获得美国、英国、加拿大、德国等 58 个国家和地区的 740 家海外网络媒体转载，累计触达海外用户 4 亿多人。

地方广电及互联网视听机构也在积极布局海外传播版图，芒果 TV、爱奇艺、优酷等主要网络视听机构和抖音、快手短视频平台相继推出国际版 App，实现海外落地。其中芒果 TV 国际版 App 下载量已经超过 3800 万次，

覆盖全球195个国家和地区，储备了超过10万小时的外语字幕库、18个字幕语种，成为地方媒体推动中国文化走出去的重要网络平台。除了网络视听机构，华为、传音等智能终端商也发挥自身优势，以终端产品出口带动中国文化内容走出去，其中华为视频的内容“出海”平台已经覆盖全球170多个国家和地区，推动中文内容落地海外。

随着国际传播新能力的逐渐释放，中国媒体在海外传播新赛道积累的经验不断丰富。从受众出发创新传播策略，有效利用自媒体传递中国声音，通过生活化场景展现百姓生活，从普通人视角呈现鲜活立体的中国形象，“硬实力”和“软传播”相结合，完成话语权向话语力的转变，这些已经成为当下主流媒体海外传播的突出亮点。

七　近期中国媒体融合大事概览

除上述所列中国媒体融合的重要动向，仍有诸多重要事件对推动中国媒体融合进程产生深远影响，值得记述。这些事件清晰展现了中国媒体融合的重要脉络。

1. 2020年4月，央视新闻与快手合作湖北专场带货，成交额达到6100万元，央视频“央视 Girls”专场带货成交额高达8000万元。

2. 2020年5月20日，中国移动宣布与中国广播电视网络有限公司已签署5G共建共享合作框架协议，开展5G共建共享以及内容和平台的合作。

3. 2020年5月29日，上海报业集团和上海东方网集团宣布“联合重组”，实现合并。省级报业集团和省级新闻网站（集团）实现重组合并，这在国内媒体融合历史上为第一次。

4. 2020年9月，中共中央办公厅、国务院办公厅印发《关于加快推进媒体深度融合发展的意见》，并发出通知，要求各地各部门结合实际认真贯彻落实。

5. 2020年9月4日，芒果TV发布新视频内容电商平台“小芒”。

6. 2020年9月，SMG、东方明珠启动“BesTV +”流媒体战略，

“BesTV +”将成为SMG及东方明珠统一、唯一的视频流媒体平台。

7. 2020年10月12日，中国广播电视网络有限公司成立，成为继移动、电信、联通后的国内第四大电信运营商。

8. 2020年11月3日，《中共中央关于制定国民经济和社会发展第十四个五年规划和二〇三五年远景目标的建议》全文发布，《建议》对媒体深度融合、全媒体传播、县级融媒体中心建设做出重要部署。

9. 2020年11月24日，人民日报发布智能产品“人民日报创作大脑”，该产品可提供全媒体智能工具箱。

10. 2021年起，《新京报》在周六、周日不再出报，逢法定节假日休刊，报纸内部系统只剩下7个人，其余的已经全部转型新媒体。此外，北京《北京广播电视报》、贵州《遵义晚报》、安徽《皖北晨报》、湖南《益阳城市报》、四川《广元晚报》等多家纸媒宣布停刊或休刊，部分纸媒休刊后转向新媒体平台运营。

11. 2021年2月1日，中国首个8K电视超高清频道CCTV8K成功试播。

12. 2021年4月7日，中央广播电视总台节目中心运营的首批12个垂类频道在央视频启动上线，将央视频5G新媒体平台与各节目中心更紧密地捆绑在一起。

13. 2021年4月14日，《四川观察》内容开放平台“观察号”上线，首批入驻170家机构。

14. 2021年4月30日，中央广播电视总台与浙江省人民政府共同打造的国家（杭州）短视频基地项目正式开工。

15. 2021年5月25日，由国家互联网信息办公室、公安部、商务部、文化和旅游部、国家税务总局、国家市场监督管理总局、国家广播电视总局7部门联合发布的《网络直播营销管理办法（试行）》正式施行。

结　语

自2014年8月中央审议通过《关于推动传统媒体和新兴媒体融合发展

的指导意见》至今，经过近7年的探索和发展，中国的媒体融合已经进入最后的攻坚阶段。2020年，中央在《关于加快推进媒体深度融合发展的意见》中更是明确提出了时间要求和任务要求：一是用1～2年将更多人财物投向互联网主阵地，打造新型传播平台，二是用2～3年时间深化媒体内部体制机制改革，在重点领域和关键环节实现突破。可以说，当下的媒体融合具有时间紧、任务重两大突出特点，要在短时间内啃下最硬的骨头并非易事，加之疫情仍在持续，前路面临更多不确定性。如何能让大象起舞，实现逆势增长、创造奇迹？唯有增强信心，砥砺前行，深化改革，自我迭代，于危机中创造契机，除此之外别无他途。

B.3
2021年中国传媒市场十大趋势

丁 迈*

摘 要：随着媒体融合向更高阶段迈进，整个传媒市场在内容、渠道、终端、用户和营销等层面不断进行变革，面临诸多宏观和微观层面的挑战与重塑。本报告对2021年的传媒市场进行了多角度的前瞻性预判，包括广电机构改革与融合、主流价值多元化、内容趋势和发展、广告营销创新、电视行业技术发展、原创内容国际化以及收视测量方法创新等方向，以期为业界提供有益借鉴。

关键词：传媒市场 媒体融合 视频消费 营销升级

2020年9月，中共中央办公厅、国务院办公厅印发了《关于加快推进媒体深度融合发展的意见》；11月，“推进媒体深度融合”被写入“十四五”规划建议，国家从顶层设计和总体布局上指引媒体融合迈入更高阶段。与此同时，以5G为代表的技术发展则从深层触发和推动媒体生态改变，媒介资源和生产要素有待重新梳理，媒介产业的边界面临重新界定，媒介增量价值的创造亦拥有了更多的来源和可能。在“十四五”规划开局的2021年，整个传媒市场在内容、渠道、终端、用户和营销等层面会发生哪些变化？引发哪些变革？迎来哪些新的机遇？本文从十个方向分析和预测传媒市场在2021年的发展及走向。

---

* 丁迈，中国广视索福瑞媒介研究（CSM）董事、总经理。

趋势一　媒体融合：在供给侧改革主线中加速需求侧挖掘，从小融合走向大融合

2020 年 9 月，中共中央办公厅、国务院办公厅出台了《关于加快推进媒体深度融合发展的意见》，随后“推进媒体深度融合，实施全媒体传播工程，做强新型主流媒体”正式被写入国家“十四五”规划。媒体深度融合的进程在政策指导下不断加快，基于“台网并重，移动优先”的理念，广电媒体近几年持续进行供给侧改革，精办频率频道，优化节目栏目，并开始整合新媒体账号，打造融媒头部账号和自有平台。

“主力军”挺进移动互联网的主战场后，已经摸索出许多融合转型的规律，并在媒体融合领域取得众多突破性进展。根据 CSM 融合媒体数据云平台的监测数据，2020 年度，央视新闻在抖音平台的账号的粉丝量已经破亿，各级广电媒体在抖音、快手等商业化短视频平台上的年度视频总传播量已经达千亿级。不仅如此，自主可控的融媒体 App 也在蓬勃发展，央视频在疫情期间的“云监工”慢直播火爆全网；2020 年年底芒果 TV 会员数突破 3600 万人，同比翻番，芒果超媒的市值突破 1500 亿元。

广电媒体基于自身内容优势实现不同媒介矩阵式分布的小融合已经走上正轨，但要从对内容的经营转向对用户及社会资源全面经营的大融合，广电媒体仍需要对人和市场的需求有更深入的理解和挖掘，并据此整合社会资源、重新设计业务模式。

各级广电媒体在融合转型中也根据自身优势加速需求侧挖掘，进行差异化定位，确立行业新身份。中央广播电视总台、湖南广电、上海文广等一批头部广电媒体必将依托优质内容品牌打造出更具创新活力和国际影响力的全媒体旗舰平台。更多省区市级广电媒体依托 MCN 等新运营模式，在视频定制、达人孵化、电商直播、社区经济等领域进行多元化探索，形成新的自我造血机能。以城市广电、县级融媒为代表的区域媒体机构在做好新闻宣传主业的同时，正在努力整合区域内的社会文化资源与社会治理大数据资源，打通线上与线下，成为可信任的信息枢纽和综合性服务平台。2020 年，“防疫抗疫”、“复商复市”、“脱贫攻坚”等社会热点为媒体机构提供了试练及提

升的机会，许多媒体机构已经能够成熟的使用社会化商业平台及直播带货等新平台和新手段，重新配置公共信息服务资源。2021 年，“十四五”开局将开启全面建设社会主义现代化国家的新征程，在国家的宏伟蓝图中，深度融合的新型主流媒体在传播新格局中大有可为。

趋势二　广电政策：主流价值观导向恰逢其时，助力民众文化自信提升

回望 2020 年，在党中央的领导下，经过全国人民共同努力，新冠肺炎疫情防控取得重大战略成果，中国经济恢复走在全球前列；决战决胜脱贫攻坚，全面建成小康社会目标如期实现。在这样的时代背景下，全国人民的民族自豪感和生活幸福感与日俱增。2021 年是中国共产党成立 100 周年，是如期全面建成小康社会后的第一年，也是“十四五”规划的开局之年。其中，为庆祝中国共产党成立 100 周年营造浓重热烈的舆论氛围将是全年新闻舆论工作的重中之重。

习近平总书记曾在多个场合提到要坚持“四个自信”，即“中国特色社会主义道路自信、理论自信、制度自信、文化自信”，他强调，“文化自信，是更基础、更广泛、更深厚的自信”。面对全球化传播所带来的多元文化交织和碰撞，我们比任何时候都需要获得文化认同和文化自信。2020 年尽管艰辛却众志成城，2021 年是太多重要时间节点汇聚的一年，对于广播电视和网络视听全行业来说，抓住这样的历史契机引领主流价值观、助力民族文化自信恰逢其时。《觉醒年代》《山海情》《功勋》《光荣与梦想》《理想照耀中国》《时间的答卷》《百炼成钢：中国共产党的 100 年》等一批主题鲜明、制作精良的电视剧、文艺节目、纪录片等视听作品正在有序地创作和播出，这些作品绘就了中国共产党带领中国人民从站起来、富起来到强起来的百年辉煌历程。广电媒体自创立之初，一直肩负着舆论宣传的功能。反映时代、树立民众文化自信、将社会主流价值观向大众进行有效传递，是广电工作者责无旁贷的责任和使命。2021 年，为了更好地顺应时代、契合大众审美需求、兼顾不同年龄层的受众喜好，主流价值观视听作品需要在内容的表达角度、制作形式和呈现平台等方面下功夫，融入更多时下流行的热点元素，实现更加年轻化、多元化的表达，使社会主义核心价值观流传得更加

深远。

趋势三　电视收视："大事看大屏"，电视公信力不可替代，机构精简势在必行

CSM 全国网收视调查数据显示，2020 年电视大屏端观众规模超过 12.8 亿人，人均每天收视时长约 2 小时，电视大屏端国民消费总时间[①]超过 8000 亿小时。CNNIC 统计数据显示，截至 2020 年 6 月，全国网民规模达 9.4 亿人，人均每天上网时长 4 小时，其中，视频行为占比 28.9%，国民网络视频消费总时间近 4000 亿小时。电视大屏消费总时间 2 倍于网络视频消费总时间，足见电视大屏观众存量依旧庞大。2020 年全年，在 CSM 所有调查城市中，观众人均每天收看电视近 4.5 小时，超出近五年平均收视时长约 20 分钟。其中，15～24 岁的年轻观众（收看电视时长）涨幅最大，达 18%。从新冠肺炎疫情暴发初期引发全国人民高度关注，到各单位复工复产、生活节奏有序恢复，人们对于重大事件的关注热度在大屏收视上体现得淋漓尽致。

媒体的公信力直接影响观众对媒体所传达信息的信任程度。近年来，唱衰传统电视媒体的声音频现，然而，不论是疫情期间，主流广电媒体迅速做出反应，通过新闻资讯类节目传播信息、引导舆论；还是为响应教育部"停课不停学"的号召，各级频道推出"空中课堂"全力保障各中小学教学进度；或是通过综艺、专题、旅游等节目形式全面扶贫助农，进行公益实践，电视大屏都在不断地拓展边界，更加切实地服务于民，以其自身的公信力努力成为广大受众媒介消费的重要渠道之一。大屏关注热度的日益增长，直接体现出受众对于权威、优质信息渠道的选择，也反映出传统媒体公信力的不可替代性，这无疑为电视媒体打了一剂强心针，为其在大事云集的 2021 年大展拳脚注入了强有力的行业自信。

与此同时我们也看到，电视观众加速向头部频道聚集的"马太效应"日渐加剧，为促进资源整合、结构优化、精简精办，以及推动行业的高质

① 国民消费总时间 = 观众规模 × 人均每天收视时长 × 天数。

量发展，广电机构改革必将更加深入。2020 年年初至 8 月中旬，国家新闻出版广电总局先后批准撤销了 7 套电视频道和 1 套广播频率。这一举措表明，偏离频道定位、内容导向不正、节目质量粗糙、综合效益薄弱的电视频道必将面临淘汰。建立优胜劣汰机制，集中力量扶持优秀电视节目和频道已是必然趋势。在崭新的 2021 年，广电机构的整合兼并、频道频率的“精简精办”、人员设置的结构优化，都将是媒体融合全面进入“瘦身”阶段的必经过程。随着媒体融合不断发展、全媒体传播体系的不断建设，以及行业改革的不断深入，广电机构势必走上高质量发展、精品化生存的新道路。

趋势四　电视剧：在创播模式变革和围绕热题创作两个维度上不断演变

受疫情防控期间大众居家行为影响，2020 年观众收看电视剧时长有所增长，晚间黄金档高收视剧目同比增加 29 部，其中，有 80 余部剧目的单频道收视率超过 1%。在这当中，扶贫剧、抗疫剧、时代报告剧成为热剧，多部剧的时移增量超过 20%。

对标 2035 年建成文化强国的目标要求，未来电视剧市场将在创播模式变革和围绕热题创作这两个维度不断演变。

一方面，电视剧市场将在创播模式上加大变革力度。首先，会更加顺应电视剧管理政策的引导方向，配合重大历史时间节点和节庆赛事活动进行创作，比如《跨过鸭绿江》《理想照耀中国》《冬奥一家人》等剧目。其次，会有更多灵活的创作形式，出现更多类似《最美的乡村》《在一起》等同一部剧多名编剧导演共同担纲的单元剧模式。再次，2020 年上新网络剧集数整体向短，24 集以下的短篇网剧占比达 58%，有效播放达到 154 亿次。[①] 这股由《我是余欢水》《隐秘的角落》等带来的“短剧风”也将在 2021 年继续影响电视大屏，比如湖南卫视在 2020 年 9 月举行的招商会上首次推出了“季风计划”。

① 云和数据：《2020 报告丨连续剧网播表现及用户洞察》，https：//baijiahao. baidu. com/s？id = 1688178002067035005&wfr = spider&for = pc。

另一方面，电视剧将持续围绕现实题材和社会热点话题进行创作。首先，根据“十四五”期间文艺发展的规划，现实题材将在未来5年保持主流创作地位。同时，现实题材剧目将继续从“小”切入实际社会生活，出现一批对准社会焦点话题的剧目。其次，社会话题内容将持续类型细分化，其中悬疑剧《暴风眼》、甜宠剧《余生，请多指教》、运动剧《你微笑时很美》、“她”主义剧《女心理师》等一系列即将开播的分众类型剧将成为未来的热点话题内容。最后，更加注重品质、缩减注水内容、加快播出节奏也将成为新时期电视剧创作的必然趋势。

趋势五　综艺：开创更多实现节目价值的衍生模式，实现国民综艺的自我修养提升

自从2020年“宅经济”风靡以来，中短视频纷纷进军综艺市场，中国综艺视频行业的生态格局悄然发生变化——综艺节目仍以长视频为主，但中短视频综艺开始发力，与长视频共构繁荣。相比更容易吸引用户注意力的中短视频，电视大屏上的长视频获得新观众、留住老观众的成本越来越高，但未来电视大屏上的综艺长视频红利仍有存量。2020年高收视综艺节目数量同比有所提升，10余档综艺节目直播平均收视率超过2%，20余档综艺节目直播平均收视率超过1%。[①] 未来，综艺节目制播将在这种立体化的生态格局下，开创更多实现节目价值的衍生模式，融入更加多元的节目内容和制播元素，实现国民综艺的自我修养提升。

首先，品牌综艺节目将在保存现有观众流量池的基础上，积极开创更多实现节目品牌价值的衍生模式。2020年以来，部分品牌综艺节目已经或即将推出系列衍生新节目。如由《蒙面唱将猜猜猜》原班人马打造，延续“蒙面+竞演+竞猜”模式的《蒙面舞王》等。这些衍生节目将已有品牌综艺节目中某位嘉宾或某些标志性元素的私域流量引流至衍生节目，乃至主节目的用户流量池里，从而既巩固了主节目的王牌地位，又实现了主节目的价值拓展。以颇具品牌影响力的户外竞技季播节目《奔跑吧兄弟》（后更名为

① 数据来源：TVPRISRS季播节目查询与分析系统，不包含2020年仅播出3期及以下的节目。

《奔跑吧》）为例，该节目早期就通过在京东等电商平台售卖“R 品牌”衍生品、在互联网视频平台推出原班嘉宾的衍生广告短剧、为视频付费用户提供定制的节目精选版和节目花絮等多种方式提升节目的衍生价值。

其次，综艺节目将不再局限在娱乐功能上，而是通过在内容和制播元素上的多元进化更新自己的定位。2020 年的关键词是“防疫抗疫”“扶贫攻坚”“复商复市”，未来综艺节目的选题也将更加紧随社会热点，与社会脉搏同步，在传播欢乐的同时，为社会带来更多积极的正能量和正面的价值观。在 2021 年陆续开播的访谈节目《光荣之路》、军旅节目《荣誉的天空》、音乐节目《冬梦之约》等都把娱乐功能作为自己的底层设计逻辑，依托多年来形成的竞技、喜剧、选秀等多种“标配”元素，将纪实、专题、公益、军旅等新元素引入其中，从而实现节目价值的提升。

趋势六　视频消费：升级视频消费水平成为竞争新方向，“版权 + 付费”打造视频营销新动能

近年来，随着传播技术的日新月异，以及传播平台的不断扩展和分化，传统视频平台面临用户增长的瓶颈，不断涌现的新视频平台业已完成了用户的教育和积累，用户规模红利基本消退；与此同时，用户视频消费意愿在不断增强，加之流量营销和内容付费市场竞争的日趋激烈，沉淀用户、升级视频消费水平成为行业挖掘收益增长点的新方向。从国外的例子来看，2011 ~ 2020 年，Netflix 服务收费涨价 6 次，2020 年 10 月，其在北美的标准和高级月度套餐分别由之前的 12. 99 美元和 15. 99 美元上调至 13. 99 美元和 17. 99 美元，以高成本打造优质内容来反哺用户，实现良好的用户教育和内容策略转型。而在国内，爱奇艺于 2020 年底宣布上调安卓平台会费，黄金 VIP 会员月费由 19. 8 元涨至 25 元，涨幅超 25%，这对于以会员业务为平台主要营收来源（2020 年第三季度财报显示，爱奇艺会员服务收入占总收入的 56%）的视频平台来说，提高会员费用无疑有利于增加高净值用户的比例、培养用户为高溢价内容买单的消费习惯，从而刺激精品内容出品的良性循环，最终实现正向现金流和可持续商业模式的建立。

而对于同样面临用户增长瓶颈甚至用户流失的电视大屏，以“版权 +

付费”联合打造视频营销新动能成为未来以内容驱动传播进而提高传播效果的新尝试。电视大屏拥有大量的优质内容版权，随着媒体形态的不断丰富和演变，传统媒体利用新型媒体重构媒体生态，活化电视版权内容，实现由运营内容向运营平台的华丽转变。一方面，广电头部平台近年来不断加大在内容层面的投入，在自身平台上凭借优质独家的内容吸引核心受众的收视和年轻用户的回归；另一方面，广电平台也在不断尝试与离用户最近的新媒体平台基于优质内容进行合作和分账，在内容分发中不断提高版权意识，依靠版权分账的模式实现价值增值，向着建设更有效、更健康的 IP 孵化机制和版权分账机制积极转化。

趋势七　营销升级：打通全媒体营销链路，不断增强自我造血机制

2020 年的疫情给全球经济活跃度都带来了严重的影响，广告主的投放意愿也发生了巨大转变。相关广告监测数据显示，2020 年 2 ~ 4 月的广告刊例花费同比降幅超过 30%，9 月之后才同比转正。疫情加速了广告主媒体投放的数字化转型步伐，同时广告主对品效合一的营销需求也更为明显。

作为转化效果更佳的电商购物形式，“直播带货”成为 2020 年营销领域最火的词，直播带货已经成为众多企业的营销标配。广电媒体在新媒体端采用“借船 + 造船”的方式，借助节目品牌和知名主持人，在移动端实现营销升级。央视新闻、人民日报、新华社三大央媒也轮番下场进行公益带货，“小朱配琦”“央视 Boys”纷纷登上热搜。芒果 TV 推出的内容电商平台“小芒”App 也尝试对电商交易价值进行重新分配，使原有价值链中的利润分配比重向内容侧倾斜。

新型主流媒体的传播阵地在不断拓展，移动端在消化内容和实现用户转化时，也成为媒介融合领域增量价值创造的重要来源。广电媒体积极创新经营模式，把优势资源汇集到融合传播平台，在全媒体传播中创造更多价值，业务从传媒、广告转型为综合信息服务。直播电商、社交电商、社区经济等融媒实践新业务丰富了广电媒体营销服务的产品线，新技术、大数据等新基建为打通营销链路提供了有力的支撑。在 MCN、产业基地等新运营模式支持下，广电媒体还将不断跨界，以新需求为驱动，加速迭代出更多融媒营销

产品。提前加载了新增长引擎的融媒机构在2020年实现了收入逆势飘红，为更多媒体指明了发展方向。

“新闻＋政务”、“新闻＋服务”的媒体实践在过去六七年为区域广电媒体提供了一定的营收增长点，但始终难以形成支撑融媒持续发展的闭环。最新发布的媒体深度融合发展意见中，“新闻＋政务服务商务”运营模式的提出为更多广电媒体打通了商务想象空间。未来区域广电媒体将能够更充分地利用市场机制，创新媒体投融资政策，增强自我造血机能，并最终反哺新闻宣传和信息服务的媒体基础功能。

趋势八　技术：新技术定义新视界，5G赋能社交电商和内容电商新业态

随着5G规模商用的全面展开，万物互联的基础设施布局日渐清晰，5G作为一项跨时代的移动通信技术，给产业链上下游的各个行业以及用户的生活与社交模式都将带来巨大的改变。

在5G技术创新的红利之下，大小屏之上的社交互动更趋便捷和频繁，长短视频交互发展并不断丰富内容呈现的方式，内容电商和社交电商迎来全新的发展契机。一方面，“屏＋5G＋大数据”的应用使内容电商这一全新生态迎来更快速的发展。内容平台以高质量的内容为依托，汇聚更多高黏性、高忠诚度的优质流量。在5G高速传输的技术赋能之下，内容平台以长视频、短视频等多元内容形式为基础，同时借助高清晰直播、实时数据算法提供的产品匹配等技术运用，有效提升了用户黏性、转化率等核心效率指标，加速了流量与内容的变现。另一方面，随着移动终端接入互联网速度的提升，加之流量资费的大幅下降，以不同长短的视频为载体进行的社交分享和信息传播更趋经济和便捷，大小屏社交平台的用户沟通、互动方式更加多样、便捷和直观，这不仅可以推进平台“关注、分享、沟通、合作和互动”等社交化的元素应用于电子商务交易的过程，同时也将助力不同社交平台在多社群、跨平台、跨界合作等领域的进一步高速发展，推进社交流量和电商交易的深度融合。

趋势九　国际化：从单品输出向渠道复合输出转化，主流媒体国际版营

造更多可能

Questmobile 数据显示，2020 年 9 月在线视频全行业月活为 8.45 亿人，同比下降近 1 亿人，月活渗透率同比下滑 8.3%，持续 2020 年 4 月以来的负渗透趋势，短视频和直播等视频行业同比增长减缓。① 面对视频内容价值增量的迫切需求，未来国际化“出海”或将成为常态：在热点内容生产、包装和发放的不确定性中寻找适应当前形势的阶段性灵活策略，将成为广电平台内容国际化需要探索的方向。

一方面，视频内容将从单品版权输出向播出渠道复合化输出转化。过去视频内容的国际化主要依托在某个单独作品输出上，比如《甄嬛传》《白夜追凶》《延禧宫略》等，都是通过作品版权售卖的形式在 Netflix 等国外互联网平台播放。现在的视频内容从制作之时可能就已经引入国际元素，比如与国外团队共同拍摄，在播出渠道上除了选择互联网平台，也联合海外电视平台共同播出。以纪录片《从长安到罗马》第二季为例，该 4K 微纪录片通过国际视野讲述中意千年古都的前世今生，从 2020 年 11 月 6 日开始由中央广播电视总台、意大利国家广播电视公司等两国媒体同步播出，开创了中意国家级电视媒体平台合作传播的先河。再比如腾讯将与 BBC 联合出品的《完美星球》、与 Discovery 联合出品的《勇敢者的征程》等，也都在节目制作渠道层面实现“出海”。

另一方面，主流媒体“一托多”的各种国际版为内容输出营造更多可能。随着电视大屏上关于抗疫、丝绸之路、中国情等主流文化精品内容的频现，中国视频内容制播方式已然被改变，掌握版权的平台，同样也掌握了制定发送规则的权力。腾讯视频海外版 WeTV、爱奇艺东南亚海外版、B 站泰国版等都在平台国际化方向有积极的尝试。以国内文化为主，“出海”后适度进行本土调整的“一托多”绑定模式将成为内容国际化的主要传输模式。如芒果 TV 在和湖南卫视联手稳定综艺基本盘的情况下，依靠《明星大侦

① Questmobile：《QuestMobile 2020 中国移动互联网秋季大报告》，https：//www. questmobile. com. cn/research/report - new/129。

探》《乘风破浪的姐姐》等优质综艺内容击穿渠道，通过《我的青春在丝路》《我爱你，中国》《闪耀的平凡》《功夫学徒》等系列文化内容定向制作和运营，开启与芒果 TV 国际版的“绑定套餐”模式。

趋势十　融媒测量：全媒体同源测量数据为融合媒介价值衡量建立新标准

在媒体深度融合的时代，主流媒体持续推进的内容融合与不同来源数据分而治之的评价体系之间的矛盾日益凸显。在急速迭代并更趋复杂的媒介生态中，亟须为数据树立统一的科学标尺，为融合媒介价值衡量建立新标准。

作为国内领先的视听率数据提供商，CSM 媒介研究一直致力于为媒介融合传播提供统一的数据标尺。随着测量技术的升级，CSM 目前已经能够提供视听全媒体同源测量数据，实现了“电视 + 广播 + 音视频 App”的同源连续测量。在统一的维度下，用户、媒介内容、传播平台、消费时长之间的交互关系都能得到充分展现。升级的融合数据将更好地驱动内容，实现内容增量传播的价值变现。升级的融合数据还将驱动营销，完成观众用户化之后的营销升级。

CSM 媒介研究也基于市场实际需求，将融合媒体数据云平台“V + Scope”迭代升级至 2.0 版本，进一步统合主流媒体深度融合发展进程中所需要的各类数据，实现了测量内容和测量平台的双向拓展。音视频在固定设备端与移动端的直播和时移数据，不同城市数据，IPTV、OTT 等分平台数据，短视频、微信、微博、自有 App 等新媒体端的广电账号数据，都被有机地统合到了这个数据平台上。

在新型主流媒体进军全媒体领域的历史进程中，CSM 媒介研究作为中立的第三方见证者、记录者和数据背书者，将与传媒业界的伙伴们始终坚定同行，为业界提供融媒发展中不可或缺的有效工具和重要数据资产池。

B.4

媒体融合实践中主流媒体的转型之道*

喻国明**

摘　要：　互联网平台的出现给传播生态带来了新的变革，主流媒体与互联网平台在性质、特点、价值逻辑以及诉求等方面有所不同，若主流媒体把互联网平台作为的融合转型的目标，从品性上来说是存在沟壑的，在实践上也将困难重重。对此，本报告提出主流媒体的转型对策，并指出互联网平台与新型主流媒体二者之间只有协同、共生才能创造更大的价值。

关键词：　媒体融合　主流媒体　互联网平台　价值红利

一　新型传播生态的基本构造

以互联网为代表的数字化技术既改变了传媒生态，也改变了运行规则，当传统的发展模式已经无法适用于新形势，媒体融合的出现无疑给传媒发展带来了新思路。对于传统媒体而言，媒体融合要走两条路径："从 0 到 1"的创新、"从 1 到 100" 的大面积推广与复制。

如图 1 所示，传播领域的新生态为观察媒体生态提供了"层"的立体视角，不同的"层"为传播提供了不同的可供性。电信设施打造的基础框架层提供了

* 本报告系 2020 年度教育部人文社会科学重点研究基地重大项目"中国主流媒体传播力绩效评估研究"（项目编号：20JJD860001）的阶段性研究成果之一。

** 喻国明，教育部长江学者特聘教授、北京师范大学新闻传播学院教授、中国新闻史学会传媒经济与管理研究委员会会长、中国传媒大学国家传播创新研究中心兼职研究员。

技术可供性；平台层为连接的实现提供了功能可供性；应用层构造了网络空间的经济与社会，提供了传播变现的价值可供性。纵观传播发展史，互联网平台的出现引发了重大的变革，如今，传播生态中重要的中间层就是互联网平台层。

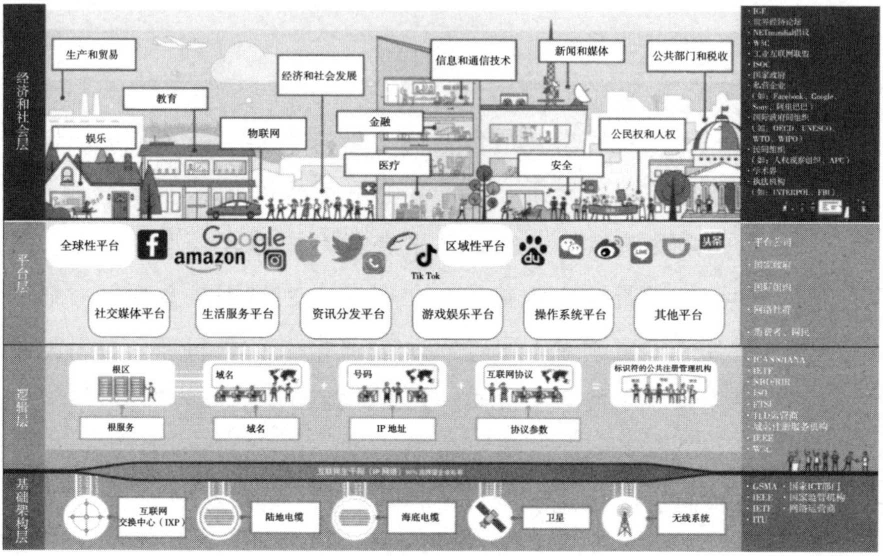

图 1　传播领域新生态

资料来源：崔保国、刘金河：《论网络空间中的平台治理》，《全球传媒学刊》2020 年第 1 期。

互联网平台有聚合海量用户资源的技术特性，天然将受众和媒体之间的通路打通。在互联网环境下，传统媒体与网络媒体相比，呈现出了渠道失灵甚至中断的状态，在存活、发展的压力下，传统媒体自建平台的呼声此起彼伏，不绝于耳。

媒体融合自贯彻实施以来，一路风生水起。“中央厨房”遽然向世，县级融媒体遍地开花，“融合”声势浩大，技术、资金、人员投入甚多，虽有成功案例，但从全盘效果来看，成效与预想的目标仍然有所差距。与传统媒体相对艰难的发展相反的是，网络媒体的发展一直方兴未艾。传统媒体在平台化改造过程中，始终不能如互联网平台一般保持发展“后劲”，其背后的原因值得深思。

二 主流媒体与互联网平台的区别

从技术角度来看，互联网平台是建立在通信技术和连接规则等一系列基础上的网络通信服务平台。作为虚拟平台，任何人、任何机构都可以在符合规则的基础上入驻平台，与他人连接、互动，实现产品、内容、服务的资源共享。

互联网平台具有三大特性：开放性、多元性、普适性。第一，开放性。网络空间的开放有四层含义，即对人的开放、对信息的开放、对服务的开放、对商业模式的开放。互联网平台生存于网络空间中，开放是构建平台世界的基础。第二，多元性。多元是开放的延伸，互联网平台与整个互联网技术的进化规则一致，由开放引发了多元化，并使整个网络空间焕发勃勃生机，许多理想中的价值变现得以实现。在这种多样性的空间中，对流量、服务、技术、空间的分类经营，甚至是组合经营，都拥有成功的可能性。第三，普适性。套用孔子的“有教无类”，可以这么形容互联网平台——“有用无类”，平台试图面向最广范围的用户群体，通过打造有用、可用、具有吸引力的产品与服务，通过提供尽可能优质的用户体验来吸引用户。

简要来说，互联网平台所遵从的一般价值逻辑是通过基础性的功能服务，使用户、信息、商品形成规模化的连接，让这三者形成互动和关联。平台以此为基础实现内容、服务的迭代与升级，最终实现用户的规模化增长以及用户对平台的习惯性依赖。

主流媒体的本质是价值媒体，它关注的是社会发展中的主流问题，影响的是社会中的主流阶层受众，引领的是社会主流意识形态。其“主流”的角色定位使其价值与功能限制于社会视野塑造、社会议题设置、社会舆论引导等方面，其受众的广度、生产的内容、服务的方式受到制约。用西方的表达方式来说，这类媒体是“高级严肃媒体”。

在规模经济主导的流量争夺战中，面对互联网公司的技术、资本、市场洞察优势以及快、准、灵活的“作战”方法，主流媒体遭遇了发展历史上的"至暗时刻"。基于社交的关系链传播和基于大数据、算法技术的内容推送抢占了社会性传播的主要江山。主流媒体大量用户流向互联网平台，市场规模不断收缩，影响力衰退。在此境况下，国家提出了媒体融合的发展策略，从出发点来说是希望解决传统主流媒体在新形势下价值使命履行艰难、影响力衰退的问题。

综上所述，主流媒体和互联网平台是两种完全不同的媒体类型，其性质、特点、价值逻辑、诉求均有差异。主流媒体是在以特定的人、特定的议题以及特定的价值引导中，实现对社会的整合，从而实现自身的社会、文化及政治价值。而互联网平台是要在开放、连接、积累、迭代中，用普适的服务来实现商业价值。在一定层面上讲，由于以上价值分野的存在，这二者无法互相取代，但在特定的环境下可以功能互补。互联网平台具有普适性，而主流媒体缺乏普适性，如果主流媒体把互联网平台作为其融合转型的目标，从品性上来说是存在沟壑的，同时，在实践上也将困难重重。

三　新型主流媒体的转型之道：ToC－ToB

传统的信息社会传播中，人们认为主流媒体肩负着为社会直接提供内容的社会价值，但如今传播主体多元化、传播渠道泛众化、传播受众广泛化瓦解了主流媒体的传统价值。在内容生产方面，用户自身的内容生产、机构生产以及专业者生产已然形成三足鼎立之势，且成为整个传播格局中最为活跃和主流的生产形式，此外由人工智能技术催生的机器内容生产也在不断挤压内容生产的空间。面对新的传播格局，传统的主流媒体所具备的传统传播优势已经逐渐消失，因此必须从传播思路、传播理念和传播方式上做出改变，以 ToC（直接从事内容生产）到 ToB（跳出作为一线生产的位置，转而为内容生产提供支持与价值服务）这种以退为进的思路开启新型主流媒体的转型。具体而言有以下几种方式。

1. 打造流程式传播模版

虽然社交媒体平台为每个人提供了表达的空间，但信息传播具备一定的传播规律和传播方法，作为在传播领域具有深厚积淀的主流媒体，应该发挥自己的专业性优势，在普罗大众都有表达欲望和表达需求的当下，打造更加便利的传播模版。流程式的传播模版能够赋予不具备信息传播技术的人们以便利、专业表达的能力。作为传播模版的提供者，新型主流媒体不仅能继续巩固其主流的传播地位，而且也提供了将管理置于服务之中的新型传播治理方式。

2. 开拓新内容，应用新技术

传统主流媒体的挑战者之一是不断有新颖内容产出自媒体传播者，他们采用非传统话术，挖掘传统媒体所不会关注的热点，使用新生的技术手段以及多元的内容呈现方式，不断地侵占传统主流媒体的生存空间。但在互联网传播中，内容是开放的，热点是多变的，技术手段是容易获得的，这为传统主流媒体在转型升级的过程中提供了竞争的便利。专业媒体可以通过创新内容形式、使用技术手段，拓宽传播的边界，重构传播的规则，为社会提供更加多元化且专业化的内容生产服务。

3. 把握数据大权，培养数字技术

“数据霸权”时代，数据已经成为社会生产的要素之一，对数据的合理应用也是洞察社会和推动社会发展的重要手段。可以预见，在未来的传播发展中，数据将在整个传播空间中流动，是社会资源中最为重要的资产。谁掌握了数据谁就掌握了传播大权、掌握了运作规则。因此，在新的传播格局中，专业媒体机构和专业媒体人应该提升数据把控和操作的能力。专业媒体需要通过对数据源的掌控、数据价值的挖掘、数据算法的应用为整个社会提供供需匹配的、场景适配的内容生产。

4. 从信息生产实践者到信息传播平衡者

当每个人都有能力为自己发声时，作为传统“发声器”的主流媒体理应意识到身份和功能的转变，主流媒体需要成为整个社会信息表达、情绪表达的协调者和平衡者。作为一个负责任的媒体，应该有能力对社会的情绪发挥协调平衡作用，实现“当社会哭的时候不要让社会哭出沮丧，当社会笑的时候不要让社会笑出狂妄”。当前互联网平台已经实现了“连接一切”，但此后这种以“技术逻辑”为核心的发展模式依然需要回归“以人为本”。社会的文明是在价值逻辑和技术逻辑的整合互动中形成的，价值逻辑对技术逻辑的驯化作用不可忽视。文明的传承和社会的洞察是主流媒体的优势，作为信息整合和信息平衡者，新型主流媒体可借助这方面的优势成为推动文明发展不可或缺的力量。

四　赋能新型主流媒体，赢得人心红利

2021 年江南春的新作《人心红利》阐释了当前互联网市场的发展现状：2020 年互联网的人口红利和流量红利纷纷消失了，而人心红利时代正在悄悄来临。流量的不断开源依赖于市场规模的扩大，但互联网市场规模近年来已经逐渐触达“天花板”，市场的发展也从增量市场转向存量市场。在存量市场中更为重要的是提高价值效能，打造争取人心的“品牌模式”。流量与品牌的主要区别之一就是，流量吸引的是注意力，但品牌的打造是为了提高人心的契合度。在这一新的市场中，打造价值和获取人心是主流媒体作为价值媒体的重要发展方向。

1. 获得关系资源，赢得人心红利基础

数字化时代的发展推动了“媒介化”的渗透和扩张，未来的传媒业发展不仅局限于内容生产与传播，更重要的部分是参与“非内容”的社会与行业的媒介化过程。社会的媒介化是通过传播的逻辑改变社会形态，如当下火热的饭圈文化、直播带货、线上教育等，是对传统行业的一种重构。在这一过程中，内容的传播是一种穿针引线和积累关系的方式，只有打通关系资源才能进一步的留住受众注意力、获得人心。典型的案例是快手，快手的视频内容创作激活了社会关系，通过线下关系形成了社会圈子和社区的线上化。以内容为媒，激活每个用户的主体意识，通过职业、年龄、地域等拉近其社会属性，从而强化关系资源。这种依托社群资源赢得人心红利的方式对于价值变现的力量是巨大的。总体而言，主流媒体在参与社会媒介化的过程中，对社群关系的建立和把握是发力的关键，逻辑思维应该是用内容做关

系，而不只是进行简单的内容传播。

2. 借鉴小程序模式，实现价值引领

小程序是一种不需要下载安装即可使用的应用，它的模式可以为传统主流媒体“破圈”提供机会。在大型互联网平台和纷繁多样的 App 占据互联网应用领域的环境下，小程序以其便捷的特征成为互联网“连接一切”的真正实践工具。主流媒体在开辟新战场时也需要小程序这种“轻骑兵”。通过这种方式，主流媒体可以绕过自身平台建设和 App 运维的高成本、高投入等现实问题，同时保持“在场”的影响力，建立人与服务的最短连接路径，理解用户的真实需求。这就要求新型主流媒体能够敏感地把握空间与环境的关系、实时状态、受众生活惯性以及社交氛围，以尖锐的洞察力与人心达成最大程度的契合，然后以专业、有效的传播工具实现用户的价值引领。

在当前这个充满变量的互联网世界中，主流媒体应该意识到比追逐变化更重要的任务，认识到传播形态、传播模式和传播逻辑不断变化中那些“不变的东西”，洞悉社会和人的本质。人心与流量如同硬币的两面，平台与新型主流媒体亦如是，二者之间只有协同、共生才能创造更大的价值。

媒体行业与市场报告

Media Industry and Market Reports

B.5
2020年中国电视产业发展报告

郑维东*

摘　要：2020年是极不平凡的一年。这一年既是疫情困顿之年，也是电视产业在融合创新中转换发展动能的关键一年。本报告尝试从疫情影响电视消费和广告经营的背景因素分析入手，紧扣长、短视频等内容热点，兼顾直播带货、版权营销、数据营销等产业趋势，重点分析电视产业在内容创新、用户创新、营销创新等关键侧面的新现象和新变化，多视角讨论电视产业在媒体深度融合发展过程中面临的新问题以及新机遇。

关键词：疫情与收视　长/短视频发展　直播带货　版权营销　电视产业新生态

* 郑维东，Kantar Media Audience 中国区资深数据科学家。

当今时代的电视产业可以称为“新电视产业”。在媒体深度融合发展进程中，新电视产业可以更准确地概括为：围绕新型主流媒体和新型传播平台而构建的电视产业新生态。

一　疫情对电视收视的影响

新冠肺炎疫情期间（以下简称“疫情”），CSM 调研数据显示，72.6% 的用户表示在疫情期间增加了对电视这一媒介的使用，而有 5.4% 的用户表示对电视媒介的使用减少，如果将这两个数值相减，则大致可以看出疫情期间用户对电视使用的增幅是 67.2%。CSM 的收视率检测亦显示，疫情期间，用户人均电视收视时长增幅为 66.7%。

同样，美国尼尔森的研究数据显示，疫情预计使美国家庭视频收视行为增长 60%。疫情期间电视收视增长的原因主要有以下两方面。第一，观众高度关注疫情相关新闻资讯。根据 CSM 的调查数据，疫情期间新闻/时事类节目的用户收视时长增长了 45.7%。第二，大范围居家行为为观众带来更多的闲暇时间。CSM 调查数据显示，在疫情期间年轻观众（15～24 岁）的收视时长大幅增长，涨幅近 120%；上班族群（25～54 岁）和少儿（4～14 岁）的收视增幅分别达到了 85% 和 70%。

诚然，在当今媒体融合时代，用户闲暇时间的增加与电视使用行为的增长并不绝对呈正相关的关系，因为还要考虑手机等移动智媒对用户注意力的分流。不断创新的、灵活多元的新媒介终端及其应用在疫情期间进一步改变着用户行为。

二　短视频成为深度融合发展阶段的重要内容生态

电视收视回暖之外，短视频是用户视频消费的新增长点。“2021 年春节，抖音平台用户拍摄 1.3 亿个‘云拜年’短视频；除夕当天快手用户领取红包总数达 90.3 亿次。”这是年俗在数字化上的新突破，也是短视频发展之于2020年的一个小结。微信“操盘手”张小龙说时代正在往视频化表达方向发展①，短视频进军社交领域，微信视频号也入场参与竞争。

主力军进驻主战场，短视频成为媒体深度融合发展阶段的重要内容生态。短视频行业的迅猛发展集聚了海量内容和大量用户。围绕短视频融媒体业态，市场上涌现出一批主打短视频内容聚合传播的应用平台，如抖音、快手等，同时各类平台呈现“短视频化”发展趋势，如大量短视频内容嵌入新闻资讯类、影视综艺类、信息聚合类、社交互动类、生活服务类等众多应用平台。如果说前者称为短视频平台，那么后者就是短视频融媒体平台。包括各级电视台在内的主流媒体在短视频领域持续发力，一方面努力建设自有平台特别是短视频融媒体平台；另一方面同时加强与社会各平台方多层面合作，做大做强做优短视频传播。在短视频生态建设过程中，重视短视频平台自身建设的同时，更不能忽视越来越多融媒体平台的“短视频化”进程。

短视频生态中最重要的就是内容。只有优质的短视频内容才能够引发有价值、有影响的社会传播。当前在融媒体传播领域存在的诸多问题和不足，也多存在于短视频内容生产领域。在媒体深度融合阶段“推进内容生产供给侧结构性改革”是必要且重要的，包括从供给侧角度扩大优质内容产能、创新内容表现形式、提升内容传播效果等。这几点要求对于短视频内容生产同样至关重要。

成为其他互联网业态的新入口也是视频变形计中应有的叙事场景。短视频平台的直播带货就是其中的最典型应用。曾经让电视大屏为之兴奋却时过境迁的“电视购物”零售业态，如今在手机小屏端轻松实现。短视频平台及其流量导向的互联网新营销随之崛起。

三　观众用户化趋势再进阶

视频内容及形式的变化归根结底还是要回归用户需求。从传统意义上的

① 《张小龙两小时演讲全文：微信十年的产品思考》，金融界，2021年1月20日。

电视观众升级为新电视产业生态中的用户群体，这个过程也称为“观众用户化趋势”。

第九季《中国好声音》热播期间，自2020年8月21日开播之后的前4期节目，根据CSM59城数据统计，共录得期均首直播收视率2.41%，期均7天时移收视率0.36%，合计期均总收视率2.77%，其中时移收视率占比13.0%。回顾上一季《中国好声音》收视表现，该季13期节目共录得期均首直播收视率1.84%，期均7天时移收视率0.37%，合计期均总收视率2.21%，其中时移收视率占比16.7%。通过对比可以发现，尽管各种智能电视家庭接入设备不断增长，但是新一季好声音节目的电视大屏时移收视率占比却不升反降（如果同口径对比，上一季前四期节目的期均时移收视率占比为18.0%，数值更高，趋势一致）。

再取另外两组数据对比分析。2019年9月9～15日，CSM59城电视剧周收视率TOP10节目的7天时移收视率占比为8.9%，综艺节目周收视率TOP10的7天时移收视率占比为12.4%；而2020年9月7日～13日，来自电视剧和综艺节目TOP10的7天时移收视率占比则分别为7.6%和12.1%，同样也显示了时移收视率占比不升反降的规律。

这其实是一个富有意味的发现。差不多1年前笔者曾写过一篇《视频消费不破天花板》的分析文章，文中就指出：“人们对视频的消费，存在着天然的天花板。尽管节目质量不断提升，收看和使用方式日趋便捷，社交连接更加活跃，但并不必然导致视频消费总量的增加。”在当前电视直播收视率下降，大屏时移收视率占比不升反降的总体格局下，基于互联网小屏终端的视频消费行为则趋于增长。CNNIC调查报告显示，2019年年初全国网民在网络长短视频和网络直播应用上消费的时间占比为26.5%，而2020年年初的报告则显示这一比例已上升为29.4%，其中短视频消费时长增长最为明显。

如果简单区分电视大屏端的视频消费者为“观众”，网络小屏端的视频消费者为“用户”，则在“视频消费不破天花板”的总体格局下，表现出观众视频消费正在向用户视频消费迁移的动态调整，观众用户化发展趋势不断彰显。

“内容产品化、观众用户化、营销数据化”是当前媒体融合进程中持续发生的深刻变化，其中内容产品化发展不断加速观众用户化进程，而观众用户化进程则为营销数据化转型提供了坚实基础。当前电视媒体热衷于发展MCN模式，所践行的正是“内容产品化、观众用户化、营销数据化”这样一个新兴媒体融合进程。

“内容为王、用户为本、数据为用”是当前媒体融合进程的另一高阶表述。可见，透过数据变化分析观察观众向用户的变迁规律，并用以指导内容在不同平台间的生产、分配和创新，同样也是建设和完善“全媒体传播体系”的重要途径。

四　直播带货新营销

视频内容的长短交织格局，以及观众不断趋向用户化的发展趋势，必将影响广告营销生态。收视和广告是传统电视经营的两大要素，因为收视表征着观众规模、广告反映出变现的能力。综合来看，内容转化为用户收视，收视又转化为广告，好坏在于效率。

相对于传统电视经营，直播带货是与其相差几个时代的新式玩法。直播转化为粉丝量，粉丝量转化为购买力，好坏也在于效率。从广告到购买还有相当长一段继续转化的距离，但直播带货将这种距离缩短，“新零售”业务模式则在很大程度上省略了从广告到购买的多阶转化过程。

如果要把电视和直播带货联系起来，那么电视主持人入局直播带货算是一个维度。电视主持人和网红一起，凭借其影响力，短时间内吸引大量粉丝，直播带货效果被大大提升。以“小朱配琦”（朱广权＋李佳琦）组合为例，2020年4月6日当天的直播，用户累计观看1.22亿次，共售出4014万元的湖北商品。就此案例而言，假定每个用户仅观看直播一次，则平均每千人购物额为329元。假设将这4014万元投放于电视广告，那么329元的电视广告千人成本算是非常高昂了，而且广告最终的销售额转化率还未知。

如上所述，直播带货在一定程度上对广告形程有明显的替代效应，所以企业愿意将其原来投放广告的花费用来与直播平台和带货主播进行分账。从一般企业的营销费用预算结构来看，这个分账比例为销售额的30%～60%。可想而知，假如越来越多的企业采用直播带货的销售方式，长此以往对广告市场的影响将是巨大的、革命性的。而这种影响在收视向广告的转化率上已经有所体现，监测数据显示，虽然2020年第一季度电视收视率有明显的提升，但电视广告的刊例收入却同比下滑，降幅超过20%。虽然电视知名主持人通过直播带货可赚回佣金，但这部分收入未必能被纳入电视台营收，所以综合来看，这些赚回的佣金和所流失的广告收入相比，影响完全不在一个量级。

相关机构估算2019年的直播电商市场规模达4338亿元，若以2.65亿人的电商直播用户规模来计算，2019年直播电商的ARPU值136元/月。而中国电视的ARPU值约为12元/月，还不足直播电商ARPU值的1/10。电视发展领域寒冬未尽，而直播电商却为电视广告经营雪上加霜。

五　从内容为王到版权为王

围绕从线性到非线性多元化发展的电视新业态，可供我们观察和分析的关键要素有很多，但核心要素还是要回归于内容，回归于版权。“内容为王”其本质在很大程度上即“版权为王”。

随着媒介融合发展，视频内容跨平台传播成为标配，视频版权问题越来越突出。为此，2020年修订的《中华人民共和国著作权法》特别强调了新传播形势下的视听作品版权问题，其中视听作品在不同播出平台的确权、评估和保护显得尤为重要。

在互联网视频领域，IPTV服务、OTT应用、爱优腾网络视频平台等构成了典型的“围墙花园”[①]。同一部视听作品可以基于各自的“围墙花园”

① 围墙花园（Walled Garden）是一个可控制用户对应用、网页和服务进行访问的环境。围墙花园把用户限制在一个特定范围内，只允许用户访问或享受指定的内容、应用或服务，禁止或限制用户访问或享受其他未被允许的内容、应用或服务。

形成相互独立的版权范畴。版权定价虽受制于各“围墙花园”属性，但最终取决于版权价值。视频版权价值是用户和广告的函数。对用户视频消费程度的测量即为收视率，广告则由收视率及媒体定价决定。所以版权价值取决于收视率以及定价体系（包括用户付费价格和广告媒体定价）。基于这样一套逻辑，将视频内容在各个“围墙花园”内的分版权价值总和在一起即形成版权总价值。版权总价值反过来影响和制约视频内容产品的投资、制作与交易。

对于各“围墙花园”而言，用户收费及广告定价既要遵循市场竞争均衡原则，也带有较强的主观性。但收视率却是来自数据事实的客观指标，这一客观指标如何稽核与测定至关重要。由于数据壁垒的存在，实现跨“围墙花园”的收视率测量则是个挑战。

对此提出一个可行的解决方案。针对各视频内容分别植入唯一性、可识别的图像数字水印，使视频内容身份可统一标识，既发挥版权识别与保护的作用，也使跨“围墙花园”的收视率测量成为可能。播放器软件自动识别和记录带有数字水印信息的内容，并将数据回传至第三方统计机构，则第三方即可通过精细的、可识别的用户端视频消费行为大数据来完成对不同版权内容的跨“围墙花园”的收视率评估。

在版权、“围墙花园”以及收视率之间，版权是解决问题的核心和关键。版权需要通过数字技术植入图像水印码流，使基于每一帧画面的视频版权得到确认和保护。由此出发，也使构建一套跨平台的视频融合传播大数据收视率监测体系成为可能。

随着5G覆盖率快速提升和终端用户数量不断增长，在视频融合传播领域，技术竞争正逐步让位于内容竞争。所以从一定意义上讲，内容为王也完全可以表述为版权为王，版权必将成为加快推动媒体深度融合发展的新抓手。

结语：从线性到非线性的电视新业态

互联网技术的发展和应用大大加快了媒介融合进程。电视与互联网基于视频的融合传播正在内容、渠道、终端、用户、营销等各个层面快速推进、深度变革。视频重塑媒介，5G 重塑视频，这被称为当今媒介化社会加速演进的一个重要标志。

媒介融合推动观众向用户不断转化。如果说看直播电视被界定为观众行为，那么对视频内容的回放、点播、倍速、慢速、多窗口等操作则应该被界定为用户行为。从一定意义上来说，观众行为和用户行为相叠加就是媒介融合。

CSM 全国网收视调查数据显示，2020 年前三季度，电视观众人均每天收看电视时长为 117 分钟，其中差不多 80% 的时间是在收看直播电视，即观众人均每天收看直播电视时长约 94 分钟。CNNIC 数据显示，截至 2020 年 6 月全国网民（规模已相当于全国电视观众数量的 75%）人均上网时长为 240 分钟/天，其中观看网络视频、短视频及网络直播等视频的时间占比为 28.9%，即人均约 70 分钟/天。

基于以上数据可知，观众人均电视消费时间约 94 分钟/天，而对于广泛意义的视频内容而言，用户人均视频消费时间约 93 分钟/天（70 + 117 - 94），两者数字基本相同。观众和用户对视频内容消费的组合性、复合性以及此消彼长的特征，恰是对电视媒体融合发展进程的动态反映。

从时间与内容的组合序列分析，观众看直播电视是线性行为，用户使用视频则是非线性行为。传统收视率调查是建立在线性行为数据基础上的，创新的跨屏收视行为监测则重点在于如何解析和统计用户使用视频的非线性行为数据。这是后者必须面对的一个挑战。

用户非线性、交互式使用视频的行为让视频价值得以提升，让新电视生态走向繁荣。2020 年国家首次将大数据纳入新基建范畴，并定义大数据为新兴生产要素。在非线性发展演化的新电视生态中，对数据的基础功能、重要作用必须予以足够重视，用户跨屏视频使用行为数据的集成、汇总、统计、分析等大数据基建工作也必须多方协调、积极部署、大力推进。

B.6
2020年中国电影产业发展报告

尹 鸿 孙俨斌*

摘 要: 2020年伊始全球暴发的新冠肺炎疫情对全球电影市场造成了前所未有的冲击，在艰难的防疫抗疫、复工复产中，中国电影市场最早复苏并领跑全球。电影企业加速了整合的步伐，产业模式趋于集中化发展，市场结构进行着深度的调整。在整个电影市场中，电影产品依旧保持着类型和题材的多样化，头部电影的“马太效应”较为明显。在疫情的影响下，票房遭遇增量天花板，稳定头部电影质量、提升产品竞争力、强化文艺片的院线性以及完善整个电影工业体系成为中国电影产业发展的重要任务。

关键词: 中国电影 电影产业 电影市场 电影复苏

一 基础数据

受新冠肺炎疫情（以下简称“疫情”）影响，2020 年全球电影业受到重创，但基于中国有效的抗疫行动，中国电影市场在全球电影市场中最先复苏，并领跑全球电影市场。

1. 电影票房

2020 年中国电影总票房为 204. 17 亿元（约 31. 28 亿美元），同比下降

---

* 尹鸿，清华大学新闻与传播学院教授、博导；孙俨斌，北京电影学院管理学院讲师。

68.32%（见图1）。根据Comscore统计，2020年全球电影总票房为122亿美元，同比下跌71%；北美累计电影票房为22.5亿美元①，同比下跌80%，创北美影史40年来历史新低。② 中国票房首次超越北美票房，位列全球第一。

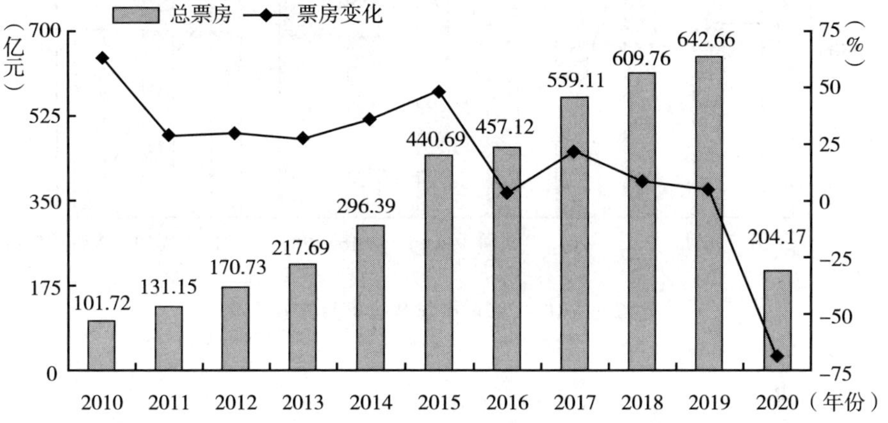

图1　2010～2020年中国电影总票房趋势

资料来源：国家电影专项资金办公室。

2. 电影产量

2020年全年生产故事片531部（见图2）。加上动画片、科教片、纪录片、特种电影等，获得公映许可证的国产电影共计650部，同比下降37.5%。③

3. 市场份额

全年有票房统计的发行影片280部，超200部的国产影片以170.93亿元的票房成绩取得84%的市场份额，创历史新高（见图3）。受疫情影响，进口电影数量下降，全年引进64部外国电影，取得32.67亿元票房，票房占比仅为16%。

① Boxoffice pro. *Global Box Office Down 71% in 2020, China Supplants North America as Top Market*, 2021年1月15日。

② 1905电影网、电影频道融媒体中心：《2020中国电影年度调查报告》，2021年1月1日。

③ 李霆钧：《2020年全国电影市场票房204.17亿元》，中国电影报微信公众号，2021年1月1日。

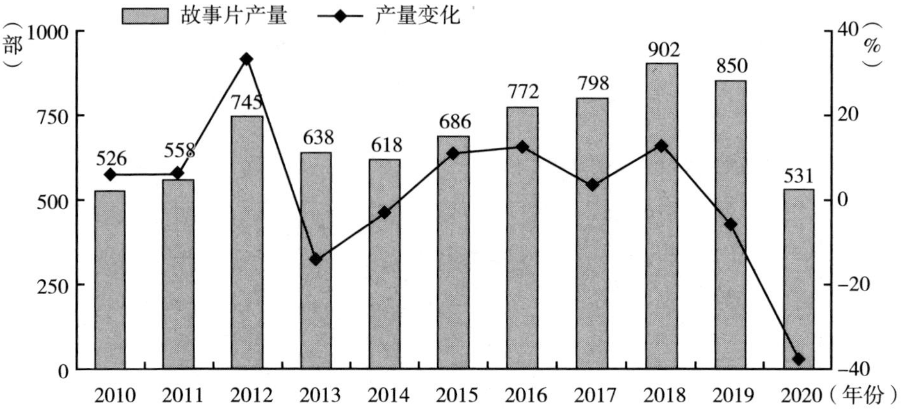

图 2　2010～2020 年国产故事片产量变化

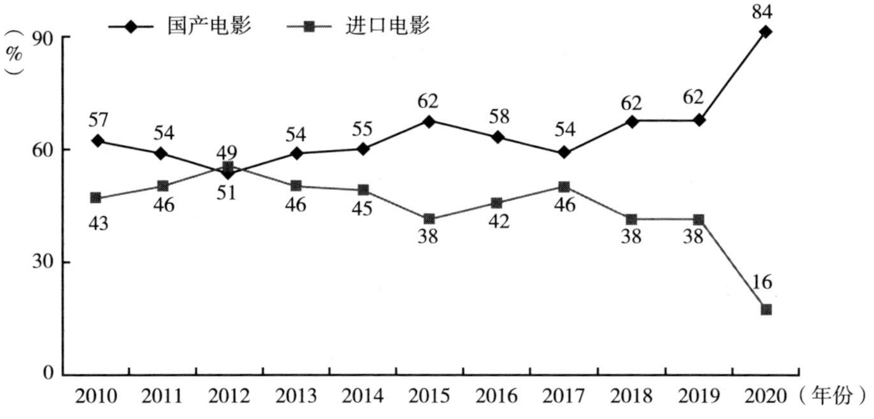

图 3　2010～2020 年国产电影与进口电影市场份额

4. 观影人次

2020 年全国院线观影人次达 5.48 亿，同比降低 68.27%（见图 4）。人均观影 0.39 次，以城市人口为基数，人均观影 0.65 次。受到疫情影响和新的媒介介质的分化，影院观众的总规模和观影频次均有下降，但总观影人次仍保持世界首位。

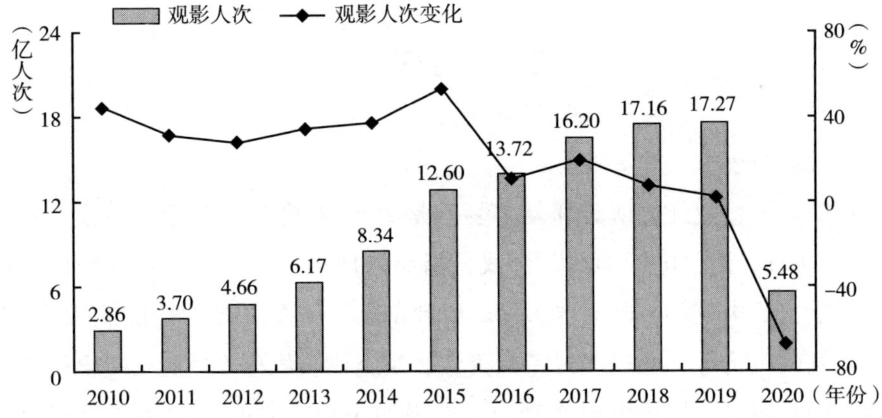

图 4　2010 ~ 2020 年全国观影人次变化

5. 银幕与影院

2020 年全国市场银幕总量达到 75581 块，新增银幕 5794 块，同比增长 8.30%（见图 5）。院线数 50 条，影院 1.27 万家。[①] 放映市场容量保持全球首位。

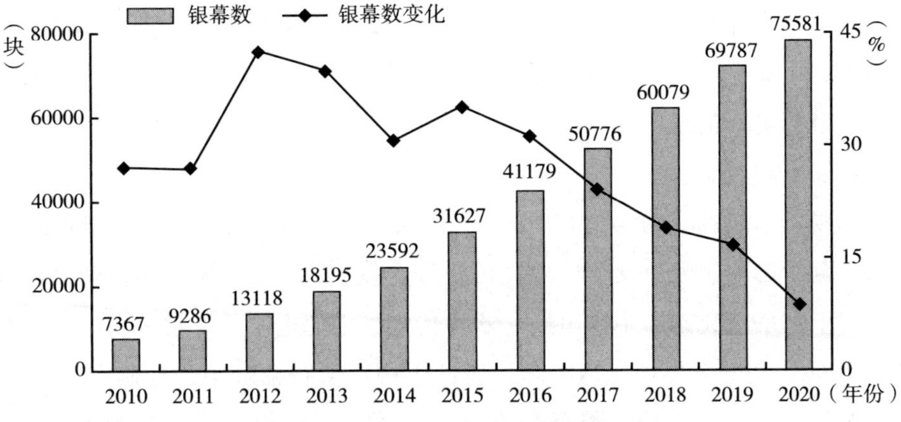

图 5　2010 ~ 2020 年全国银幕数量变化

资料来源：国家电影局，截至日期 2020 年 12 月 31 日，https：//mp. weixin. qq. com/s/RDqWVSD5_ RscakwfP07Rjg。

① 数据来源：国家电影专项资金办公室。

二 产业环境

1. 政策环境

帮助电影行业纾困解难和复工复产是2020年度政府政策的重点。2020年4月29日，国家电影局召开会议，指导各地出台帮扶电影企业纾困发展的政策措施。中宣部、国家电影局、财政部、国家发改委、税务部门以及各地相关党政机构等，通过拨付专项资金、实施税收优惠等措施扶持电影市场主体，同时通过支持抗疫电影项目、提升政务服务水平和效率等支持电影业。7月16日国家电影局发布了《关于在疫情防控常态化条件下有序推进电影院恢复开放的通知》，允许在低风险地区，各电影院在防控措施落实到位的情况下恢复营业。除应对疫情的相关政策外，8月国家电影局与中国科协联合印发《关于促进科幻电影发展的若干意见》，倡导中国电影高质量发展，对科幻电影提出“科幻十条”的具体措施，推动优秀影片的创作。

为创造更为规范的市场环境，国家电影局与国家版权局在春节前夕联手发布重点电影作品版权保护预警名单。同时，加大对偷漏瞒报票房问题的监管力度，电影主管部门对471家拖欠票款超过10万元的影院予以不能放映所有春节档电影的惩戒。

2. 资本环境

影视资本热的“黄金时代”已经过去，影视公司市值在2020年度持续缩水。阿里影业、北京文化、慈文传媒、文投控股、长城影视等市值跌幅在30%以上；华谊兄弟、中国电影、欢喜传媒、上海电影、幸福蓝海市值跌幅超过10%；完美世界、万达电影、唐德影视市值跌幅较小，控制在10%以内。芒果超媒、光线传媒等部分企业市值增长。芒果超媒市值暴涨85%，总市值超过1000亿元，位列影视上市公司榜首。光线传媒电影业务受疫情影响较小，是少有能在疫情期间盈利的电影公司。博纳影业经过3年多等待，A股首次发行募股计划通过审核。这也是自2017年10月金逸影视上市之后，除芒果超媒2018年借壳上市外，首个将登陆A股的影视企业。

3. 行业整合

受疫情影响，一批中小影视公司经营陷入困境，截至 2020 年 12 月 25 日，“企查查”数据显示，中国全年 9860 家影视公司关停，其中 2814 家影院类企业关停。[①] 市场的大浪淘沙也为影视行业创造了整合契机。

在动荡的影视行业整合中，互联网企业成为影视行业整合的主要推动者。据媒体统计，阿里巴巴自有以及投资的影视娱乐公司总数超过 15 家，腾讯自有以及投资的影视娱乐公司总数超过 35 家。[②] 互联网电影公司完成了过去几年定下的全方位布局影视行业和构建影视基础设施的目标。整合态势在传统影视公司中同样突出。以光线传媒为例，除控股猫眼娱乐、自有动画公司彩条屋影业外，还投资了动漫、影视产业链上的相关中小微公司及其他公司超过 50 家。电影公司间的资本联结加强了彼此间的利益关联。

国企国资以投资电影公司或电影项目的方式进一步融入电影行业中。北京文化、华谊兄弟、唐德影视，以及中南文化、长城影视、当代东方、鹿港文化、华策影视等影视公司都有国资入股。[③] 新媒体、短视频平台如抖音、快手、哔哩哔哩等也积极进入电影产业链的上游，热门影片背后开始有了北京字跳网络技术有限公司、抖音文化电影等出品方的名字。

三　电影市场

1. 生产主体

国有、民营、新兴电影生产企业广泛融合。中国电影和华夏电影作为两家国有电影公司在 2020 年加强了对头部电影的制作参与。中国电影主出品

---

① 无念：《十个关键词，回答 2020 电影行业》，2021 年 1 月 2 日，https：//www. jiemian. com/article/5489151. html。

② 哈麦：《超 40 家头部影视动漫公司为阿里腾讯“打工” 娱乐行业该不该“反垄断”?》，搜狐娱乐，https：//m. sohu. com/a/439918607_ 114941。

③ 张柳静：《近期多家 A 股影视公司“联姻” 国资》，新浪财经，https：//baijiahao. baidu. com/s? id = 1668084787726722898&wfr = spider&for = pc。

的影片量达 12 部，其参与影片的票房总计 57.50 亿元，占国产电影总票房的 1/3。华夏电影主出品的影片量达 5 部，票房占比也很突出。上海电影仅主出品了 1 部 IP 改编电影，联合出品 3 部。大部分其他国有电影企业本年度表现有所起色，但其角色也仅限于影片的参与方或者各地宣传部门主导的中低成本主旋律电影的出品方。

民营电影公司是电影生产的主力。华谊兄弟主出品的《八佰》提振了复工初期的电影市场，取得累计票房 44.55 亿元的成绩。光线传媒主出品 5 部电影，总票房 20.44 亿元。博纳影业秉承港片和新主流电影特色，出品了 4 部电影。万达影视仅出品了 1 部电影，业绩相对平淡。北京文化主出品电影票房达 32.35 亿元。欢喜传媒主出品电影票房累计 11.91 亿元，市场表现较好。

互联网公司对电影内容的参与度进一步提高。阿里影业主出品和参与出品的电影票房累计超过 107 亿元，占全年总票房一半以上。腾讯影业从“联合出品”走向“主投主控”，参与多部影片。

以导演和明星为核心的独立电影公司成为近年来重要的电影市场主体。管虎的七印象是《八佰》、《金刚川》和《荞麦疯长》的出品方。《我和我的家乡》的主出品公司包括张一白的拾谷影业、宁浩的坏猴子影业、徐峥的真乐道影业、陈思诚的壹同传奇影业、闫非和彭大魔的西虹市影业、邓超的橙子映像等。

2. 电影产品

虽然 2020 年度的电影产量下降、市场空间缩小，但电影产品依然保持了类型和题材的多样化。动作片《拆弹专家 2》《除暴》《紧急救援》《急先锋》得到市场认可；动画电影《姜子牙》取得 16 亿元票房；现实题材电影《我和我的家乡》《一点就到家》等展现出日常小人物在时代背景下的大气概；体育电影《夺冠》被视为同类题材的开山之作；爱情电影《我在时间尽头等你》成为七夕档期影史票房冠军；此外还有喜剧电影《沐浴之王》《温暖的抱抱》、奇幻电影《赤狐书生》《晴雅集》、音乐片《热血合唱团》、青春片《抵达之谜》等。遗憾的是 2020 年度灾难和科幻类型缺失，悬疑惊悚类票房贡献率下降。[①]

电影艺术的发展离不开多样化、丰富的影片创新制作，在众多的影片类型中各种小众的电影也是电影文化的重要部分。[②] 张艺谋的《一秒钟》以及青年导演李霄峰的《风平浪静》分别斩获 1.3 亿元和 8351.2 万元的票房。此外还有《气球》《棒！少年》《活着唱着》《掬水月在手》《冬去冬又来》《日光之下》等小众电影票房也收获颇丰。

在影院关停近半年的时间里，网络电影撑起了电影业的“半边天”。全国上线网络电影 756 部，较 2019 年增长 7%。其中，“优爱腾”上线影片 270 部，同比增长 81%，77 部影片分账票房过千万元。题材上网络电影仍以奇幻、武侠、喜剧、悬疑题材为主。

网络电影市场主体格局稳定。奇树有鱼、淘梦、新片场、映美等公司稳定保持行业领先地位。万达、华策、中广天择、东方飞云、华谊兄弟等传统影视公司以参投方式进入网络电影市场。网络电影制作和创作水平有明显提高，网络平台为中小成本电影提供了新的传播渠道。

3. 进口与国产

2020 年国产电影票房占比 84%；进口电影有 22 部分账片和 42 部批片[③]，票房占比 16%。32 部影片取得过亿元的票房，其中国产电影 23 部。《八佰》《我和我的家乡》《姜子牙》位列前三，国产电影占据票房前十位。由于好莱坞电影的缺席，2020 年度《八佰》以 31.07 亿元票房夺得年度票房冠军，并成为全球年度票房冠军，《我和我的家乡》、《姜子牙》和《金刚川》也分别位列全球票房第三、第八和第十位。

由于档期、营销和发行窗口滞后等原因，进口电影在国内并未取得理想票房。进口电影有 9 部票房过亿元，其中《信条》以 5.01 亿元取得进口电影年度票房冠军，《疯狂原始人 2》和《花木兰》分列第二、第三位。

---

① 尹鸿：《2021 年，我们将更需要电影》，《文汇报》2021 年第 1 期。

② 尹鸿：《2021 年，我们将更需要电影》，《文汇报》2021 年第 1 期。

③ 坦克：《22 部分账大片票房仅 21 亿，好莱坞陷质量危机》，2021 年 1 月 22 日，https://www.sohu.com/a/439966053_699621。

4. 放映市场

2020 年全国影院数量达 1.27 万家，比 2019 年的 1.18 万家增加约 900 家①，影院数量在疫情期间不降反增。在全国 50 条院线中，万达院线以 31.49 亿元的票房产出连续 13 年夺冠，大地院线和上海联合连续 5 年分列第二、第三位。前三院线共产出票房 66.4 亿元，约为全国总票房的 1/3；前十院线票房占比 66.87%，剩余 40 条院线共享约 33% 的市场份额。全国电影放映市场集中度未有明显变化。上海电影的 10 亿元“影院抗疫纾困基金”、万达电影的 30 亿元定增，以及博纳影业募集到的 8.20 亿元等都将用于电影院建设，② 市场整合未来可期。

5. 城市票房

中国票房的区域地理分布呈现出城市间的南北差异，南方观众比北方观众更喜欢看电影。就城市而言，仅有北京和西安两个北方城市进入城市票房前十，分别位列第二和第九，其他如上海、深圳、广州、成都、重庆、杭州、武汉、苏州均为南方城市（见表 1）。上海市以 11.64 亿元票房取得年度城市票房冠军。省份分布同样如此，票房排行榜前五位均来自南方省市，广东省、江苏省、浙江省位列前三名，成为票房产出大省（见表 2）。

表 1　2020 年中国内地城市票房 TOP10

单位：亿元

排名	城市	票房	排名	城市	票房
1	上海	11.64	6	重庆	5.02
2	北京	10.33	7	杭州	4.77
3	深圳	7.02	8	武汉	4.40
4	广州	6.84	9	西安	3.89
5	成都	6.20	10	苏州	3.88

资料来源：国家电影专项资金办公室。

① 数据来源：国家电影专项资金办公室。

② 数据来源：《博纳影业集团股份有限公司首次公开发行股票招股说明书》，2020 年 8 月 24 日，http://www.csrc.gov.cn/zjhpublic/G00306202/202008/P020200824650267730802.pdf。

表2　2020 年中国内地各省市票房 TOP10

单位：亿元

排名	省份	票房	排名	省份	票房
1	广东	25.93	6	北京	10.33
2	江苏	18.36	7	山东	9.99
3	浙江	14.91	8	河南	9.48
4	四川	11.67	9	湖北	8.38
5	上海	11.64	10	湖南	7.59

资料来源：国家电影专项资金办公室。

各地影院复工情况受疫情影响有别。对比 2019 年票房数据，2020 年全国大盘恢复率为 31.77%。[①] 一线城市恢复率最低；二线、三线城市次之；四线城市恢复最快。受疫情影响，较大城市院线恢复率远低于全国平均水平，北京市因疫情反弹，恢复程度仅有 28.59% 左右。[②]

结　语

受新冠肺炎疫情的影响，全球电影市场仍旧在艰难复苏之中，中国电影市场虽然率先复工复产，但中国的电影业仍旧面临来自国际形势、国内社会经济发展、互联网新媒介生态和 5G 的数字升级带来的“不确定性”。

面对不断变化的市场需求、工业体系、行业环境和国内外的挑战，中国电影在“十四五”期间应该从六个方面加以应对：产业结构层面应形成以跨媒介企业为核心的电影产业体系；影视产品创新层面应形成主流产品、类型产品、分众产品和分渠道、分功能产品互补的多元作品体系；影视传播方面应扩展影视版权窗口，形成多屏传播的有序格局；影视行业建设方面应完善市场规则、产业规范、行业法规的细则和执行程序；国际市场开拓方面应采取国际传播策略，拓展亚太地区影视市场；影视化行业融合方面应推动影视与城市品牌、旅游、时尚、消费品行业的深度融合。

① 数据来源：猫眼专业版，截至 2020 年 12 月 31 日。

② 数据来源：猫眼专业版，截至 2020 年 12 月 31 日。

B.7
2020年中国图书及报刊产业发展报告

魏玉山*

摘　要：　2020年，受新冠肺炎疫情的影响，图书、报刊产业发展在低位徘徊，图书零售码洋出现了近20年来的首次负增长，报刊市场规模则继续收缩。疫情之下，数字出版的优势得到彰显，新闻出版单位投身数字出版产品生产的热情提高，生产与需求的匹配为数字出版发展提供了动力。

关键词：　图书出版　报纸　期刊　媒体融合

2020年是不平凡的一年，新型肺炎疫情的暴发与肆虐使出版产业的一些环节出现多年来少有的停滞，产业规模的增长受到了制约。但是，疫情也给人们生产、生活带来了新变化，传统媒体的融合发展进程加速，服务模式不断创新，更好地适应了新形势带来的新需求。

一　图书及报刊整体市场发展

2020年国家出台了许多新政策、新法规，对构建国家治理体系、推进治理能力现代化方面具有重要意义，其中与图书及报刊产业关系最为紧密的有：涉及出版行业合同、人格权的《中华人民共和国民法典》，指导下一步媒体融合工作重点的《关于加快推进媒体深度融合发展的意

* 魏玉山，中国新闻出版研究院院长，研究员。

见》，对全民阅读工作起到更大的推动作用的《关于促进全民阅读工作的意见》，进一步加大了著作权保护力度的《中华人民共和国著作权法》。除了宏观的政策、法规以外，国家新闻出版署还颁布了一批具体政策，涉及主题出版、图书“走出去”、图书质量管理、网络文学出版管理、报纸期刊质量管理等。

新闻出版产业增长依然乏力，产业规模增速继续下降。2019 年，中国出版、印刷和发行服务实现营业收入约 18896 亿元[①]，较 2018 年增长 1.1%；拥有资产总额 24106.9 亿元，同比增长 3.0%。从数据来看，产业增速已经处于低位，与 2018 年相比，增速放缓。考虑到 2020 年新冠肺炎疫情的影响，产业规模等经济指标仍可能继续下降。

2019 年，在整个新闻出版产业当中，图书出版产业营业收入继续保持稳定增长，其增速在 8 个门类中居于第二位，表现出了较强的韧性。与图书出版相比，2019 年报纸和期刊营业收入仅属于基本持平状态（见表 1）。

表 1　2019 年中国新闻出版产业结构

单位：亿元，%

产业门类	营业收入	增长速度
图书出版	989.65	5.59
期刊出版	199.76	0.18
报纸出版	576.10	0.03
音像制品出版	29.43	-2.22
电子出版物出版	16.50	8.56
印刷复制	13802.63	0.55
出版物发行	3196.54	2.57
出版物进出口	85.53	-0.15

资料来源：国家新闻出版署。

① 因数字出版产业尚未正式纳入统计范围，故数据不含数字出版产业部分。以下产业数据均如此。

二　图书出版发展状况

1. 图书出版结构持续调整

第一，图书出版结构继续调整。新版图书品种数及印数呈下降趋势，而重印版图书的品种数及印数呈增长态势。2019 年中国出版 224762 种新版图书，与 2018 年相比，品种数减少 9.04%；总印数达 24.97 亿册（张），数量较 2018 年减少 0.79%。2019 年出版重印图书 281217 种，与 2018 年相比增长 3.33%；总印数 61.96 亿册（张），较 2018 年增长 7.31%。从新书与重印书的比例来看，重印书品种约占总品种的 56%，占图书总印数的 58%。①

主题图书的规模与影响力继续提升。2019 年，在单品种年度印数排名前 10 位的图书中，主题图书占了多数，与习近平总书记相关的图书继续热销。2020 年年初，在抗疫大形势下，国家新闻出版署针对抗疫相关图书的出版做出了部署，出版界紧急行动起来，组织、策划、出版了多种类别的防疫、抗疫图书，2020 年 1 月至 3 月中旬，全国出版或计划出版的抗疫图书选题 570 种。② 当然，2020 年全年实际出版的相关图书数量应该高于这个数量。抗疫图书的出版发行，为人们掌握防护知识、提高防疫意识、纾解心理焦虑等提供了有力的智力支持。

2. 图书发行稳中有忧

从产业角度看，出版物发行是仅次于印刷复制的第二大产业，其规模占整个新闻出版产业规模的 17%。在出版物发行当中，图书发行又是最重要的部分。

受政策激励的影响，2019 年，全国出版物发行网点数量同比增长了

① 根据国家新闻出版署公布的数据，2019 年新书印数 24.97 亿册、重印书印数 61.96 亿册、租型 19 亿册。

② 刘兵、隅人：《570 种抗击新冠肺炎疫情图书选题分析（上）》，《中国新闻出版广电报》2020 年 4 月 13 日。

5.57%，达到181106处。一些地方继续实行鼓励、扶持实体书店的政策，特色书店的建设有新发展。

从图书销售来看，2019年继续保持了数量与销售额双增长的格局，全国新华书店系统、出版社自办发行单位实现了出版物纯销售83.04亿册，较2018年增长约7.8%；实现销售收入1059.92亿元，较2018年增长约7.9%。[①]

但是，2020年的新冠疫肺炎疫情对图书发行业的影响是巨大的，对于一些中小书店来说影响可能是致命的。2020年2月，中宣部印刷发行局做了一个关于疫情对书店影响的调研，参与抽样调查的实体书店1021家，当时处于暂停营业的926家，占比达90.7%，即使恢复营业，一些经营者的预期也不乐观，43.7%的书店表示2020年上半年的营业收入预计下降50%以上。[②] 中国新闻出版研究院对企业进行的调研中，多数企业表示2020年第一季度的收入出现30%～50%的下降。与多数实体书店图书销量下滑不同，网上书店的图书销量保持了较好的增长，包括直播售书在内的新营销方式带来的销量增长在一定程度上对冲了实体书店图书销量的下降。

开卷的报告显示，2020年中国图书零售市场码洋规模为970.8亿元，同比下降5.08%，20年来首次出现负增长。[③] 图书零售在中国图书发行中占有重要的份额，其负增长的结果，必将影响2020年图书销售的整体格局。

3. 新模式、新服务不断涌现

受疫情的影响，2020年出版业发生了深刻的改变，许多出版环节线上化，由此催生了许多新服务、新业态、新模式。

线上书展。因新冠肺炎疫情，多个国际书展无奈被取消，意大利博洛尼亚国际儿童书展（5月）、北京国际图书博览会（9月）、法兰克福书展（10月）等改为以线上方式举办。线上书展的举办，虽然不能完全实现线下书

① 资料来源：国家新闻出版署。

② 中宣部印刷发行局调研组：《在疫情之下对实体书店困境与出路的调研及思考》，《中国新闻出版广电报》2020年2月25日。

③ 资料来源：https://www.163.com/dy/article/FVQK9SDA053469M5.html。

展的目的，但是对于图书的展示、版权的交易以及信息的交流还是起到了一定的积极作用。除了线上书展，出版界的许多博览会、研讨会、论坛、培训等也都以线上方式举办，大大地节约了出版单位的开支，由此也出现一些出版社虽然销售收入减少，但是利润却增加的现象。

直播售书。2020 年年初，直播售书异军突起。从相关的报道看，包括钟书阁、单向空间、先锋书店、晓风书屋等在内的民营书店都在 2020 年年初开展了直播售书。[①] 新华书店系统也不甘落后，从 2 月开始，福建、浙江、甘肃等地方的新华书店也纷纷亮相直播间，开始直播售书。[②] 同时，出版单位与选题策划单位的直播售书也及时跟进，2020 年 4 月 23 日“世界读书日”期间，人民日报新媒体及 23 家出版机构加入直播售书行列，如北京出版集团、北京大学出版社、东方出版社、华文出版社、人民日报出版社、人民文学出版社、人民邮电出版社等出版机构，以及博集天卷、长江新世纪、读客经典、果麦文化、磨铁、十点读书、新经典、99 读书人等图书选题策划机构。[③] 参加直播售书的不仅有网红，还有许多出版社社长、总编，有些作家也亲自出马。一些参与直播售书的出版社也坦言，并非直播售书都取得了满意的效果，有的网红直播售书，把图书的折扣压得很低，虽然出货量大，但是收益不高，许多企业自己直播售书，但是关注度和图书销量有限。但无论如何，直播售书开启了一种新的售书模式。

数字阅读。最近十多年来，数字阅读的增长一直快于传统阅读，而疫情更是促进了数字阅读的进一步增长。2020 年 1 月 23 日 ~3 月 1 日，厦门市图书馆数字资源总访问量达 376.916 万人次。[④] 这种无接触的阅读方式，是阅读爱好者“居家”常态及图书发行物流受阻情形下的必然选择，也是近几年来出版单位数字化转型升级成果的一次集中检阅。

---

① 资料来源：http://sczkzz.com/04/yao/23216.html。

② 资料来源：http://book.sina.com.cn/news/sygc/2020-03-06/doc-iimxyqvz8382325.shtml。

③ 资料来源：新闻出版总署。

④ 资料来源：http://xiamen.xmtv.cn/2020/03/06/VIDEXoJO7AtabdVvKQJjVWAA200306.shtml。

三　报纸、期刊发展状况

受数字化、网络化发展的影响，传统报刊的印数、总印张、广告等业务指标仍处于下降状态。但是因为经营方式的转型，部分报刊的收入与利润等财务指标出现了增长。

1. 报纸的出版发行情况

2019 年，中国共有报纸 1851 种，数量较 2018 年下降 1.07%；总印数为 317.59 亿份，较 2018 年下降 5.83%；总印张 796.5 亿印张，较 2018 年下降 14.2%。报纸出版营收为 576.1 亿元，与 2018 年基本持平；利润约 38.2 亿元，同比增长 15.8%。①

各级报纸中，全国性和省级报纸 960 种（较 2018 年减少 17 种），印数为 218.54 亿份，分别占总品种数的 51.86%、占总印数的近 70%。地、市级报纸 872 种（较 2018 年减少 3 种），总印数 98.05 亿份，分别占总品种数的 47.11%、占总印数的 30.87%。县级报纸 19 种（与 2018 年持平），总印数 1.00 亿份，品种占报纸总量的 1.03%，印数占报纸总印数的 0.31%。②

平均期印数达到或超过 100 万份的报纸有 20 种（较 2018 年减少 2 种），其中综合性报纸 5 种、专业类报纸 13 种、读者对象类 2 种。排名在前 10 的综合性报纸中，中央在京机构所办的报纸占据 6 席，包括《人民日报》《参考消息》《新华每日电讯》《光明日报》等，而地方办报能进入前 10 的有广东的《南方日报》、山东的《半岛都市报》、浙江的《都市快报》和《钱江晚报》。在专业类报纸领域，平均期印数占据前 10 的多为受众面比较广且多年来口碑较好的中小学教学辅导类报纸，如《英语辅导报》《英语周报》《语文学习报》等。③

---

① 资料来源：新闻出版总署。

② 数据来源：新闻出版总署。

③ 数据来源：新闻出版总署。

2020 年，报纸媒体在城市居民中的日到达率仍然呈下降趋势，2020 年仅为 18.6%，受众日均报纸媒体的接触时长为 32 分钟（见图 1）。

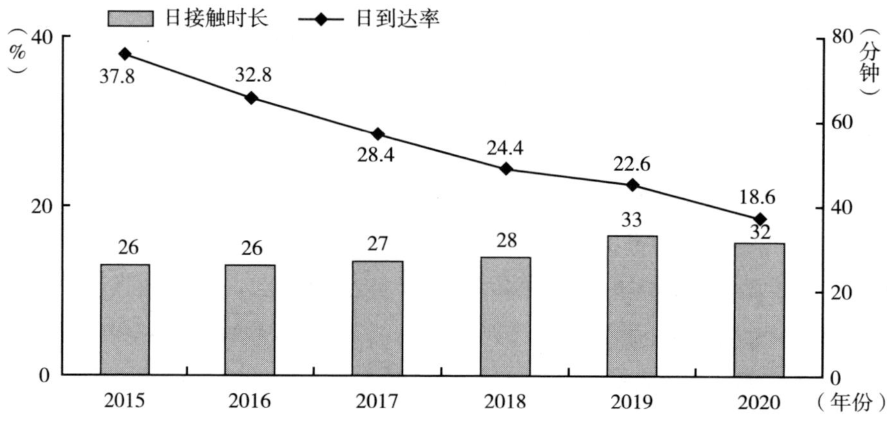

图 1　2015～2020 年报纸在城市居民总体中的日到达率及日均接触时长

资料来源：CTR TGI 目标群体指数数据库。

随着互联网广告收入的一路走高，本就式微的报纸、期刊广告收入在 2020 年仍是大幅下降。根据 CTR 媒介智讯调查数据，2019 年报纸广告刊登额较 2018 年下降了 24.8%。①

受疫情影响，2020 年报纸发行量下降更加严重，不少疫情重灾区的报纸在疫情期间几个月都无法正常发行，与读者的告别信成为即将停刊的报纸留给读者最后的纪念。2020 年停刊的报纸有《遵义晚报》、《青年时报》（浙江省）、《新文化报》（吉林）、《都市资讯报》（哈尔滨）、《东莞时报》、《内江晚报》、《上海金融报》等。但也有一些省级报业集团通过多种经营探索出经营发展新路径，特别是一些地方党报集团在媒体融合方面的经验模式值得借鉴。

2. 期刊的出版经营情况

2019 年，中国共有期刊 10171 种，较 2018 年增长 0.32%；总印数达

① 数据来源：CTR 媒介智讯。

21.89 亿册，较 2018 年下降了 4.48%。期刊出版营业收入为 199.8 亿元，较 2018 年增长 0.2%；利润达 29.9 亿元，同比增长 11.6%。根据 CTR 媒介智讯调查数据，同报纸广告刊登额持续下跌的境遇相同，期刊广告刊登额较 2018 年下降了 7.1%。①

期刊中以自然科学、技术类期刊最多（5062 种），哲学、社会科学类期刊次之（2683 种），再次是文化、教育类期刊（1398 种）。2019 年平均期印数超过 100 万册的期刊有 10 种，这 10 种期刊中，中央在京机构所办的期刊占据 7 席，如《时事报告》（大学生版）、《中中央办公厅通讯》《半月谈》等，地方办的期刊只有《读者》（甘肃）、《小学生时代》（浙江）、《特别观注》（湖北）3 种。期刊在受众接触时长方面略有起色，2020 年受众周接触时长较 2019 年增长了 2 分钟，但是 54 分钟的周接触时长与受众互联网媒体的接触时长相比还是相差太远（见图 2）。2020 年也有一些期刊宣布停刊。

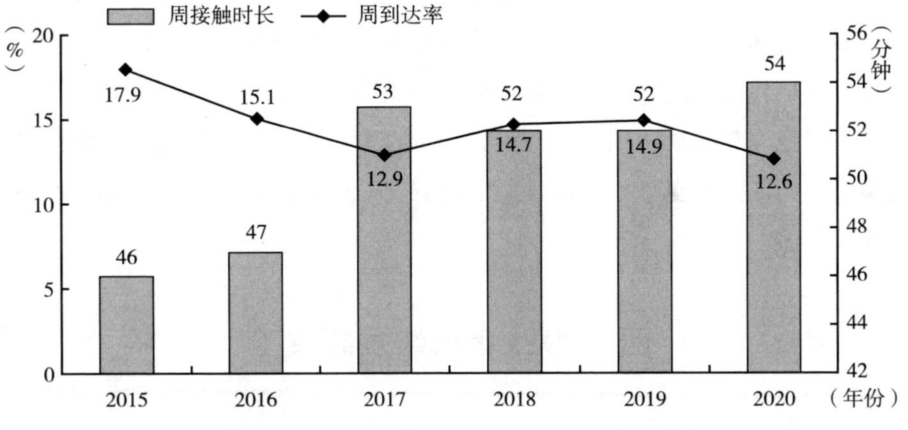

图 2　2015～2020 年期刊在城市居民总体中的周到达率及周均接触时长

资料来源：CTR TGI 目标群体指数数据库。

① 数据来源：CTR 媒介智讯。

3. 媒体融合背景下报刊业经营转型探索

在媒体融合的大时代背景下，媒体转型迫在眉睫，传统纸媒从多年前就开始探索各种各样的融媒发展之路。报刊媒体通过微博、微信、客户端等平台增加传播渠道，通过直播、电商等模式开辟新的收入增长点，通过社群运营提高用户黏性等。

媒体融合已经不仅仅局限于业务流程上的改革和重塑，而是逐渐转向组织构架、资源配置、技术升级等多方面的改造。大数据时代，数据成为重要的资源，与互联网媒体不同的是，传统媒体很少有自己的数据库，即使有一定的数据积累，但在进行数据分析、算法推荐等需要有技术支撑的应用时，也往往力不从心。所以，从一个侧面来讲，高端人才缺口是融合过程中必须先解决的问题。

在新冠肺炎疫情期间，报刊依托于各传播渠道进行疫情信息发布、政策解读、抗击疫情故事讲述、辟谣等，以其专业和深度的报道直接带动了用户数量的增长和影响力的扩大。部分报刊如《第一财经》《三联生活周刊》等关于疫情的深度报道获得读者的欢迎和肯定。在信息碎片化时代，纸媒在网络化、数字化改造的同时，最需要坚守的就是“内容为王”的核心思想。

一些地方党报集团在报业转型方面的探索已经取得一些成效，创出经营新模式，如江苏的新华报业传媒集团在媒介融合和集团经营方面都有很好的业绩。

四　2021年纸媒发展展望

2021 年是许多重要历史时刻的交汇点，新闻出版业发展面临许多利好政策，也有难得的发展机遇，必将走出 2020 年阴霾，走向创新发展的新境界。

一是文化强国及出版强国建设为新闻出版业发展提出更高要求。新闻出版业在文化产业与文化事业中具有举足轻重的地位，加快新闻出版业发展，就是对文化强国及出版强国建设最好的支持。随着国家“十四五”规划、出版业“十四五”规划等重要规划的实施，新闻出版业被赋予了新的发展目标，注入了新的动能，新闻出版业将在新规划指引下开启新征程。

二是主题出版将有更大作为、取得更大发展。2021 年有许多重大事件，如庆祝中国共产党成立 100 周年、庆祝决战决胜脱贫攻坚与全面建成小康社会、开启“十四五”时期发展新征程等，围绕重大庆祝活动，图书出版业肩负着做好主题出版以服务大局的重任，同时重大活动也必将为图书出版大展身手提供重要的平台和重大的机遇。

三是数字出版、数字阅读将会继续保持较快的发展势头。读者数字化阅读习惯进一步养成，对优质数字内容的需求进一步增加。疫情之下，数字出版的优势得到彰显，新闻出版单位投身数字出版产品生产的热情提高，生产与需求的匹配为数字出版发展提供了动力。预计 2021 年的数字出版业将会继续保持较强的创新力，在数字经济及数字中国建设中占有一席之地。

B.8
疫情时期的新媒体传播图景

彭　兰*

摘　要：对于2020年的新媒体传播来说，“疫情”是最重要的关键词。在社会环境中出现一些断连状况时，各种组织和个体利用新媒体平台进行着连接的努力。疫情环境下，满足人们了解真相需求的深度报道复苏，而近几年兴起的移动视频平台在公共信息传播和人们的生活、工作中扮演了重要角色，不同类型、不同取向的自媒体对新媒体中的信息环境都产生了影响。普通用户充当着信息传播的“人媒”，其生活也进一步“媒介化”。“信息病毒”集中暴发形成的“信息疫情”，也促使我们对社交媒体传播的局限进行反思。

关键词：社交媒体　移动视频平台　自媒体　信息疫情

对于2020年的新媒体传播来说，“疫情”无疑是最重要的关键词。在被新冠肺炎疫情（以下简称“疫情”）笼罩的特别时期，各种内容生产力量、传播平台被充分激活，专业声量与信息杂音同时高涨，而公众对高质量信息的需求也达到顶峰，这对内容的生产者及传播平台形成了一种压力测试。特殊环境下，传统的深度报道复苏，而近几年兴起的移动视频应用也显示了其全方位的能量。疫情期间，新媒体也成为现实空间临时断连状态下不可或缺的连接手段，人们的生活、工作也愈加“媒介化”，新媒体映射、影

* 彭兰，中国人民大学新闻与社会发展研究中心研究员，中国人民大学新闻学院教授。

响着人们的生活方式、状态，带来新的工作模式。但“信息病毒”集中暴发形成的“信息疫情”，也成为人们的一大困扰。

一　断连环境下的连接努力

封城、居家、隔离，这些疫情期间的关键词反映了现实空间中的暂时性断连状态。新媒体也因其“连接一切”的能力被人们寄予更多的期待。在特殊时期，新媒体为人与人的连接提供了各种可能，亲朋好友通过新媒体保持沟通，视频会议使得工作、学习转向云端延续，社交平台上人们的分享成为相互陪伴、慰藉的纽带。虽然个体间的连接变得容易，但整个社会在某些连接方面仍然存在障碍，如个体与重要的公共信息的连接、个体与现实资源（特别是医疗资源）之间的连接、公共资源供求双方之间的连接以及集体行动力的连接等，这也是很多媒体以及志愿者组织或个人在疫情期间特别是疫情早期重要的努力方向。

对于疫情地区的人们来说，最重要的连接是与医疗资源的连接。当疫情突然暴发造成医疗资源极为紧张的局面时，很多人首先想到的是通过社交媒体的求助来争取救治的机会。这既需要个人在社交媒体的发声，也需要他人的接力转发。社交媒体搭建了很多个人发声的通道，如微博开通了“肺炎患者求助”超话，微信平台在城市服务下开设了疫情专区，提供“疫情实时动态”“全国同乘疫情查询”“征集疫情防控线索”等功能，人民日报等多家媒体也通过旗下的新媒体渠道开设了求助通道等。此外，平台还协助了各种渠道的抗疫物资调配，如阿里巴巴开通了“防疫直采全球寻源平台”，向全球商贸及生产企业征集医疗物资供应信息，同时与平台发布的需求信息进行匹配，然后阿里巴巴直接采购各种防疫用品并定点送往疫情防控一线特别是医院。

此外，疫情期间公益行动者力量的连接是新媒体的另一种重要连接。各种组织或临时性团体通过新媒体吸纳了广泛的公益力量与资源。武汉大学、华中科技大学等一些大学的校友会更是成为募集资金、采购抗疫物资的重要力量。武汉快递员汪勇利用各种新媒体的力量，从一个单枪匹马为医护人员服务的志愿者，逐渐成为医护人员所需的食、住、行资源的“组局者”。

虽然新媒体带来的连接对信息的传递、力量的汇聚、资源的匹配与整合起到了重要作用，但新媒体中仍然存在一些公共性连接不畅通的情况，特别是在人与重要公共信息的连接方面。虽然人们获取高质量信息的需求陡增，疫情期间媒体的影响力也有很大提升，但是在“以人为媒”的传播模式中，公众仍然容易受到各种“信息病毒”的包围，高质量的、与公共利益相关的信息要从中突围到达广泛人群仍有困难。社交媒体传播日益圈层化的趋势也加深了不同人群之间的隔阂，群体之间的连接变得稀少，对话也变得困难。

二　活力重现的深度报道

疫情期间人们对与疫情相关的信息与报道的需求激增，也刺激了媒体全方位的内容生产，这些内容大多也通过社交媒体发布。但不同类型的媒体在社交平台上发布的内容在主题、角度、话语方式等方面也存在差异。有研究表明主流媒体更强调国家话语、社会动员，市场化媒体具有国际化视野，也更关注具体的人和事件，而健康专业媒体则更强调微观和专业语汇的使用。①

互联网兴起后，用户的快餐化阅读特征日益明显，移动时代到来，媒体人更是担心人们难以进行深度阅读，深度报道会进一步被冷落。现实中，媒体的深度报道业务也在衰落，一些媒体取消了深度报道部门。但疫情期间，深度报道的生产力量被瞬间激活，记者对于疫情地区状态与医疗救治状况的深入调查、疫情暴发原因的分析、疫情影响与疫情走向的解读等，帮助人们拨开层层迷雾看到真相。如在武汉抗疫阶段，“财新”记者坚守武汉一线，发出了1000余篇有深度、立体化的全记录式报道；《财新周刊》连续九期

① 孙少晶、王帆等：《新冠肺炎疫情语境中多元媒介的微博话语表达》，《新闻大学》2020年第3期。

推出封面重磅报道，全景式调查疫情发展。财新网及客户端率先推出新冠肺炎疫情全记录频道，并取消了武汉抗疫报道的阅读“付费墙”，用户可以免费阅读重要报道，一些报道也在社交媒体得到广泛传播。微信指数显示，疫情期间，“财新”“三联”相关指数大幅上涨，峰值期间月同比涨幅高达2000%，指数波峰的出现多是因它们的重磅报道。[①] 此外，《中国青年报》《人物》《财经》《北京青年报》等媒体的一系列深度报道也在社交媒体得到较广泛的关注与流传。疫情期间深度报道在生产与阅读两端都有复苏，人们对于真实呈现与深入解读新闻事实的深度报道仍有需求，特殊时期深度报道的价值更是得到凸显。

在经历了信息噪音和信息碎片的困扰后，人们对深度报道的期待在回升。疫情这一特殊时期为深度报道的复苏带来契机，然而在此之后，深度报道的专业能量与生命力如何延续，对媒体还是一个考验。深度报道这样的专业内容在整个新媒体平台纷繁复杂的信息环境中，并不占绝对优势。虽然多数媒体有自己的客户端，很多深度报道都会通过客户端发出，但媒体客户端日常流量有限，一般用户更偏好于从社交媒体接触到这些报道。疫情期间深度报道整体在社交平台形成了较大的影响力，但其传播还是局限于某些群体，尚未覆盖到所有人群。社交媒体“以人为媒”的传播机制，仍会使受众有很强的情绪化、圈层化选择，这些对于深度报道等高专业度内容的传播来说仍是一种障碍。对于深度报道的生产者来说，需要考虑移动环境下用户的阅读特征，适当调整表达方式，优化阅读体验，以求更好地传播效果。视频、数据新闻、H5 等形式如何用于深度报道，也是未来需要进一步探索的。

三　能量全开的视频平台

在一些高素质人群中，深度的文字报道的价值无可替代。但从更普遍的

① 数据来源：微信内部统计。

市场来看，移动时代的确也是一个视频时代。视频在传达现场感、渲染情绪、调动情感、促成用户卷入等方面有独特优势。移动视频平台用户更为“下沉”，相对微信公众号其用户覆盖面更广，视频平台已经成为一种新的公共信息传播平台。截至2020年12月，中国网络视频（含短视频）用户规模达9.27亿人，占网民总体的93.7%。[①]

近年来，媒体意识到视频传播的意义，开始向抖音、快手等平台扩展，疫情进一步激发了媒体在这些平台的内容生产。媒体通过视频直播或短视频传递关键信息、传达现场感与人情味、传播专家观点，在微信、微博之外，开辟了另一条重要的传播渠道。一些政务新媒体也成为视频平台的活跃力量。快手官方数据显示，2020年1月20~31日，以央视新闻、新华社、人民日报为代表的央媒，以及湖北日报、东方卫视等区域媒体，在快手上进行了近200场疫情相关内容直播，累计超过10亿人次观看。政务号发布的视频内容播放总量高达250亿次。快手肺炎防治频道点击量突破30亿次。[②]在抖音平台，“新型冠状病毒”存在“人传人”被证实后，媒体抖音号疫情相关视频发布数量骤增，2020年1月20日~3月31日媒体抖音号日均发布视频数量超过1000条。发布疫情相关视频最多的10家媒体为：湖北日报、四川观察、冀看点、中国经济网、大河客户端、中国日报、湖北新闻、新京报政事儿、中国网直播、央视网。[③]

除了利用快手、抖音等平台外，媒体还在自己的新媒体平台生产了海量的视频内容。央视新闻客户端曾推出长达73天的全天候不间断视频直播节目《共同战“疫”》，成为全网最长时间、最多视角的疫情防控直播。央视纪录片频道与快手等短视频平台合作打造的《武汉：我的战“疫”日记》系列，集纳用户生产的短视频内容，大小屏同时播放，从抗疫医生、普通市

① CNNIC：第47次《中国互联网络发展状况统计报告》，2021年2月3日。

② 《〈快手上的共同战“疫”〉重磅发布！肺炎防治频道点击量突破30亿次》，蓝鲸财经百家号，2020年2月4日。

③ 张志安等：《2020媒体抖音号抗疫内容传播报告》，2020年12月10日，https：//new.qq.com/omn/20201210/20201210A006PS00.html。

民、外地援助者等人物的不同视角展现了疫情下的民生。“央视频”平台创新性地推出了火神山、雷神山医院建筑工地施工的24小时不间断慢直播，“云监工”也因此流行一时。

视频内容生产的需求也促进了相应技术的跟进与应用。疫情期间，新华社旗下新华智云开发的“媒体大脑”系统紧急上线了疫情报道“机器人”，其具有数据可视化、发布会智能拆条、汇聚海量疫情资讯等功能。在“媒体大脑”提供的各类自动处理“机器人”中，媒体应用最多的分别为：疫情报道“机器人”、数据新闻“机器人”、直播拆条“机器人”、海报视频“机器人”、字幕生成“机器人”。2020年2月2～20日，992家媒体机构在“媒体大脑”MAGIC平台上合成20万条视频内容。① 新华社还综合使用无人机航拍、卫星数据调用等手段，推出系列报道动态展示医院建设从无到有的全过程，利用遥感卫星的可见光红外成像辐射仪观察各地复工复产情况。人民日报新媒体综合运用各方的物流数据，展现了疫情不同阶段进出武汉的快递包裹数量、流向的变化，以独特的视角呈现这座城市活力逐渐恢复、城市苏醒的过程。视频平台在疫情期间格外活跃，不只是因为它扮演着公共媒体的角色，还因为它们是人们生活的“云平台”“云界面”。人们通过视频平台展现自己的生活，了解他人生活，彼此守望，相互模仿，也带来了疫情期间一些流行的生活方式。

在人们物理流动受阻的情况下，视频平台也促成了新形式的复学、复工、复产。疫情暴发后，B站第一时间联合清华大学、北京大学光华学院、学而思网校、上海格致中学等上百家高校和教育机构，提供各类课程，满足用户多元化的学习需求。② 2020年1月23日至3月底，快手平台提供音视频直播技术支持，使近4000万人在清华大学雨课堂上网课。③ 清华大学还通过抖音平台直播公开课，课程共计五期，涵盖国际关系、公众表达、传

① 《战疫，近千家媒体机构是如何在线化生产的》，媒体大脑微信公众号，2020年2月20日。

② 《上千名师在B站授课，去年学习类UP主数量同比增151%》，《澎湃新闻》2020年2月26日。

③ 快手大数据研究院：《在快手看武汉重启：武汉老铁说了200万次加油、300万次支持》，2020年4月8日。

统文化、人际关系、舞蹈欣赏等领域，2020 年清华大学在抖音上的直播有超过 3600 万人次观看。① 北京大学也在抖音上线了《中国法制史》《民间文学概论》《中外名曲赏析》等课程。这些线上课程打破大学围墙的限制，使人们获得平日难以接触到的优质教育资源。

复工、复产也推动了“直播带货”需求的上升，对于疫情地区来说，这种需求更为突出。武汉解封第二天，快手开启“快人一步，助力湖北重启”计划，整合全站运营、电商、达人等资源，集合 666 名主播为湖北献力，扶持 10 万个湖北商家。② 2020 年，42779 个湖北商家在抖音带货的总销售额达 41 亿元。③ “直播带货”也成为助农扶贫的重要方式。2020 年快手面向全国发起“百城县长 · 直播助农”活动，累计成交额达 3.6 亿元。④ 截至 2020 年 7 月，抖音推出的县长直播带货活动总销售额达 1.23 亿元，其中有 6819 万元销售额来自国家级贫困县。⑤ 艾媒数据显示，2020 年上半年，电商直播超 1000 万场，活跃主播数超 40 万人，超 500 亿人次观看，上架商品数超 2000 万件。⑥ 除了快手、抖音等视频平台外，淘宝等电商平台也成为直播带货的重要平台，这也推动了电商平台向视频内容的生产、传播平台拓展。截至 2020 年 12 月，中国电商直播用户规模达 3.88 亿人，较 2020 年 3 月增长 1.23 亿人。⑦ 电商直播用户数量如此高速的增长，与疫情下的“直播带货”热潮推动直接相关。2020 年 12 月《咬文嚼字》编辑部评选的 2020 年度十大热词中，“直播带货”位居其中。

---

① 抖音：《2020 抖音数据报告》，2021 年 1 月 5 日。

② 快手大数据研究院：《摆地摊火了！相关直播间数量涨幅达 302%》，2020 年 6 月 3 日。

③ 抖音：《2020 抖音数据报告》，2021 年 1 月 5 日。

④ 《2020 快手扶贫报告：664 万贫困地区用户在快手获得收入》，《中国新闻网》2020 年 10 月 17 日。

⑤ 《抖音电商未来一年助一千商家年销破亿元 将追求有质量的 GMV》，《中国经济网》20201 年 4 月 8 日。

⑥ 艾媒咨询：《2020H1 中国直播电商行业现状及带货数据分析》，2021 年 8 月 14 日。

⑦ CNNIC：第 47 次《中国互联网络发展状况统计报告》，2021 年 2 月 3 日。

四 多元博弈下的自媒体

疫情期间一些自媒体的表现让人们意识到，并非所有自媒体都是“业余”内容生产者的代名词，一部分自媒体的专业性价值逐渐呈现，其影响力也不断提升，其中，健康类自媒体的表现尤为突出。尽管有研究者将“丁香园”（包括其旗下“丁香医生”）等看作健康类专业媒体，但它们本质上仍然是自媒体。这些拥有专业（行业）知识背景的自媒体，在疫情的信息传达与解读中具有不可或缺的作用。通过对多渠道信息的整合，它们为人们快速了解整体数据及进展过程提供了一个“快捷方式”。即使在中国疫情得到控制后，一些自媒体仍然坚持每日更新相关数据，为完整记录疫情的进展过程积累了宝贵数据。未来可能会有越来越多具有专业媒体背景的人通过自媒体这样的形式延伸他们的专业追求。

科普、辟谣也是健康类和科学类自媒体在疫情期间的主要作用之一。视频自媒体“回形针 PaperClip”发布的视频《关于新冠肺炎的一切》全网播放量超过1.5亿次，在微信“看一看”中播放量接近3700万次，在看量超过50万次。[①]“丁香医生”等自媒体则开设了“辟谣”专栏，通过谣言征集、每日辟谣、谣言排行榜等方式汇集谣言，并进行相应解释，很多这样的自媒体在疫情期间成为专业问题的解答者。成为超级网红的张文宏医生更是让人们看到自媒体的广阔天地，专业人士在自媒体平台大有作为。

一些媒体也对自媒体资源进行了二次开发，如人民日报新媒体部汇集抖音上众多用户上传的真实视频片段，制作了《美好终将到来》的短片，在专业媒体的推动下，自媒体力量得到进一步放大。但不可否认的是，也有不少自媒体在严重污染社交平台的信息环境。一些自媒体缺少信息核查的能力，为吸引流量传播了大量不实信息，一些自媒体更是趁机恶意制造谣言。总体而言，疫情期间自媒体阵营存在多种力量、多种取向，各种力量之间的

① 数据来源：微信内部统计。

博弈也此起彼伏。但一些专业力量的脱颖而出让人们看到了自媒体未来发展的希望。

五　作为“人媒”的用户及其媒介化生活

疫情期间的普通新媒体用户，即使没有“自媒体”这样的身份，也与新媒体产生了深层的交融。一方面，他们作为信息传播的重要媒介——“人媒”，参与公共信息传播；另一方面，疫情使人们对新媒体的依赖加深，人们的生活也愈加媒介化。

1.“人媒”：全民转发、全民记录

社交媒体的兴起，使得普通用户的人际关系网络成为公共信息传播的基础设施，每个用户都在一定程度上充当着信息传播的“人媒”。在疫情期间，由“人媒”构成的社交媒体成为人们获取信息的主要渠道。有调查显示，疫情期间，中央媒体是公众使用最多的媒介（86.8%），其次是微信（朋友圈、微信群）、微博、网络论坛等社交媒体（82.4%）。疫情关注度、信息需求幅度与官方媒体和社会媒体的使用度都呈正向影响关系。[①] 即使在一些农村地区，微信等社交媒体也对信息交流起到了重要作用。[②]

作为“人媒”的普通用户，其转发、分享也是有倾向的。对疫情期间微博用户转发行为的研究发现，用户对以经济影响框架、行动框架、医学框架和安抚框架呈现疫情的信息的转发量较大，对具有强交互性的答疑风格和带有强烈情感风格的信息的转发量也很大[③]，用户的选择性转发，既可能增强某些内容的传播面与影响力，也会使一些内容“沉没”。

作为“人媒”的个体不仅通过转发参与公共信息传播，在很多时候也

---

① 贾哲敏、孟天广：《信息为轴：新冠病毒疫情期间的媒介使用、信息需求及媒介信任度》，《电子政务》2020 年第 5 期。

② 刘庆华、吕艳丹：《疫情期间乡村媒介动员的双重结构——中部 A 村的田野考察》，《现代传播》2020 年第 7 期。

③ 刘丽群、谢精忠：《结构、风格与内容：社交媒体用户转发的信息特征——基于媒体新冠肺炎疫情报道的考察》，《新闻界》2020 年第 11 期。

会发出自己的声音。有研究者通过统计2020年1~2月新浪微博中微博的内容分布发现，在5种微博主体中，占比最大的普通公众的舆论声量最大，平均每天产生百万量级的讨论。[①] 在疫情这样的特殊时期，公众表达了意见、态度，形成了舆论的力量，对于某些问题的解决起到了推助作用。社交媒体也汇聚了无数个体对疫情的碎片式记录，虽然绝大部分人并没有做“自媒体”的意识，也没有广泛传播的能力，他们只是在自己的账号中进行日常的记录，但这些私人化的、日常的碎片汇集起来，也可以拼贴出这个历史时期的社会景观。

2. 云端：“媒介化”的生活与工作

对于公众来说，新媒体不仅仅是信息获取的渠道，更是一种在“云端”生活与工作的“界面”。在交通和人际交往被暂时阻隔的情况下，通过这种“界面”，人们的日常生活和工作得以延续。云端的“界面”模糊了现实生活与媒介内容之间的界限，促成了现实生活与媒介内容的交融。一方面，人们从各种社交平台看到别人的生活，受到感染，进而模仿，媒介中的内容成为现实的生活指南。另一方面，当人们努力要将自己的生活变成可以分享到社交平台甚至可能引来他人关注、点赞的内容时，他们也可能会以媒介分享为导向重新规划自己的生活或行为。疫情期间的社交平台，不仅呈现了人们的媒介化生活，更是显现了这种媒介化生活的群体化特征。

疫情期间另一种典型的网络应用是视频会议，它为网课、网上会议等提供支持，使疫情下的学习、工作得以持续。学习、工作行为也因此变成了一种媒介活动，但学习、工作场景与生活场景以及其他社会场景之间的界限被打破，场景冲突对工作、学习的干扰变得普遍化。尽管人们在视频会议上可以进行交流，但仍然会有对空言说的无奈感。屏幕上的审视加深了工作中“全景监狱”的监视感，视频会议也可能使工作进一步侵入人们的私人时间与空间里。

---

① 汪翩翩、黄文森、曹博林：《融合与分化：疫情之下微博多元主体舆论演化的时序分析》，《新闻大学》2020年第10期。

生活、工作的“媒介化”意味着人们的日常活动越来越多地需要媒介来充当中介，这带来的另一个结果是，不能熟练掌握媒介技术或缺乏某些媒介资源的人们的生活就会面临很多障碍。这一现象也引发了人们对于智能时代数字鸿沟、老年群体的数字化生存等问题的关注。相关部门也开始敦促各种数字设备、数字技术的适老化改造。同时，健康码等应用带来的个人隐私风险等问题已经引发人们的担忧，未来类似的风险也可能进一步加大。

六　“信息疫情”与社交媒体传播的局限

疫情期间另一种典型的现象是社交媒体引爆的“信息疫情”，它是久已存在的“信息病毒”问题的集中暴发。世界卫生组织官员西尔维·布莱恩德（Sylvie Briand）曾指出“过多的信息，无论它们是正确还是错误的，都使得人们难以从坏的或无效的信息中分辨出好的信息，这导致人们产生困惑，有时也会增加他们对疾病的恐惧与焦虑”①。“信息病毒”问题并非社会化媒体时代的新问题，但社交媒体传播的局限会使它在某些情况下变得更为严重，主要体现在以下几方面。

第一，作为“人媒”的个体的局限。在社交平台中并非所有人都受过信息辨识的相关训练，且互联网信息来源的多样性加大了信息辨识的难度。个人动机、情绪、立场的干扰等也会使得个体成为各种“信息病毒”的传播者。

第二，社交环境中专业性内容“浓度”不足。社交媒体内容生产者的多元、信息的海量造成社交媒体专业性内容“浓度”的不足，这导致“信息病毒”也更容易滋生与传播。一些为商业利益博取眼球的组织或个体会恶意地制造一些“信息病毒”，如谣言、极端言论等，给很多人带来误导。

第三，群体互动的影响以及群体分化的影响。社交媒体促成了各种类型的群体互动，尽管某些情境下群体互动可能带来群氓的智慧，但不可否认的

① Episode #3 - COVID - 19 Myths Vs Science，https：//www. who. int/emergencies/diseases/novel - coronavirus - 2019/media - resources/science - in - 5/episode - 3.

是，群体性的非理性也是常见的，这种非理性也会催生各种类型的“信息病毒”。新媒体在促进人们的连接的同时，也在以某种方式造成人群的分化，不仅是阶层的分化，更是价值观、政治立场、文化等的分化。在疫情的压力下，平时以温和方式存在的裂缝甚至会直接演变为断裂。社会的分化、断裂也造成了不同人群间的隔阂、分歧甚至冲突，在这种冲突中，非理性的思维与言论也更容易被激发。

第四，社交化信息传播带来的信息窄化。由于选择性心理等因素的作用，人们在接收、转发社交圈的信息时，会有明显的个人偏向。他们的社交网络也会有较大的同质性，在同质人群的相互作用下，信息选择的个人偏向会被强化，人们也更容易固守自己的立场、观点。在疫情时期，当信息洪流涌过来时，这种现象表现得尤其突出。因此，以人为媒的社交化传播难以做到信息的充分、全面、均衡传递，个体、群体都会面临信息窄化的问题。信息窄化意味着在社交媒体中，一些公共性信息难以穿透个人的茧房，不能到达足够广泛的用户。此外，社交平台信息分发机制的单一化也导致了信息传播的窄化。

当然，这些局限并不意味着社交媒体一无是处，也不意味着要关闭社交媒体重回传统媒体垄断的传播时代。社交媒体已经成为人们生活的一部分，社交化传播也成为今天不可替代的一种公共信息传播方式，因此，我们只能在接受它的存在的前提下，从媒体专业度与影响力的提升、公众的媒介素养培养、平台的机制优化等方面来探寻控制“信息病毒”、防范“信息疫情”的多种路径。

疫情下新媒体的传播图景，既有一定的特殊性，又在很大程度上呈现着长期累积效应下新媒体传播的典型样貌与特征。疫情期间人们对新媒体的重度依赖也说明新媒体已经渗透到社会生活的各个层面，它对人与社会的影响也在进一步深化。

B.9 微信十年：关于产品的思考

张小龙*

摘　要：继文字和图片之后，视频成为信息重要的传播形式，视频化表达应该是下一个10年内容领域的主题之一。本报告回顾了微信视频号、直播等多个功能诞生的点滴，并对微信10年发展做了简要总结。

关键词：微信　视频表达　互联网产品　直播

回看 10 年前，当时的想法只是希望有一个适合自己使用的通信工具，于是就开始研发微信的第一版。当时绝对没有想到 10 年后的微信会是如今的样子。对此，我感觉特别幸运，我想我一定是那个被上帝选中的人，因为光靠个人努力是做不到这一点的。

截至 2021 年 1 月，每天有 10.9 亿用户使用微信，3.3 亿用户进行视频通话；有 7.8 亿用户进入朋友圈，1.2 亿用户在朋友圈发布内容信息；有 3.6 亿用户阅读公众号文章，4 亿用户使用小程序；每天有无数人在使用微信支付、企业微信、微信读书、搜索等功能。

微信支付，它就像钱包一样，已经变成了生活常用品。而微信，也真的成了“一个生活方式”。

* 张小龙，腾讯公司高级执行副总裁，微信事业群总裁。

一　视频化的表达方式与视频号的诞生

1. 视频化表达是下一个10年内容领域的主题

2017 年，我对公众号的团队说现在公众号只适合少数人写长文章，但是大部分人写不了文章。我们应该在朋友圈下面加一个“非朋友圈”，只能发短文或者照片、视频，但后来这件事就不了了之了，因为如果去做的话，账号体系可能都会产生很大变化，就完全是个新的、比公众号还复杂的系统，干起来确实是很大的工程。

随着时间的推移，视频化表达成为普通人的习惯。相较于 5 年前，用户每天发送的视频消息数量上升 33 倍，朋友圈视频发表数上升 10 倍。这时候，再思考短内容的时候，就会想，不应该基于文字来做，而是应该基于视频化内容来做。

视频化表达应该是下一个 10 年内容领域的主题之一。从个人表达以及消费程度来说，时代正在往视频化表达方向发展。在 2019 年，我们组织了一个小团队，开始了视频号的开发。

2. 社交推荐助力视频号内容发展

视频号是一个人人都可在上面进行创作的短内容平台，所以它是公开领域的内容平台，就不能基于微信号来创作。因此遇到的第一个问题是用户需要有一个新的 ID（身份）。长期以来，微信的最大价值是每个人的微信 ID，但这个 ID 是通信和社交领域的、是私密的。因此，微信的用户并不能公开对非好友说话。即便评论了，别人也无法联系你。这在社交领域当然没有问题，但在公开领域，就需要新的身份。而在一个产品里，承担两个身份其实是很有挑战性的。而这个新的 ID，还必须特别方便，不至于在各个场景里遇到身份的冲突。处理得不好，双 ID 会让系统变得非常复杂。比如你要进行评论时，就需要选择用哪个 ID 来评论。但是这个 ID 的意义又特别大，一旦走出这一步，意味着微信不再局限于社交领域，而是进入公开信息领域。

当时有个方案是，每个进视频号的人要创建一个视频号 ID，用这个 ID

来浏览和评论内容。但我认为，浏览者应该是以微信身份进入，而不应该强迫每个人开一个新的身份才能浏览和评论。幸好当时选择了这样一条路径，不然就没有后来的社交推荐体系了。其实产品的迭代是经历无数次这样的选择后形成的。

ID 还有一个重要的意义是针对机构的。大家知道 PC 时代每个机构都有一个官方网站。其实微信一直在寻找 PC 时代的“官方网站”的替代物。做公众号的时候，我们希望公众号就可代表官网。做小程序的时候，我们希望小程序就是官网。现在，我们希望视频号是每个机构的官网。这是合理的，官网是需要进化的。所以未来视频号会承接很多服务于机构的内容，并不局限于视频。

视频号第一个版本其实只是搭建了这样一个 ID 体系。这个体系和公众号类似，但是比公众号的门槛低很多，普通微信用户也可以立即开通它。内容表现上，视频号只是一个简单的信息流，混合了关注、朋友匿名点赞和系统推荐内容等功能，但这样的效果并不好。因为是灰度版本，浏览量不大，因此也吸引不到大量的创作者来贡献内容，因此推荐的内容也一般。但即使如此，我们还是希望推荐内容的质量能够好起来。我们组建了 3 个做推荐算法的团队，每个团队十几个工程师，希望各自用不同方法去找到推荐的最优解。

2020 年 5 月，我们对视频号做了最重大的一个改变。因为经过几个月的灰度测试，在现有的内容下，基于机器推荐是走不通的。机器推荐的内容远不如人工（或者说朋友）推荐的精彩。既然这样，就应该以实名点赞的社交推荐为主，以机器推荐为辅。于是视频号自 5 月开始了更新最频繁的两周，几乎每两天就要更新一个版本。然后发布了基于朋友点赞的新的灰度版本，这时候终于看到了上扬的数据，用户的留存量非常高。6 月，视频号的用户数量到了一个量级。数字其实不重要，但对于一个内容形态的产品来说，一定量级的用户意味着解决了生死问题，即流量循环起来了。

这是一种典型的“微信方式”的产品研发方法，即通过产品而非运营的方法找到解决问题的撬动点，通过产品能力让事情运转起来。产品生存下来后，就可以开始做基础功能的完善了，比如直播等。在这里社交推荐发挥了作用，当时机器推荐的占比非常小，用户留存也非常低，我们差点就放弃了机器推荐。但是，并不是说机器推荐没有用，而是要在内容丰富的情况下才能发挥作用。

3. 视频号是结构化的视频内容的载体

究竟什么是视频？说到视频，大家会想到手机相册里面的视频文件。在微信朋友圈中只能上传相册中已有的视频。我们也确实是通过这个方式希望朋友圈里出现的视频更多的是用户自己拍摄的原创视频。但视频文件其实是会消失的，文件不能脱离应用而存在，一旦脱离了，就成为没有意义、无法解释的数据。

原始视频只是数据，它没办法关联到其他信息，如创作者、观众数、评论等。而且它还需要存在本地，数据有丢失的风险。因此未来的视频应该是一种结构化数据，它被保存在云端，所有的创作者信息、观众的互动信息能够很方便地被分享。文字和视频等内容存在的价值在于有人看到，这也是分享要达到的目的。需要拷贝整个原始数据的分享是很落后的。分享应该只是一个链接的传递。

这会让我反思：在朋友圈里面上传视频，以后会一直用本地视频上传这种原始方式吗？2020 年 6 月，当我们需要把视频号内容分享到朋友圈来的时候遇到一个问题：即这些被分享的内容应该长得像一个链接，还是像一个本地视频呢？我的答案是，云端化的、结构化的视频才是视频，本地的视频文件是裸数据，应该被淘汰。

视频号是结构化的视频内容的载体。我相信以后在微信里面流通的视频越来越多地会以视频号视频的形式存在，而不是以视频文件的方式存在。如果你能理解公众号对于文章分享的价值，那么可以用同样的思路去理解视频号对于视频分享的价值。载体还有另外一层含义，即我们自己不做内容，也不会去买内容，我们不关注具体的内容是什么，我们只做内容的承载和传递。

4. 希望视频号成为长视频的云端仓库

大家自然而然地会认为长视频和短视频是两种东西，因此应该设计成两种不同的内容对象。视频号中间有个版本确实有长视频这一栏，甚至长视频和短视频的评论、点赞还是分开的。但如果仔细思考就会发现，在微信号体系里是不应该做这种区分的。长、短视频的区别只是消费的场景不一样。短视频适合碎片时间的连续消费，而长视频适合有一大段时间来看。

对视频号来说，简化这个问题的方法是把 1 分钟以内的视频视为短视频，将 1 分钟以上的视频的前 1 分钟视为该视频的摘要或简介，我把它称为“封面”。这样的话，视频号不区分长视频短视频，但是又能兼容短视频的体验。

我希望视频号逐渐积累越来越多的长视频，成为长视频的云端仓库。将来有一天，也许我们会提供一个检索或推荐入口，这样用户可以找到丰富的长视频内容。

5. 开发视频号的初衷是希望人人都能表达

开发视频号的初衷是让人人都能很容易地通过视频化的方式去公开表达。但做产品的人都知道，让用户通过发表内容去表达是最困难的。现阶段我们并没有做到让很多人在视频号上去发表与自己日常相关的内容。但有个举措让我们看到了希望。我们上线了将自己的视频号内容关联到自己微信名片的功能。我们发现现在有很多人在微信名片上展示自己视频号的内容，并且人数还在持续增长，这是个很好的趋势。

有的时候大家会觉得微信做东西特别保守。其实这并不是保守，而是说很多东西是不对或不应该做的。举个例子，我们可以把视频号的内容挂在名片上，那我们以前为什么不做一个类似这样的展示自己的一些精选的照片和视频的功能？之前我们不愿意做这个功能是因为一旦这样做了，你可能只是把你历史上最好的照片放到那里，永远就不去修改它了。这次我们愿意这样做是因为，如果你将视频号关联到微信名片，那它就是活的，因为你会不停地更新你的视频号内容，而不是说选几个历史上最好的照片作为精美的装饰就永远不变了。

我们希望人人都能在视频号上进行表达，而不是只有网红和大 V。

6. 直播可能成为个人表达的重要方式

互联网历史上，个人在公开领域的表达方式一直在演变。最早的时候，需要你会用 HTML 来做网页，后来有了博客、微博，以及现在的图片、短视频。演变的方向是往更能被普通人生产和消费的方向发展，所以表达方式会体现为更短、更碎片化。

还有什么内容形态是比短视频更能被更多人接受的？我觉得直播有这个机会。直播比短视频的生产更容易，因为拍一段短视频是需要有内容准备的，而直播是不需要的，它就类似于日常聊天。直播是一种轻松的表达，普通人也能够生产，朋友也更愿意去消费。直播在未来有可能会成为一种很多人使用的个人表达方式。

做一个设想，很久以后每个人的微信名片应该是活的，也就是说，我打开你的名片，如果你刚好戴了一个具有直播功能的眼镜正在直播，那我就能直接看到你看到的东西，这可能是个人直播的终极形态。

7. 视频将成为个人和机构的“官网”

很多人会关心平台会给创作者什么样的支持。如上文提到的，我们更希望做视频的载体，并且让视频号成为个人和机构的“官网”。平台在这里的角色是连接，而不是做内容。与以前的官网不一样的地方在于，微信体系里的“官网”内容是能自己流通的，因此你不用太担心做出来的“官网”没人访问。

所以对于视频号来说，我们没有花一分钱去购买内容，将来也不想这么做。倒不是为了省钱，而是当我们不花钱买内容的时候，创作者还愿意进来，才说明我们成功建立了一个能自行运转起来的生态。同时，我相信普通人的创作力是巨大的，相反，购买的内容反而不一定能打动人。在微信的历史上，我们一直不强调强运营，也是这个原因。

二　微信新版本的功能

微信新版本会有几个功能。所有的功能在被用户实际验证之前都不能说一定会受欢迎，但是只要方向没有问题，就可以不断改进。有些功能也会经历灰度测试，待完善了才会上线。

1. 表情

表情是表达方式中的一个基本元素。说到表达方式的基本元素，这让我想起“拍一拍”。很多人会不喜欢被拍，还有很多人因为误触而拍错了人。即使是这样，仍然有1.2亿人设置了“拍一拍”的尾巴，每天几千万人在用“拍一拍”。“拍一拍”也是表达的一种基本元素，并且不同于其他所有方式，它是模拟人类的现实生活中的行为动作，用最简单的一个身体动作来完成一次信息传递。

人们通过表情反映出情绪的欲望越来越强烈了，以至于必须经常“裂开”。我的想法可能比“裂开”更“暴力”。有一天我跟开发的人员说，帮我做一个功能，我扔出一个炸弹，对方的屏幕就会“裂开”。实现是可以的，但是真的做一个表情功能的时候，还是会遇到很多坎。做表情就是要寻找基本元素，即这种表情必须是底层基础的，而不是特殊的。

2. 状态

现在大家打开一个朋友的微信名片，往往除了名字、头像，什么也看不到。很多人将朋友圈设置了时效。但事情不应该是这样的，名片就是我们线上化生活的自己，它应该反映真实的状态。

我们之前尝试用视频动态表达一个人的状态，但视频化表达其实挺困难的，因为拍个视频让所有的好友看到，这个压力还是挺大的，所以视频动态功能不算成功。每天有100多万的人在发视频动态，我们也会将视频动态功能升级一下。升级以后，我们希望走到视频的另外一面，用户通过随便说一句话、随便写几个字来表达自己的状态。并且，在某一时刻，一定还有其他人跟你处在同一种状态里，你会希望看到他们。看到在打同一个游戏的人，同在一个咖啡吧的人，同处一个景点旅游的人等，甚至是拥有同一种心情的人。

我一直认为，社交的本质是找到同类。状态是用来给人看的，最好还是被同类的人看到。所以这一次，我们推出基于简单的文字来体现状态这样一个功能。我不知道结果会怎么样。社交产品是通过群体互动来导致结果的，所以很难预料社交功能交给用户群体后的反应。但是这样的尝试是必要的。

3. 歌曲

我们在听歌的时候应该看见什么？很多人说在听歌的时候不应该看见什么，而是应该听就好了，但我希望听歌的时候能够看到一点东西，因为听歌的时候有一点想象力，我们之所以希望在开车的时候听，是因为你的眼睛能看到很多的东西，让你的想象比平时更活跃了。举个例子，如果听同一首歌的人有很多，你可以想象你在这里听这首歌，另外还有很多人在其他的场景听这首歌，如果把他们听歌的眼前画面都连起来的话，总有一些人的画面跟你是非常类似的，它是能够打动你的，所以从这个点出发，我们就把听歌的体验做了一个视觉化的展现。但这个难度其实特别大，因为技术还没有到那一步，未来迟早会到那一步。

4. 浮窗

我一直很不喜欢浮窗，因为它就像狗皮膏药，这也是 PC 时代大部分网页浏览体验不好的原因。为了满足看一篇很长的文章的同时要不断处理微信消息的需要，微信有了浮窗功能，但它并不完美。很多时候，一篇文章、一个长视频是要分很多次才看完的，如果每次都要使用浮窗功能，也是很烦琐的。现在，微信提供了一个尚未看完的内容的列表，方便可以随时找回这些内容继续看完。尤其是对于长视频，更加需要随时可以切走，然后又能快速返回的功能。直播也一样需要。

5. 输入法

我们经常会收到投诉，说刚刚在微信里聊到什么，就在其他 App 里看到这个东西的广告，是不是微信将用户的聊天记录卖给了广告主。其实并不会。我们从来不会去分析用户的聊天记录，即便因此损失了很多广告收入。所以当我们的技术团队，就是做机器语义理解的团队，说我们自己做输入法可能会做得更好的时候，我当然很赞成。因为至少在安全性方面我们可以做得足够好。输入法是文字表达的入口，并且输入法必然越来越智能，可能出现新的输入形态，所以还是值得投入去做的。

三　微信十年：简单就是美

如果非要用两个词来描述微信，我想，一个是连接，一个是简单。连接是很美的，因为世界的运行就是靠万事的连接而进行。对产品来说，做连接意味着做服务的底层设施。

很多社交产品可能也做连接，但它止步于人，微信的连接范畴更大，公众号、小程序的目标都是连接，连接人和内容、人和服务，包括微信支付也可以认为是一种货币的连接，视频号的目标也是连接。做产品的重心不是做内容，而是做底层的连接，这很重要。这也是为什么我们会提“去中心化”，因为连接和中心化是有些互斥的。

我把“简单”作为美观、实用、合理、优雅的代名词。简单是很美的，从1个物理公式到1个日常用品，往往简单的是更好的。实现同样1个目标，有1000种方法，但只有最简单的方法是最好的。正是因为有1000种方法存在，所以要真正做到简单是很难的。

10年来，微信增加了很多功能。我很庆幸的是，现在的微信还几乎和10年前的微信一样简单。虽然比10年前多了非常多功能，但这些功能都已经是用最简单的办法来体现，所以复杂度低。简单才会好用，特别是一个产品有10亿人在用的时候。

微信如今是一个拥有庞大用户量的产品了，并且发展经历了10年之久，但我还是希望它能一直保持自己的风格，一直像一个小而美的产品一样，有自己的灵魂，有自己的审美，有自己的创意，有自己的观念，而不仅仅是数字的奴隶。这样的话，我和团队才会为我们的工作而感到骄傲，并且觉得有意义。

B.10
2020年中国微博发展报告

汪 抒　李 博*

摘　要：　微博作为全球主要的中文社交媒体,庞大的用户群体和丰富的产品功能使其具有广泛影响力。本报告着重从2020年微博用户使用角度出发，对全站内容及数据进行归类分析，并提出四个方面的微博特征与价值，也印证了微博在中国网络生活各个领域所发挥的积极作用。

关键词：　微博　社交媒体　产品价值

2020 年是极不平凡的一年，无论是对于国家、对于整个互联网行业而言，还是对于微博而言，这一年充满变化、充满挑战也饱含机遇。受新冠肺炎疫情影响，网络前所未有地深入生活各个角落，并通过网络智慧和科技力量消除实体行业停工停产带来的消极影响。疫情倒逼整个业态向互联网加速转型，而互联网人群的脚步则更加忙碌。网络用户忙于搜罗各类信息并在网上进行常态化的工作、生活和学习，平台方则忙于让服务器更加稳定以应对每日暴涨的访问量和数据量。

微博上，各级各类媒体账号、官方发布账号坚持 24 小时疫情播报，3.7 万个政务微博以及 3000 多家媒体微博发布疫情权威信息 607.6 万条，阅读量突破 2800 亿人次。共发起疫情话题数约 60.5 万个，总阅读量超过 17000 亿人次。共进行 3 万场疫情直播，观看人数超 30 亿人次。每天有超过 5 亿

* 汪抒，新浪微博副总编辑、微博智库总编辑；李博，新浪微博公共事务总监。

用户在微博查看疫情信息 161 亿次，这些都是非常庞大的数字，相当于每天有近 1/3 的中国人通过微博关注疫情发展，他们能够通过平台随时随地获取权威、科学、有用的信息，发表自己的态度观点。疫情下，微博让媒介传播更有效率、更具互动性，也能帮助政府等管理部门从中获取民众心声，制定和调整防疫决策。截至 2020 年年底，微博月活跃用户数（MAU）为 5.21 亿人，较上一年同期净增约 500 万人。其中，月活跃用户中约 94% 为移动端用户。平均每日活跃用户（DAU）为 2.25 亿人，同比净增约 300 万人。基于庞大的用户群体，微博在中国网络生活各个领域都发挥着积极重要的作用。

一　微博在公众讨论与公共服务领域扮演重要角色

2020 年全年热点不断，作为时代的记录者，微博通过全媒体形态将中国身影、中国声音刻画在网络世界中。这一年，我们在微博上守望奋战在抗疫一线的最美逆行者；和那些舍己为人的英雄医护、牺牲在工作岗位上的警察官兵、勇敢冲入火场未归的消防战士以及很多无名却用生命捍卫他人安危的城市英雄们鞠躬道别。这一年，无数微博网友共同纪念中国人民志愿军抗美援朝出国作战 70 周年，共为五星红旗第一次在月球表面动态展示而喝彩。这一年，微博见证 832 个国家级贫困县全部脱贫摘帽、“十三五”规划圆满收官。在重大社会事件中，微博是公共议题的中心，也是凝集广泛社会共识、打通并链接社会资源的主要社交传播媒介。

而在这些热点话题中，我们发现使用表情包成为用户最直接的表达方式。针对全国两会、新冠肺炎疫情，微博用户发布的表情主要是关注权威信息发布的“话筒”、直接表明个人立场的“爱心”，以及为武汉加油、为中国加油的“点赞”。不断涌现的热门话题引发了微博用户的关注、追踪、讨论，凸显出微博强大的公众讨论属性。

在公共服务与基层治理领域，新冠肺炎疫情期间，社会各界发布了 61 万条求助微博，其中 251 座城市的 557 家医院通过微博求助。通过“肺炎求助超话”，微博平台核实求助微博 10637 条，上报有效求助信息 3964 条，形成了线上求助—微博报审—政府确认—医院收治的良性闭环，加快了患者救治的速度，提升了效率，求助区中的很多感人故事又成为新闻报道的素材。

同时，微博也成为践行社会治理现代化理念的行动者。社交媒体已成为社会治理重要组成部分，并在历次社会重大事件中得以充分印证。2020 年 2 月，一位微博网友在“@郑州发布”官微下留言称其出入社区时遇到困难，仅仅 10 分钟“@郑州发布”即回复了网友，询问具体情况并快速解决了网友问题。其实这样的故事，抗疫期间全国各地时有发生，特殊时期政府力量和社交媒体平台力量有机协同，线上发现救灾死角，共同打通基层治理的“最后一公里”。

此外，微博继续推动全民公益理念的普及，全年 1786 万名微博网友通过微公益平台为 1544 个公益项目捐出超过 1.41 亿元善款，其中超过一半为明星粉丝捐出，1438 个公益话题的总阅读量超过 1207 亿人次。其中，媒体微博、政务微博以及社会公益类账号都发挥了重要价值，其关注度也得到进一步提升。

二　微博不断巩固信息发布、正能量传播和舆情引导的主阵地作用

长久以来，微博一直是政府、媒体的重要发声和传播渠道。2020 年微博认证的媒体机构类账号数量超过 3.8 万个，市县域融媒体账号超过 6000 个，全年媒体机构所发布微博累计被转评、评论和点赞超过 66.8 亿次，总阅读量超过 2.4 万亿人次。与此同时，2020 年微博认证的政务类账号数量超过 14 万个，累计发布超过 6400 万条微博。政务微博的粉丝总数突破 30 亿人，权威疫情信息、社会热点回应、正能量暖心故事是用户关注政务微博最希望看到的内容。

疫情期间，各大政务微博纷纷开展线上公开课、新闻发布会、扶贫助农

带货等直播，满足公众精神文化需求、助力经济复苏。2020 年 2 月 14 日 ~ 3 月 7 日，新冠肺炎疫情形势最严峻时，微博在文化和旅游部非物质文化遗产司指导下，联合“@文旅中国”、联动全国各地非遗保护协会共同发起#非遗公开课#系列活动，累计推出 14 省个区市 68 个非遗项目，主推非遗项目数字化展示、教学和普及，为网友提供学习非遗文化的机会，更为中华优秀传统文化的传承助力。

新媒体形态有效打破了传统时空限制，短视频平台的快速普及使信息来源和传播方向呈现向多元多维的立体空间延展的趋势。由网友、自媒体提供新闻线索，专业媒体进行深度报道，权威媒体一锤定音的模式愈加明显，微博成为各种信息传播、讨论发酵、达成共识的平台。

疫情期间，大量新闻线索来自个人发布或者是短视频平台内容的迁移传播，主流媒体也大量取样个人微博作为新闻素材。例如在武汉无疫情小区重新开放时，当地居民在微博上发布多条视频，展现了老百姓重回日常生活的状态，这些视频被央视新闻账号采用，并在微博平台上形成广泛传播。同时，也有很多有价值的信息被平台推送、放大。例如“网红医生”张文宏开通个人微博，传递一手的信息与观点；流行病学家曾光教授分享关于疫情“拐点”的思考等。

当然，智能技术发展虽然为新闻传播带来海量数据，但同时也加剧了社会信任的潜在风险，谣言、反转新闻就在不断挑动用户敏感神经。多元主体去中心化的写作体系成为新闻生产的主流形态，信息泛在中的用户不再被动等待真相，而是积极寻求情绪“痛点”，非理性地极速扩散信息并发表评论，造成群体极化。

当下公众信息消费习惯的改变也造成宣传环境更加复杂。公众习惯用碎片化时间上网浏览新闻，却减少了对真伪信息的辨识，甚至网络群体出现上文提及的极化现象。这时候就需要主流媒体、政府部门在平台上“亮剑”发声，针对社会热点事件表明立场态度，积极设置相关讨论议题，有效引导公众正面舆论。同时，微博也重点研发包括不实信息处理、微博辟谣等在内的一系列舆情产品，共同守住舆论同心圆。

三　微博不断完善用户图景实现更为精准的信息触达

2020 年，微博用户群体继续呈现年轻化趋势，其中“90 后”和“00 后”的占比接近 80%，女性用户规模高于男性用户，且代际特征明显。为了使用户有更好的感官和使用体验，微博在以下三方面不断绘制更为完善的用户图景。

第一，用户生活消费方面，微博从消费、美食、运动等各方面渗透到年轻人的生活中，成为年轻人的一种生活方式。中午 12 点前后和晚上 22 点前后是微博用户的黄金冲浪时段，“90 后”和“00 后”的互动量最高。在生活方式上，美食的“酸甜苦辣”、生活的“阴晴圆缺”是微博用户热衷于分享的内容。在美食上，火锅、奶茶、螺蛳粉入选“00 后”美食榜单前三名，螺蛳粉、烤肉、酸辣粉则是“90 后”钟爱的小吃。同时，“90 后”女生成为消费中流砥柱，赢得“剁手之王”的称号。

第二，用户兴趣关注方面，各地用户在微博上展现出不同的兴趣点和发博标签。例如，河南用户爱讨论武术，四川用户表现得相对佛系，海南用户非常关注太空，山西用户更爱追动漫，贵州用户喜欢将时间留给猫咪，东北用户则最爱讨论和晒私房菜。而在全球疫情大背景下，游戏成为用户的重要娱乐方式之一。游戏的性别禁锢已被逐渐打破，越来越多的女性玩家进入游戏世界，2020 年，微博用户中男性游戏玩家规模同比增长 37.5%，女性玩家规模同比增长 30.2%。在微博上，针对攻略，男性玩家讨论最多的游戏是《英雄联盟》，女性玩家讨论最多的游戏则是《王者荣耀》。

第三，用户年龄段方面，不同年龄段用户对于微博热门话题的关注呈现明显的差异。其中，“90 后”“00 后”的关注领域主要集中在影、剧、综艺及游戏，体现出“泛娱乐”特征；“70 后”“80 后”的关注领域则更广泛，体现“泛社会”特征。对比“70 后”和“00 后”，高考和天问一号火星探测成为他们共同关注的话题，除此之外，“70 后”对腾讯状告老干妈、美股暴跌、马拉多纳去世等保持高度关注；“00 后”则更喜欢《创造营 2020》

和2020年王者荣耀职业联赛秋季赛，并作为主力人群参与到流行热梗的传播中。

四 微博在文化潮流领域打造汇聚高地

随着年轻用户规模的持续扩大，微博为潮流文化的聚集和出圈提供了平台。2020年，“凡尔赛文学”“秋天的第一杯奶茶”“端水大师”“打工人”等网络流行语在微博爆火出圈，引发全网玩梗；二创互动让热梗破圈成为一种社交潮流，52%的“90后”在微博上使用过流行梗，是“80后”的4倍，而“95后”使用流行梗的占比更高。

例如热播综艺《乘风破浪的姐姐》播出期间，“姐言姐语”多次霸榜微博热搜，“姐姐”话题度拉满，火速出圈，微博话题阅读量高达469.5亿人次；在另一档综艺节目《青春有你》中，选手虞书欣凭借“哇哦”表情走红网络，随后“淡黄的长裙”“人气是人气，业务是业务”“是我站的不够高吗”等热梗也在用户的参与下相继出圈。

除了玩梗，娱乐明星和流行风潮也是年轻人关注的重点。“90后”“00后”依旧是追星的主力军，其中“00后”关注明星数更多，平均关注20位明星，从性别上看，女性用户关注的明星数更多。

特别值得一提的是，继承和弘扬传统文化的“国潮风”也在微博盛行。河南春晚舞蹈节目《唐宫夜宴》在微博上的破圈传播就是最显著的代表。微博与河南春晚基于微博话题、视频传播、大号联动展开合作，河南春晚极具国风特色的节目引发破圈传播和讨论，带动相关衍生热点内容生产和视频播放激增。相关话题总阅读量25亿人次，总讨论量108万人次，5次登上微博热搜。《唐宫夜宴》单视频播放量突破4700万次，全站视频播放超过20.4亿次。一次由晚会主创人员+媒体+各领域KOL+观众共同完成的现象级传播中，微博成为传播的重要连节点，这也验证了微博社会化协同的内容生产和传播特性。

2021年，是国家“十四五”规划开局之年。规划中明确提出要把科技自立自强作为国家发展的“战略支撑”，进一步推动互联网、大数据、人工智能等同各产业深度融合，通过培育新技术、新产品、新业态、新模式，促进平台经济、共享经济健康发展。这给予微博新的机遇与挑战，随着科技进步，网络产品更新迭代加速，内容更加精彩多样，面对变化，微博更需要主动拥抱和接纳新事物，因时而动、顺势而为。我们将会不断完善服务功能，让更多专业人士走到新媒体传播一线，激发更多内容创作与传播的新能量，彰显新媒体平台在奋进时代中的独特价值。

B.11
快手对新时代文本的运营之道

何华峰*

摘　要：　随着信息技术的进步，视频时代在连接和计算这两个要素上都发生了根本性的变化。在商业领域，视频时代具有以下三个特征：市场更大、交易更快、场景更深，出现了大规模的C2B现象，服务化和非标准化。视频时代催生新的技术—经济范式，并带来新的商业物种，其中最为典型的便是直播电商。

关键词：　视频　直播　商业新物种　快手

视频的表达方式降低了文字表达的门槛，让原来沉默的大多数拥有“可见”的权利，这种低门槛的UGC生产模式极大地激发了用户的生产热情。2020年，快手产生了超过130亿条视频，用户消费时长近9.6万亿分钟，超过2000万人在快手平台上获得了收入，产生了超过3000亿元的GMV。2021年2月5日，快手在香港上市，开盘报价338港元/股，较发行价115港元上涨近200%，总市值达1.39万亿港元。短视频行业的狂飙式发展带来了商业模式创新的可能性。

一　作为新时代的文本：视频蕴含商业价值

2015年后，随着智能手机和4G的普及，上网门槛大降，整个社会进入

---

* 何华峰，快手科技副总裁、快手研究院负责人。

了视频时代。视频时代的数据量呈指数级增加，推动了人工智能技术的发展。麦克卢汉认为媒介即延伸，相比于文字，视频作为另一种信息的载体，它在传递信息方面更具优势、学习门槛低且生动鲜活。

连接和计算是数字经济的基础，其实对于整个网络来说，其核心也是这两个要素。在连接的方式上，数字化能力更强的视频横空出世。在计算方式上，人工智能夺得高地。视频实际上成为新时代的文本。信息和实物交付构成了世界上所有的交易，二者的变化引发交易方式的变化，消费进入全新时代，同时，生产、流通等各个方面也会发生变化。在商业领域，视频时代具有以下三个主要特征。

第一是市场更大、交易更快、场景更深。市场更大是指视频生产、流通、消费门槛低，可以覆盖、连接更多的用户。在人工智能、算法推荐技术的支持下，交易会在更大的范围内发生。交易更快是指基于视频自身所拥有的可面对面沟通的特征，交易更简洁、更直接，因而速度更快，从而引发整个行业生产速度的加快；场景更深是原本不具备商业化可能的小颗粒度场景被连接，从而有了商业化的可能。

第二是出现了大规模的 C2B（消费者到企业）现象。C2B 是由阿里巴巴提出来的商业概念，被认为是新经济的趋势，即互联网的发展让消费者可以发出更多的声音，从而主导商家的产品生产。在快手上，每一位主播都是消费者的代表，主播通过视频与用户无缝沟通，为商品和服务提供了实时反馈的闭环。从连接与计算的角度看，两者的速度都比以前更快，这带来的是整个生态进化速度的加快。

第三是非标准化、服务化。非标准化源于更细的场景颗粒度，以快手主播抹茶 Sweet 为例，通过粉丝留言，抹茶 Sweet 洞察到约六成的粉丝是小个子女生，于是将目标市场定位在身高为 148 ~ 162 厘米的女生。过去的商业只能在所有场景里截取一部分比较主流的、颗粒度比较大的场景进行商业化服务。现在，细小场景里面的消费者被发现、被连接，他们与生产者可实时互动，因而有了商业价值。服务化则是指商品服务逻辑正在向老中医坐堂式的服务发展。正如《失控》的作者凯文 · 凯利谈到网络社会的特点时提到，过去是生产鞋子，现在是生产适合脚的东西，而且不断迭代。商品成为服务的延伸，迭代永无止境。

二　直播+电商：技术催生商业新物种的诞生

在视频时代，整个社会围绕视频建构，形成新的技术—经济范式，并带来新的商业物种。在视频时代，直播电商是一个典型的新商业物种。传统电商与直播电商在本质上是一致的，都是信息化催生的新物种，但二者也有差别，后者相对于前者更具有广泛性，并拥有更强大的传播能力。从商品成交量和成交额来看，视频时代的一些头部主播远超图文时代的网红。

我们将信息化催生的新物种的特征总结为七个，从信息化和互联物发展的脉络来看，这些特征在信息化催生的新物种身上都具有普遍性。

第一，主播与用户的空间距离通过视频面对面交流而被忽略，商品营销成本大幅降低。视频可以实现一种面对面的交流，这种方式可以加强交流互动的可靠性和真实性。这种逻辑可以迁移到主播与用户建立的关系纽带上，用户出于对主播个人的信任而购买相应的产品，这是一种私人关系的延伸。

第二，与用户共创，规模化 C2B。主播与用户通过文字、语音、视频等进行大量互动，实时获得用户反馈，产品、服务不断迭代以更精准地满足用户个性化需求，也带来更高溢价。

第三，产品销售范围无限扩大，区域性消费不再受限制。每一件产品一上市即面向全国，乃至全球。相比于文字存在二次编码的意义损耗，直播的视觉化呈现更能传达出丰富的信息，突破了语言的限制，实现了商品的全球化推广。

第四，“消费者—主播—产品”模式。相比于历史上如百货商店、传统电商等商业模式，“消费者—主播—产品”的商业通路更短、更有效率。以临沂的主播徐小米为例，其 1 年服装销售的 SKU（库存保有单位）高达上万个，截至 2020 年 12 月，直播的平均实时在线人数有 4.4 万人。相比之下，服装品牌 Zara 1 年的 SKU 只有几万个。

第五，社群效应。视频和算法推荐技术引发群聚效应。主播与用户之间单纯的买卖关系被淘汰，具有情感互动的关系被建立。人设的塑造与品牌打造相辅相成，用户从对于个人的信任逐渐转变为对于品牌的信任。在这一过程中，专家型主播逐渐成熟，从而诞生全新的品牌。

第六，知根知底经济。视频不仅可以展示产品本身，还可带用户观看产品生产过程、生产环境等一切相关信息。知根知底经济是新型信任经济，其本质指向的是私域流量。

第七，闲置资源大解放。因为视频的特殊性，原本被隐藏、埋没的资源被发现，如偏远地区的土特产、民俗文化产品等通过直播电商获得价值。2019 年 4 月 23 日 ~2020 年 4 月 23 日，在中国贫困地区，每 4 人中就有 1 个活跃的快手用户。他们记录生活的视频总数超 29 亿条，点赞数超 950 亿次，播放量高达 16500 亿次。视频让曾经沉默的大多数被看见，从而创造出社会价值。

三　商业新物种的逻辑：互联网的信息化改造

在信息化时代，商业机构或商业物种实际上就是运输信息和实体的组织。数字化和信息化的过程，是商业机构组织、传播信息的能力不断增强的过程，随着数据的积累和信息的增加，原有的不确定性被逐渐消除，对于消费者来说，其获得的是更精准和更个性化的商品和服务。

互联网不受时间和空间的限制，互联网的演化方向是去物质化的。比如，实体的闹钟以一段代码形式存在。信息系统有五个基本功能：输入、存储、处理、控制和输出。信息化的过程就是这五个功能不断扩展的过程。在互联网演进的过程中存在三条规律：其一是同一种数据，对其输入、存储、处理、控制、输出的能力提升时，商业效率也会提升，商业新物种就会诞生。比如，批发市场与主播相比，后者传输信息的能力高于前者。其二是新的一种数据被大规模运用创造新的商业场景。比如，GPS（全球定位系统）定位数据被规模化利用后，就有了滴滴打车、共享单车。其三是在同等的信息传输效率情况下，信息化程度较高的行业会率先被改造，例如新闻领域最先被改造，其次是娱乐领域，接下来是电商。

B.12
2020~2021年中国广告市场营销趋势

赵 梅 曹雪妍*

摘 要： 近几年，广告市场的生意悄悄改变，新广告营销方式、新媒体阵地在创造更多市场机会的同时也让参与者感到焦虑和纠结。复杂的外部经济环境让广告主不断追求降本增效的方式，而新冠肺炎疫情让这一切来得更加迅速。数字化进程加速、广告主偏向运用快速转化的“短效”媒体及营销策略，直播带货、短视频等新型营销方式空前火爆。互联网品牌得到充分发展的机会，大众居家抗疫阶段，各类生活服务类互联网品牌如雨后春笋般涌现，成为各类媒体广告的投放主力。在纷杂的营销环境中，受众注意力不断分散，营销传播去中心化趋势明显，单一的媒体策略很难满足现今的需求，因此营销共振应运而生。而为适应不同应用环境的需要，营销共振又可以分为传播共振、效果共振、场景共振等。在多种营销方式和媒体传播的组合之下，营销共振逐渐成为广告主营销宣传的重要策略。

关键词： 数字化 互联网品牌 营销传播方式 营销场景 营销共振

2020年，受新冠肺炎疫情（以下简称“疫情”）的影响，中国经济下行压力增大，GDP增长率仅为2.3%，消费者的消费欲望降低，这种影响迅

---

* 赵梅，央视市场研究（CTR）总经理助理，媒介智讯总经理，CTR媒体融合研究院执行副院长；曹雪妍，央视市场研究（CTR）媒介智讯研究副经理。

速蔓延至整个消费市场。2020 年年末，疫情在全国得到了有效的控制，居民生活秩序逐渐恢复，新消费成为引领国内大循环的重要动力。消费市场快速复苏，线上消费逆势保持高增长，线上医疗、教育、文娱消费呈现爆发式增长，“90/00 后”的新生代消费者成为消费的中坚力量。

对广告营销市场而言，2020 年是艰难且变幻莫测的一年，广告主或多或少面临经营压力，营销费用一度缩减，在营销与品牌生存之间，广告主不断探索降本增效的营销手段。直播带货乘势而出，成为发展迅猛的互联网应用之一。在广告营销市场遭遇困难的同时，新的营销组合和机遇却也渐渐涌现，引领整个营销趋势转变。

一　广告市场回暖，互联网行业跻身头部引领增长

疫情对广告市场整体影响较大，CTR 媒介智讯的数据显示，2020 年中国广告刊例花费同比下滑 11.6%，各月广告刊例花费同比变化如图 1 所示。除电梯广告（同比上涨 20% 以上）外，大多数广告渠道刊例花费下滑 10% 以上，互联网站广告刊例花费同比下滑达 18.8%。从分月的广告刊例花费走势来看，广告市场在疫情暴发后出现应激下滑，随后逐步回暖。

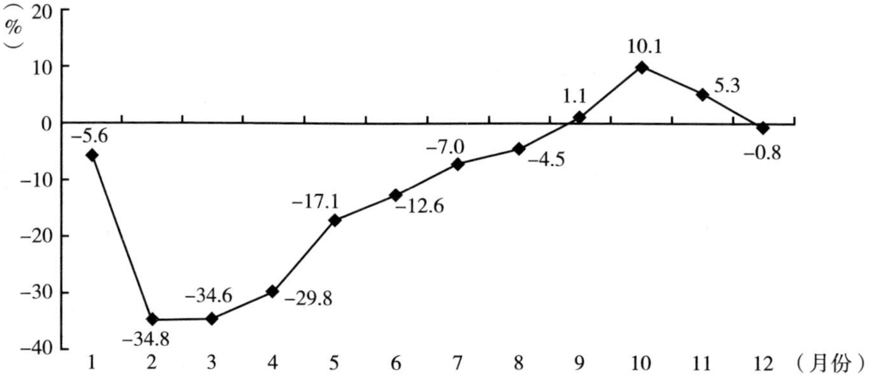

图 1　2020 年 1～12 月广告刊例花费同比变化

资料来源：CTR 媒介智讯广告监测数据库，2020。

从头部行业的广告投放特征来看，与消费趋势相呼应，2020 年互联网品牌的广告投放呈增长态势。除互联网产品之外，个人护理、清洁用品以及与健康生活相关的品类广告花费在 2020 年均有不同程度的上涨，如饮水机/家用净水器的广告花费同比增长 100%，口腔清洁用品/牙膏的广告花费同比增长 76.9%（见表 1）。

表 1　2020 年整体广告渠道刊例花费同比增幅 TOP20 品类

单位：%

排名	品类	广告花费同比	排名	品类	广告花费同比
1	金融业 - 企业形象	133.1	11	皮肤科用药	29.6
2	化妆品/浴室系列用品	117.1	12	方便食品	28.4
3	饮水机/家用净水器	100.0	13	食用油	23.5
4	口腔清洁用品/牙膏	76.9	14	个人健康产品	19.4
5	感冒用药	66.1	15	固体饮料	16.8
6	玩具/电子游戏机	57.6	16	网络服务	15.5
7	移动客户端应用软件及服务	50.5	17	移动网络服务	14.9
8	保健食品	39.0	18	教育/培训	14.8
9	服装	31.1	19	补益药	9.1
10	眼镜/隐形眼镜	31.0	20	糕点饼干	7.3

资料来源：CTR 媒介智讯广告监测数据库，2020。

虽然 2020 年投放广告的品牌数量略有下滑，但参与广告投放的品牌中有 70% 的品牌的广告花费有所增加。这些广告市场投放的向上力量所投放的总金额占整体市场的 61%。广告投放的头部品牌中，互联网品牌、乳制品品牌占比扩大，伊利、君乐宝、蒙牛、美赞臣、飞鹤的广告投放量较大，在线教育品牌斑马 AI 课和猿辅导的广告花费增幅翻番。在疫情和消费经济市场萎靡的影响下，广告市场参与者压力倍增，广告主在新环境下寻找生存和破圈的机会。

二 共振营销——媒体与品牌营销策略新时代

共振是物理学术语，指一个物理系统在特定频率下，比其他频率以更大的振幅做振动的情形，这些特定频率被称为共振频率。① 在营销领域，共振营销象征着小投入、大回报，多方联合以及资源的整合应用等，是广告营销市场扩张、蓬勃发展后形成的新资源整合方式。

1. 强覆盖媒体与社交关系媒体组合形成联动共振效果

2020 年的广告市场见证了数字化应用的飞速发展，营销传播去中心化趋势越来越明显，媒体资源繁杂，品牌的广告营销资源配置亟须智慧升级。单一媒体难以满足传播覆盖的需求，广告市场既有因受众长期接触而形成稳定触达习惯的惯性媒体，又有从受众的兴趣点出发而具有强大连接度的黏性媒体，还有受众接触具有一定的随意性和不确定性的弹性媒体，以及在特定时间和场景强迫受众接触的刚性媒体。纷繁的媒体选择之下，广告主亟须思考如何配置媒体资源以达到更好的营销效果。“覆盖 + 关系”类媒体的组合为广告主提供了“海陆空”全方位的资源轰炸，既让消费者对品牌形成认知，又与消费者建立起良好的关系，形成了联动共振的效果。

覆盖类的媒体指的是如电视这一类媒体，或是区域内具有覆盖优势的媒体，如社区广告或者电梯广告媒体。关系类媒体则主要指向了互联网媒体，特别如微博、微信、小红书等社交媒体，这些媒体通过互联网的天然优势与消费者建立稳定的关系。CTR 发布的《2020 年广告主营销调查报告》显示，广告主对建立关系的移动互联网广告以及建立广覆盖的电视广告投入较高，对区域内形成覆盖的户外广告也有较高投入。在 2020 年一些爆款品牌的营销案例中，不难发现“覆盖 + 关系”的媒体组合是这些“爆款”采用的主要策略，即利用强覆盖能力的电视媒体，或者利用具有区域覆盖优势的户外媒体来达到普及品牌认知的效果，再利用互动性强、与消费者关系紧密的社

① 来源：百度百科。

交类互联网媒体同步形成共振式营销。

2. 突破品效合一，打造产品 ROI，实现集品牌、效果、内容为一体的共振新营销

在受疫情影响的 2020 年，追求快速收效的短效营销盛行。超过七成广告主在 2020 年都计划增加网红直播电商和短视频广告的营销费用（见图 2），广告主对直播带货所带来的销售成绩给予高度认可，认为它是可以打造爆款的好方法，但同时也对其无法形成长期良性运行模式表示担忧。

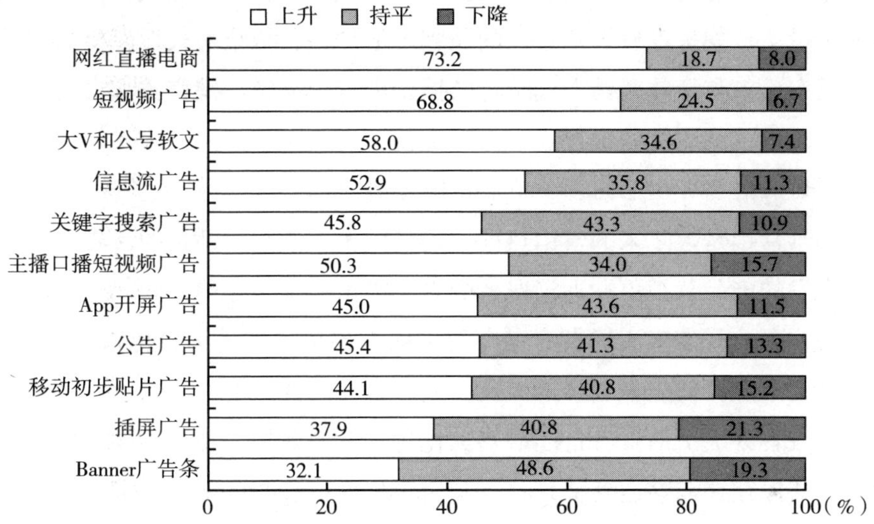

图 2　2020 年广告主预期数字广告投放费用同比变化

资料来源：CTR，《2020 年广告主营销调查报告》，2020。

在过去，广告营销领域经常会谈到“品效合一”。2020 年火爆的直播带货和短视频营销则更多基于流量所驱动的交易场景，很多时候往往掩盖了品牌的价值，忽视了品牌作为心智资源的重要性。越来越多的品牌通过实践发现，单纯地追求流量并非长久之计，因为流量成本越来越高。

直播带货的火爆由多方面因素促成，首先是品牌形象的长期积累，品牌建设始终是爆款和热销的基础；其次是强覆盖的宣传，如果没有覆盖广泛的宣传为直播引流，直播间很难有火爆人气；最后是直播内容创意等，

有个人风格特色的主播或有趣的直播内容都会吸引消费者走进直播间。受疫情影响，广告主压力倍增，直播带货一时间缓解了销售压力，但随着流量红利的触顶，品牌塑造的意义凸显，广告主应重新思考广告投放 ROI 的意义。

从以往的营销经验来看，此前的“品效合一”注重实现短期内的销量提升和品牌资产的积累，所有品牌在效果广告和品牌广告的天平面前有不同的选择，但从结果来看，无论是头部品牌还是新消费品牌，将品牌价值、销售价值以及内容价值整合才能抓住机会成为最终的赢家。短效营销所带来的短期销量增长如果没有长期营销的品牌价值加持，很难长久地保持品牌的活性，只有长效与短效营销方式结合共振，内容、品牌、销售或流量共振，才能实现从量变到质变的提升。

3. 切入消费者生活圈，多场景共振营销

场景营销是近年来的营销热词，场景赋予了产品生动化的意义，从场景角度出发的产品营销更贴近消费者的真实需求。媒介亦然，融入生活场景的媒介往往要比脱离生活场景的媒介的传播效果更好。受场景化营销的影响，近年来场景媒介被越来越多地提及。从广告渠道的角度看，融入生活场景的广告比较容易吸引消费者且能潜移默化达到营销效果。叠加不同的生活场景的传播共振往往能够达到“1 +1 >2”的效果。比如消费者在社交媒体“种草”一款产品后，在日常生活必经场景内又多次看到了该产品的广告，搜索和购买该产品的概率势必增加。

电梯广告利用特殊的场景优势，聚焦核心人群的主要生活场景，融入受众生活，提升了共振的效果。从日常的生活轨迹看，如果消费者的家庭社区和工作地点都有电梯的话，消费者从早上出门抵达公司到下班回家，一日的轨迹内至少要接触四次电梯广告。电梯广告覆盖城市内的风向标人群，投放在核心的生活空间，因场景优势实现了高频次触达，并且在封闭空间内因强制到达实现低干扰。

广告主广泛看好电梯广告场景优势，CTR 媒介智讯的数据显示，近 5 年，电梯广告的刊例收入始终保持较高的增速，是广告主参与投放最多的户外广告类型。

从品牌投放数据看，电梯广告可使品牌提高在生活场景中的曝光度，与其他媒介形成共振打造现象级营销事件。根据 CTR 媒介智讯的数据，2020 年电梯广告投放量较大的几个品牌，均在销量上有所突破。例如电梯 LCD 广告投放量第二名元气森林，刚刚成立 4 年，市场估值就已经逼近 300 亿元；电梯 LCD 广告投放量第四名妙可蓝多，2020 年全国奶酪产品的销量占比达到了 33.8%；电梯 LCD 广告投放量第五名铂爵旅拍，为 2020 年天猫“双 11”旅拍品类销量第一。

除电梯广告外，户外生活场景升级，新的场景为营销共振提供新选择，商业综合体成为新兴的休闲场景代表。商业综合体填补家庭、出行、工作环境以外的休闲场景，成为户外广告新阵地。消费者四大生活场景中，家和商业综合体是消费者状态最放松的环境，有利于品牌获得高喜好度、高吸引度以及给消费者留下深刻印象。CTR 发布的《商业综合体价值研究报告》表明，八成受众表示商业综合体中庭 LED 大屏的视觉冲击大，对提升品牌好感度有助益。LED 大屏广告是商业综合体目前最常见的广告类型，此外还可通过各类营销活动策划，为广告主提供更灵活多样的活动内容，充分实现场景价值。

生活场景广告在轻松愉悦的休闲生活中引导消费者关注品牌，再结合其他广告类型形成共振效应，帮助品牌深入人心。

三　经济全面复苏，广告市场未来可期

2021 年是“十四五”规划开局之年，规划要点集中在社会经济发展的六大新目标，其中经济发展取得新成效是规划目标中的重要组成部分。对于广告市场来说，经济市场的振兴给予广告主更健康的经营环境；对于媒体来说，经济市场的振兴意味着广告收入的增加，市场良性的竞争模式将为媒体带来更多增加收入的机会。

随着内容、技术、概念的持续升级，营销共振市场未来将有更大的发展

空间。随着国家建设的全面推进，国民的民族意识不断增强，大众对中国文化的拥护和喜爱越来越强烈，国产品牌实力日益增强。2020 年已经有很多国际品牌通过设计带有中国元素的产品来吸引国内外消费者，而同时，国产品牌在与国际品牌的竞争中也展现出更多优势。未来，国民品牌、国潮文化都将有更广阔的发展空间。同时，广告主秉承从人出发、洞察人的需求、了解人的喜好、到人群集中的地方等营销宗旨，运用营销共振配置媒体资源，也将会打造出更多爆款产品。

B.13
2020年中国电视收视市场回顾

封　翔*

摘　要： 2020年，新冠肺炎疫情在全世界范围内突然暴发，居家、保持社交距离等防疫手段促进了电视消费的回暖。2020年全国人均收视分钟数首次回升，达到132分钟，较2019年增长了6.4%；其中年轻观众收视增长最为明显，4~24岁观众同比增幅超过10%，特别是15~24岁观众增幅高达18%。疫情之下综艺类电视节目数量减少、新闻类电视节目数量增加，“三驾马车”格局未变，“云制播”“直播带货”等电视新形式兴起。2020年是中国脱贫攻坚决胜之年，政策引导电视剧播出契合时代鲜明主题，防疫抗疫、脱贫攻坚、爱国奋进题材成为主流，综艺节目也紧扣时代脉搏，传递欢笑与感动。

关键词： 电视　云制播　直播带货

2020年是媒体融合继续深化之年，时代在前进，媒体在发展，电视大屏在不断拓展边界；2020年对于广电行业来说是挑战与机遇并存的一年，疫情之下“云制播”“直播带货”等电视新兴语言与抗疫节目、扶贫剧等交相辉映，为广大电视观众带来不一样的视觉体验。本文采用CSM媒介研究2020年所有调查城市收视数据，对2020年全国电视收视市场变化和特征进行简要分析以供业界参考。

---

* 封翔，中国广视索福瑞媒介研究（CSM）客户服务事业部经理。

一　收视总量的变化

1. 收视总量回暖，年轻观众增幅最大

2020 年，在以 109 个城市推及的全国电视收视市场，人均每天收看电视 132 分钟，较 2019 年同期增加 8 分钟，增长幅度为 6.5%，是自 2013 年以来首次实现正增长。但从近五年的数据来看，人均电视收视时间与 2016 年的 152 分钟仍有较大的差距（见图 1）。对比 2019 年每日收视走势，2020 年的收视总量增长主要受第一季度居家抗疫的影响。在疫情初期，居家隔离成为常态，电视收看总量明显提升。随着复工复产，收视总量也逐渐下降，进入 5 月以后生活恢复常态，电视收看时长也与 2019 年基本保持一致。

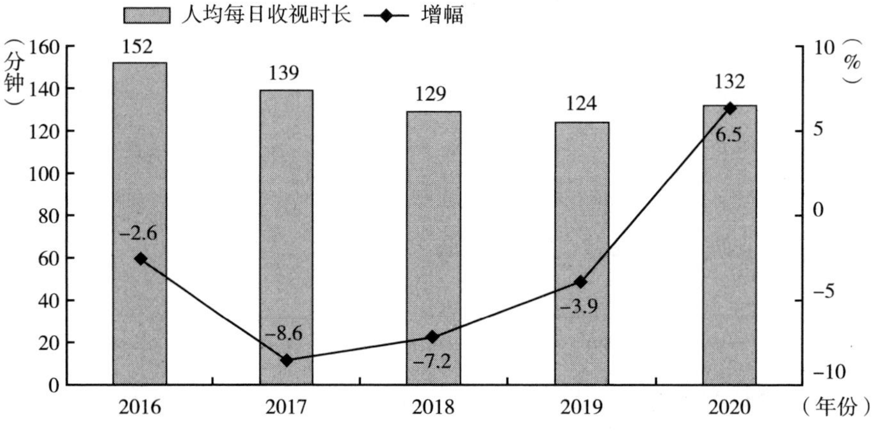

图 1　2016～2020 年观众人均每日收视时长（所有调查城市）

资料来源：CSM 媒介研究。

2020 年，电视观众收看量的提升表现在各个年龄段的观众群体，其中以4～24 岁的年轻观众提升最为明显。4～24 岁观众收视时长同比增幅超过了 10%，特别是 15～24 岁观众增幅高达 18%，疫情让年轻观众又回归到电视大屏前。观察收视总量我们发现，45 岁以上的中老年观众依然是电视的主力收视人群，每日收视时长超过 150 分钟，而 45 岁以下观众的每日收视时长普遍低于 100 分钟。从收视增量来看，一老一小的收视增量最大，65 岁及以上老年观众的人均每日收视时长由 277 分钟提升到 288 分钟，4～24 岁年轻观众也有 10 分钟以上的增长。

2. 日均到达率止跌维稳，观众忠实度明显提升

2020 年，电视观众规模与往年相比止跌维稳，日均到达率与 2019 年的 48.9% 保持一致，但电视达到观众的收看时长有明显的提升，观众人均每日收视时长达到了 269 分钟，相比近 4 年 250 分钟左右的平均水平有明显提升，显示出电视大屏对电视忠实观众的吸引力，这也是 2020 年电视收看总量实现正增长的根本原因（见图 2）。

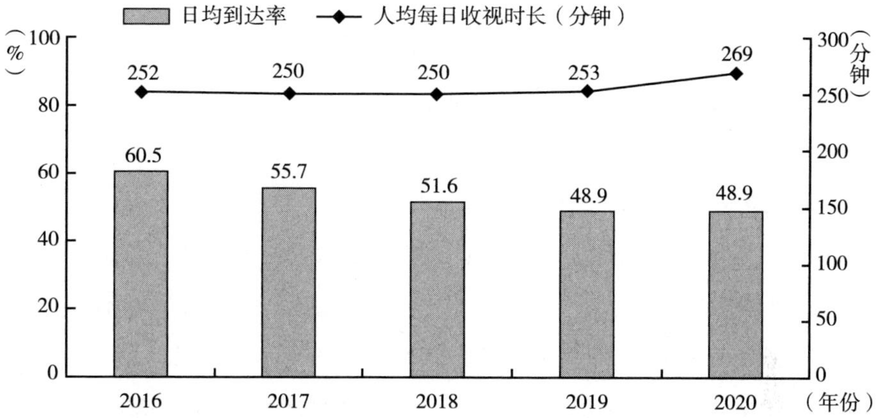

图 2　2016～2020 年电视观众日均到达率及达到观众人均每日收视时长（所有调查城市）

数据来源：CSM 媒介研究。

CNNIC 数据显示，截至 2020 年 12 月，中国互联网普及率为 70.4%，与电视 98.8% 的覆盖率相比仍有差距；同时，报告中还显示网民上网时长为每周 26.2 小时，相当于每天约为 225 分钟，且从历史数据来看，视频消费时间不足 1/3，与电视观众的 269 分钟的收视时长相比也有不小差距。因此，从受众规模和使用时长两方面看，电视仍然是具有一定竞争优势的大众媒体。

3. 时移收视日益增多，中老年时移收视加速

随着智能电视机和智能回看设备的不断普及，时移收视[①]量呈现不断增长的势头。在52个重点城市中，2020年有37个城市时移收视量同比有所增长，其中青岛、西宁、银川、烟台4个城市的时移收视增量最多，增长2分钟以上；增长率在20%以上的城市达到15个，其中，拉萨、西宁、青岛、烟台和扬州这5个城市的增长率超过了50%。

2019年、2020年各年龄段观众时移收视数据显示，中老年观众成为时移收视的重要来源。CSM52城市整体时移量由5.9分钟提升到6.2分钟，其中除了4~14岁和25~34岁年龄段观众时移收视略有下降外，其他年龄段观众均有提升，特别是45岁以上的中老年观众时移收视增量超过了平均增长水平。

二　各级频道竞争格局

1. 中央级频道和省级上星频道竞争此消彼长，其他频道组竞争力持续提高

近几年，份额竞争中处于领先地位的中央级频道和省级上星频道呈现此消彼长的竞争态势（见图3）。2020年，中央级频道市场份额略有下降，为26.5%，省级上星频道的市场份额从2019年的27.4%提升到2020年的29.4%，两者份额之和较2019年提升了1.2个百分点。相比之下，地面频道组的发展举步维艰，省级地面频道市场份额从2019年的17%继续下滑到2020年的14.6%，市级频道市场份额从6.3%降低到5.5%，合计下降了3.2个百分点。

其他频道市场份额近年来持续增长，2020年其他频道市场份额从2019年的22.0%继续增长到24.0%，这一数值已经超过省市级地面频道之和，彻底打破了央视、省卫视与地面频道三足鼎立的竞争格局，成为市场竞争中

---

① CSM时移收视是指电视直播节目播出后7天内观众通过电视机或其连接设备（有线、IPTV、智能电视和OTT）点播或回看功能收看该节目的收视。

的新势力。其他频道不仅包括直播频道中的数字频道和境外频道等，也包括电视大屏非直播频道（IPTV、智能电视、OTT 等）。其他频道市场份额数据的持续增长，反映了智能设备和智能应用的普及使回看、点播等非直播收视率日益增长的情况。

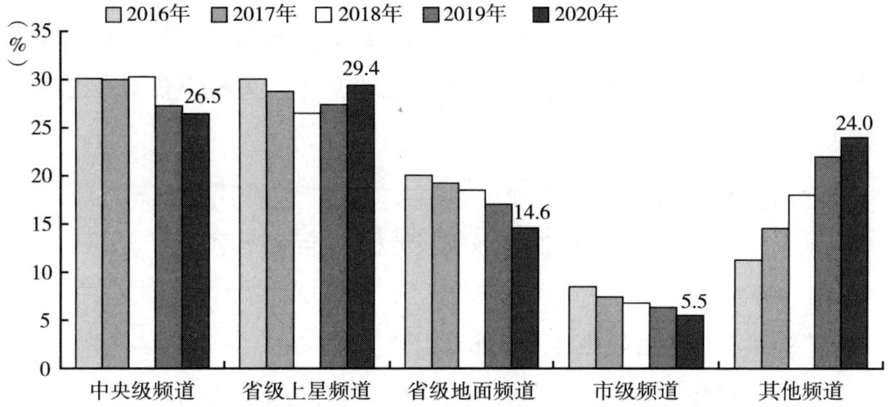

图 3　2016～2020 年各级频道市场份额对比（所有调查城市）

资料来源：CSM 媒介研究。

2. 省级上星频道“马太效应”加剧，观众加速向头部频道聚集

省级上星频道组市场份额的提升，主要得益于排名前 10 位频道的份额增长。数据显示，份额增量在 0.2 个百分点以上的省级上星频道共有 7 个，全部集中在排名前 10 位的频道中。按照份额绝对值我们将 51 个省级上星频道划分为 3 个阵营：份额超过 2% 的前 5 位的频道拉开了与其他省级上星频道的差距，成为第一阵营；排名第 6 位至第 10 位的频道份额在 1% 左右，彼此之间的竞争最为激烈，成为第二阵营；余下的频道份额变化不大，划归第三阵营。省级上星频道竞争的“马太效应”加剧，第一阵营的 5 个频道份额均有提升，累计份额达到 14.04%，较 2019 年增长 1.67 个百分点；第二阵营累计份额 5.47%，除了第 6 位频道份额有所下降外，其他 4 个频道份额均出现提升，频道间差距逐渐缩小；第三阵营累计份额 9.79%，较 2019 年略降，观众加速向头部频道聚集。

3. 省级地面频道竞争分化，市级频道四成触底反弹

2020 年，地面频道市场份额持续下降。省级地面频道超过八成出现份额下滑，平均份额同比减少 1.8 个百分点，仅在福建、江苏、甘肃和北京四地呈现增长；市级频道在各城市网中，有 38 个地区市场份额同比提升，占比近四成，其中，东莞、襄阳和绍兴的市级频道市场份额均有超过 5% 的增长；而身处长三角、大湾区的城市如苏州、绍兴、扬州、深圳、汕头等，其市级频道在电视大屏端的稳健收视表现为区域广电媒体融合转型升级奠定了重要基石。

三　节目市场概况及竞争格局

1. “三驾马车”主导电视节目市场

在电视节目播出和收视市场中，俗称“三驾马车”的电视剧、新闻/时事和综艺类节目依然在收视中处于主导地位，三大类型节目收视比重达到 61.7%，相比 2019 年的 58.1% 提升了 3.6 个百分点。其中，新闻/时事节目的收视提升最为突出，由 2019 年的 13.3% 提升至 16.8%，这也说明在抗疫特殊背景下民众对主流媒体新闻类节目的消费需求明显提升。同时出现提升的还有电视剧，其收视比重由 2019 年的 33.7% 提升至 34.8%。综艺节目的收视比重则由 11.1% 下降到了 10.1%，显示了在疫情影响下，百姓的娱乐消费受到了一定程度的抑制。在电视播出市场，电视剧、新闻/时事和综艺类节目共同占据了四成以上的播出比重。相比 2019 年，“三驾马车”的播出比重均有不同程度的下降，其中电视剧和综艺节目的播出量下降最为明显，电视剧的播出比重由 2019 年的 29.4% 下降到 27.5%，新闻/时事类节目下降了 0.5 个百分点至 10%，综艺则由 4.9% 降至 4.2%（见表 1）。尽管播出比重有所下降，但收视比重的小幅下降甚至一部分节目的小幅提升，使得“三驾马车”的资源使用效率相比往年有所提升，也显示出“三驾马车”作为电视观众三大收视刚需的巨大潜力。

表1　2018～2020 年电视主要节目类型收播比重对比（所有调查城市）

单位：%

节目类别	2018 年		2019 年		2020 年	
	播出比重	收视比重	播出比重	收视比重	播出比重	收视比重
电视剧	28.2	31.9	29.4	33.7	27.5	34.8
新闻/时事	10.5	13.3	10.5	13.3	10.0	16.8
综艺	5.6	11.2	4.9	11.1	4.2	10.1
生活服务	13.3	7.1	12.5	6.7	12.9	6.1
专题	8.7	6.2	9.1	6.2	8.2	5.9
青少	4.6	5.5	4.9	5.1	4.6	4.8
电影	3.1	4.7	2.9	4.7	2.5	4.2
体育	2.5	4.2	2.7	3.7	2.4	2.2
音乐	1	1	1.4	1.2	1.2	1.2
法制	1.5	1.3	1.4	1.2	1.1	0.9
其他	18.8	12.4	18	11.8	23.4	11.8

资料来源：CSM 媒介研究。

2. 新闻节目：强化主流媒体责任担当

观察近 5 年新闻/时事节目在各级频道的收视份额变化趋势，2020 年新闻/时事类节目收视继续由中央级频道主导，连续 5 年高位运行，2020 年提升了近 5 个百分点达到 48.3%，占据新闻节目市场的半壁江山；省级上星频道新闻/时事节目收视份额也持续稳步增长，创近 5 年新高，达到 22.1%，所有上星频道的新闻收视贡献已经超过七成（见图 4）；地面频道新闻/时事节目的收视份额则出现不同程度的降低。

2020 年伊始，新冠肺炎疫情突然暴发，电视媒体强化主流媒体责任担当，迅速响应并推出抗疫特别节目。中央广播电视总台推出《战疫情特别报道》，《新闻 1 +1》《朝闻天下》《新闻 30 分》等多档新闻节目也持续关注疫情发展。1 月 26 日起陆续启动抗疫特别节目大时段报道的还有湖南卫视、上海东方卫视、江苏卫视、北京卫视等，扩容新闻内容，增开专题报道，及时传达政府声音，发布疫情权威消息，高效回应百姓关切。地面频道中，广州台综合频道于 1 月 21 日播出《防控新型冠状病毒我们在行动广视

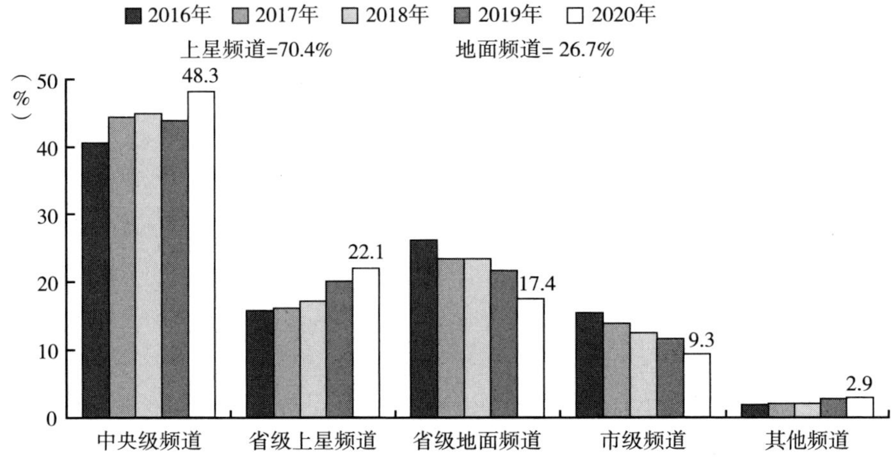

图4 2016~2020年新闻/时事类节目市场各级频道的收视份额（所有调查城市）

资料来源：CSM媒介研究。

特别报道》，1月26日开始，海南新闻频道、成都公共频道、黑龙江新闻法治频道等也迅速推出抗疫节目。

3. 电视剧：电视剧播出契合时代鲜明主题

2020年，电视剧整体收视比重持续走高，达到34.8%。电视剧的播出量及收视量占据所有节目类型之首，一直是各级频道共同青睐的节目类型。在不同级别频道组中，省级上星频道的收视份额明显提升，从2019年的44.2%提升到2020年的48.9%，占据了电视剧收视市场近一半的江山；中央级频道稳中有升，增长了0.5个百分点；省级地面频道和市级频道电视剧收视份额则有所降低，累计份额从2019年的34.6%降至2020年的29.6%，下降了5个百分点（见图5）。

梳理2020年电视剧的播出情况，防疫抗疫、脱贫攻坚、爱国奋进题材成为主流，政策引导电视剧播出契合时代主题。在第一季度播出的《安家》《冰糖炖雪梨》等现实题材剧舒缓焦虑、抚慰人心；第二季度，呼应2020年作为脱贫攻坚之年的主旋律，播出了《我们在梦开始的地方》《绿水青山带笑颜》等剧。第三季度，抗疫剧表现突出，《在一起》《最美逆行者》相

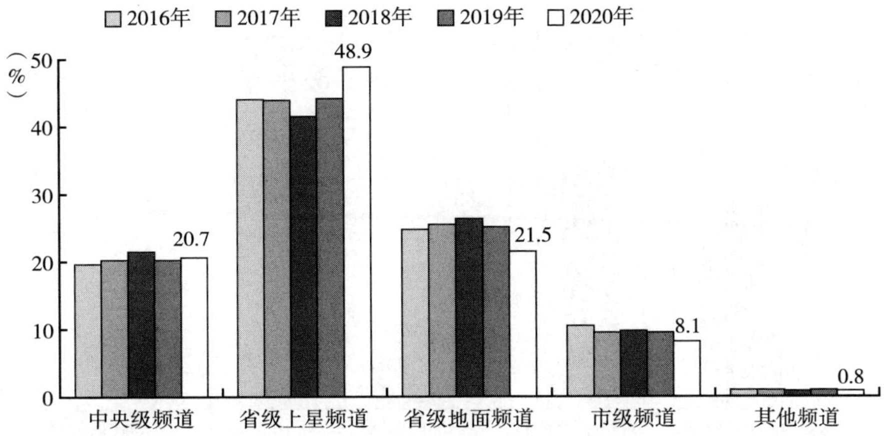

图5　2016～2020年电视剧市场各级频道的收视份额（全天，历年所有调查城市）

资料来源：CSM媒介研究。

继开播。第四季度扶贫剧和抗美援朝剧等主旋律题材剧相继播出以致敬伟大祖国，包括《跨过鸭绿江》《巡回检察组》等剧。

4. 综艺节目：紧扣“变”时代脉搏，传递欢笑与感动

2020年，受疫情影响，综艺节目播出比重和收视比重均有下降。从年初开始，各大电视台积极响应国家新闻出版广电总局号召，加强疫情防控报道，减少娱乐性节目播出。相比2019年，2020年综艺类节目播出时长同比锐减12.3%，收视时长同比下降5.3%。从各级频道收视份额上看，超八成的收视贡献来自上星频道。中央级频道综艺节目收视份额继续下降，减少了4.8个百分点；省级上星频道综艺节目收视份额提升显著，由2019年的48.6%增长至54.3%，占据市场绝对统治地位；地面频道综艺节目的收视份额则有小幅减少（见图6）。

2020年综艺节目紧扣“变”时代脉搏，传递欢笑与感动。5月之前，《嘿！你在干嘛呢?》《朋友请听好》等一批互动分享、语音陪伴云综艺节目助力全民战“疫”，关注大众心理疏导；5月疫情稳定后，《极限挑战》《向往的生活》都融入“助农扶贫直播”元素。在收视端，多档新节目取得优异的收视表现，《奔跑吧》等12档综艺节目收视超过2%，《姐姐的爱乐之

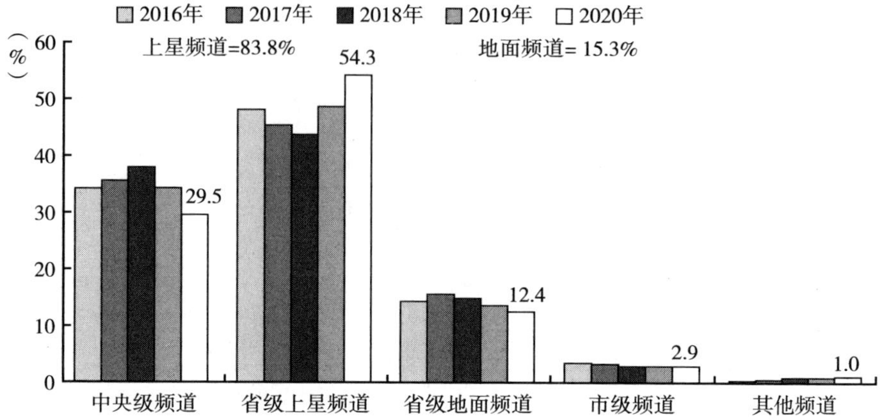

图 6　2016～2020 年综艺节目市场各级频道的收视份额
（全天时段，历年所有调查城市）

资料来源：CSM 媒介研究。

旅》等 20 档综艺节目收视超过 1%。与此同时，2020 年综艺季播节目加大了创新力度，且成绩优异，共有 12 档新季播综艺节目收视破 1%，而 2019 年收视超过 1% 的新季播综艺节目仅有 4 档。

B.14

2020年中国电视剧市场收播特征盘点

李红玲*

摘　要： 2020年中国电视剧市场在疫情之中出现了繁荣发展的局面，主题性创作和话题性创作成为主导，主旋律大剧和商业大剧各展风采。现实题材在“小正大”方向下纵深发展，涌现诸多热点：短剧、单元剧、时代报告剧等新形态促使类型进一步丰富多元。网站、上星频道针对中青代的“圈层运动”如火如荼，竞争新动作不断，地方频道却在博弈中固守阵地“以不变应大变”。从播出与收视数据看，2020年中国电视剧市场也呈现出鲜明特征。

关键词： 电视剧市场　收视　上星频道　地面频道

一　供给侧延续“减法”，政府助推、减量挤水去库存

2020年原本处于下滑通道的国产电视剧供应量在新冠肺炎疫情（以下简称“疫情”）刺激下进一步紧缩，但故事内容质量进一步得以提升。首先，政府严控制作发行总量，电视剧申报公示数量为670部、23519集，同比下降26%、31%；全国生产完成并获得《国产电视剧发行许可证》的剧目有202部，同比下降20%（见图1）。其次，政府引导“短剧化”，削减

* 李红玲，中国广视索福瑞媒介研究（CSM）客户服务事业部经理。

剧集长度，申报公示剧集平均长度为35.1集，同比下降2.9集；已通过审批的剧集平均长度自2015年以来首次跌破40集，不足37集，同比减少5集之多。电视剧“短化”趋势在视频网站中初现，并在悬疑题材领域大获成功。大屏电视剧也出现了“短化”端倪，例如上星频道晚黄档共播出7部不超过25集的电视剧，豆瓣评分高达8.8分的《战火熔炉》集数最短，仅13集，抗疫剧《最美逆行者》《在一起》和脱贫剧《石头开花》《金色索玛花》均不超过20集，现象级网剧《长安十二时辰》也不超过25集，打破了长篇古装剧独霸爆款的局面。

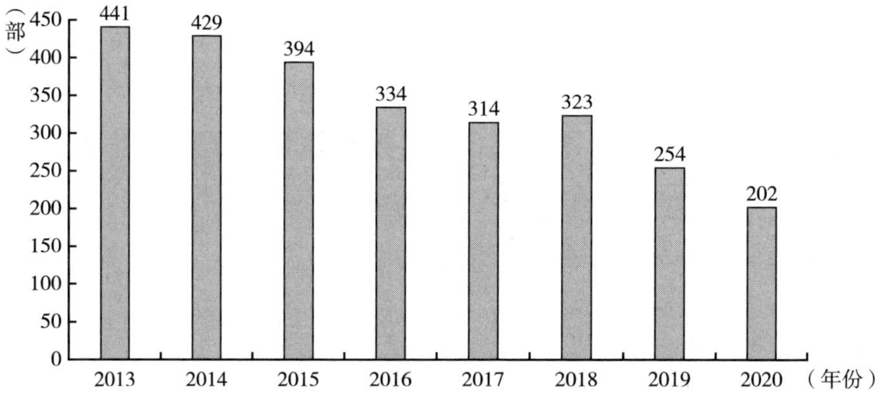

图1　2013～2020年生产完成并获得《国产电视剧发行许可证》的电视剧部数

资料来源：国家广播电视总局、CSM媒介研究。

其次，新剧供应“分配不均”，在减量中凸显高度集中化趋势，“马太效应”越发明显。上星频道晚黄档首轮剧播出量近年来一直保持着下降趋势，近两年下降幅度有所减弱，2020年共播出113部，较2019年减少11部，播出量靠前的央视一套、浙江卫视、江苏卫视、上海东方卫视、北京卫视、湖南卫视这6家头部平台保持稳定播出，位于第二、三梯队的安徽、山东、湖北、吉林、江西、贵州、辽宁等卫视的播出量则有不同程度的下降，重庆、深圳、黑龙江这3家卫视的播出量较2019年有所增长（见图2）。

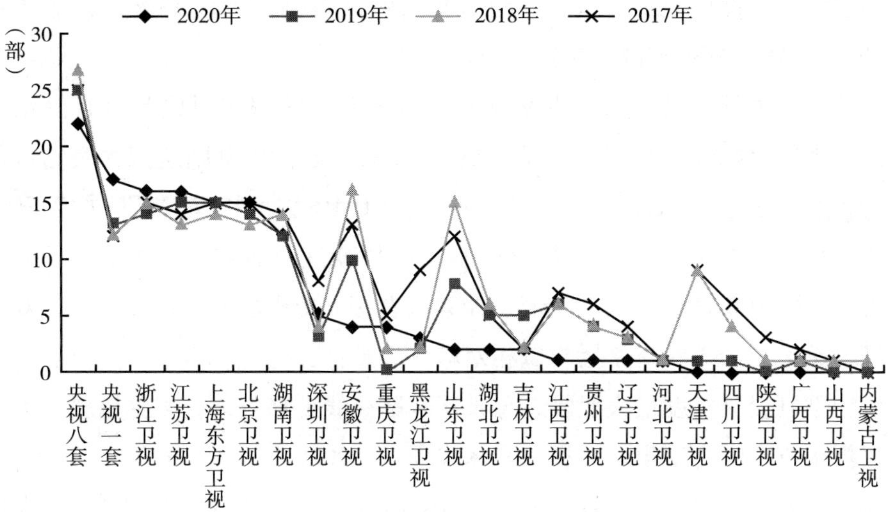

图2　2017~2020年上星频道首轮剧播出分布（19：30~21：30，100城市，内地剧）

资料来源：CSM媒介研究。

二　类型分布差异大，脱贫、抗疫、抗美援朝剧成亮点

受到资金实力、平台契合度及选剧口味的影响，不同频道组晚黄档题材排播差异较为明显。央视一套和八套采取了“大小题材结合、大类突出小类点缀”的策略，一类题材剧占比颇大，以主旋律气息浓烈、弘扬正德的时代变迁剧（15.5%）、社会伦理剧（14.6%）及扶贫攻坚方向的农村剧（14.4%）为主，这三大题材比重总和约45%；二类题材剧分布广泛，包含奋斗励志、都市生活、近代传奇、军事斗争、反特/谍战和言情剧，占比均在5%~10%，总和达42%；重大历史、人物传记、武侠、重大革命等小类题材剧数量较少。

省级上星频道的一类题材剧数量分布相对平衡，风格更为多变，不仅包含反特/谍战、军事斗争剧，也包括社会伦理、时代变迁剧、言情剧，这五大题材剧每类占比相差不大，均在10%~12%，共约54%；二类题材剧数量不多，包含都市生活、农村、近代传奇和涉案剧，共计29%；比重不足5%的小类题材分布较散、包罗广泛。

地面频道题材呈现出高度集中的态势，对高收视题材剧具有强烈依赖性。一类题材剧仅包含军事斗争、反特/谍战、近代传奇剧这三大类，占总量的52%，其中军事斗争剧一支独大，占21.4%，反特/谍战剧占17.7%；二类题材剧包含社会伦理、都市生活、时代变迁三种题材，共计占24%；三类题材剧分布宽泛，其中言情、涉案、农村、历史故事、奋斗励志、戏说演绎、重大革命等题材剧播出量相对略多，总占比超过17%。

脱贫剧成为年度最大黑马，分批次登陆一线上星频道，以独播模式为主导，播出节奏颇为密集。央视一套率先发力，2020年3月16日以《一个都不能少》打头阵，独播5部脱贫剧，《最美的乡村》收视率超过1%，发挥了领航优势。湖南卫视紧随其后推出《绿水青山带笑颜》，浙江和江苏卫视播出《我们在梦开始的地方》，北京卫视和上海东方卫视开播《遍地书香》和《我的金山银山》。11月17日浙江卫视、上海东方卫视和江苏卫视3个频道（晚黄档）联合广东卫视（次黄档）播出脱贫时代报告剧《石头开花》，聚焦扶贫十大难题，反映10个地区特征，总收视率超过2.9%。

抗疫剧是年度影视化另一大收获，既提振了民族自信，也展示了大国实力。2020年9月17日，央视一套重磅推出中国首部抗疫题材电视系列剧《最美逆行者》，4个月的创、制、播速度刷新了行业纪录。9月29日，《在一起》以“4+2”模式在6个频道联袂上映，直击抗疫最前线，全景式展现全民抗疫画卷，总收视率突破4%。

三　省级上星频道收视高涨，构筑多类型竞合关系

疫情刺激收视水涨船高，电视剧收视也迎来高光时刻。一是在所有调查城市，电视剧收视比重达到34.8%，创近15年来新高。二是在收视份额竞争中，上星频道集体迎来利好，中央级频道电视剧收视占比20.6%；省级上星频道电视剧收视高占48.9%，同比提升4.7个百分点，创2015年来最

好纪录。三是头部上星频道步入快车道，排名前五位的上星频道晚黄档电视剧收视激增，增幅在40%以上，湖南卫视和上海东方卫视涨幅在60%左右。湖南卫视以逼近2%的平均收视率位居第一，上海东方卫视、浙江卫视、江苏卫视和北京卫视平均收视率分别达到1.52%、1.46%、1.37%和1.26%，获得了历史性突破。2020年5月以后，抗疫取得阶段性战果，上星频道晚黄档收视逐步出现回落，恢复常态运营状态。

各台之间的竞争与电视剧的拥有量与收视率有关。2020年上星频道晚黄档电视剧中有80多部次单频道收视率超过1%，江苏卫视、浙江卫视、上海东方卫视各占16席，湖南卫视占13席，北京卫视占9席，直接推助平台收视上涨。部分头部剧以强悍的收视高度拉升平台收视均值，例如，湖南卫视晚黄档剧全部收视率超过1%，有7部剧平均收视率在2%以上，《巡回检察组》单集收视率最高达3.57%；上海东方卫视的《安家》单集最高收视率突破3%；浙江卫视、江苏卫视和北京卫视也均有剧目单集收视率突破2.4%。

上星频道除了竞争，也常常联盟合作形成不同的联播模式：一是已成为常态的强强联合，以浙江卫视和江苏卫视两大卫视合作最为频繁，共联播10部剧，北京卫视和上海东方卫视共联播6部剧，浙江卫视和上海东方卫视共合作4部剧。二是强弱搭配、弱台搭车，头部上星频道与二、三线上星频道合作减轻成本压力，弱势上星频道谋求搭乘热剧顺风车。例如北京卫视与深圳卫视联播的《了不起的儿科医生》，安徽卫视跟播北京卫视联播的《鬓边不是海棠红》。三是抱团取暖，包括广东、安徽、湖北、深圳、黑龙江、河北、江西、吉林等卫视，共联播5部剧。

四　现实题材扛鼎上星频道，女性剧与行业剧表现突出

现实题材电视剧近年来沿着“小正大”的方向稳扎稳打，出现了令人耳目一新的爆款佳作。2020年全国市场上星频道晚黄档播出的首轮剧中，现实题材剧占比进一步提升，高达72%，比2019年提升3个百分点；古装

剧占8%，同比提升6个百分点；近代剧数量减少，占20%，同比下降7个百分点。从收视看，2020年总收视率超过1%的首轮剧共58部，占比51%；总收视率超过2%的共29部，占比26%，重现昔日荣光。

年度联播“剧王”花落北京卫视和上海东方卫视联播的房地产行业剧《安家》，总收视率达4.29%，总溢出率达54%，极大地拉动了两个平台的收视。都市剧《如果岁月可回头》获得3.83%的总收视率和38%的总收视溢出率。言情剧《我在北京等你》《冰糖炖雪梨》分别获得3.85%、3.66%的收视率和36%、29%的总收视溢出率。

同时，风格厚重的献礼剧也成为省级上星频道重金猛砸的对象。近代传奇剧《新世界》总收视率达到3.38%，总收视溢出率突破20%。时代变迁剧《大江大河2》总收视率超过3%，而且成为豆瓣高达9.3分的“封神之作”。此外，反特/谍战剧《秋蝉》《瞄准》《局中人》、涉案剧《决胜法庭》《猎狐》《三叉戟》《燃烧》等也各有优势，收视不错（见表1）。

表1　2020年上星频道晚黄档总收视率超过2%的联播剧（19：00～22：00，100城市）

单位：%

首播剧	题材	首播频道	开播日期	总收视率	总收视溢出率
《安家》	都市生活	北京卫视、上海东方卫视	2020/2/21	4.29	54
《我在北京等你》	言情	浙江卫视、江苏卫视	2020/2/23	3.85	36
《如果岁月可回头》	都市生活	北京卫视、上海东方卫视	2020/3/20	3.83	38
《在一起》	社会伦理	浙江卫视、上海东方卫视、江苏卫视、广东卫视	2020/9/29	3.75	-22
《冰糖炖雪梨》	言情	浙江卫视、江苏卫视	2020/3/19	3.66	29
《决胜法庭》	涉案	浙江卫视、江苏卫视	2020/2/2	3.43	21
《新世界》	近代传奇	北京卫视、上海东方卫视	2020/1/13	3.38	22
《平凡的荣耀》	都市生活	浙江卫视、上海东方卫视	2020/9/4	3.23	8
《大江大河2》	时代变迁	浙江卫视、上海东方卫视	2020/12/20	3.17	6
《秋蝉》	反特/谍战	浙江卫视、江苏卫视	2020/5/4	3.09	9
《猎狐》	涉案	北京卫视、上海东方卫视	2020/4/14	3.08	11
《我们在梦开始的地方》	农村	浙江卫视、江苏卫视	2020/4/10	3.02	7
《石头开花》	当代主旋律	浙江卫视、上海东方卫视、江苏卫视	2020/11/17	2.96	-32

续表

首播剧	题材	首播频道	开播日期	总收视率	总收视溢出率
《瞄准》	反特/谍战	浙江卫视、上海东方卫视	2020/10/9	2.77	-7
《只为那一刻与你相见》	言情	浙江卫视、上海东方卫视	2020/11/28	2.76	-7
《还没爱够》	言情	浙江卫视、江苏卫视	2020/1/5	2.65	-6
《局中人》	反特/谍战	浙江卫视、江苏卫视	2020/6/23	2.64	-7
《三叉戟》	涉案	浙江卫视、江苏卫视	2020/5/31	2.63	-7
《爱之初》	言情	浙江卫视、江苏卫视	2020/7/20	2.40	-15
《幸福还会来敲门》	都市生活	浙江卫视、江苏卫视	2020/8/12	2.22	-22
《燃烧》	涉案	北京卫视、上海东方卫视	2020/5/28	2.17	-22
《爱我就别想太多》	言情	北京卫视、上海东方卫视	2020/6/25	2.05	-26

说明：收视溢出率 =（该剧平均收视率 - 播出频道同时段电视剧年平均收视率）/播出频道同时段电视剧年平均收视率 ×100%，播出频道同时段电视剧年平均收视率取 19：30 ~ 21：30 时段。

资料来源：CSM 媒介研究。

2020 年暑期起，“乘风破浪”的姐姐们成为剧、综共同关注的重点对象，《二十不惑》《三十而已》《我的不惑青春》《怪你过分美丽》《生活像阳光一样灿烂》《谁说我结不了婚》等剧获得了良好的评价。另外，描绘当下“打工人浮世绘”的行业剧成为 2020 年行业值得称道的地方，如《装台》体现了中国劳动人民的智慧和苦乐，收视率达到 1.23%，豆瓣评分达到 8.4 分，给央视一套带来近 40% 的总收视溢出率。

五　地面频道偏好年代剧，倚重军事斗争、谍战剧

与上星频道相比，地面频道在购剧中处于竞争劣势，故更多谋求的是高性价比剧。2020 年在 100 城市 18：00 ~ 24：00 时段、进入当地收视排名前 20 位的电视剧中，老百姓最爱看的是军事斗争、反特/谍战和近代传奇剧，部次占比分别是 30%、23.1% 和 14.6%，总占比接近 70%。更贴近普通百姓的社会伦理、都市生活、时代变迁和言情剧总体约占 20%。农村、涉案、奋斗、武侠、历史类古装剧等占比较少。

上星频道热播剧也是地面频道的宠儿。央视八套开年大戏《破局 1950》

在42个地面频道热播，在其中14个城市入围TOP20；年代情感剧《远方的山楂树》在30个地面频道播出后，在16个地区入围TOP20。谍战剧《谍战深海之惊蛰》不仅在湖南卫视播出，还在30个地面频道热播，并在16个城市入围TOP20（见表2）。

表2　2020年地面频道热播剧（18：00～24：00，100城市）

电视剧	题材	进入前20名的城市数	播出总频道数
《绝地反击》	军事斗争	19	24
《谍战深海之惊蛰》	反特/谍战	16	30
《远方的山楂树》	时代变迁	16	30
《破局1950》	反特/谍战	14	42
《丁家女将》	军事斗争	12	10
《火线姐妹》	军事斗争	12	16
《觉醒者》	反特/谍战	12	29
《津门飞鹰》	军事斗争	12	19
《好妻子》	社会伦理	12	16
《河山》	军事斗争	12	35

资料来源：CSM媒介研究。

B.15

2020年中国网络视频产业发展报告*

周　逵**

摘　要： 截至2020年年底，中国网络视听用户规模达9.44亿人，较上一年增长约4%，网民使用率达95.4%。其中综合视频、短视频的用户数分别达到7.04亿人、8.73亿人，短视频近年来的用户使用率保持稳定增长态势，2020年使用率已达88.3%。整个网络视听市场形成了长视频、短视频共存的产业格局。2020年中国网络视听产业的市场规模超过6000亿元。

关键词： 网络视频　网络综艺　网络剧　网络电影

一　网络视听产业总体格局

截至2020年年底，中国网络视听用户规模达9.44亿人，较上一年增长约4%，网民使用率达95.4%。其中综合视频、短视频的用户数分别达到7.04亿人、8.73亿人，短视频近年来的用户使用率保持稳定增长态势，2020年使用率已达88.3%。[①] 整个网络视听市场形成了长视频、短视频共存的产业格局。从长视频的产业格局来看，爱奇艺、腾讯和优酷依然位列第一梯队；第二梯队芒果TV、哔哩哔哩（B站）和第一梯队的差距正在缩小，

---

* 本报告系国家社科基金青年项目“媒体融合条件下广播电视业创新发展调查与研究”（项目编号：17CXW004）的阶段性研究成果。

** 周逵，中国传媒大学副教授，中国传媒大学国家传播创新研究中心兼职研究员。

① 中国网络视听节目服务协会：《2021中国网络视听发展研究报告》，2021年6月8日。

并且在部分数据上已经实现反超。短视频方面，抖音、快手依然列第一梯队，西瓜视频、抖音火山版、好看视频和微视位列第二梯队；爱奇艺随刻、快手极速版等进入第三梯队。2019 年中国网络视听产业的市场规模达到 4541.3 亿元。[①] 根据估算，2020 年网络视听产业的市场规模超过 6000 亿元。

二　网络视听产业数据

1. 网络剧产业

根据全网公开数据统计，2020 全网上新网络剧共计 292 部，相较于 2019 年增加 39 部，共计达到有效播放 1518 亿次，与 2019 年基本持平。从上新网络剧的播出平台分布来看，居首位的是爱奇艺，上新网剧 140 部，有效播放量达 402 亿次；优酷上新网剧 82 部，有效播放量达 132 亿次；腾讯视频上新网络剧 74 部，有效播放量达 313 亿次；芒果 TV 上新 33 部位列第四，有效播放量达 30 亿次（见图 1）。

《爱情公寓 5》以 1.2 亿次集均有效播放居 2020 上新的网络剧集均榜单首位，并以 49.67 亿次位列总播放量榜首。《我是余欢水》《重启之极海听雷》位居第二、三位。2020 年排名前三的网络剧有效播放量占比为 17%，较 2019 年降低 5 个百分点，头部效应在近 3 年逐年削弱。与近 50 亿次总播放量的《爱情公寓 5》相比，2018 ~2019 年的头部内容《如懿传》《破冰行动》《庆余年》等有效播放量均在 50 亿次以上[②]，《延禧攻略》的播放量更是近百亿次。这说明网络剧的“全民爆款”时代可能已经逐渐远去，“分众爆款”时代已经到来。背后的原因可能有以下几点：之前所谓“全民爆款”题材上很多是宫斗权谋题材，近年来受政策调控影响，不再成为主流题材；

① 根据中国网络视听节目服务协会统计口径，该数据除视频网站外，还包括 IPITV，OTT 和音频业务。

② 《庆余年》通过《国产电视剧发行许可证》网络播出，《破冰行动》通过《国产电视剧发行许可证》台网联播，《如懿传》通过《国产电视剧发行许可证》网络播出。《如懿传》和《延禧攻略》均于 2020 年因政策原因而下架。

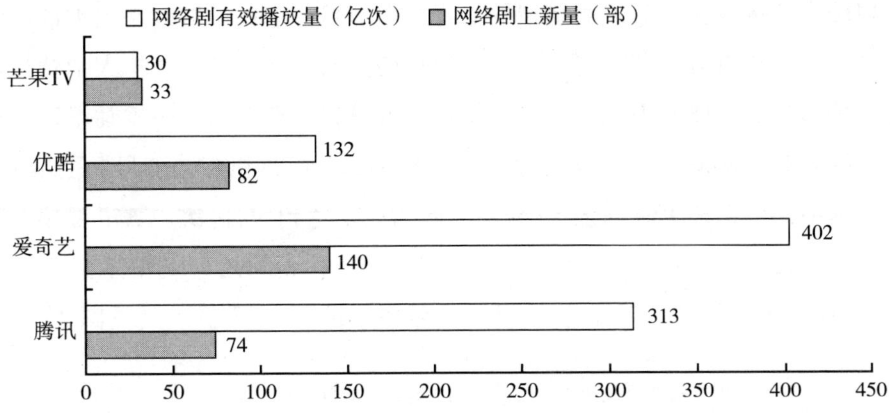

图1　2020 平台网络剧有效播放量和上新量

资料来源：云合数据。

同时，政策端对网络剧集总集数的限制也是总播放量降低的原因；短视频网站也对网络剧的收视产生了一定的分流；另有《巡回检察组》《爱我就别想太多》《琉璃》《上阳赋》等热播剧通过获得《国产电视剧发行许可证》的方式播出，因而未统计在列。

此外值得关注的是，12 集的短剧模式成为市场的新亮点，比如由爱奇艺推出的短剧计划“迷雾剧场”，包括《十日游戏》《隐秘的角落》《非常目击》《沉默的真相》《在劫难逃》5 部，每部只有 12 集，单集 45～60 分钟。从总榜单看，12 集的《我是余欢水》《唐人街探案》《隐秘的角落》和 18 集的《龙岭迷窟》均进入集均有效播放量前 10 的榜单。从题材上看，悬疑剧成为 2020 年最热题材剧，但政策过审因素也成为此类题材剧最大的风险。此外，聚焦女性受众的磕糖类都市/甜宠剧也成为热门题材剧，但一拥而上的创作也使得作品质量参差不齐。2020 年 12 月，中国电视剧制作产业协会发布《关于电视剧（网络剧）制作“去浮华浮躁、重创作规律”的几点意见》，由于受到过度流量化和数据化的影响，电视剧（网络剧）“白甜宠”现象严重。未来，甜宠剧可能会迎来更严格的政策监管。

2. 网络综艺产业

受疫情影响，2020 年综艺节目线下录制限制增加，年初综艺市场因此表现较为低迷，云录制成为普遍的选择，但节目形态和录制效果也因此受较大影响。2020 年第 4 期《求是》发表的习近平的文章指出：“扩大消费是对冲疫情影响的重要着力点之一，要加快释放新兴消费潜力……推动增加……网络娱乐等方面消费。”① 根据全网统计数据，全年网络综艺节目共上新 140 部，其中，爱奇艺上新综艺 30 部，有效播放量达到 56 亿次；腾讯视频上新综艺 53 部，有效播放量达到 48 亿次；芒果 TV 上新综艺 30 部，有效播放量达到 26 亿次；优酷上新综艺 27 部，有效播放量达到 13 亿次（见图 2）。

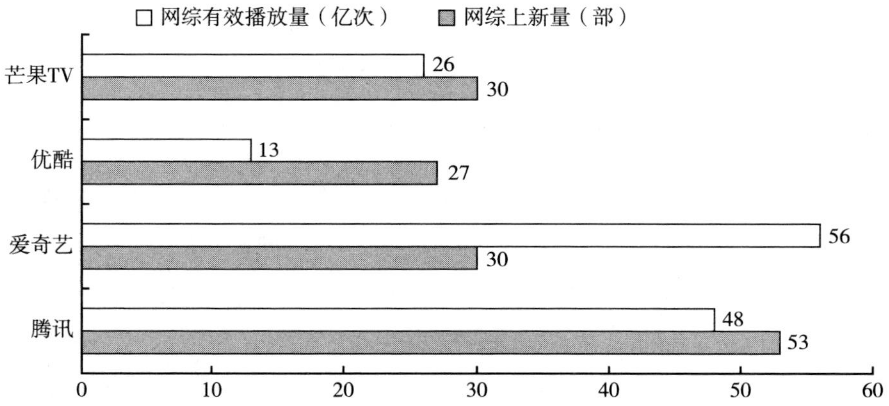

图 2　2020 年平台网络综艺有效播放量和上新量

资料来源：云合数据。

值得一提的是，在 2020 年 4 月前，几乎所有的线下录制都被迫叫停，只有爱奇艺的《青春有你 2》在疫情暴发前就在广州长隆欢乐世界封闭式录制，并且在全网综艺“断炊”停更的 2 月逆市上线，有效播放量近 20 亿次，成为 2020 年网络综艺的最大赢家，占据爱奇艺网综有效播放量的近四成。从 2020 全年网综有效播放量走势来看，3 月中下旬开始，《青春有你 2》《创造营 2020》《乘风破浪的姐姐》《这就是街舞 3》等强势 IP 拉动网络

① 习近平：《在中央政治局常委会会议研究应对新型冠状病毒肺炎疫情工作时的讲话》，《求是》2020 年 2 月，http：//www.xinhuanet.com/politics/leaders/2020－02/15/c_1125578886.htm。

娱乐文化消费回暖。全网正片有效播放量排名前10的网络综艺分别为：《青春有你2》《朋友请听好》《创造营2020》《哈哈哈哈哈》《这就是街舞3》《乘风破浪的姐姐》《演员请就位2》《中国新说唱2020》《德云斗笑社》《做家务的男人2》。

2020年女性向综艺成为热播亮点，聚焦不同年龄阶层女性的《青春有你2》《创造营2020》《乘风破浪的姐姐》成为赢家，此外腾讯视频的首部女性独白剧《听见她说2020》、优酷的电商主播选拔类综艺《奋斗吧主播》、搜狐视频的《姐姐的好物分享》等也成为体裁创新的亮点。在音乐类综艺赛道，爱奇艺持续发力，汇聚了《中国新说唱2020》《我是唱作人2》《乐队的夏天 第2季》等说唱、创作和乐队等不同类型的综N代系列。而芒果TV、B站也首次入局说唱市场，特别是由严敏担任总导演的《说唱新世代》作为B站首部网络综艺节目，获得了较高的观众评价。芒果TV在悬疑类综艺赛道独占优势，《密室大逃脱》《明星大侦探》《名侦探学院》均收获不错的收视。除了体裁和题材创新外，3D建模、全息成像等技术也开始赋能网络综艺节目，2020年爱奇艺推出虚拟偶像选秀节目《跨次元新星》，作为"训练生学姐"的虚拟偶像Rainbow登上《青春有你2》的舞台；在央视播出的《上线吧！华彩少年》中参赛选手也出现虚拟偶像翎Ling。在真人偶像频频遭遇艺德和私生活"塌方"的负面新闻笼罩下，虚拟偶像未来或迎来更大的市场青睐。

3. 网络电影产业

网络电影产业方面，受疫情影响，2020年上半年产能受限，到下半年复工逐渐恢复。2020年网络电影规划备案3686部，较2019年增长18%；上线备案745部，较2019年增加184%；开机数量629部，较2019年降低17%。全网2020年上线影片756部，较2019年增加7%，其中重点影片270部，较2019年同比增加81%。

2020年，全网票房破千万元的网络电影共77部，较2019年翻倍。其中在1000万~2000万元的占比75%，3000万元以上的影片7部，占比约9%。从三大平台的数据来看，优酷票房过千万元的影片有23部，其中，

《狄仁杰之飞头罗刹》以破3000万元的票房成绩荣登年度榜单第一名。腾讯视频中《倩女幽魂：人间情》《鬼吹灯之湘西密藏》两部影片分账过5000万元，《海大鱼》等15部影片分账过千万元。爱奇艺全年票房破千万元的网络电影共有42部，《鬼吹灯之龙岭迷窟》登上榜首，其次为《奇门遁甲》（第二）和《狙击手》（第三）。

三　产业平台发展分析

1. 芒果TV

截至2020年年底，芒果TV有效会员数达3613万人，较上一年增长96.7%。预计2020年实现归属于上市公司股东的净利润为19亿~20亿元，同比增长64.32%~72.97%。[①] 截至2021年1月，芒果超媒的股价稳定在80元，市值达1400多亿元，继续领先市值171.82亿美元的爱奇艺（折合人民币约为1108亿元）。根据云合数据，芒果TV2020年网络剧和综艺有效播放量均逆势同比增长34%，而爱奇艺、腾讯视频、优酷分别同比下降21%、19%、7%；芒果TV综艺正片有效播放同比增长9%，爱奇艺、腾讯视频、优酷分别同比下降10%、11%、32%。

2020年，芒果TV继续发挥电视湘军内容原创传统，将造血功能平移到网络视频行业，以优质的自制内容作为核心竞争优势、通过高效的运营和操盘策略使之转化成为市场优势。《乘风破浪的姐姐》《妻子的浪漫旅行》《明星大侦探》《密室大逃脱》等综艺以及《下一站是幸福》《以家人之名》《锦衣之下》《琉璃》等剧集吸引了不少观众，有效地带动了平台的广告收入和会员收入的增长。

特别值得一提的是，2020年初《乘风破浪的姐姐》（以下简称“浪姐”）第一季未播先火，30位已出道的知名女明星进行成团选秀。在多档练

① 芒果超媒：《芒果超媒股份有限公司2020年度业绩预告》，https：//pdf. dfcfw. com/pdf/H2_AN202101101449359134_ 1. pdf。

习生选秀竞品综艺中，“浪姐”凭借新颖的定位和女性社会话题出圈引发热议。开播首日就拉动芒果超媒股价盘中涨停，收盘涨6.81%，市值突破1000亿元，并一举超越爱奇艺。2020年底，阿里创投以至少62亿元持股5.26%，成为芒果超媒新任的第二大股东。①

2. 腾讯视频

受疫情影响，腾讯视频2020年上线节目184档，较2019年减少32档。在行业整体延续“量降质升”的大趋势下，节目人均消费时长由2019年的35.19分钟增长至2020年的36.08分钟，用户对陪伴和解压的需求只增不减，优质内容的头部效应依旧明显。《演员请就位》《明日之子》《脱口秀大会》等“综N代”不断进行内部创新；《德云斗笑社》等节目开始进行综艺带动垂直领域的破圈尝试。

从腾讯总体的业务板块来看，直播业务有望加速整合，虎牙及斗鱼合并后，二者之间的恶性竞争有望改善，同时，有望享受更多的“Z世代”用户红利，驱动付费率和ARPPU持续提升；微信小商店和视频号功能上线，分别强化了小程序的商业交易功能和内容生态体系。此外，未来微信商业化变现的途径也将不断拓宽。

3. 优酷

根据2020年11月5日阿里巴巴公布的2021财年第二季度财报，阿里文娱集团所属的数字媒体与娱乐业务在报告期内实现收入80.66亿元，较2019年同期增长约8%；该季度，优酷日均付费用户数量同比增长45%，付费用户规模的持续增长一方面是因为88VIP会员计划，另一方面也因为是其原创内容吸引了更多的用户。②

2020年优酷的《这就是街舞3》《火星情报局5》《我们恋爱吧2》《这就是灌篮3》等多档“综N代”节目上新。其中《这就是街舞3》继续延续

---

① 北青网：《3600万会员的芒果TV，千亿市值的芒果超媒》，https://baijiahao.baidu.com/s?id=1690097837931164638&wfr=spider&for=pc。

② 阿里巴巴集团：《2021财政年度中期报告》，https://doc.irasia.com/listco/hk/alibabagroup/interim/2021/intrepsc.pdf。

该系列的高口碑，开播首日就创下了优酷单日转化会员的新纪录，并以最高9.1的评分成功斩获年度S级综艺豆瓣最高分，各平台视频播放量已突破200亿次。《火星情报局5》优酷平台播放量超12亿次，收割全网热搜338个，节目主话题阅读量超88亿次，短视频平台热度爆表，连续11周蝉联点赞和播放量排行第一名。① 此外，多档综艺原创新品如《奋斗吧主播》《宇宙打歌中心》《追光吧！哥哥》等超级综艺也引发了讨论。

2020年，优酷上新单集20分钟以下的微短剧达256部。除购进优质微短剧以外，平台还采用付费分账模式鼓励优质微短视频内容的生产。优酷还布局了专注女性主题内容与用户互动的宠爱剧场，以常态化、标准化、体系化的持续运作来加磅女性向内容排播带。一方面是以更强的品牌属性来夯实在“她剧集”领域进行深耕的决心，另一方面也凸显优酷对女性向内容方向的精准把控。②

4. 抖音

根据抖音发布的《2020抖音数据报告》，截至2020年8月，连同抖音火山版在内，抖音的日活已经突破6亿人。而2020年1月抖音的日活为4亿人，7个月内的涨幅达50%。截至2020年12月，抖音日均视频搜索量突破4亿次。③ 而《2020抖音创作者生态报告》数据显示：过去一年（2019年7月~2020年7月）里，抖音新增加1.3亿创作者，其中青年群体占比超过六成，曝光过亿次的创者人数有6.6万人。2020年里新成长为拥有百万粉丝的创作者的人数超7000人，其中85%是从普通人成长起来的原生创作者。平台持续加强商业产品创新迭代，打造广告、IP、版权、电商合作、内容付费、直播带货等模式，持续释放内容的商业影响力，过去一年抖音创作者收入超过417亿元。④

---

① 《北京商报》：《优酷发布〈街舞3〉大数据》，https：//new. qq. com/rain/a/20201003A0BBQ300。

② 大众新闻：《深耕女性用户群，优酷“宠爱剧场”开启大剧营销新风向》，https：//news. 163. com/20/0417/13/FADU8LTK00019OH3. html。

③ 抖音：《2020抖音数据报告（完整版）》，http：//www. 199it. com/archives/1184841. html。

④ 巨量算数：《2020抖音创作者生态报告》，http：//www. 199it. com/archives/1143785. html。

5. 快手

2021年1月25日快手科技更新版的招股书披露，截至2020年11月30日，快手日活数据由截至2020年9月30日的2.62亿人缓升至2.64亿人，月活量由截至2020年9月30日的4.83亿人微降至4.81亿人。截至2020年11月30日，快手总收入为525亿元，毛利为209亿元，毛利率为39.8%，经营亏损额为94亿元，该数据在2020年9月为72.44亿元，2020年6月为63.48亿元。

6. B站

B站2020年第三季度财报显示，该季度B站月均活跃用户已超过9000万人，同比增长25%，移动端月均活跃用户达8000万人，同比增长33%，第三季度总收入达10.8亿元，同比增长近50%；B站的日均用户使用时长达85分钟，日均视频播放量达到4.5亿次，同比增长120%，月均互动数达到11亿次，同比增长305%，B站具有极强的社区黏性，用户活跃度将进一步增长。[①] 此前B站以5.13亿港币入股欢喜传媒，成为欢喜传媒占股9.9%的股东，B站热播网络剧《风犬少年的天空》是双方合作后联合独播头部内容的第一部。此外，双方合作的另一部大片为欢喜传媒出品及B站拥有独家新媒体播放权的电影《夺冠》。[②] 此外，B站积极探索与国外知名出品方的深度合作，例如通过与纪录片出品方Discovery的合作引入了多部国际顶尖级别的纪录片。随着纪录片“寻找计划”的深入推进，B站跃入国内大型纪录片的出品方与播出方行列。

① 哔哩哔哩：《总收入10.8亿元人民币，同比增长48%》，https：//www.bilibili.com/read/cv1552029/。

② 金融界：《欢喜传媒获哔哩哔哩战略入股》，https：//baijiahao.baidu.com/s？id=1676502939019363446&wfr=spider&for=pc。

B.16
2020年中国短视频行业发展报告

姜 涛 李 岳 周 晶*

摘 要： 2020年对于全世界来说都是不平凡的一年，突如其来的新冠肺炎疫情对诸多行业产生了冲击，而对于短视频而言，“宅经济”为媒介消费带来了更充足的时间与流量，用户规模直逼网民规模，行业竞争加剧。由此，行业各方角色都面临以创新带动存量加速运转的局面。本报告从平台、内容、创作者、用户、MCN 等方面阐述“入局者”的角色及带来的崭新局面。

关键词： MCN KOL 短视频

一 视频号“搅动”存量竞争时代

1. 两超争霸，多强追赶

CNNIC 发布的第 46 次《中国互联网络发展状况统计报告》显示，截至 2020 年 6 月，短视频用户规模为 8.18 亿人，占手机网民总数的 87.8%，逐渐逼近互联网总用户规模，短视频行业已进入存量竞争的阶段。从市场来看，短视频行业依旧保持“两超多强”的市场格局。国家

---

* 姜涛，央视市场研究（CTR）总经理助理，媒体融合总经理，CTR 媒体融合研究院执行副院长；李岳，央视市场研究（CTR）媒体融合研究经理；周晶，央视市场研究（CTR）媒体融合高级研究员。

新闻出版广电总局发布的《2020 年短视频行业发展分析报告》显示，截至 2020 年 9 月，短视频平台月活第一梯队依然由抖音、快手占领，抖音月活达 6.7 亿人，快手月活达 5.3 亿人；第二梯队被小红书、西瓜视频等 5 家平台占领，月活均在 8000 万人以上；其他平台月活均在 2000 万人以下。抖音、快手领跑短视频行业的格局形成已久，并在不断向移动用户的全量市场扩张。

2. 视频号进入，引发新一轮“洗牌”

除短视频 App 外，2020 年微博、微信两大平台相继推出视频号，强势加入短视频战场。尤其是拥有 12 亿月活用户的微信平台具有天然的流量基础，为“社交短视频化”提供了又一探索方向。视频号对于微信的价值，是在大量的用户基础上，维护和持续活跃已有的关系链，并帮助用户建立、拓展新的关系链。基于此，微信也将持续大规模地推进视频号的发展，更好地实现微信生态的良性运转。另外，“微博视频号计划”获得了平台极大的支持，未来一年，微博将投入 10 亿元精准广告资源及 300 亿元顶级曝光资源，助力视频号累积社交资产。

二　以“剧”为抓手深耕现有流量，“中视频”模糊长短边界

1. 媒体号、剧情、二次元类内容占据头部市场

结合 2020 年下半年短视频账号在抖音、快手、B 站、央视频四大平台的各项数据，CTR 形成了《2020 年下半年短视频综合榜单》。榜单显示，前 20 位中媒体号占据了 8 席，占比达 40%。其中，央视新闻以绝对优势拔得头筹，其在抖音、快手、央视频三个平台评分均位列第一。近年来，主流媒体在头部社交平台、短视频平台发力较猛，凭借多年的媒体报道、采编经验，赢得智媒时代用户的广泛青睐，央视新闻在短视频平台的引领作用尤为凸显。特别是疫情期间，央视新闻发挥总台新闻视频资源优势，利用大小屏联动，权威、高效触达最广泛用户。

从垂类来看，2020 年以来剧情、二次元内容风生水起，此两类账号屡屡登上榜单前列，特别是剧情类，此次排名前 10 的账号中有 2 个为剧情类账号，其发力明显（见表 1）。此类内容在长、中、短视频平台均有所布局，另外，系列化微短剧内容可有效地加强用户黏性，激发用户讨论。

表 1　2020 年下半年短视频综合榜单

排名	账号名称	类别	抖音指数	快手指数	央视频指数	B 站指数	CTR 综合指数
1	央视新闻	媒体号	95.65	95.50	78.06	86.57	94.01
2	疯狂小杨哥	搞笑	83.68	90.24	—	80.11	83.97
3	环球网	媒体号	85.68	83.63	58.57	79.43	83.65
4	人民网	媒体号	84.66	86.45	55.36	76.49	83.60
5	光明日报	媒体号	87.63	80.52	46.42	74.45	82.66
6	新华社	媒体号	84.10	85.19	—	78.91	82.31
7	陈翔六点半	剧情	80.25	86.20	—	82.37	81.21
8	央视网	媒体号	81.91	86.27	42.68	66.19	80.46
9	姚姚不是 P30	剧情	77.74	86.34	—	83.20	80.11
10	中国日报	媒体号	84.75	76.67	—	81.11	80.10
11	张若宇	搞笑	80.74	84.89	—	75.12	79.97
12	一禅小和尚	二次元	79.58	84.42	73.58	70.51	79.80
13	人民日报	媒体号	96.97	91.57	—	—	79.55
14	阿巳与小铃铛	二次元	75.73	88.15	—	81.98	79.53
15	星有野	二次元	76.25	86.08	—	82.39	79.16
16	尿尿是只猫	萌宠	79.81	82.36	—	76.37	78.84
17	蜀中桃子姐	美食	79.74	82.49	—	74.90	78.63
18	李子柒	三农	76.90	77.13	80.07	85.97	78.35
19	papi 酱	搞笑	77.23	76.55	60.79	86.64	78.09
20	中国长安网	政务号	75.71	84.01	—	80.52	77.93

资料来源：CTR 短视频商业决策系统。

2. 微短剧进入爆发期

2021 年上半年，抖音首批微短剧陆续上线，包括关晓彤、娄艺潇等主演的《男翔技校》，秦牛正威、李诞等主演的《为什么还要过年啊?!》，后期将会上线费启鸣、白举纲、何泓姗等主演的《别怕，恋爱吧!》，以及黄新淳、刘津言等主演的《星动的瞬间》等。2020 年底腾讯微视表态，将拿出10亿元资金扶持微剧，App首页左上角专设推荐位，同时设置火星剧场；快手宣布2021年将推出1000部微短剧新作；快点TV直接定位于短剧社区的垂类平台，从2019年至今已经上线千余部短剧。

就微短剧的发展势头来看，虽然长视频平台不属于微短剧领域的主力，但爱奇艺、腾讯视频、优酷、芒果TV并没有放弃微短剧方向的尝试和布局。长视频平台与短视频平台都在向对方“阵地”扩张，双方在微短剧业务上互有交叉，实则都是为了拓展更多内容业态，实现平台内容多元化，争取更多潜在用户。

微短剧具有投资小、周期短、变现快的特点，“碎片化”的传播特点符合互联网用户需求。除MCN之外，开心麻花、引力传媒、华策等传统的大型内容制作公司和中文在线等其他网文平台也都加入了微短剧的赛道，助推微短剧从粗糙的“段子向”转入“精品向”。

3. 中短互融，平台内容拓宽时长边界

在5G等技术支持下，以PUGC模式为主、长度在1～30分钟、以横屏为展现形式的中视频发展势头强劲。从2019年下半年开始，抖音、快手放宽时长，允许上传5～15分钟的视频，进一步拓宽时长边界。随后，爱奇艺、微博、微信、小红书等平台纷纷布局中视频功能。2020年10月20日，西瓜视频发布进军中视频的战略，明确将至少投入20亿元来补贴创作者，为中视频赛道“鸣枪开跑”。

从目前的市场来看，与短视频相比，中视频的主要发力点在知识类、剧情类领域。时长的增加为内容的承载带来了更大的空间，这就为创作者提供了能够完整表达、输出自己观点的机会，也为完整立体地呈现“人设”提供了空间，这无疑为知识类、剧情类内容提供了天然的孕育土壤。同时，较长的视频时长也有利于提升用户黏性，填补长短视频之外的用户观看需求，在平台端可以与短视频形成有机互补。

从商业价值来看，相较短视频，中视频可充分阐述品牌故事与品牌信息，也可呈现更为多元与富有趣味的内容，形成完整的品牌影响力，广告投放更加简单，广告形式更为多样，变现渠道更为直接。

三　主流媒体践行“主力军进驻主战场”，引领用户共同抗疫

1. 主流媒体在短视频平台发力显著

2020年主流媒体在短视频平台表现优异，疫情期间起到了权威发布、信息透明、高效触达、缓解情绪的引领作用。CTR发布的《2020年主流媒体融合传播效果年度报告》显示，2020年38家广电机构在短视频平台发力迅猛，其中中央广播电视总台、湖南广播电视台和河南广播电视台在短视频平台传播力上位列前三（见表2）。

表2　2020年38家省级以上广电机构网络传播力短视频分榜单TOP10

排名	机构名称	排名	机构名称
1	中央广播电视总台	6	上海广播电视台
2	湖南广播电视台	7	北京广播电视台
3	河南广播电视台	8	福建广播电视台
4	四川广播电视台	9	山东广播电视台
5	浙江广播电视集团	10	湖北广播电视台

主流媒体在疫情期间充分利用短视频平台在舆论引导中具有的反应迅速、覆盖广泛、互动活跃等特点，在此次战“疫”中发挥了重要引领作用。在“武汉封城”后疫情发展初期，央视新闻抖音官方账号首发钟南山等医界专家的访谈，同时2020年1月底央视新闻在央视新闻客户端启动不间断直播特别节目《共同战“疫”》，联合“央视频”“快手”“抖音”等多家新媒体平台同播，观众通过直播间直击疫情防控第一线资讯，节目在全民中获得热烈反响。人民网记者奔赴重症监护室、街头社区、火神山和雷神山建筑工地等，用图文、Vlog、直播等形式撰写“武汉日记”，此系列报道在各平台总访问量超过1亿次。新华网推出微视频《非常日历》，带领全民回顾习近平总书记亲临前线指挥抗疫的完整过程，反响热烈，掀起“刷屏”效应。《中国

日报》推出《90 后战“疫”日记》聚焦 1.2 万名援助湖北的“90 后”医护人员，用 Vlog 展现他们的“疫”线担当。

2. 主流媒体直播带货，助力复工复产

疫情逐渐缓和后，以中央广播电视总台为代表的主流媒体加入直播带货队伍中，为各省经济复苏助力。2020 年 4 月，朱广权与李佳琦的直播组合“小朱配琦”爆红后，5 月央视新闻举办了“秦晋之好”直播带货专场，整场直播共售出 50 余万件商品，销售额超 1200 万元；7 月，由央视新闻与国美零售共同推出的“买遍中国·助力美好生活”31 省份带货直播系列活动正式开启，该活动大力推动全国消费市场新升级。虽然疫情仍在全球肆虐，但主流媒体通过电商直播带货不仅助力各地经济，还为广大民众带来福利。

四 数字化时代的中老年用户逐步成为短视频重度用户

近年来中老年人的互联网渗透率不断提升，而且疫情加速了这一进程。QuestMobile 发布的《2020 银发经济洞察报告》显示，截至 2020 年 5 月，银发人群成为移动活跃网民重要增量来源，且头部平台出现抢夺中老年用户的趋势。数据显示 2020 年 3 月抖音新安装用户中，46 岁以上用户占比达 14.6%，快手 40 岁以上中老年占比也提升至 10.3%。根据 CTR 以往调研，中老年在短视频端主要热衷新闻热点、健康养生及生活服务类内容。同时，“末那大叔”“我是田姥姥”等优质中老年创作者不断从短视频平台中涌出，有些创作者的粉丝量已经到达头部级别，说明短视频的中老年市场已经打开。

五 广电媒体加强战略合作，加速 MCN 化进程

2020 年以来，广电媒体大举进军 MCN 领域，这已成为其深化媒体融合的重要途径之一。据统计，截至 2021 年上半年，全国已有 28 家广电媒体成立了 36 家 MCN 机构（见表 3）。各大广电 MCN 机构纷纷与短视频平台、企业服务平台等优质企业达成战略合作，加速 MCN 化进程。成都广电与快手

科技签署战略合作，依托成都广电云上新视听构建快手 MCN 矩阵，助推优质内容入驻快手平台，而快手科技在内容、流量等方面进行扶持，更好地服务媒体的融合发展。还有部分 MCN 机构已开启跨广电合作，2020 年 12 月底，由山东广电星空传媒 MCN 机构联合内蒙古广电腾格里超媒 MCN 机构共同出品的栏目剧《万“视”可乐》于 2021 大年初一在山东齐鲁频道、内蒙古卫视联播，同步在快手平台独播。目前，在市场群雄逐鹿下，广电 MCN 机构正加速媒体融合转型，形成独具特色的“优质内容生产—流量运营—商业变现”的独立闭环，未来所有广电机构都将进行 MCN 化改革。

表 3　2020 年广电媒体 MCN 机构一览

序号	MCN 机构	所属广电	序号	MCN 机构	所属广电
1	布噜文化	浙江广电	19	龙视频 MCN	黑龙江广电
2	黄金眼 MCN	浙江广电	20	龙广电 MCN	黑龙江广电
3	百室千端智慧联盟	无锡广电	21	大庆广播电视台 MCN	大庆广电
4	锡有 MCN	无锡广电	22	沈阳广电 MCN	沈阳广电
5	荔星传媒	江苏广电	23	吉林都市首选	吉林都市
6	奇迹畅娱 MCN	南京广电	24	赤峰广电 MCN	赤峰广电
7	钱江视频	钱江都市频道	25	腾格里超媒	内蒙古广电
8	安徽广电 MCN	安徽广电	26	河北广电 MCN	河北广电
9	芒果超媒	湖南广电	27	秦皇岛广电 MCN	秦皇岛广电
10	马栏花开	湖南经视频道	28	电广文艺 MCN	北京文艺频道
11	DramaTV	湖南娱乐	29	Lightning TV	山东广电
12	中广天择 MCN	长沙广电	30	星空传媒	山东广电
13	云上新视听	成都广电	31	鹊华 MCN	济南广电
14	动静 MCN	贵州广电	32	橘子 MCN	青岛广电
15	广东广电 MCN	广东广电	33	威海电广传媒	威海电广
16	广东经视	广东经济科教频道	34	临沂广电 MCN	临沂广电
17	广视 MCN	广州广电	35	山西广电 MCN	山西广电
18	超级水母	海南广电	36	重视传媒 MCN	重庆广电

资料来源：根据网络公开资料整理。

总之，短视频行业在阶段性爆发期后进入冷静期，存量竞争加剧，需要更多的进入者带来各方新的碰撞，以产生新的火花，保证行业不停地向前发展。

B.17
2020年中国广播收听市场分析

王　平*

摘　要：移动互联网5G传输快速普及，音视频内容通过非传统平台传播已成为现实，听众收听广播的途径更为多元，传统广播电视媒体已置身激烈的全媒体市场竞争之中。2020年疫情防控导致车上收听率增长受阻，而在家收听率较2019年明显增长。受益于听众收入水平的提升，广播传播价值继续增长。本地电台市场份额占优，省市两级电台间的车上收听竞争更为激烈。资讯类广播频率和广播节目在早晚高峰时段表现突出。

关键词：5G技术　收听途径　车上收听　本地电台市场份额

本文通过 CSM 媒介研究 2020 年全年连续调查的 18 个城市收听率数据①，对 2020 年传统广播收听市场做简要分析。

一　私家车上收听占比高位增长，手机 App 收听占比持续提升

广播作为一种伴随性音频媒体，其收听率的高低与广播受众的日常作

* 王平，中国广视索福瑞媒介研究（CSM）客户服务事业部经理。

① 文中数据所涉目标听众为 15 岁及以上所有广播推及人口，时间段为全天，日期范围为 2019 年上半年波段调查期间，收听场所为所有收听场所。

息、出行方式、收听途径等都有一定的关系。CSM 媒介研究广播收听调查基础研究数据显示，在私家汽车上收听广播的人数占比、利用车载广播和手机 App 收听广播的人数占比在不断增长，分别从 2017 年的 59.8%、65.4% 和 5.2% 增长到 2019 年的 62.8%、68.5% 和 10.4%。在私家汽车上收听广播、利用车载广播和手机 App 收听广播的受众规模持续增长，这成为广播媒介消费的重要特征（见图 1）。工信部发布的《2020 年通信业统计公报》显示，2020 年，中国大陆地区移动互联网接入流量消费达 1656 亿 GB，比上一年增长 35.7%。全年移动互联网月户均流量（DOU）达 10.35GB/户月，比上一年增长 32%[①]。移动互联网接入的提速降费，也会使媒体受众通过移动互联进行的视听消费变得更加便宜、更加普遍和更加个性化。

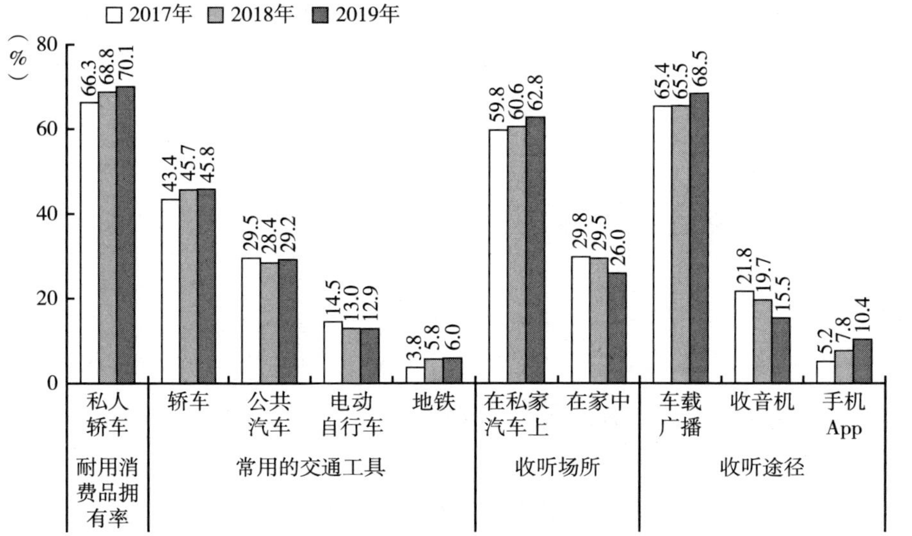

图 1　2017～2019 年被访者主要广播收听途径和收听场所等的占比

资料来源：CSM 媒介研究。

① 工信部：《2020 年通信业统计公报》，2021 年 1 月。

二　车载收听受阻，广播媒介传播价值提升

1. 疫情防控影响广播受众出行，车上和家中收听量此消彼长

2020 年 18 个连续调查城市数据显示，广播媒体人均日收听量为 54 分钟，较 2019 年减少 2 分钟。在家人均日收听量从 2019 年同期的 26 分钟增加到 2020 年的 28 分钟，车上收听量从 21 分钟减少到 17 分钟。从不同收听场所收听量在总收听量中的占比来看，2019 年在家收听量占比为 46%，2020 年在家收听量占比则增加到 52%，而车上收听量占比则从 2019 年的 38% 降低到 2020 年的 32%。在家收听量和车上收听量的一升一降，折射出 2020 年新冠肺炎疫情防控对出行和广播媒介收听的影响：广播受众出行减少导致车上广播收听量减少，而居家抗疫大大提升了人们在家收听广播的概率，在家收听量较 2019 年增加了 2 分钟（见图 2）。

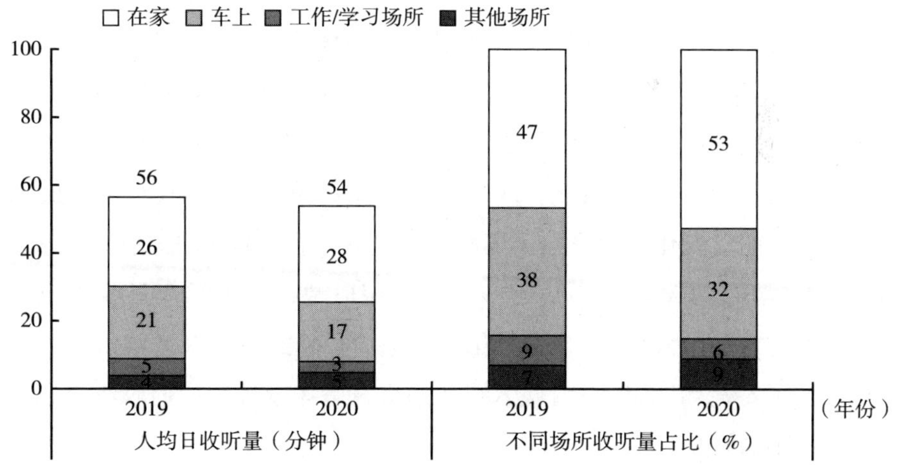

图 2　2019 ~ 2020 年广播媒体不同场所人均日收听量及收听量占比

资料来源：CSM 媒介研究。

随着听众收听设备和收听途径的日益多元化，广播媒介总体消费量的变化主要表现为车上收听的增加而带来的增量，以及在家收听的减少而带来的减量。但随着私家车拥有率的渐趋饱和以及2020年的疫情防控对出行的影响，在家收听量的变化对总体收听量的影响显得更加举足轻重。2020年调查数据显示，除苏州的车上收听较上一年有0.8%的小幅增长外，其他各城市车上收听均有不同程度的减少。

2. 广播整体收听率略降，听众价值持续增长

近年来广播媒体稳健发展，但总体广播听众规模并未有明显增长。2020年，18个连续调查城市市场全天时段总体广播收听率为3.79%，较2019年略降。从各收听场所来看，2020年车上收听率为1.23%，较上一年微降0.27个百分点；在家收听率为1.99%，较上一年同期微升0.14个百分点；在工作/学习场所的收听率为0.23%，较上一年微降0.12个百分点。随着私家车拥有率的日益饱和，车上收听率趋于平稳，在家收听率也难以大幅度增长，音频受众对广播媒介的消费正在向非传统的音频媒介转移，听众有了更多广播App的选择，有更多的时间使用其他音视频设备或者音视频服务客户端。

广播总体收听率的走低，并不意味着广播媒体听众价值增长的止步。以2018～2020年的数据为例，如果将2018年的总体广播收听率设为基数1.00，之后以每年同期的总体广播收听率与2018年总体收听率的比值作为当期的收听指数①，可以发现，2020年收听指数为1，总体收听率相比2018年没有发生明显变化。但是由于国家经济发展、居民收入增加以及私家车拥有率不断提升，车载收听人口逐步增长，相应地，广播听众月收入也在增长。广播听众月收入指数从2018年的基数1，增长到了2020年的1.08，3年内增长了8%，广播听众月收入指数的增长意味着传统广播收听市场的受众价值在不断增长（见表1）。

① 当期广播收听指数=当期总体收听率/参照期总体收听率。

表1　2018～2020年广播收听指数及听众月收入指数变化

年份	2018	2019	2020
听众月收入指数	1.00	1.04	1.08
广播收听指数	1.00	1.01	1.00

资料来源：CSM媒介研究。

3. 广播收听早晚高峰特征明显，在家收听全面提升

按照广播媒体分时段收听率走势，可以把全天划分为早间交通高峰时段、上午时段、午间时段、下午时段、晚间交通高峰时段和夜间时段。在全天绝大多数时段，在家收听率均高于在其他各收听场所的收听率，但在8：00～9：00和17：00～18：00的早晚交通高峰时段，车上收听率与在家收听率已经相差无几，而工作/学习场所收听率较高的时段主要分布在日间的8：00～15：00时段。总体收听率的时段分布及各收听场所呈现的不同特征，与广播听众作息安排密切相关。

相比2019年，广播总体收听率在9：00～13：00时段提升显著，而在17：00～21：00时段出现明显降低。受疫情防控影响，车上和工作/学习场所收听率在全天各时段普遍降低，在家收听率则相对上升。

4. 节目创新量增加，2020年常态新节目收听表现好于上一年

2020年广播媒体价值增长，在节目创新量及新节目收听方面也有很好的体现。以广州、上海、杭州、北京、深圳、长沙和济南7个市场上具有代表性的中央级、省级和市级共50余个广播频率播出的新节目为例，2020年，常态节目①创新量从2019年的256档增加到2020年的394档，非常态节目创新量从2019年的935档增加到2020年1594档。

从这些常态新节目的收听率来看，收听率在0.5%及以下的新节目占比从2019年的73%减少到2020年的63%，而同期收听率0.5%以上的新节目

① 2019年年初以来播出20天及以下者被定义为非常态新节目，播出21天及以上者被定义为常态新节目，同名同频率的节目，仅保留其收听率最高的一档进行统计。

数量占比明显提升，收听率在 1% 以上的高收听率新节目占比从 2019 年的 9%，提升到 2020 年的 16%（见图 3）。无论是节目创新数量，还是新节目的收听表现，各级广播媒体的节目创新都取得了可喜的成绩。

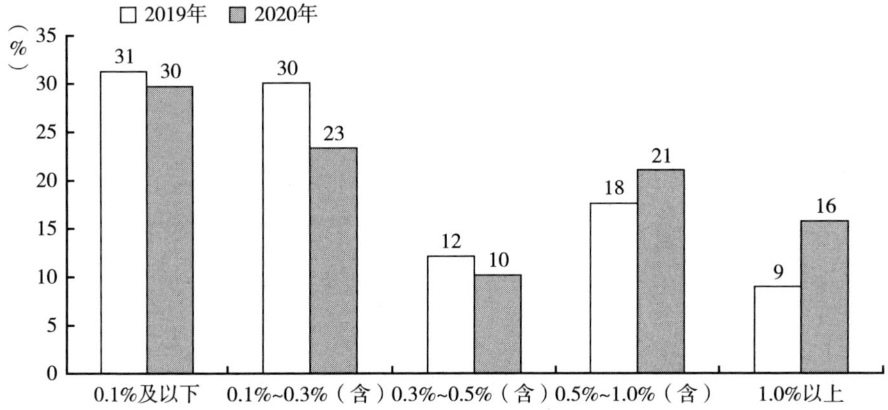

图 3　2019～2020 年不同收听率范围常态新节目数量占比（7 城市）

资料来源：CSM 媒介研究。

三　本地电台市场份额占优，省市两级电台的车载收听竞争更为激烈

本地电台频率因地域优势而在本地市场占据较高份额，省市两级电台间竞争最为直接和激烈。国家级电台在全国各地的落地情况极不均匀，实际参与当地广播市场竞争的频率较低，所以，广播收听市场的竞争格局主要表现为本地电台竞争优势明显、省级电台多在其省会城市市场领先，而市级电台多在本地城市引领竞争的格局。在绝大部分市场中，本地的省级和市级电台市场份额合计超过 80%，凸显了广播媒体的地域性和贴近性。

广播收听主要在家和车上完成，一家广播电台在这两大收听场所市场份额的高低，直接影响其整体市场的竞争水平。观察各级频率 2020 年较 2019 年同期市场份额的增加值发现，长沙、杭州、武汉、太原、石家庄、郑州和上海市场的在家收听竞争格局发生了明显的变化，在长沙和上海，中央级频率市场份额流失向省市两级频率；在武汉、石家庄和郑州，省级频率的市场份额较多地流失到市级频率；而在杭州，市级频率从其他频率中赢得了较大的市场份额。就车上收听份额变化而言，省市两级频率市场份额此消彼长的情况较明显地发生在石家庄、广州、杭州、郑州、南京和苏州。

四　资讯类频率/节目引领早晚高峰时段收听市场

一家广播电台通常由若干个在内容上各有倚重、各有特色的广播频率组成，这些频率的播出内容和播出时间有各自的分工定位，从而最大程度地满足不同细分听众的收听需求、扩大本台的总体市场份额。不同类别广播频率的收听数据可以在一定程度上反映广播市场的节目竞争格局。按照广播频率的名称及其播出的主要节目内容分类，2020 年各城市所有电台频率可以划分为新闻综合、交通、音乐、文艺、都市生活和经济六大类，其中，新闻综合、交通和音乐类广播竞争力名列前茅。2020 年调查数据显示，新闻综合类广播频率的收听份额最高，达到28.06%，较2019 年同期增长了2 个百分点以上；交通类广播频率的收听份额从 2019 年的 29.45%降低到 2020 年的 27.03%；音乐类广播的收听份额从 2019 年的 22.22% 提升到 2020 年的 24.09%（见图 4）。

分场所分时段收听率数据显示，不同类别广播的收听率呈现出明显的时段特征，新闻综合频率在家中收听明显比车上收听更占优势，而交通类频率在车上早晚高峰时段收听率更高。在家收听率早高峰时段（7：00～8：00）新闻综合类广播收听率最高，占比近一半；在家收听率晚高峰（20：00～21：00）主要由新闻综合和音乐类广播构成。车上收听率早高峰（8：00～9：00）和晚高峰（17：00～18：00）均以交通类广播和音乐类广播为主。

在竞争频率云集的广播收听市场，一些广播频率之所以能够脱颖而出，主要是由于全天若干个收听波峰的托举，这些收听率波峰时段的节目多数是新闻综合、交通和都市生活类广播的资讯服务类节目。分别观察家中和车上

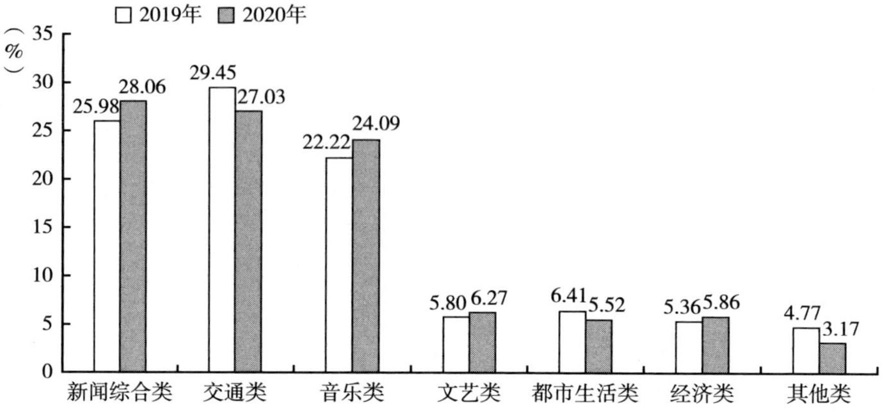

图 4　2019～2020 年主要广播频率类别收听份额

资料来源：CSM 媒介研究。

这两个主要收听场所发现，在家收听形成的波峰多在 7：00～8：00 出现，这些波峰时段播出的节目多为资讯或谈话类节目，有些节目市场份额高达 50% 以上，说明这些节目不仅有较大的听众规模，还有较强的横向竞争实力。这些节目包括黑龙江交通广播 FM99.8 的《资讯早车》、江苏新闻广播 FM93.7 的《新闻评弹》等。车上收听形成的波峰主要集中在 8：00～9：30 时段，且收听表现突出的节目无一例外来自交通类广播频率，这些时段和节目主要包括苏州广播电视总台交通经济广播 FM104.8 的《即时关注》、新疆人民广播电台 949 交通广播 FM94.9 的《开心路路通》等。还有一些节目在家和车上收听水平相对均衡，如北京交通广播的《一路畅通》、安徽交通广播的《新闻直通车》等。

B.18

2020年中国网络游戏产业发展报告

陈信凌　张乔羽*

摘　要：　2020年，中国游戏市场增速稳定，部分细分市场发展迅猛。电子竞技行业迎来飞跃式发展，移动游戏依旧占据着市场的主要份额。头部厂商开始逐步探索“研运一体”的新型发展路线，自主研发和走向海外的销售模式也日渐成熟，各行业彼此破圈融合发展的趋势不可阻挡。游戏场景的不断外延和媒介技术的革新成为未来发展的重要方向。

关键词：　研运一体　头部效应　跨界融合　技术赋能

一　产业发展概览

1. 市场实际销售收入与占有率

整体来看，2020 年中国网络游戏市场销售收入成绩显著，其增长率创近 3 年新高。全年中国游戏市场实际销售收入 2786. 87 亿元，比 2019 年增加了 478. 1 亿元，同比增长 20. 71%，展现了较快的增长态势（见图 1）。全行业呈前进姿态，一路高歌猛进，保持蓬勃的发展势头。

2. 细分市场

2020 年，中国网络游戏市场的主要构成依然是移动游戏、客户端游戏和

* 陈信凌，南昌大学教授、博导，新闻与传播学院院长，教育部新闻传播学类专业教学指导委员会委员；张乔羽，南昌大学新闻与传播学院硕士研究生。

图1　2014～2020年中国游戏市场实际销售收入及增长率

资料来源：GPC、中国游戏产业研究院：《2020年中国游戏产业报告》，2020。

网页游戏，但随着网络游戏图像技术的不断革新、游戏用户游玩场景的深度转变，游戏市场三大支柱的未来趋势截然不同。近年蓬勃发展的移动游戏依然占据了游戏市场的主要份额，市场实际销售收入突破2000亿元，在2020年仍保持了32.61%的同比增长，市场占有率攀升至75.24%。而客户端游戏作为市场上曾经的中坚力量，也逐渐不复旧日辉煌，同比增长率连续3年为负，市场实际销售收入下降至559.2亿元，市场占有率跌至20.07%，仅约为总量的1/5。网页游戏方面“寒冬”依旧严重，市场实际销售收入下滑至76.08亿元，增长率连续8年呈下降状态，市场占有率萎缩至2.73%（见表1）。

表1　2019年中国网络游戏细分市场实际销售收入、增长率及市场占有率

单位：亿元，%

项目	市场实际销售收入	同比增长	市场占有率
移动游戏	2096.76	32.61	75.24
客户端游戏	559.20	-9.09	20.07
网页游戏	76.08	-22.90	2.73
其他	54.83	294.44	1.96
合计	2786.87	20.71	100

资料来源：GPC、中国游戏产业研究院：《2020年中国游戏产业报告》，2020。

3. 用户规模

2020 年中国游戏用户规模增长趋于缓慢，较 2019 年增长 3.7%（见图 2）。其中，作为主体的移动游戏用户规模为 6.54 亿人，同比增长 4.84%。包括移动端在内的网络游戏用户增长红利趋于消失，各大游戏厂商的“大航海”时代行将结束。面对进入存量市场的用户规模，如何制作精品化游戏内容、优化产品贴合度，是当下需要思考的首要问题。

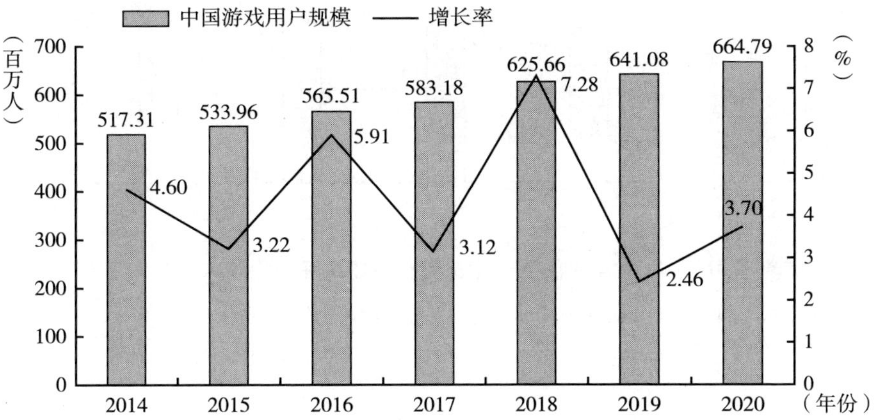

图 2　2014～2020 年中国游戏用户规模及增长率

资料来源：GPC、中国游戏产业研究院：《2020 年中国游戏产业报告》，2020。

二　产业发展热点解析

1. 电子竞技迎来新机遇

2020 年新冠肺炎疫情席卷全球，包括传统体育运动赛事在内的大量娱乐活动被迫停摆。而网络游戏以及相对应的电子竞技项目凭借着数字化优势，顺利贴合了疫情下的大众生活方式，成为不可或缺的休闲娱乐活动。如图 3 所示，2020 年，中国电子竞技游戏市场实际销售收入大幅提高，达到 1365.57 亿元，远超 2019 年的 947.27 亿元，增长率提升至 44.16%，创近 3 年新高（见图 3）。用户规模方面，增加的用户数量也结束连续数年的低迷，增长率接近两位数，达到9.65%，整体电竞用户也攀升至4.88亿人（见图4）。

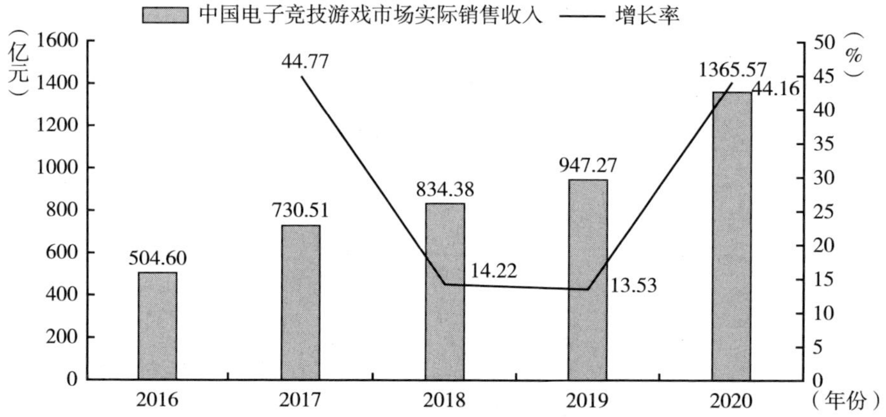

图3　2016～2020年中国电子竞技游戏市场实际销售收入及其增长率

资料来源：GPC、中国游戏产业研究院：《2020年中国游戏产业报告》，2020。

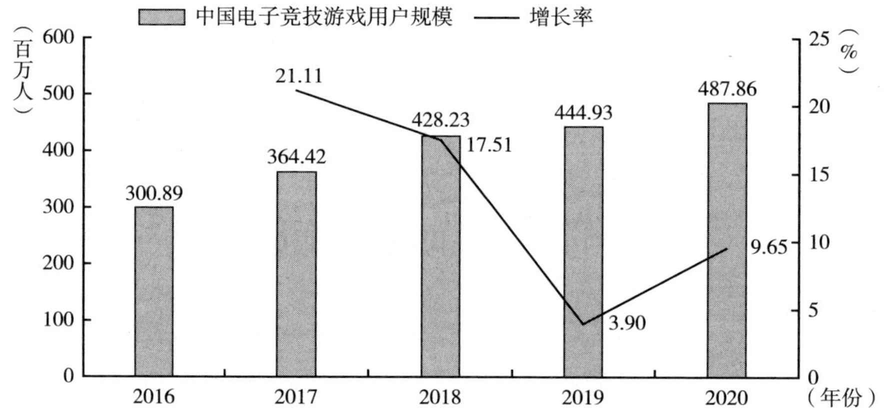

图4　2016年～2020年中国电子竞技游戏用户规模及其增长率

资料来源：GPC、中国游戏产业研究院：《2020年中国游戏产业报告》，2020。

以上数据展现出的产业趋势表明，疫情所带来的生活“枷锁”，变相成为游戏电子竞技的发展机遇。面对出行压力，居家生活方式广为传播并带来充裕的空闲时间，中国电竞用户群体得以进一步扩大。参与电竞的场景也在发生变化，逐渐集中到办公地、家中等人口密集区。面对缩小的空间以及较强的社交关系，电竞这种娱乐方式也得到加速传播，并极大地提高了用户留存比例。①

2. 移动游戏头部效应显著

面对即将到来的存量用户时代，各大游戏厂商纷纷进行资源整合，以应对红利减少和游戏版号“寒冬”的双重打击。在资源高度集中的背景下整体市场日趋成熟，大量中小游戏厂商逐渐退场，让位于资源整合能力较强及坐拥版号的大型企业。这种现象进而导致可投资的游戏产品数量大幅缩减，企业增加对稳健性头部产品内容更新的投入。这也直接影响了近年的游戏市场投资数量（见表2）。

表2　2016～2020年中国游戏市场投资情况

时间	投资事件（件）	投资金额（亿元）	涉及移动游戏比例（%）	游戏版号发放数量（款）
2016年	286	649.6	97.9	2016年7月1日版号政策正式实施
2017年	188	724.6	86.7	9384
2018年	152	261.3	96.7	2141
2019年	63	91.6	90.5	1570
2020年1～5月	19	13.2	89.5	528

资料来源：艾瑞咨询：《2020年中国移动应用趋势洞察白皮书－游戏篇》，2020。

此外，手握大笔筹码的大型游戏厂商，在稳固已上市游戏的日常运营、提高用户黏性的同时，也逐步开始了游戏品类融合以及精品化发展。2020年，数款融合了多种玩法的移动游戏成为黑马产品。其中有将战略经营与塔防结合的《明日方舟》，也有将养生与中华美食文化融合的《食物语》，更有将客户端游戏知名IP移植到手机上的《剑网3：指尖江湖》。整体而言，

① 企鹅智库：《2020全球电竞运动行业发展报告》，2020。

各路厂商在稳定既有市场份额的同时，都开始对移动游戏进行探索式研发。在企业强大的推广资源、优秀的运营能力的双重支持下，这些拓荒性质的游戏作品得到了大量用户的关注和反馈，积攒了一定受众基础，同时，企业内部内容创作的能力和经验得以提升，为日后研发高完成度的新一代作品奠定了技术基础。①

三　产业竞争力透视

1. 游戏厂商“研运一体”

受限于整体市场新增用户的减少，当前的主流游戏企业大都调整发展方向，从流量驱动转向内容驱动，进而促进产品、用户、生产能力的多方面升级，提升自身包括研发、发行和运营等能力在内的综合实力。以 2019 年移动游戏畅销榜前 30 名的游戏为例，其中有 12 款游戏的运营时间已经超过了 3 年。② 这些游戏囊括了二次元、幻想、武侠、历史等多个题材，分别是各自品类的头部产品。这些精品化模式下诞生的作品，离不开当前逐渐闭合的移动游戏市场环境。

而对于游戏厂商而言，中国网络游戏的研运流程也日渐成熟，并不断向精品化的方向发展。每个设计流程和研发环节，对游戏产品质量、用户生态及公司发展都可能产生重要影响，因此最高效的办法就是将整个游戏的闭环生态掌握在自己手中，以形成体系化的力量。而面对市场资源的聚合，独立小厂商也相继融入头部游戏公司所成立的生态体系中，成为其研运一体架构的重要组成部分，擅长单一业务的企业巨头例如腾讯、网易、米哈游等，开始填补原有的业务短板，从而形成空前的竞争实力。③

2. 自主研发与“出海”模式日渐成熟

2020 年，中国自主研发游戏海外市场销售收入保持稳定增长，实际销

① 艾瑞咨询：《2020 中国移动游戏行业研究报告》，2020。

② 艾瑞咨询：《2020 中国移动游戏行业研究报告》，2020。

③ 易观分析：《中国游戏公司研运一体发展专题分析》，2021。

售收入达 154.5 亿美元，较 2019 年增长了 38.55 亿美元，同比增长 33.25%，保持了高速的增长态势。自主创新与走出国门依然是游戏企业重点关注的发展方向。

从数据来看，多达十余种品类的游戏参与到了自研与“出海”的模式当中，并作为各个厂商精品化的成果占据了一定的市场份额。① 在国内游戏市场存量时代到来的背景下，海外移动市场由于用户使用游戏媒介的习惯不同，仍有较大的开发空间。同时，在畅销海外的游戏类型中，策略类和射击类移动游戏收入分别占据了整体收入的 37.18% 和 17.97%。相比较于角色扮演、剧情互动等游戏品类，策略和射击类游戏更倾向于表现游戏本身的竞技属性，更易于缩小不同国家间游戏用户的文化差异，有效避免文化壁垒导致的游戏产品传播受限。同时，这两类游戏产品的率先登陆也有助于国内游戏厂商积累发行经验、深入了解海外游戏用户的文化习惯与产品需求，从而建立更加完备的本土化策略。

3. 游戏产业跨界融合发展

在现阶段，各大游戏企业进行出圈和跨界融合的发展思路正在成为主流。无论是厂商进行精品化设计路线、打造优质游戏内容，还是其他企业通过获得、授权进行内容改编的二次创作，形成衍生的影视和文创作品，都离不开以大型 IP 供应商为核心的文娱生态。以中国第二大 IP 储备游戏公司中手游为例，截至 2020 年上半年，该公司拥有 39 个授权 IP 及 68 个自有 IP。2020 年恰逢仙剑系列 25 周年，围绕着仙剑、轩辕剑等自有 IP，中手游开展了全产业链开发与合作，涉足 IP 品牌授权、周边零售、线下实景娱乐等领域，此类系列活动的开展显著推动了中手游相关业务的发展。②

综观全场，跨界融合发展正在成为游戏行业盈利能力提升的新途径。多数厂商在通过游戏玩法、IP 探索游戏产业的新边界，打通不同产业间的互通渠道，发掘潜在的联动可能性，在与更多行业的跨界合作中，形成双赢局面。

---

① GPC、中国游戏产业研究院：《2020 年中国游戏产业报告》，2020。

② 易观分析：《中国游戏公司研运一体发展专题分析》，2021。

B.19
2020年中国动漫产业发展报告

孙 平 丁 玎*

摘 要： 2020年中国动画产业发展继续呈现加速态势，新的媒介环境之下，新的增长点不断显现。动画电影、电视动画发展稳定，作品优质化特征明显；网络动画发展势头迅猛，新的传播形态被细分群体广泛接受；衍生品市场发展呈现创新、加速的整体趋势。

关键词： 动画产业 动画电影 电视动画 网络动画 衍生品

2020年，中国动漫产业①市场规模持续扩大，总产值约为2300亿元，较2019年增长21.05%。

一 动画电影

2020年，中国动画电影市场受到新冠肺炎疫情重创，直到7月影院复工，动画电影票房才有所回升。截至2020年12月31日，院线上映国产动

* 孙平，北京电影学院中国动画研究院副研究员，硕导；丁玎，北京电影学院中国动画研究院硕士研究生。

① 通过对当前中国动画产业发展变化的思考和辨析，本报告集中于动画产业数据的研究，将漫画产业和游戏产业板块划出动画范畴，将网络动画产业板块纳入。鉴于各类研究机构大量使用动漫概念（动漫的概念有很多种解读，一般将动画与漫画产业的结合称为动漫产业，其并不是一个学术概念），经过对动漫概念的考证以及辨析，本报告仍然沿用“动漫”的概念，以兼顾网络中动画形态和漫画形态的边界日趋模糊的现状。

画电影共 18 部，累计票房 17.15 亿元（2019 年上映国产动画电影共 28 部，总票房 68.5 亿元），票房较 2019 年下降约 75%。18 部动画电影中，《姜子牙》票房约为 16.03 亿元，占据全年国产动画电影总票房的 93.47%。[①]

2020 年票房数据排名前 10 的院线动画电影的票房相比 2019 年有明显下降。2019 年，位居票房前 10 的院线动画电影的票房均在 1 亿元以上，2020 年票房前 10 名中只有 5 部票房过亿元（见表 1）。2020 年票房前 10 的动画电影中，除了中国的《姜子牙》《动物特工局》，其余 8 部均为进口片。与 2019 年相似，2020 年国产动画电影主要类型集中于奇幻（36%）、搞笑（23%）以及冒险类（17%）。

表 1　2019 年与 2020 年中国院线动画电影票房 TOP10 对比

单位：亿元

	2019 年			2020 年		
序号	影片名称	票房	制作地区	影片名称	票房	制作地区
1	哪吒之魔童降世	50.79	中国大陆	姜子牙	16.03	中国大陆
2	冰雪奇缘 2	8.60	美国	心灵奇旅	3.75	美国
3	熊出没·原始时代	7.15	中国大陆	疯狂原始人 2	3.52	美国
4	大侦探皮卡丘	6.32	美国、日本	数码宝贝：最后的进化	1.25	日本
5	千与千寻	4.93	日本	变身特工	1.03	日本
6	白蛇缘起	4.51	中国大陆	汪汪队立大功之超能救援	0.79	加拿大、美国
7	驯龙高手 3	3.67	美国	1/2 的魔法	0.70	美国
8	罗小黑战记	3.16	中国大陆	哆啦 A 梦：大雄的新恐龙	0.64	日本
9	天气之子	2.88	日本	紫罗兰永恒花园外传：永远与自动手记人偶	0.48	日本
10	名侦探柯南：绀青之拳	2.32	日本	动物特工局	0.45	中国大陆

资料来源：根据阿里影业灯塔专业版数据整理。

① 数据来源：国家广播电视总局。

2020 年上映的进口动画电影有 7 部来自日本、6 部来自美国（其中 1 部为美国、加拿大联合制作）、1 部来自英国、1 部来自意大利，相比 2019 年，进口影片数量大幅下降，美国和日本依然是进口动画电影的主要生产国家，其中成熟 IP 系列电影仍然占比较大。

二　电视动画

2019 年，国家新闻出版广电总局备案国产电视动画 472 部，总时长 188186 分钟；2020 年经备案的国产电视动画为 571 部，总时长 175478 分钟。① 相比2019 年，2020 年经备案的电视动画的部数明显增加，但总时长基本持平。

根据国家新闻出版广电总局发布的数据，2020 年童话题材类电视动画数量占备案公示总数的 36%；现实题材类占 7%；科幻题材类占 11%；教育题材类占 32%；历史题材类占 3%；神话题材类占 1%；其他题材占 10%，童话题材依然是主要题材类型，教育题材动画片数量及占比明显上涨。

2020 年有 4 家公司备案作品数量达到 15 部及以上，其中福州永智信息科技有限公司备案电视动画 15 部，时长共 3050 分钟，作品以教育题材为主，如《宝宝巴士百科探秘：我爱恐龙》等《宝宝巴士》系列；广东咏声动漫股份有限公司备案的 16 部电视动画，以童话、科幻题材为主，时长共 5188 分钟，主要备案作品有《猪猪侠之恐龙日记 4》和《百变校巴》系列等；上海今日动画影视文化有限公司在 2020 年备案电视动画为 24 部，时长共 1676 分钟，作品以教育题材为主，代表作品是《百变马丁我爱古诗词（第一季）》《百变马丁小百科（第一季）》《百变马丁小课堂（第一季）》等《百变马丁》系列。②

① 数据来源：国家广播电视总局。

② 数据来源：国家广播电视总局。

三　网络动画

2020年在国家重点网络影视剧信息备案系统中进行登记备案的网络动画累计277部，共5475集。[①] 题材类型主要集中于童话、科幻、玄幻、神话、热血、都市等，受众主要为少年儿童和青年群体。

从备案情况来看，网络动画主要的出品方为中国动漫公司及网络平台，其中腾讯视频、爱奇艺、优酷及哔哩哔哩是核心的四大平台。2020年网络动画市场更为成熟，逐渐打造出高口碑网络动画IP，如改编自网络小说的同名网络动画《斗罗大陆》，累计点击量高达269.1亿次[②]，其同名真人剧《斗罗大陆》也于2021年2月在腾讯视频开播；除《武神主宰》《全职高手（第二季）》等基于强大IP的改编、续集产品之外，2020年7月开播的中国原创网络动画《雾山五行》全片共3集，截至2021年2月在哔哩哔哩上的点击量突破1亿次。[③]

据腾讯新闻，2020年腾讯视频上新国产动画49部。腾讯视频的国产动画作品多以网络文学改编为主，男性向特征的作品居多，同时也有《魔道祖师Q》《恋与制作人》《万圣街》等针对女性用户的动画作品。总体上来看，腾讯视频的国产动画番剧总数量和总播放量都大幅度超过日漫番剧（见表2）。

表2　2020年腾讯视频上新国产动画年度播放量TOP10

单位：亿次

排名	名称	年度播放量	上线时间
1	武神主宰	15.8	2020年3月
2	无上神帝	12.0	2020年5月

① 数据来源：国家广播电视总局。

② 数据来源：国家广播电视总局。

③ 根据哔哩哔哩弹幕网统计。

续表

排名	名称	年度播放量	上线时间
3	独步逍遥	9.3	2020 年 6 月
4	择天记(第五季)	9.1	2020 年 3 月
5	一人之下(第三季)	8.2	2020 年 4 月
6	地下城与勇士	5.7	2020 年 4 月
7	一念永恒	5.2	2020 年 8 月
8	全职高手(第二季)	4.8	2020 年 9 月
9	万界春秋	4.5	2020 年 4 月
10	首席御灵师	4.2	2020 年 6 月

资料来源：腾讯视频官方平台数据。

哔哩哔哩于 2020 年独家上新国产网络动画 35 部，主要涉猎科幻、古风、冒险、青春等题材，如《仙王的日常生活》《天官赐福》《大理寺日志》等；同时，《我为歌狂》《罗小黑战记》等国产优质 IP 也重启延续；还有偶像、萌系、少女、美食等小众题材，如《请吃红小豆吧!》《如果历史是一群喵》系列作品持续发力。2020 年哔哩哔哩上新国产动画年度播放量最高的是《仙王的日常生活》（见表 3）。

表 3　2020 年哔哩哔哩上新国产动画年度播放量 TOP10

单位：亿次

排名	名称	年度播放量	上线时间
1	仙王的日常生活	3.90	2020 年 1 月
2	天官赐福	3.60	2020 年 10 月
3	元龙	2.80	2020 年 7 月
4	凡人修仙传	2.30	2020 年 7 月
5	大理寺日志	1.30	2020 年 4 月
6	百妖谱	1.10	2020 年 4 月
7	雾山五行	1.10	2020 年 7 月
8	天宝伏妖录	0.92	2020 年 7 月
9	我家大师兄是个反派	0.89	2020 年 10 月
10	大王不高兴	0.67	2020 年 1 月

资料来源：哔哩哔哩数据。

网络平台漫动画（动态漫画）[①] 作品数量开始上涨，其播放量也高涨（见表4）。2018 年各大漫画平台进入调整期，腾讯动漫成立平台与内容事业群后开始进行漫动画的开发，根据腾讯在 2020 年 12 月 21 日发布《2020 小说漫改阅读报告》，进入腾讯漫改计划的作品数量已接近 300 部。在短视频风行的网络环境中，低成本的漫动画逐渐在各大视频平台广泛传播。漫动画相比动画制作速度更快，比漫画更容易获得流量与热度。

表 4　2020 年哔哩哔哩与腾讯视频平台漫动画播放量 TOP5

单位：万次

哔哩哔哩				腾讯视频			
序号	作品	播放量	类型	序号	作品	播放量	类型
1	斗破苍穹（第二季）	2252.2	玄幻	1	斗破苍穹	23000.0	玄幻
2	阿衰（第三季）	2225.9	搞笑	2	我的狐仙女帝	12000.0	恋爱
3	我在皇宫当巨巨（第二季）	1481.3	古风	3	星武神诀	6257.5	玄幻
4	凹凸学园（第二季）	1392.1	搞笑	4	元尊	5659.7	玄幻
5	我不是教主	1339.6	玄幻	5	完美世界	4491.8	玄幻

说明：播放量统计时间截至 2021 年 2 月 10 日。

资料来源：根据哔哩哔哩与腾讯视频官方网站数据整理。

四　动漫画衍生品

动漫画衍生品是在作品与粉丝群体之间产生经济效益的重要媒介，动漫 IP 衍生的周边商品会在一定程度上巩固作品的热度和流量。数据表明，2011～2017 年，国内动漫衍生品市场规模的年均增长率约为 20%。主营衍生品开发业务的公司有 52TOYS、若态、精英动漫、十二栋文化、御座文化、开天工作室、末那、HobbyMax、艾漫、猫受屋等。

① 漫动画主要指由数字媒体承载的交互动画、漫画，区别于传统形式的动画、漫画，融合了文字、图片、音频、视频、动画图像、互动动画等多种元素，从而充分表现了互动和多触控的特性，是适合数字媒介的新媒体艺术形式。本报告将其归入网络动画单元。

2020年，盲盒经济引起消费热潮。2020年12月11日，盲盒文创企业泡泡玛特上市。第一财经商业数据中心联合天猫、淘宝海外发布的报告显示，海外盲盒线上消费呈爆发式增长，消费增速达400%以上，泡泡玛特、52TOYS、寻找独角兽等新兴潮玩手办品牌出口至新加坡、美国等120多个国家和地区。[①] 盲盒消费的热潮一方面源于IP自身的艺术设计魅力以及随机购买的销售模式；另一方面也反映出新的消费观念，盲盒能带来陪伴感、归属感和依赖感。

① 资料来源：《中国文化产业发展报告（2021）：十大关键词、十大特征和未来趋势》，https：//www. sohu. com/a/446612224_ 120534526。

B.20

2020年中国网络购物市场发展报告

殷滋淳*

摘　要： 2020年，新冠肺炎疫情使居民线上消费习惯更加成熟，中国网络零售额达11.76万亿元。头部电商在下沉战略、品牌协同、购物补贴、社区团购等赛道展开激烈角逐，市场“大变局”即将来临。在利好政策和市场环境的助推下，电商企业在资本市场斩获亮眼成绩，多家企业市值翻番。直播电商爆发重塑零售业态，成为撬动经济复苏的“云支点”，5G大规模商用的落地为电商营销新业态带来更多的想象空间。

关键词： 网络购物　直播电商　社区团购

一　产业数据分析

1. 总体状况

2020年，中国网络购物市场规模再创新高，但是受到新冠肺炎疫情的影响，网络零售额增长率显著降低。2020年，中国网络零售额达11.76万亿元，较2019年增长10.63%（见图1）。其中，实物商品网络零售额为9.76万亿元，增长14.8%，占社会消费品零售总额的比重接近1/4，比上

* 殷滋淳，清华大学新闻与传播学院硕士研究生。

一年提高 4.2 个百分点。[①] 尽管网络购物市场增长速度一再放缓，中国依然是近 8 年来全球最大的网络零售市场。

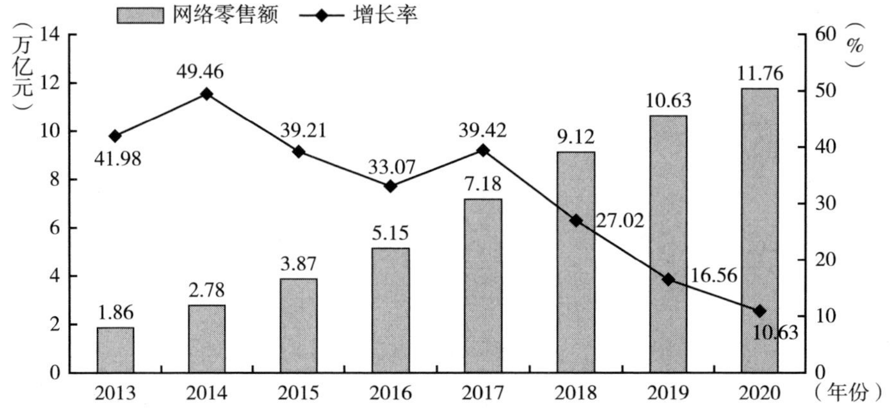

图 1　2013～2020 年中国网络零售额及增长率

资料来源：商务部及国家统计局，2013～2020 年。

截至 2020 年 12 月，中国网络购物用户规模达 7.82 亿人，较 2020 年 3 月增长 7215 万人，占网民整体的 79.1%；同时，移动终端购物用户数量也持续上升，手机网络购物用户规模达 7.81 亿人，较 2020 年 3 月增长 7309 万人，占手机网民的 79.2%。2020 年“直播带货”迎来全面爆发的态势，在电商直播中购买过商品的用户已经占到整体电商直播用户的 66.2%，其中 17.8% 的用户的电商直播消费金额占所有网上购物消费金额的三成以上。[②]

从供给端来看，截至 2020 年 10 月，中国在业/存续的电商主体有 265.1 万家，其中电商企业 196.0 万家，电商个体户 69.1 万家，电商个体户占比 26.1%，超过总量的 1/4。疫情之下，电商个体户不减反增，2020 年第二、三

① 《网络零售市场规模再创新高 呈现三大特点》，http：//www.cac.gov.cn/2021－01/26/c_1613231312953432.htm，2021 年 01 月 26 日。

② 《企查查数据观察丨“双十一”数说我国电商行业》，http：//www.xinhuanet.com/enterprise/2020－11/09/c_1126716907.htm。

季度电商个体户同比分别增长52.5%、86.8%。与之相反的是，电商企业的数量明显下降，2020年第三季度同比下降16.0%。[①]

由于利好政策的陆续出台和海外市场的需求激增，中国跨境电商规模不减反增，2020年中国跨境电商进出口总值达1.69万亿元，增长了31.1%，其中出口1.12万亿元，增长40.1%，进口0.57万亿元，增长16.5%。[②] 当跨境电商成为外贸发展的新引擎，行业还需提升产品质量、完善服务体系、加强供应链建设，才能在"后疫情时代"保持长效竞争力。

二　主要电商企业发展格局

新冠肺炎疫情一度给线下经济按下了暂停键，但无论是从网络电商成交额（GMV，Gross Merchandise Volume）还是年度活跃用户数量来看，中国主要电商平台却在逆势增长。疫情期间，除了购买日常消费品，用户养成了通过互联网渠道购买医疗防护物资、生鲜等必需品的习惯，网络电商用户黏性一再增强。电商巨头激战正酣，网络购物市场面临"大变局"，"下沉战略"和"品牌战略"成为新一轮竞争的关键词。

表1　2020年中国主要电商平台GMV及活跃用户数

单位：亿元，亿人

主要电商平台	2019年		2020年	
	GMV	年度活跃用户	GMV	年度活跃用户
阿里巴巴（淘宝、天猫）	5.730万（2019财年）	7.110	6.589万（2020财年）	7.790
京东	2.085万	3.620	2.613万	4.719
拼多多	1.007万	5.852	1.668万	7.884

① CNNIC：第47次《中国互联网络发展状况统计报告》，http://www.cac.gov.cn/2021-02/03/c_1613923423079314.htm。

② 《2020年外贸进出口同比增长1.9%，出口增长4%——我国外贸规模与份额双创新高》，http://paper.ce.cn/jjrb/html/2021-01/15/content_436237.htm。

续表

主要电商平台	2019 年		2020 年	
	GMV	年度活跃用户	GMV	年度活跃用户
苏宁易购	3797.000	5.550（注册会员数量）	4163.150	6.230（截至 2020 年 9 月 30 日注册会员数量）
唯品会	1482.000	0.690	1650.000	0.840

说明：阿里巴巴 2020 财年起止时间为 2019 年 3 月～2020 年 3 月。

2020 年，阿里巴巴旗下的天猫、淘宝依旧以 6.589 万亿元（2020 财年数据）的 GMV 领跑中国电商市场，2020 年天猫“双 11”首开长达 20 天的两波售卖期，更是创造了高达 4982 亿元的总交易额。品质消费、品牌效应是淘宝、天猫继续增长的内生力量。数据显示，2020 财年淘系消费者的人均购买金额约为 9076 元，明显高于其他竞争对手。

2020 年第二大电商平台京东在下沉市场全面发力，新增的 1.1 亿年度活跃购买用户中超过 80% 的新增买家来自下沉市场。京东从物流、业务、供应链等多个方面布局下沉市场：开启“千县万镇 24 小时达”服务提速，在“双 11”期间，全国 92% 的区县和 83% 的乡镇能够实现在 24 小时内收货；组建包含京喜 App、京喜拼拼、京喜通（原京东新通路）、京喜快递四大类业务的“京喜事业群”，形成新的下沉战略。

拼多多持续加码补贴策略，一跃成为全球用户规模最大的电商平台。自 2019 年“6・18”大促拼多多推出“百亿补贴”后，拼多多用户数量增长迅猛，2020 年活跃用户已超过 7.88 亿人，首次超过阿里巴巴、亚马逊等国内外电商巨头。2020 年 4 月，拼多多以总计 2 亿美元的可转换债券方式对国美进行战略投资，同时向国美倾注消费大数据、“百亿补贴”、技术流量等资源以展开深度战略合作，与京东、苏宁易购旗下的数码家电业务展开正面角逐。

电商企业在品质消费和下沉市场攻城略地，在资本市场获得亮眼成绩。截至 2020 年 12 月 31 日，中国电商上市公司共有 74 家，2020 年电商上市公司总市值达10.94万亿元，与2019年6.45万亿元的总市值相比，同比增长69.61%。其中，京东、拼多多受到广泛关注，在一年间市值涨幅较大。

三　产业热点解析

1. 直播电商重塑零售业态，成为撬动经济复苏的"云支点"

新冠肺炎疫情期间，社会经济发展受阻，但防疫措施反而助推了直播带货飞速发展。2020年，直播电商大事件频出：薇娅直播上架售价4000万元的快舟一号甲固体运载火箭发射服务被秒拍；锤子科技创始人罗永浩直播带货首秀以3小时1.1亿元销售额创下了抖音平台的最高带货纪录；格力董事长兼总裁董明珠在快手开启直播首秀，开卖半小时销售额破1亿元，100分钟破2亿元。繁荣的直播电商领域吸引了官方媒体和政府部门的进驻，从央视主播公益带货到地方政府直播扶贫，主流力量的进场再一次推高直播电商的发展热潮。

"电商直播化，直播电商化"的产业趋势更加明显。一方面，电商巨头加大直播流量池自建力度，邀请和孵化专业主播、流量明星进驻电商平台直播带货。以2020年"双11"为例，各大电商平台直播破万场，其中淘宝直播累计时长约合1660年，商家自播GMV同比增长率509.34%①，平台全年GMV超过4000亿元。同时，电商平台也与直播平台展开深度合作，比如，京东在外链导流的基础上进一步与快手达成战略合作，快手用户可以在快手小店零跳转直接购买京东自营商品等。

另一方面，快手、抖音两大直播平台也不甘于仅仅充当电商平台的流量入口，谋篇布局力图打造平台内部的电商闭环。快手与MCN达成合作，吸引主播批量入驻平台，快手2020年前11个月的直播带货GMV超过3300亿元，直播平均月付费用户达5800万人，是全球第二大直播电商平台。②

① 艾媒咨询：《2020年中国双十一电商行业发展大数据监测报告》，2020年11月。

② 《快手招股书》，https://www1.hkexnews.hk/listedco/listconews/sehk/2021/0126/2021012600014_c.pdf。

2020 年，抖音正式成立电商一级事业部并取得了支付牌照，在开放个人入驻抖音小店的同时加强对第三方平台来源商品的限制，尝试剥离对外链电商的依赖，电商、短视频和直播的深度融合近在咫尺。

直播带货已然是网络购物市场的“兵家必争之地”，随着新技术的成熟和落地，直播带货模式将不断拓宽边界，更广泛地应用于各类产品和服务的营销场景中，配套的数据支持服务、从业者规范、统计标准等亟待补充和明晰。

2. 生鲜电商井喷式增长，社区团购风云四起

疫情改变了居民对日常生活必需品的消费方式，生鲜平台迎来爆发式增长，“依托于住宅社区，电商为社区内居民提供团购形式的优惠活动”的社区团购模式应运而生。数据显示，2020 年社区团购行业公开披露的融资事件达 19 起，融资总金额为 171.7 亿元，同比增长 356.3%，创下历史新高。[①] 每日优鲜、滴滴旗下“橙心优选”、美团旗下“优选事业部”、拼多多旗下“多多买菜”、京东注资的“兴盛优选”等平台在社区团购领域展开激烈竞争。

社区团购平台通过采取团长佣金激励机制和巨额补贴收割了海量用户，但部分企业利用资金优势以低于进货成本的价格低价倾销商品扰乱市场价格秩序，甚至出现利用虚假价格欺诈消费者的行业乱象，这也引发了监管部门的关注。2020 年 12 月，国家市场监督管理总局联合商务部召开规范社区团购秩序行政指导会，阿里巴巴、腾讯、京东、美团、拼多多、滴滴 6 家互联网企业参会，监管层要求互联网企业严格遵守“九不得”，包括不得滥用自主定价权、不得利用数据优势“杀熟”等。随后，国家市场监督管理总局对 5 家社区团购企业做出行政处罚。作为消费风口，社区团购将持续成为电商巨头扩张市场的发力点，但在严格的监管要求下，社区团购将会结束“野蛮生长”，进入稳健、有序、规范化的下半场竞争。

① 企查查大数据研究院：《2020 年社区团购投融资数据报告》，2020 年 12 月。

3. 5G大规模商用到来，万物互联时代电商面临深度数字化转型

截至2020年10月，全国已累计开通超过70万座5G基站，终端连接数超过1.8亿个。万物互联，数据将无处不在。云VR/AR、车联网、智能制造、无线医疗、无线家庭娱乐、无人机、超高清/全景直播等垂直领域将是产业发展首要切入点，这意味着产业经营全要素、全链条、全流程的数据化。传统电商面临转型机遇，新型数字化电商需要提升云端数据利用能力，将智能决策应用于广告、市场、销售、运营、服务等环节，深入洞悉和高效触达消费者。

4. 互联网反垄断指南出炉，引导电商平台公平竞争有序发展

2020年“双11”线上购物节前夕，国家市场监督管理总局发布了《关于平台经济领域的反垄断指南（征求意见稿)》，旨在预防和制止互联网平台经济领域的垄断行为，引导平台经济领域经营者依法合规经营，促进线上经济的健康发展。12月召开的中央经济工作会议明确了2021年经济工作中的八项重点任务，强调了“强化反垄断和防止资本无序扩张”的任务。

“反垄断”成为中国经济发展的关键词之一，网络购物平台作为平台经济的重要组成部分将受到严格监管。网络购物平台打造电商生态，对促进经济发展、满足人民物质精神需求起到了积极作用，但平台扩张的同时也积累了数据资本，于无形中产生巨头垄断、抑制中小企业创新发展、侵害消费者权益的平台弊端。强有力的监管将遏制资本惯性，维护网络购物市场公平、有序的竞争秩序，监管主体、平台主体、电商主体、消费者也将会在政策引导下共同维护市场规范秩序，营造良好健康的网络购物生态。

媒介融合与传媒创新报告

Media Convergence &Innovation Reports

B.21 2020年中国传媒上市公司表现及发展报告*

胡 钰 胡雪洁 王嘉婧**

摘 要： 截至2020年12月31日，传媒行业总市值加权平均涨跌幅为-0.63%，2019年同期涨跌幅为-18.27%。2020年前三季度，A股传媒上市公司合计实现营业收入3265.15亿元，同比减少6.61%，实现归属母公司净利润287.25亿元，同比减少20.59%。营业收入与归属母公司净利润同比下滑幅度较中期财报下滑幅度均有所收窄。互联网音频、数字阅读行业整体增长势头良好。游戏和营销行业公司业绩两极分化严重。出版、广播电视行业整体业绩稳健，但亏损公司增加。影视、

* 入市有风险，投资需谨慎。在任何情况下，本报告中的信息或所表述的意见并不构成对任何人的投资建议。

** 胡钰，清华大学新闻与传播学院教授、博导；徐雪洁，山西证券传媒行业分析师；王嘉婧，清华大学文化创意发展研究院特约研究员。

动漫行业受疫情影响业绩调整期延长，行业大面积亏损。

关键词： 传媒行业 上市公司 资本市场 二级市场

根据国家统计局官网发布数据，2020 年，全国规模以上文化及相关产业企业实现营业收入 98514 亿元，同比增长 2.2%。受新冠肺炎疫情的影响，文化产业受到了一定的冲击。前三季度影响尤为严重，第一季度、上半年和前三季度营业收入同比分别下降 13.9%、6.2%、0.6%。但是在年内伴随着有效的疫情防控和经济社会秩序逐步恢复，文化企业营业收入增速实现由负转正。

一 传媒上市公司二级市场表现

截至 2020 年 12 月 31 日，传媒行业总市值加权平均涨跌幅为 -0.63%，2019 年同期涨跌幅为 -18.27%。传媒行业在二级市场中已逐步走出 2016 年以来的连续大幅调整的“阴霾”（见图 1）。

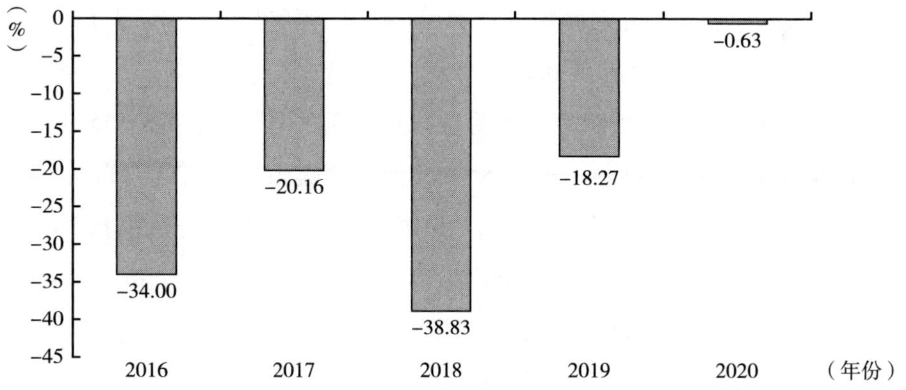

图 1 2016～2020 年传媒行业总市值加权平均涨跌幅

资料来源：Wind，山西证券研究所。

2020 年全部 A 股总市值加权平均涨跌幅为 22.56%，上证 A 股、深证 A 股及创业板的涨跌幅分别为 15.45%、34.51% 和 51.15%，与市场整体和其他行业相比，传媒行业表现不及市场整体。中信分类全行业涨跌幅排名中，传媒行业排名第 25 位，表现好于商贸零售、纺织服装、银行等行业（见图 2）。

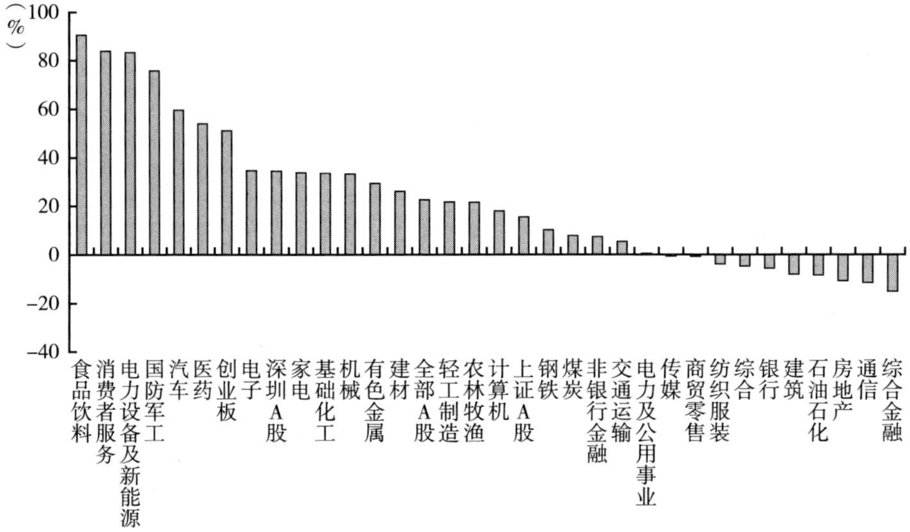

图 2　2020 年 A 股市场整体及全行业涨跌幅排名

资料来源：Wind，山西证券研究所。

传媒二级子行业中互联网媒体以 26.09% 的涨幅居行业首位，其后为广告营销、文化娱乐和媒体行业，涨跌幅分别为 10.83%、-6.92%、-11.55%。

传媒三级子行业的涨跌幅分化明显，其中互联网影视音频以 55.37% 涨幅居行业首位；其后为其他广告营销和其他文化娱乐，涨幅分别为 33.99% 和 6.57%；其余行业年内累计下跌，其中游戏、互联网广告营销自 2020 年 9 月以来持续调整，涨幅分别由截至 2020 年上半年的 33.69% 和 30.11% 下降至 2020 年末的 -4.07% 和 -8.11%；广播电视、影视、出版、信息搜索与聚合、动漫行业 2020 年跌幅分别为 -9.92%、-11.52%、-12.49%、-15.82%、-32.83%（见图 3）。

上市公司方面，2020 年共有 40 家上市公司累计正增长，紫天科技、三

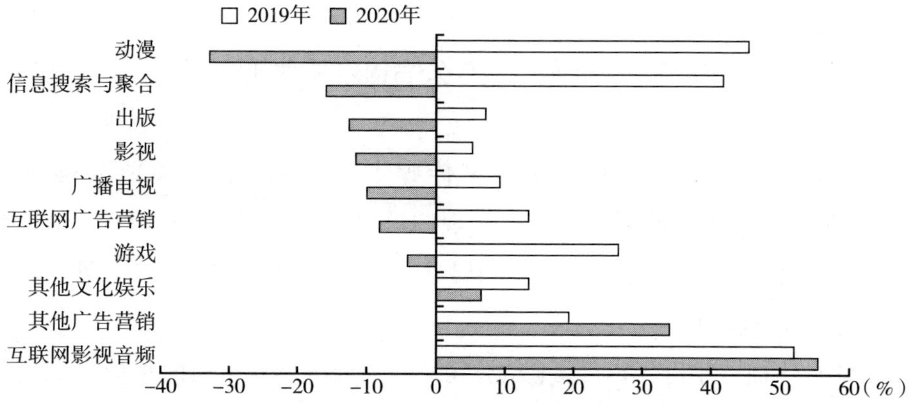

图3　2019～2020年传媒三级子行业涨跌幅

资料来源：Wind，山西证券研究所。

人行、芒果超媒、掌阅科技、中文在线等年涨幅居行业前列，涨幅达85%以上；107家上市公司累计下跌，＊ST当代、＊ST长城、＊ST中昌、＊ST长动、数知科技等公司年跌幅居前。从上市公司涨跌幅分布来看，涨跌幅在－50%～0%（含）的上市公司数量占比达68.03%，此区间相较于2019年的情况，公司数量占比提高32.17个百分点；其次集中分布的涨跌幅区间为0%～50%（含），上市公司数量占比为20.41%；此外，涨跌幅分布在50%～100%（含）、100%以上区间的上市公司数量占比较2019年均有下降；而涨跌幅在－50%以下的上市公司数量占比有所提高（见图4）。

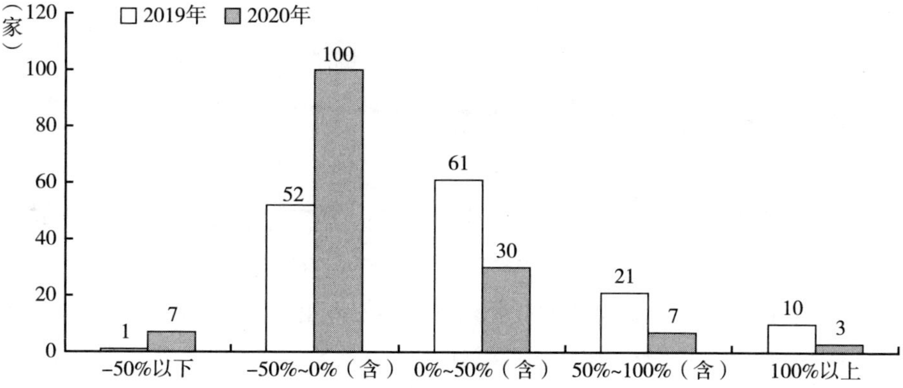

图4　2019～2020年传媒上市公司年度涨跌幅分布统计情况

资料来源：Wind，山西证券研究所。

二　传媒上市公司业绩表现

2020 年前三季度，A 股 131 家传媒上市公司①合计实现营业收入 3265.15 亿元，同比减少 6.61%；实现归属母公司净利润 287.25 亿元，同比减少 20.59%。其中营业收入与归属母公司净利润下滑幅度较中期财报下滑幅度均有所收窄。

2020 年前三季度，131 家上市公司中营业收入同比增长的数量为 49 家，同比减少 82 家，营业收入同比降幅集中于 30% 以内，位于该区间的公司数量达 54 家，同时营业收入同比增幅在 30% 以内的公司数量有 30 家（见图 5）。前三季度，131 家上市公司中有 99 家实现盈利，同比中报增加 5 家。行业内上市公司利润端表现分化较为明显，同比降幅集中于 50% 及以上的上市公司数量达 54 家，其中以受疫情影响明显的影视院线板块上市公司居多，同时归属母公司净利润同比增幅在 50% 以上和 30% 及以内的上市公司数量均达到 21 家（见图 6）。

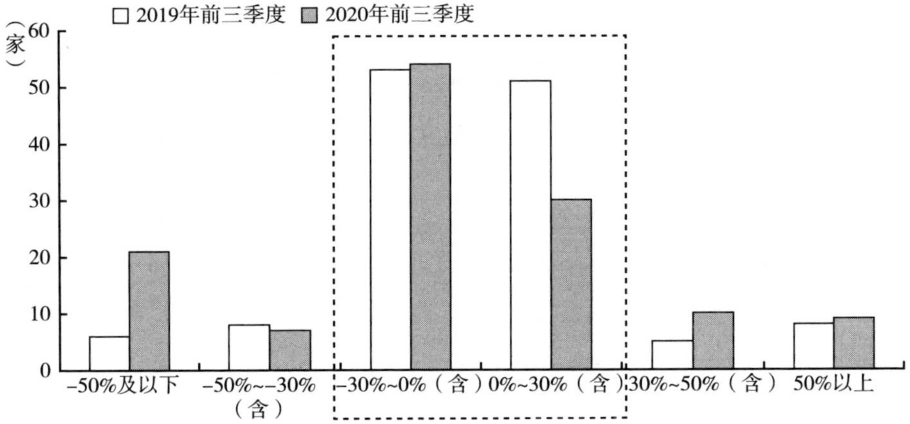

图 5　2019～2020 年前三季度传媒上市公司营业收入增速分布

资料来源：Wind，山西证券研究所。

① 剔除了 2020 年被实施风险警示的上市公司以及业主与传媒行业不直接相关的上市公司。

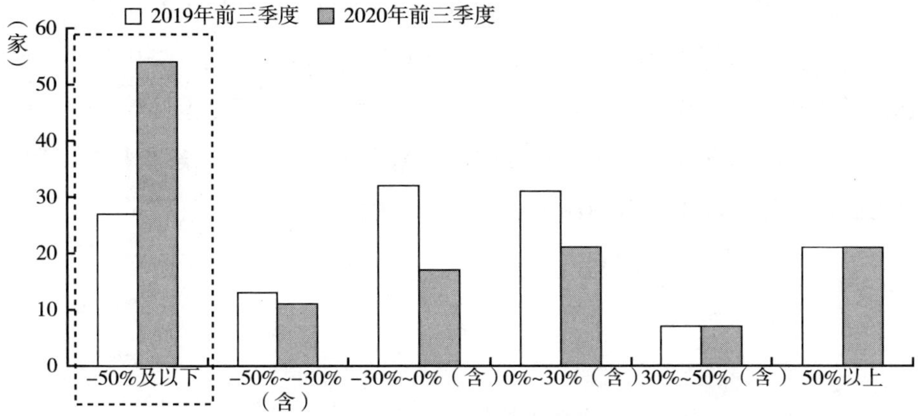

图6　2019～2020年前三季度传媒上市公司归属母公司净利润增速分布

资料来源：Wind，山西证券研究所。

成本与费用端压力犹存，现金流管理不断强化。2020年前三季度，传媒行业整体毛利率为29.00%，较2019年同期下降1.84个百分点；其中第三季度毛利率为28.02%，同比下降1.79个百分点，环比下降1.07个百分点（见图7）。2020年前三季度，行业整体销售、管理、研发、财务费用率分别为10.76%、7.45%、2.98%、0.69%，同比变动0.83个百分点、0.28个百分点、0.27个百分点、0.09个百分点（见图8）。单季度来看，第三季度销售费用率为10.52%，同比上升0.67个百分点，环比上升0.21个百分

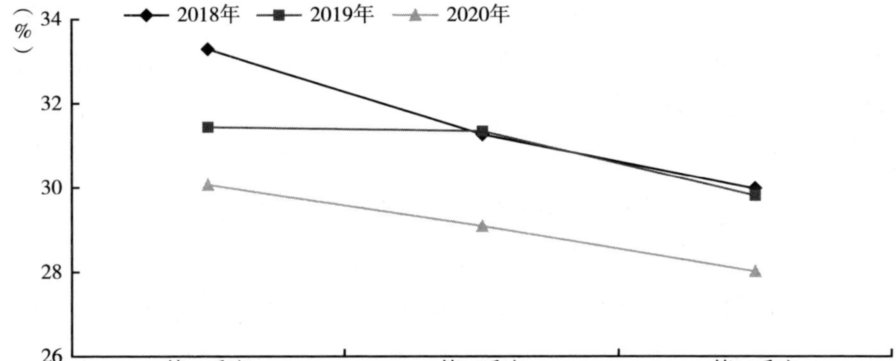

图7　2018～2020年传媒上市公司前三季度毛利率水平

资料来源：Wind，山西证券研究所。

点；管理费用率为7.40%，同比上升0.51个百分点，环比上升0.03个百分点；研发费用率为2.66%，同比上升0.10个百分点，环比下降0.39个百分点；财务费用率为0.73%，同比上升0.32个百分点，环比上升0.06个百分点。从毛利率与期间费用率单季度的变动来看，行业在收入逐步复苏下短期内仍面临一定的成本与费用压力。

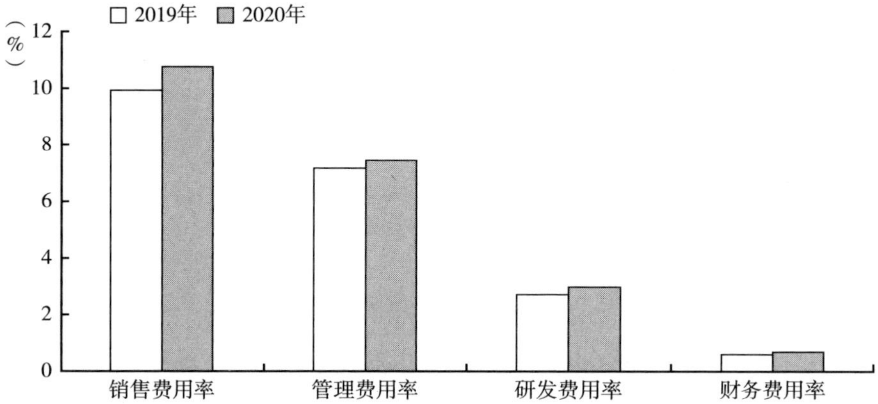

图8　2019～2020年传媒上市公司前三季度期间费用率水平

资料来源：Wind，山西证券研究所。

2020年前三季度，传媒上市公司实现经营活动产生的现金流净额为300.97亿元，同比增长15.19%；其中2020年第三季度经营活动产生的现金流净额为137.90亿元，同比增加0.70%，环比减少24.14%（见图9）。近两年行业整体经营活动现金流持续改善，显示出上市公司整体经营业绩的好转以及对现金流的管理不断强化。

三　传媒上市公司2020年业绩预告

截至2021年2月22日，CS传媒板块中已有105家上市公司公布2020年业绩预告或业绩快报。业绩预告公司主要分布于游戏（24家）、互联网广告营销（21家）、影视（18家）、出版（10家）、其他广告营销（8家）等行业，从数量占比来看，动漫、互联网影视音频、其他文化娱乐、影视、互

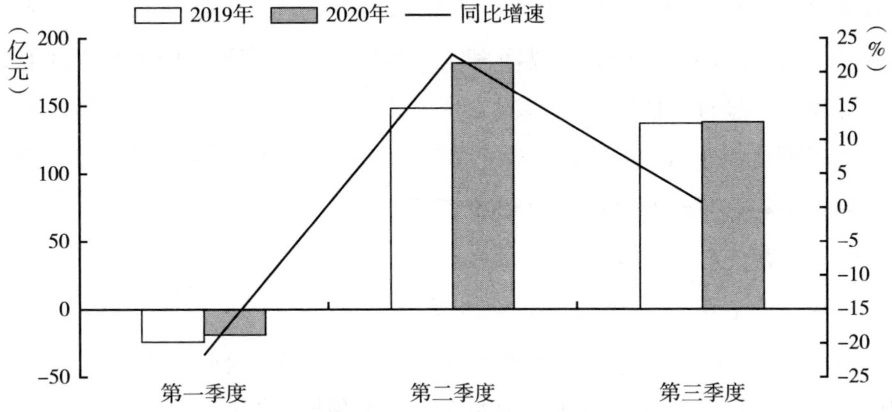

图9　2019～2020年传媒上市公司前三季度经营活动现金流情况

资料来源：Wind，山西证券研究所。

联网广告营销、游戏等行业预告公司数量占比达70%以上。105家上市公司整体预告归母净利润亏损80.91亿～195.67亿元，可比范围2019年同期归母净利润为亏损282.81亿元，同比实现减亏87.14亿～201.90亿元。

1. 数字阅读行业

2020年数字阅读行业预告净利润合计为3.02亿～3.34亿元，同比扭亏。其中中文在线（CS分类属出版行业）2020年内剥离亏损的游戏业务，数字阅读业务收入大幅增长，同比扭亏，预计实现净利润4700万～6000万元，同比增长107.79%～109.23%；掌阅科技（CS分类属其他文化娱乐）在“付费+免费”运营模式下，平台商业化价值提升，同时版权增值业务实现多维发展，2020年预计实现净利润25500.39万～27380.39万元，同比增长58.38%～70.06%。

2. 互联网影视音频行业

互联网影视音频行业预告净利润合计为23.09亿～25.48亿元，同比增长4.49%～15.31%。上市公司方面，4家公司中芒果超媒和新媒股份主营业务增长强劲，预计2020年实现净利润19亿～20亿元，同比增长64.32%～72.97%；新媒股份围绕内容服务与用户体系建设，在全国专网业务方面通过升级“喜粤 TV”品牌，强化内容产品运营，提升有效用户规模和 ARPU 值，2020 年预计实现净利润 53417 万 ~ 61331 万元，同比增长 35% ~55%；号百控股受疫情影响，酒店及商旅业务收入下滑，虽维持盈利但净利润预计同比减少 82.4% ~96.48%；*ST 巴士由于新增诉讼计提预计负债导致净利润亏损 9000 万 ~13000 万元。

3. 游戏行业

游戏行业上市公司整体预告业绩情况良好。预告净利润合计为 58.51 亿 ~76.57 亿元，2019 年可比范围净利润合计为亏损 132.24 亿元，同比实现扭亏。但上市公司业绩分化较为明显，业绩预增、预减及亏损公司占比分别为 58.33%、12.50%、29.17%。

2020 年暴发的新冠肺炎疫情和由此带来的居家隔离政策等，为游戏公司带来了一波流量红利。2020 年移动游戏市场及自研游戏“出海”收入同比增速进一步提升，前者市场规模为 2096.76 亿元，同比增长 32.61%，后者市场规模为 154.5 亿美元，同比增长 33.25%，带动游戏公司业绩表现良好，并且对于扭亏公司而言大额信用资产减值及商誉减值的情况较 2019 年有所改善。

4. 营销行业

营销行业内不仅细分板块分化明显，上市公司业绩同样呈现分化。营销行业上市公司预告净利润区间为 -63.01 亿 ~23.18 亿元，其中互联网广告营销行业净利润区间为 -75.62 亿 ~48.28 亿元，其他广告营销行业净利润区间为 12.61 亿 ~25.10 亿元。较 2019 年可比范围，互联网广告营销行业亏损有所扩大而其他广告营销行业业绩预计将实现 50% 以上的增长。业绩预增、预减及亏损上市公司数量占比分别为 44.83%、13.79%、41.38%。

随着营销场景线上化加强，互联网广告投放媒介也发生结构性变化，转化率较好的电商广告及具有社交裂变特征的短视频、社交媒介类广告份额有所上升，其背后的逻辑在于广告主在有限的营销预算下对获得更高效的营销手段、实现广告效能最大化的意愿增强。市场客户结构与投放媒介的差异性已映射至上市公司业绩层面，从业绩预告内容来看，上市公司中涉及线上营销的短视频、内容电商、信息流营销等业务实现快速增长，以上述业务为主导的上市公司业绩受益增长，而传统品牌广告客户的预算受疫情影响缩减，对传统媒介代理业务产生不利影响。

5. 出版行业

出版行业预告净利润合计为 -1.87 亿 ~6.63 亿元，虽然整体业绩稳健，但较 2019 年可比范围净利润（31.09 亿元）大幅下滑，原因在于 2020 年业绩预告上市公司中华闻集团、天舟文化、盛通股份、新华传媒出现首亏，亏损合计 27.80 亿 ~35.3 亿元，而 2019 年同期并没有预告亏损的情况。上述 4 家公司均出现教育、游戏等主营业务业绩下滑的情况。除亏损公司外，其余上市公司业绩增长情况良好，其中中南传媒、中原传媒、皖新传媒三家出版发行公司主营业务收入稳定增长，并进行数字化等新业态的拓展，预计分别实现净利润 14.48 亿元、9.15 亿元、6.16 亿元，同比增长均在 10% 以上；报媒中博瑞传播业务多元，小贷、广告业务解决存量问题，楼宇租赁、教育及游戏业务经营稳定，预计净利润增长 27%，粤传媒传统广告、印刷、发行业务营收下滑，但法院执行款、公允价值变动收益增厚利润，同比增长 233.54% ~352.66%。

6. 广播电视行业

广播电视行业预计净利润合计为 -13.95 亿 ~4.85 亿元，较 2019 年可比范围净利润（合计 5.80 亿元）大幅减少，与出版行业情况类似，2020 年业绩预告公司中新文化同比亏损增加至 12.5 亿 ~17.5 亿元，以及广西广电、湖北广电分别首亏 1.20 亿 ~1.44 亿元和 4.5 亿 ~7 亿元，导致行业整体净利润亏损，而 2019 年中仅有新文化亏损 9.48 亿元。其余上市公司中，广电网络通过加快产业转型、提质降本增效实现扭亏，华数传媒受益于并表增厚业绩以及智慧城市、新媒体数字化转型，公司业绩增长 10.14%，歌华有线与天威视讯业绩同比减少。但整体来看，广播电视行业受传统有线电视用户流失及疫情期间工程及广告等业务停滞等影响，业绩增速较出版行业低迷。

7. 影视动漫行业

影视行业预计净利润合计为亏损 129.99 亿 ~156 亿元，较 2019 年可比范围净利润（-145.35 亿元）维持亏损状态。2020 年疫情导致影院上半年停业，第三季度才逐步开启复苏，电影行业全年票房收入减少，上市电影及院线公司收入减少而人工、租金、设备折旧等成本费用支出固定，并计提资产减值损失，导致上市公司业绩亏损；影视剧行业前期调整导致成本与销售价格错配，对上市公司项目结算造成影响导致利润减少，并计提存货跌价、应收账款坏账损失等。

具体到上市公司，18 家业绩预告上市公司中仅有 3 家公司实现了盈利，较 2019 年可比范围减少 6 家。盈利公司华策影视在行业内率先走出成本与销售价格错配的困境，新开机项目毛利率逐步提升，带动业绩回暖，同比实现扭亏，预计实现净利润 3.75 亿 ~4.25 亿元，增长 125.56% ~128.97%；＊ST 鼎龙游戏业务及并表钛矿业务贡献业绩，且未有大额商誉减值而同比扭亏，预计实现净利润 2800 万 ~3800 万元，增长 103.34% ~104.53%；光线传媒同比预减，预计实现净利润 2.3 亿 ~3 亿元，减少 68.34% ~75.73%，第四季度以来《姜子牙》《金刚川》等影片票房表现优异，带动公司单季度业绩强势回暖。15 家上市公司业绩亏损，其中中国电影、横店影视、金逸影视等 8 家公司为首亏，万达电影、华谊兄弟、北京文化等 7 家公司为续亏。以预告净利润中值统计，万达电影亏损 61.5 亿 ~69.5 亿元，亏损规模最大，受疫情影响公司影视及院线业务收入大幅减少，游戏业务表现不及预期，并为并购影城、时光网、新媒诚品、互爱互动，以及为上海骋亚影视计提商誉及资产减值准备 40 亿 ~45 亿元；文投控股电影、影城、文化经纪等受疫情影响以及计提耀莱影城、上海都玩游戏商誉减值损失 17 亿 ~22 亿元，致使公司 2020 年预计亏损 30 亿 ~35 亿元，亏损规模排名行业第二位。

动漫行业预告净利润合计亏损 13.78 亿 ~16.24 亿元，较 2019 年净利润（ –11.04 亿元）亏损幅度增加。4 家上市公司中奥飞娱乐、美盛文化预计分别亏损 4.35 亿 ~4.6 亿元、7.91 亿 ~9.47 亿元，二者均为首亏，其中奥飞娱乐主营业务方面主要受疫情影响，玩具业务成本上涨、毛利减少，影视项目进行成本摊销，非经常性损益主要包括投资损失 6000 万元以及计提爱乐游商誉等减值 1.9 亿元；＊ST 长动续亏 1.7 亿 ~2.3 亿元；祥源文化扭亏，预计实现净利润 1250 万 ~1800 万元，扭亏得益于公司降费提效、商誉减值规模大幅减少及子公司确认收入。

B.22

2020年中国传媒业资本运作报告

郭全中　郭凤娟*

摘　要：2020年，中国传媒业资本运作呈现如下特点：一是以上市公司为主体，腾讯、阿里巴巴等互联网巨头更是其中的主导力量；二是融资数量同比腰斩但融资金额同比大幅度增长；三是影视等传统传媒业务受到的冲击大而互联网业务高速成长；四是民营类影视上市公司引入国有实控人。

关键词：加速互联网化　二次上市　中国广电网络股份

一　中国传媒业资本市场发展背景

虽然受到新冠肺炎疫情的严重冲击，但中国经济仍然保持增长态势，资本市场不断完善，为传媒业资本运作营造了良好的外部环境。2020 年，中国传媒业呈现传统业务业绩大幅下滑而互联网业务业绩高速增长的冰火两重天状态，传媒业资本运作也充分体现了这一特点，互联网巨头成为传媒业资本运作的主导和主角。

中国资本市场实现了稳定、健康、可持续发展。第一，出台了一系列制度，制度创新力度大。一是新《中华人民共和国证券法》正式实施；二是 2020 年 8 月 24 日，首批创业板登记制度下的 18 家公司在资本市场亮相，创

---

* 郭全中，中共中央党校（国家行政学院）文史教研部高级经济师；郭凤娟，北京资产评估协会中级人力资源管理师。

业板交易新规同时出现；三是沪深证券交易所集体下发了《股票上市规则（征求意见稿）》《退市公司重新上市实施办法（征求意见稿）》等多个文件，在退市程序中取消了暂停上市和恢复上市，在金融退市标准中增加了金融退市综合指数，对整个资本市场意义重大。第二，公募基金全面繁荣。中国基金业协会数据显示，截至2020年10月末，公募基金资产净值达18.31万亿元，首次突破18万亿元大关，比2019年底的14.77万亿元增加3.54万亿元。第三，股票市场高速发展。截至2020年12月10日，A股IPO公司数量达到357家，IPO募集资金规模达到4392亿元，同比增长81%。第四，资本市场分化严重。一是防疫成为2020年上半年A股的关键词；二是一切皆可茅台化，牧原股份是“猪中茅台”，海天味业是“酱中茅台”，此外还有“纸茅台”“药茅台”“电茅台”等，这些都是各行各业的龙头股；三是芯片成为热点。中芯国际火速上市创造了A股上市速度的神话，中芯国际和寒武纪成为市场热点；四是新能源汽车市场或将成为中国资本市场的重要引擎，大量新股和牛股或将在这一市场诞生。

二　中国传媒业资本运营基本情况分析

2020年，中国传媒行业上市公司受累于业绩等因素，整体市值虽然超过1.8万亿元，但增速却出现了下降，远远低于整体市场表现。在资本运作方面，虽然融资数量远低于2019年，但融资数额却远高于2019年，出现了中国广电网络股份公司正式成立、百度收购YY直播等重大资本运作事件，并出现了中概股到香港交易所二次上市等新热点。

1. 中国文化传媒行业上市公司市值过1.8万亿元

截至2020年12月31日，沪深两市累计共有4140家上市公司，总市值达79.72万亿元，同比增长34%。2020年，中国传媒板块的上市公司市值同比下降2.60%。据不完全统计，截至2020年12月30日，中国文化传媒行业172家上市企业总市值累计达1.82万亿元。其中，中公教育、分众传媒、芒果超媒市值位居前三（见表1）。

表1　2020年中国文化传媒行业上市公司市值TOP10

单位：亿元

排位	证券名称	市值
1	中公教育	2096.92
2	分众传媒	1423.75
3	芒果超媒	1249.65
4	三七互娱	655.64
5	完美世界	572.48
6	世纪华通	522.42
7	万达电影	387.03
8	光线传媒	350.57
9	巨人网络	349.21
10	吉比特	309.92

说明：市值统计截至2020年12月30日。

2. 投资数量下降但投融资金额上涨

根据IT桔子、天眼查等投融资数据机构的不完全统计，2020年，国内传媒行业共发生投融资事件315起，同比减少了319起，投资数量腰斩。但是，2020年的传媒业市场融资金额为1081亿元，同比2019年的829亿元大幅增长30.4%。

3. 出现了中国广电网络股份公司成立等重大事件

第一，中国广电网络股份公司成立。2020年9月24日，中国广电网络股份有限公司正式成立，引入了国网信息通信产业集团（投资100亿元）、阿里巴巴创投公司（投资100亿元）两家战略投资者，标志着中国有线电视网络"全国一网"取得了重大进展。此后，歌华有线的控股股东由北广传媒投资发展中心变更为中国广电网络股份有限公司，公司实际控制人由北京广播电视台变更为国务院。第二，百度斥36亿美元巨资收购YY直播。2020年11月，百度公司宣布，与欢聚集团签署最终约束性协议，以现金全资收购欢聚集团国内直播业务（即"YY直播"），总交易金额约为36亿美元。

4. 港交所成为IPO新热点

2020年，据不完全统计，传媒业有11家公司成功实现IPO。在上市地点上，港交所成为首选，有 7 家选择港交所上市，有 3 家选择纳斯达克上市，有 1 家选择新交所上市（见表 2、表 3）。2021 年，快手科技在港交所上市。在未来一段时间内港交所会成为内地科技公司上市的重要选择。在上市公司所属行业方面，网络游戏和影视娱乐成为重点，对应行业分别有 4 家公司上市。此外，2020 年，四川新闻网的上市申请获批，将成为继人民网、新华网之后国内第三家在主板或创业板上市的新闻网站。2021 年 2 月 4 日，证监会发审委审核通过浙江出版传媒上交所主板 IPO 的申请。

表 2　2020 年港交所和新交所上市的传媒企业

上市时间	股票名称	上市地点	所属行业
2020. 3. 13	煜盛文化	港交所	影视娱乐
2020. 3. 15	九尊互娱	港交所	网络游戏
2020. 6. 22	力天影业	港交所	影视娱乐
2020. 7. 15	华夏视听	港交所	影视娱乐
2020. 7. 15	新娱科控股	港交所	网络游戏
2020. 7. 15	祖龙娱乐	港交所	网络游戏
2020. 9. 23	乐享互动	港交所	网络游戏
2020. 12. 18	长信传媒	新交所	影视娱乐

资料来源：根据上市公司相关资料整理。

2020 年，在美国纳斯达克上市的传媒企业有 3 家，分别是荔枝、蓝城兄弟和一起教育科技（见表 3）。

表 3　2020 年纳斯达克上市的传媒企业

单位：万美元

上市时间	股票名称	上市地点	募资总额
2020. 1. 17	荔枝	纳斯达克	4510
2020. 7. 08	蓝城兄弟	纳斯达克	8480
2020. 12. 04	一起教育科技	纳斯达克	33000

资料来源：根据上市公司相关资料整理。

5. 中概股到港交所二次上市成为新热点

继阿里巴巴于2019年在港股挂牌上市后，2020年，瑞幸咖啡财务造假事件重创中概股，互联网巨头开始加速回流，京东和网易纷纷在港交所进行二次上市，而进入2021年，百度、哔哩哔哩等中概股也纷纷到港交所进行二次上市。这也是继2016年分众传媒、奇虎360等中概股回归国内资本市场之后的第二次回流。此外，中概股新浪也已经完成私有化。

6. 传媒类上市公司积极进行资本运作

第一，国有资本入主民营上市公司。由于财务困难，一些民营上市公司引入国有资产，有些实现了实质控制人的转变。一是连续亏损3年的唐德影视易主浙江广电。2020年是唐德影视连续亏损的第三年，其年报显示，公司2020年的总营收为1.99亿元，亏损7880万元。二是亏损超10亿元的鹿港文化易主浙江文投，并更名为浙文影业。截至2020年年底，鹿港文化公司实现营收16.92亿元，亏损10.2亿元。三是中文传媒收购全通教育。中文传媒将通过二次股份转让而成为全通教育的实际控制人。四是浙数文化控股＊ST罗顿。

第二，芒果超媒引入阿里创投。2020年，芒果超媒拟通过公开征集受让方的方式协议转让其持有的公司5.26%的股权，而阿里创投将出资62亿元成为第二大股东，这有利于加深构建内容竞争的“护城河”。

第三，广电网络行业上市公司资本运作活跃。一是华数传媒收购浙江华数、宁波华数。二是湖北广电网络募集资金。根据湖北广电网络发布的公告，湖北拟非公开发行不超过18.45亿元的募集资金。

7. 其他资本运作

第一，中国文化产业投资母基金成立。2020年11月18日，中国文化产业投资母基金在北京正式成立，基金由中宣部和财政部共同发起设立，目标规模500亿元，首期已募集资金317亿元。

第二，在线教育成为资本新热点。新冠肺炎疫情极大地加速了在线教育的发展，Fastdata数据显示，2020年有超过500亿元资金流入在线教育行业，较2019年增加了5倍。2020年3月，猿辅导获得了高瓴资本、腾讯、博裕资本和IDG资本的10亿美元投资，打破了在线教育行业的融资记录；10月，猿辅导又完成一轮22亿美元的融资。2020年6月，作业帮获得7.5亿美元的融资，领头者有方源资本、Tiger Global等机构；12月28日，作业帮完成新一轮融资，金额超16亿美元，投资者包括阿里巴巴、老虎基金、红杉、软银、方源资本等新老股东。2020年11月，K12教育供给平台爱学习教育集团获得来自GIC、华平投资等近2亿美元的投资。同月，创新型科技教育公司高思教育也获得了由新加坡政府投资公司领投、华平投资跟投的2亿美元投资。

三　互联网巨头成为传媒业投融资的主导者

在传媒业资本运作中，互联网巨头已经成为主导和核心力量。互联网在成功打造核心平台和业务的基础上，不断通过投资、收购等方式来扩大自身的新媒体版图，补足自身的短板和不足，打造形态更为完整、规模更为巨大的生态系统。IT桔子数据显示，2020年，7家互联网巨头在传媒领域共投了111家公司。

第一，腾讯投资最多，获益最大。2020年，腾讯共投资了48家传媒公司，占总投资157家公司的30.57%，尤其是有3家传媒公司投资了2次（见表4）。其中，游戏、电竞公司有29家，占比60.42%，大幅度超过前几年，而且投资了8家海外游戏公司。

表4　2020年腾讯传媒产业投资版图

序号	时间	公司	领域	轮次	金额
1	2020.1.8	Platinum games(日本)	游戏	战略投资	未披露
2	2020.1.22	Funcom(挪威)	游戏	收购	1.48亿美元
3	2020.2.1	Yager(德国)	游戏	战略投资	未披露
4	2020.2.12	Skydance Media(美国)	影视	战略投资	2.75亿美元

续表

序号	时间	公司	领域	轮次	金额
5	2020. 2. 13	B 站	视频	IPO 后	未披露
6	2020. 2. 27	Roblox(美国)	游戏	F 轮	1. 5 亿美元
7	2020. 4. 3	虎牙直播	游戏直播	并购	2. 63 亿美元
8	2020. 4. 27	瑞迪欧音乐库	音乐	战略投资	未披露
9	2020. 4. 30	安盾网	知识产权	战略投资	未披露
10	2020. 5. 6	Pratilipi(印度)	网文	C 轮	7. 07 亿卢比
11	2020. 5. 25	茄子快传	工具软件	战略投资	未披露
12	2020. 5. 25	Marvelous(日本)	游戏	战略投资	未披露
13	2020. 5. 30	华纳音乐	音乐	战略投资	2 亿美元
14	2020. 6. 3	Bohemia Interactive(捷克)	游戏	战略投资	2. 6 美元
15	2020. 6. 10	凡帕斯	游戏	战略投资	数千万元
16	2020. 6. 25	Iflix(马来西亚)	流媒体	收购	数千万美元
17	2020. 7. 4	华纳音乐	音乐	IPO	22. 9 亿美元
18	2020. 7. 4	华谊兄弟	影视	IPO 后	22. 9 亿元
19	2020. 8. 10	百漫文化	动漫	收购	数千万元
20	2020. 8. 11	虎牙直播	游戏直播	IPO 上市	8. 1 亿美元
21	2020. 8. 18	Voodoo(法国)	游戏	战略投资	未披露
22	2020. 9. 4	Gaana(印度)	流媒体	战略投资	30 亿卢比
23	2020. 9. 4	乐游科技控股	游戏	收购	15 亿美元
24	2020. 9. 9	VUE Video	短视频编辑	收购	5000 万美元
25	2020. 9. 22	动视云科技	游戏	A 轮	7800 万元
26	2020. 10. 10	紫月格格	游戏	战略投资	未披露
27	2020. 10. 21	小鹅通	知识付费	C 轮	未披露
28	2020. 10. 23	Convert Lab	数字营销	战略投资	未披露
29	2020. 10. 26	元趣娱乐	游戏	战略投资	未披露
30	2020. 10. 26	英雄体育	电竞	B 轮	1 亿美元
31	2020. 10. 29	星合互娱	游戏	战略投资	未披露
32	2020. 11. 1	Lockwood(英国)	游戏	战略投资	2500 万美元
33	2020. 11. 2	花园文化	动漫	战略投资	未披露
34	2020. 11. 3	纳仕游戏	游戏	战略投资	数千万元
35	2020. 11. 5	暖域科技	游戏	战略投资	未披露
36	2020. 11. 20	无端科技	游戏	战略投资	数千万元
37	2020. 11. 20	Wave VR(美国)	虚拟演唱会	战略投资	未披露
38	2020. 11. 24	MAX 电竞	游戏	战略投资	未披露

续表

序号	时间	公司	领域	轮次	金额
39	2020. 11. 25	七号笔迹	游戏	战略投资	数千万元
40	2020. 11. 25	水果糖	游戏	战略投资	4464 万元
41	2020. 11. 30	Convert Lab	数字营销	B 轮	1 亿元
42	2020. 11. 30	环球音乐集团(美国)	音乐	战略投资	30 亿欧元
43	2020. 11. 30	网元圣唐	游戏	战略投资	未披露
44	2020. 12. 1	澜梦网络	游戏	战略投资	未披露
45	2020. 12. 2	阿佩吉	动漫	战略投资	未披露
46	2020. 12. 4	钛核网络	游戏	战略投资	未披露
47	2020. 12. 8	炎央文化	游戏	战略投资	未披露
48	2020. 12. 14	拱顶石游戏	游戏	战略投资	未披露
49	2020. 12. 19	环球音乐集团(美国)	音乐	战略投资	未披露
50	2020. 12. 30	鹿游网络	游戏	战略投资	2400 万元
51	2020. 12. 31	JTBC(韩国)	媒体	战略投资	24 亿元

资料来源：根据天眼查、IT 桔子资料整理。

腾讯通过投资，不仅进一步挖深了其“护城河”，而且投资收益甚丰。The Information 的数据显示，腾讯 2020 年对大约 100 家上市公司少数股权的未实现收益高达 1200 亿美元，包括前述约 100 家上市公司在内，腾讯大约对 1200 家上市公司持股，市值达到 2800 亿美元。

第二，B 站投资了 24 家传媒公司。起家于二次元的 B 站近年不断破圈，通过加速投资布局，拓展自己的内容库和完善自身的生态系统。2020 年投资了 24 家传媒公司，而 2019 年、2018 年分别只投了 5 家、17 家。可以看出，B 站的投资主要集中在二次元领域，包括 4 家动漫内容制作公司、3 家二次元游戏研发公司、3 家电竞 MCN，以及解决游戏制作绘画需求的约稿平台“米画师”等（见表 5）。

表 5　2020 年 B 站传媒产业投资版图

序号	时间	公司	领域	轮次	金额
1	2020. 3. 26	无锋科技	MCN	A 轮	数千万元
2	2020. 4. 14	有度文化	动漫	Pre－A 轮	数千万元

续表

序号	时间	公司	领域	轮次	金额
3	2020. 5. 14	米画师	游戏	A 轮	数千万元
4	2020. 5. 18	掌派科技	二次元游戏	战略投资	数千万元
5	2020. 6. 14	千跃网络	游戏	B 轮	数千万元
6	2020. 7. 10	Lategra	XR 和数字虚拟表演	战略投资	未披露
7	2020. 8. 16	Access!	二次元游戏	天使轮	未披露
8	2020. 8. 17	影之月	游戏	战略投资	数千万元
9	2020. 8. 18	ACTOYS	动漫	并购	未披露
10	2020. 8. 27	时之砂	游戏	战略投资	未披露
11	2020. 8. 31	欢喜传媒	影视	IPO 后	5. 13 亿港元
12	2020. 9. 11	猫之日	二次元游戏	战略投资	数千万元
13	2020. 9. 17	体重小本	工具软件	天使轮	未披露
14	2020. 9. 18	Pinta Studios	动漫	战略投资	未披露
15	2020. 9. 24	光焰网络	游戏	天使轮	未披露
16	2020. 10. 26	Versa	工具软件	B 轮	数千万美元
17	2020. 10. 29	就有了光	短视频 MCN	天使轮	数千万元
18	2020. 11. 10	汉卿传媒	MCN	战略投资	未披露
19	2020. 11. 19	青藤文化	短视频 MCN	战略投资	1000 万元
20	2020. 12. 14	瞳蒲文化	动漫	战略投资	数千万元
21	2020. 12. 17	叁月半文化	电竞 MCN	战略投资	未披露
22	2020. 12. 23	大鹅文化	电竞 MCN	战略投资	未披露
23	2020. 12. 25	小象大鹅	电竞 MCN	战略投资	亿元以上
24	2020. 12. 31	口袋宝宝	工具软件	战略投资	未披露

资料来源：根据天眼查、IT 桔子资料整理。

第三，字节跳动投资了 14 家公司。2020 年，字节跳动在传媒产业共投资了 14 家公司，主要集中于网文和游戏公司领域。在网文领域，共投资了鼎甜文化、九库文学网、秀闻科技、掌阅科技及塔读文学 5 家网文公司；在网络游戏领域，共投资了神罗互娱等 4 家公司，在游戏领域的布局可见一斑（见表 6）。

表6　2020年字节跳动传媒产业投资版图

序号	时间	公司	领域	轮次	金额
1	2020.2.11	风马牛传媒	MCN	战略投资	未披露
2	2020.3.12	泰洋川禾	艺人经纪	B轮	1.8亿元
3	2020.4.21	Dailyhunt(印度)	媒体	F轮	2350万美元
4	2020.4.30	中视鸣达	艺人经纪	A轮	未披露
5	2020.6.04	秀闻科技	网络文学	战略投资	未披露
6	2020.6.15	Ohayoo	游戏	并购	未披露
7	2020.6.30	鼎甜文化	网络文学	战略投资	未披露
8	2020.7.20	塔读文学	网络文学	战略投资	数千万元
9	2020.8.21	MYBO	游戏	战略投资	数千万元
10	2020.9.22	九库文学网	网络文学	A轮	数千万元
11	2020.9.30	智慧大狗	影视	战略投资	未披露
12	2020.10.13	有爱互动	游戏	战略投资	未披露
13	2020.11.5	掌阅科技	网络文学	战略投资	11亿元
14	2020.11.25	神罗互娱	游戏	战略投资	数千万元

资料来源：根据天眼查、IT桔子资料整理。

第四，阿里巴巴投资了5家传媒公司。2020年，阿里巴巴只投资了5家传媒公司，为历年最少，其在2019年、2018年分别投资了9家、11家。虽然投资公司数量少，但是投资金额并不低，其中出资100亿元战略投资中国广电，并以62亿元受让芒果超媒5.26%股份，成为该公司的第二大股东（见表7）。

表7　2020年阿里巴巴传媒产业投资版图

序号	时间	公司	领域	轮次	金额
1	2020.6.23	衢州新闻网	媒体	战略投资	数千万元
2	2020.7	华谊兄弟	影视	IPO上市后	22.9亿元
3	2020.8	耐飞影视	影视	战略投资	未披露
4	2020.9.24	中国广电	广电网络	战略投资	100亿元
5	2020.11.7	芒果超媒	影视	IPO上市后	62亿元

资料来源：根据天眼查、IT桔子资料整理。

第五，快手投资了9家传媒公司。2020年，快手积极布局游戏等产业，共投资了9家传媒公司，其中7家和游戏有关（见表8）。快手游戏负责人唐宇煜提供的数据显示：截至2020年5月，快手的游戏直播月活跃用户已经超过2.2亿人，游戏短视频月活跃用户突破3亿人。

表8　2020年快手传媒产业投资版图

序号	时间	公司	领域	轮次	金额
1	2020.3.13	赛瑞思动	游戏	并购	未披露
2	2020.4.13	王牌互娱	游戏	天使轮	数百万元
3	2020.5.25	茄子快传	工具软件	战略投资	未披露
4	2020.5.31	Owlii	VR	并购	未披露
5	2020.8.24	KS.YTG电竞俱乐部	电竞	并购	未披露
6	2020.10.26	英雄体育	电竞	B轮	1亿美元
7	2020.12.4	小象互娱	游戏直播	战略投资	未披露
8	2020.12.10	犀牛互动	游戏	战略投资	未披露
9	2020.12.25	小象大鹅	电竞MCN	战略投资	亿元以上

资料来源：根据天眼查、IT桔子资料整理。

第六，小米积极布局传媒业。2020年小米共投资了7家传媒公司，在音频、影视、广告营销、游戏、直播等领域均有涉猎，投资公司包括聚匠星辰、新湃传媒、蜻蜓FM等，重点是紧密围绕小米自身的硬件产品布局内容领域（见表9）。

表9　2020年小米传媒产业投资版图

序号	时间	公司	领域	轮次	金额
1	2020.3.6	蜻蜓FM	音频	战略投资	亿元及以上
2	2020.5.13	新湃传媒	影视	B轮	数千万元
3	2020.8.17	游奇网络	游戏	战略投资	数千万元
4	2020.9.8	华视网聚	媒体	战略投资	未透露
5	2020.11.12	聚匠星辰	MCN/直播	Pre-A轮	数千万元
6	2020.11.18	金玩科技	游戏	战略投资	未披露
7	2020.12.7	云想数科	广告营销	基石轮	3900万美元

资料来源：根据天眼查、IT桔子资料整理。

第七，百度仅投资 4 家传媒公司但金额最大。2020 年，百度投资了 4 家传媒公司，但以 36 亿美元收购欢聚集团的 YY 直播是百度史上最大手笔的一起收购，也是2020 年传媒业领域最大的一笔投资（见表 10）。

表 10　2020 年百度传媒产业投资版图

序号	时间	公司	领域	轮次	金额
1	2020. 1. 6	新潮传媒	广告营销	股权融资	未披露
2	2020. 3. 18	掌阅科技	网络文学	战略投资	7 亿元
3	2020. 9. 19	牧云文化	短视频 MCN	天使轮	未披露
4	2020. 11. 17	YY 直播	直播	并购	36 亿美元

资料来源：根据天眼查、IT 桔子资料整理。

B.23
5G的发展与在传媒领域的应用

付玉辉*

摘　要：　从5G标准明确到5G正式商用，中国5G产业走过了颇不平凡的发展历程，并在全球处于领先位置，为社会经济高质量发展提供了强有力的支撑。在实践中，中国5G商用以来，融合应用创新快速起步，取得一系列标志性、阶段性成果。随着全媒体传播体系实践的进一步开展，5G技术在传媒业发展进程中的重要支撑作用日益明显。

关键词：　5G　全媒体传播　网络治理　传媒业

2021年为中国5G发展的关键之年，“十四五”规划明确要加快5G网络规模化部署、推动5G产业链发展，这意味着5G产业发展已被纳入国家战略框架体系。在信息技术推进中国社会经济发展的进程中，5G产业就扮演了这样的先导性角色。2015～2020年中国5G产业发展实现“从0到1”的突破，中国移动通信发展实现从并排跑到领跑的跨越。5G产业发展不仅是“十三五”期间中国信息通信产业发展的重要成果，也是“十四五”时期中国社会经济发展的必备要素。当前，中国5G产业发展在世界上处于领先位置。中国信息通信研究院预测，到2025年，依托于5G，中国信息消费

* 付玉辉，中晶环境品牌传播中心总经理，中晶研究院院长，原中国联通集团新闻处处长、中国联通集团新媒体运营中心主任。

规模累计将超过 8.3 万亿元，同时累计直接带动经济总产出约 10.1 万亿元。①

一 从并跑到领跑：中国5G 产业发展取得新进展

从5G 标准明确到5G 正式商用，中国5G 产业走过了颇不平凡的发展历程，并在全球处于领先位置，为中国社会经济高质量发展提供了强有力支撑。截至2021 年2 月23 日，中国累计建成约71.8 万个5G 基站，约占全球总量的70%，独立组网模式的5G 网络已覆盖全国所有地市，5G 终端连接数超2 亿个，在全球处于领先地位。② 与此同时，中国电信业提速降费进程的不断推进也为社会经济高质量发展创造了有利条件。

1. 互联网为移动通信发展提供了强大的应用平台和需求推动力

实践证明，移动互联网应用是发挥移动通信技术和网络作用的放大器。从3G 开始的移动通信技术，就在信息传播进程中发挥重要融合支撑作用。3G、4G、5G 技术和移动互联网的结合为信息传播带来深刻的影响。从互联网发展维度来看，在互联网从单一互联网到融合互联网的发展过程中信息传播的影响日益广泛深刻。最初的互联网其实是一种人际互联网，其后的物联网其实是一种物际互联网。当互联网具备连接人和物的互联能力之后，再加上5G 技术的融合应用，人际互联网、物际互联网、产业互联网等为包括传媒业在内的信息传播领域带来了新的发展可能和新的发展空间。

2. 移动传播最大限度地满足了人类对于传播自由的需求

移动传播已成为中国当前传播的主流形式。当前互联网传播的总体特征是移动互联网传播。人际互联网和物际互联网的移动性特征都极为明显。从移动通信技术到移动互联网应用，都赋予信息传播移动性的连接能力和应用能力。智能移动终端在5G 产业环境下将成为人—人、人—

① 王志勤、韦柳融：《5G 发展正当其时》，人民网，2021 年3 月23 日。

② 《我国已建成5G 基站超71.8 万个 业界倡议构建共生共享生态》，新华社新媒体，2021 年2 月24 日。

物、物—物之间的重要连接工具，并将为人类传播提供更丰富的智能应用和智慧服务。

3. 5G 发展实现了从并排跑到领跑的变化

中国在5G技术标准中占据了重要位置，其中，华为成为在5G技术标准中获得优势地位的、举世瞩目的一家企业。据统计，在全球5G标准必要专利声明中，中国企业的专利声明数以34%的占比居全球首位。截至2019年9月，在5G关键技术领域，全球范围内已公开专利申请总量为7万多项，其中，向中国提交的申请量为19334项，占比近1/3。① 这为中国5G产业领先奠定了重要基础。据介绍，5G后续国际标准的演进方向主要有三点：一是满足细分物联网的应用需求，为车联网、工业互联网、医疗、教育等场景及应用提供更精准的技术解决方案；二是支持6GHz等潜在中频段，探索支持更高工作频段，以100GHz为目标频段；三是与人工智能进行深度融合，通过人工智能技术提升5G网络效率，支持5G网络更高效地承载人工智能应用。② 可以期待，基于在5G技术标准方面的领先优势，中国在6G技术标准方面还可以争取保持领先优势。

4. 5G 产业在新基建框架下以稳健的速度推进网络建设

当前，新基建已经成为中国强化基础设施发展的重要抓手。从建设进度来看，中国已成为5G发展的领先国家。工信部数据显示，到2021年年底，中国千兆光纤网络具备覆盖2亿户家庭的能力，千兆宽带用户突破1000万户。5G网络基本实现县级以上区域、部分重点乡镇覆盖，预计新增60万个5G基站。③ 对于5G网络建设，工业和信息化部要求加快推动5G独立组网规模部署。2021年4月30日，为深入贯彻落实习近平总书记关于丰富5G技术应用场景的重要指示精神，大力推动5G应用发展，工业和信息化部起

① 贺勇、王昊男：《5G标准必要专利 中国拥有量居全球首位》，《人民日报》2019年11月24日。

② 王志勤、魏克军：《5G思考技术篇：5G基础标准可满足大多数应用需求》，人民网，2021年3月23日。

③ 《工信部：到今年年底新增5G基站超过60万个》，新华网，2021年3月26日。

草编制了《5G 应用“扬帆”行动计划（2021～2023 年）》，同时进一步听取社会各界意见，力求通过一系列切实行动推动 5G 技术应用场景的丰富化。① 有观点认为，5G 网络建设应坚持“宁可路等车，不能让车等路”的原则，以适度超前建设为原则，从而切实发挥网络基础设施的支撑功能。与此同时，6G 的研发试验也应及时推进，做好相关技术储备工作。

5. 信息产业发展经历由消费互联网向产业互联网的转变

中国明确了 5G 发展的产业应用方向，“构建基于 5G 的应用场景和产业生态，在智能交通、智慧物流、智慧能源、智慧医疗等重点领域开展试点示范”。② 在实践中，5G 已经在工业、交通、媒体、医疗、教育、旅游等多个领域展开了积极的探索和融合应用，例如全国有 1000 余个“5G＋工业互联网”在建项目，60 多家医院上线“5G＋远程会诊”，大型赛事、晚会等采用“5G＋高清视频”，其他如“5G＋远程教育”“5G＋自动驾驶”“5G＋智慧景区”等应用不断创新。③ 从发展的视角看，5G 产业将进一步推动消费互联网、产业互联网、可信互联网、价值互联网的演进、融合发展。与此同时，新冠肺炎疫情的全球蔓延和防控态势也在客观上促进了 5G 技术的应用和发展。

6. 从技术竞争、市场竞争到国家竞争的变化

从中兴、华为在 5G 市场全球竞争中的遭遇就可以看到这一点变化的实质性影响。中国在 5G 产业发展上的领先优势，在国际范围内产生了一系列连锁反应。比如，在连续遭美国三轮制裁之后，华为营业收入已连续两个季度出现负增长。2021 年 4 月 28 日，华为投资控股有限公司向上海清算所提交 2021 年第一季度财报，实现营业收入 1500.57 亿元，同比减少 16.9%；归属于母公司净利润为 168.5 亿元，同比增加 27%。2021 年 5 月 4 日，印

① 《公开征求对〈5G 应用“扬帆”行动计划（2021～2023 年）〉的意见》，中国政府网，2021 年 5 月 1 日。

② 《中华人民共和国国民经济和社会发展第十四个五年规划和 2035 年远景目标纲要》，工业和信息化部网，2021 年 3 月 13 日。

③ 《5G 融合应用创新取得积极进展》，工业和信息化部网，2021 年 1 月 11 日。

度政府宣布，允许电信业务运营商与爱立信、诺基亚、三星等电信设备供应商进行5G试验，但中国企业华为以及中兴却被排除在外。这表明，5G/6G的发展已引起全世界多个国家和地区的高度关注，5G/6G技术竞争及其引发的市场、经济、政治冲突，进一步凸显了其作为移动通信和信息基础设施国际竞争制高点的特殊性。可以预测，5G/6G技术和产业领域的激烈竞争在全球范围内还将进一步深化和持续。

二　从媒体融合到智慧全媒体传播体系：5G产业赋予传媒业发展新动能

1. 5G技术推动了从媒体融合到全媒体传播的发展

媒体融合是一个长期的发展趋势，全媒体发展是一个长期的发展方向。在5G传播背景之下，全媒体的概念得到了更为深刻、更为系统的阐释。以全媒体方式进行传播所形成的信息传播业态和生态发生了深刻的变化。全媒体业态和生态成为一个依托5G传播网络，面向所有传播主体提供所有传播服务的一个庞大的传播系统。换言之，5G技术和产业不应孤立地为传媒业的内容传播提供技术、网络、终端、场景的支持，而应该在面向社会公众提供应用和服务方面做出更多的尝试和拓展。比如，新华社和中国移动双方围绕5G加强合作，依托“新华社媒体融合生产技术与系统国家重点实验室”和移动“5G+”计划，打造“5G+融媒体示范基地”，并在新华社智能化编辑部创新探索的基础上，深化构建以主流算法为核心的智能化技术体系，推进智能化工具在新闻策划、采集、编辑、反馈等全流程应用，进一步探索智能化编辑部新模式和标准。① 就媒体融合发展而言，新型主流媒体遇到的最大障碍已然不是技术和渠道，而是内容和服务与市场需求之间的不匹配。而内容和服务的不足，则亟待以全媒体传播体系构建的逻辑加以完善和推进。5G技术和产业发展为智慧全媒体传播体系的建构提供了支撑，将有效

① 高亢：《新华社与中国移动携手探索5G融媒体领域创新》，新华网，2020年12月31日。

扩大传媒业的服务形态和服务版图。

2. 5G技术推动了从图文传播到视频传播、全息传播、全域传播等的变化

从信息传播发展来看，全媒体传播要具有支撑全程媒体、全息媒体、全员媒体和全效媒体的能力，这是全媒体传播的主要功能。5G技术的广泛应用，将信息传播以及全媒体传播推进到一个新的发展阶段。5G技术不是一项孤立的传播技术，而是一项具有广泛融合性的基础性技术。在5G的网络平台之上，大数据、云计算、物联网、人工智能、区块链、工业互联网等技术都可以得到充分的应用，从而为各种信息传播主体开拓传播关系、构建传播场景、开展传播活动创造了前所未有的传播环境。在5G技术和网络环境下，网络视频直播已经在很大程度上重组了传媒业的产业形态和产业结构。在5G技术的助力下，超清视频时代已经被开启。随着5G技术的不断成熟和6G技术的研发实验，网络视频直播以及超高清视频群聊等方式的传播效应还将进一步强化。

3. 5G技术推动了从内容传播到关系传播、场景传播的融合转变

随着全媒体传播体系理论的进一步完善以及全媒体传播体系实践的进一步开展，5G技术在传媒业发展进程中所具有的重要支撑作用日益明显。在全媒体传播体系建设、运用进程中，全媒体传播技术总体上形成了一个涵盖网络层、技术层、应用层、信息层、服务层的金字塔式技术架构，体现大传播、大服务、大连接、大治理、大支撑的技术功能，满足了全媒体“四全媒体”传播的总体需求，构建了开放、创新、融合、动态、立体的全媒体传播体系的技术体系，为全媒体传播体系提供了有效、快捷、持续、稳定、全面、立体的技术支撑。而5G技术的大规模商用，进一步推动了信息传播领域的内部融合和外部融合，进一步推动了信息传播领域和垂直应用领域的融合，进一步推动了国内和国际的传播融合，使信息传播领域的各种有形、无形的传播边界被打破，进一步释放了传播能量，进一步繁荣了传播活动。在传媒业运用5G技术的过程中，两会是一个重要的展示窗口，各大媒体、平台推出了5G形式的报道，利用前沿技术可完成直播中信息采集、处理、传输等整套流程。

三　从5G 到6G：中国移动通信技术发展明确新趋势

一般而言，移动通信技术的更新换代通常以 10 年为一个发展周期。"加快 5G 网络规模化部署，用户普及率提高到 56%，推广升级千兆光纤网络；前瞻布局 6G 网络技术储备。"① 这表明在 2021 年至 2025 年乃至 2035 年这个发展阶段，5G 网络是发展的重点，6G 网络是技术储备的重点。当前，对于 6G 发展的远景、应用场景、关键技术指标体系、技术路线、网络技术、网络架构、毫米波技术、太赫兹技术、可见光通信技术、5G/6G 空天地一体化网络解决方案的探讨已经渐次展开。

从移动技术发展趋势维度来看，5G/6G 产业发展将推动人类传播从智能传播向智慧传播演进。5G 是移动通信发展的一个阶段，与 4G 相比，5G 在重要性能指标上均有明显改进。但 5G 并非无所不能的万能灵药，其在技术性能上的不足之处将有待于通过 6G 发展来加以完善和弥补。对于 5G 发展，社会上一直存在各种声音。但是客观来看，5G 的发展对消费领域和产业领域的发展都具有重要价值，不能有所偏废。6G 技术的出现将使移动通信技术取得新的进步，信息传播环境和传播场景将发生新的变化。5G/6G 产业发展为人类传播所带来的重要启示是：移动通信未来将向着技术指标高性能化、网络覆盖立体化、多重技术融合化、业务需求人本化、传播服务智慧化等维度继续发展。

从传媒业发展趋势维度来看，5G/6G 产业发展将为以媒体融合和智慧全媒体传播体系建设为重点的传媒业发展提供前所未有的新动能。网络接入方式的变化将为传媒业传播模式创新和传播生态创新提供更多可能性。例如 6G 网络覆盖范围的变化，将为传媒业传播范围和传播领域发展带来更多突破；6G 网络性能的优化将为传媒业发展提供更为快速、可靠、泛在的传播

---

① 《中华人民共和国国民经济和社会发展第十四个五年规划和 2035 年远景目标纲要》，新华社，2021 年 3 月 13 日。

服务体验；6G网络智能化程度的变化，将进一步推进传媒业智能化传播能力的提升和智慧化传播场景的建构；从网络服务边界看，6G的网络服务边界将从物理世界延伸至虚拟世界，网络服务边界的融合将为传媒业发展提供前所未有的广阔空间，使传媒业服务遍及更为丰富的传播场景之中。

从人类传播发展趋势的维度来看，移动通信技术将推动人类传播以鲜明的代际演进为标志不断向前发展，并为全球治理体系和治理能力现代化提供有力支持。信息传播技术的创新发展是人类传播发展的重要驱动力。随着包括移动通信技术在内的信息传播技术的发展，人类传播将出现传播主体凸显化、传播意念网络化、传播媒介虚拟化、传播屏幕虚拟化、传播连接泛在化、传播网络泛在化、传播技术智能化、传播服务智慧化等特征。人类传播的中心节点是人，万物互联和万物智能所提供内容、关系、场景、治理等服务的指向是人。新一代移动通信技术及其融合应用的发展，能够从技术、应用、治理等层面为人类提供更大的传播自由、传播赋权、传播赋能，但同时也为人类传播伦理带来新挑战。面对未来传播和未来媒体，如何把握技术、伦理、治理之间的平衡，如何运用的理性、智慧、规则来把握、引领、规范人类传播的历史进程，对于人类来说，将是一个重要考验。

B.24
互联网平台反垄断浪潮的进程与拐点

方兴东　钟祥铭　徐忠良*

摘　要：2020年掀起的全球性互联网平台反垄断浪潮，结束了互联网长期自由放松式发展、对其实行包容审慎监管的现状，使之进入新的强化监管阶段，并将导向多元协同的治理阶段。这个历史性的拐点既是对长期以来互联网平台单向度垄断并滥用数字空间权力的一次大调整和再重构，同时也是中美欧共同迈向数字时代，展开的一场基于各自制度创新能力与制度构建的比拼与博弈。2020年，随着新冠肺炎疫情的全球暴发，互联网作为社会的关键基础设施，深度嵌入人类社会各阶层。面对更加复杂的"技术+制度"的多重权力结构和社会进程，当前的这场风暴将直接决定整个人类数字时代的未来进程和发展图景。

关键词：平台　反垄断　互联网治理　数字经济

2020年中美欧几乎同时掀起互联网平台反垄断浪潮，这并非偶然，而是互联网发展的必然。尤其是互联网开始深入社会，驱动社会发展和治理，开始重构人类社会生活、经济与政治，乃至国际秩序。互联网已成为人类进入数字时代的关键社会基础设施。过去长期主导着这些新型基础设施的互联

* 方兴东，浙江大学融媒体研究中心副主任，浙江大学社会治理研究院首席专家、研究员；钟祥铭，浙江传媒学院互联网与社会研究院助理研究员；徐忠良，浙江传媒学院互联网与社会研究院常务副院长，编审。

网超级平台必须从过去纯粹商业主导的“黑匣子”中走出来，主动或被动地走向平台开放、数据共享和权力制衡。

一　2020~2021年互联网平台反垄断主要进展

2020 年的美国总统大选最终以拜登入主白宫为结局。无论是拜登还是特朗普，尽管双方政见截然不同，但是他们难得在一件事情上的意见非常一致：针对互联网超级平台展开反垄断。拜登 2021 年 3 月邀请哥伦比亚大学法学教授吴修铭（Timothy Wu）加入国家经济委员会，担任科技和竞争政策方面的特别助理，又邀请专攻反垄断法的教授莉娜·汗（Lina Khan）进入美国联邦贸易委员会。这两位学者都一向主张强化反垄断，甚至主张分拆 Facebook、Amazon 等互联网平台。拜登很快完成了强大的反垄断团队的组建，开启了美国高科技历史上大致 20 年一个周期的反垄断进程。

近来一直引领全球互联网反垄断的欧盟，开始一改前几年大开罚单的方式，进入了更加体系化构建制度的新阶段。2020 年 12 月 15 日，欧盟公布了《数字市场法》和《数字服务法》两项草案，将以事后处罚为重点的反垄断执法转向了以新的“守门人”标准为基础的事前规制互联网平台的全新范式，引领了全球互联网反垄断的范式转变。当然，要将两个草案真正形成法案并付诸实施，还将面临多方政治力量的激烈博弈。

中国虽然在互联网反垄断方面属于新手，但是随着互联网发展引发的诸多问题和社会风险逐渐暴发，借助中国政府强大的组织和动员能力，中国在反垄断领域体现出迅捷、高效的制度优势。2020 年 10 月 24 日，马云在外滩的发言中，抨击全球金融体系制度是“一个老年人俱乐部”，为这场反垄断浪潮提供了很好的导火索。2020 年 12 月 11 日，中共中央政治局经济工作会议将“强化反垄断和防止资本无序扩张”列为工作重点。2021 年 2 月 2 日晚间，字节跳动旗下的抖音宣布，已在法院向腾讯提起反垄断诉讼。2 月 7 日，国务院反垄断委员会正式发布《国务院反垄断委员会关于平台经济领域的反垄断指南》。3 月 5 日，李克强总理在 2021 年政府工作报告中指出，强化反垄断和防止资本无序扩张，坚决维护公平竞争的市场环境。3 月 15 日下午，习近平总书记主持召开中央财经委员会第九次会议，再次强调把握平台经济发展规律，强化反垄断和防止资本无序扩张。4 月 10 日，国家市场监督管理总局对阿里巴巴在国内网络零售平台服务市场实施“二选一”的垄断行为处以 182.28 亿元巨额罚款，刷新纪录。4 月 22 日，全国市场监管系统反垄断工作会议指出，2020 年是反垄断具有标志性意义的一年，2021 是反垄断“大年”。随后 4 月 26 日，市场监管总局官网发布消息称，根据举报，将依法对美团实施“二选一”等涉嫌垄断行为立案调查，此举将反垄断引向深入。

而放眼全球范围，互联网超级平台与政府和社会之间博弈与冲突的张力不断冲击新的底线。2020 年 11 月，谷歌机密文件曝光，提议对抗欧盟强硬新规则，以“激进计划”针对反垄断官员，直言不讳地写道：“要破坏欧洲人认为这两个法案没有成本的想法，让大家相信这些法案大大限制了互联网的发展。”2021 年 1 月 6 日，特朗普支持者借助社交媒体的动员能力，在美国国会大厦制造了震惊世界的暴力冲击事件，造成 4 人死亡。1 月 8 日，推特宣布永久性封杀特朗普账号，美国总统“社会性死亡”，引发国际社会强烈反响，争议也趋于激化。1 月 22 日，谷歌威胁澳大利亚政府，将关闭其搜索服务，以抵制因为抓取媒体网页内容而需要向新闻内容付费的规定。2 月 8 日，据特斯拉 SEC 文件，特斯拉已买入价值 15 亿美元的比特币，并宣布用比特币购车，此举无疑开始挑战主权货币的主导性地位。2 月 17 日，脸书宣布屏蔽澳大利亚所有媒体的新闻内容，同时还限制该国用户分享和获取海外新闻的权限。2 月 23 日，脸书宣布将解除针对澳洲的新闻封禁，因为澳政府妥协，将对此前通过的新法进行修订。4 月 30 日，欧盟正式对苹果发起反垄断诉讼，这是欧盟首次对苹果公司提起反垄断诉讼，这可能导致苹果公司被处以相当于其全球营收 10% 的罚款。

互联网超级平台作为现代社会第一个超越国家主权的非国家行为体，成为这一轮新冠肺炎疫情的最大受益者。显然，这一轮全球平台反垄断的本质不仅是经济问题，也是政治问题。平台与政府的博弈不仅是利益问题，还有深层次的政治权力问题。[①] 有学者认为，本轮全球反垄断竞争的背后是一种制度竞争。政府对企业的反垄断不能仅依靠反垄断手段（罚款和拆分等），而需要对垄断资本进行直接干预和遏制，这也是相较于美国，中国制度的优势所在。

二　中国互联网反垄断演进

20 世纪 80 年代末，人类信息中只有大概 1% 是数字化的。到 2000 年，已经大概有 1/4 信息是数字化的，而到 2007 年这一数据已经提升到 94%，到 2014 年提升至 99%。今天，99.99% 以上的人类信息已经数字化，数字时代已经名副其实。

到了今天，商业力量已经绝对主导了网络空间。虽然现在全球网民已达 50 亿人，但是数字空间的权力并没有真正平衡。一是“网民无权”，网民在网络空间基本没有权利，权利缺乏基本保障。二是主权国家的政府目前在网络空间缺失基本的技术能力，而传统的治理能力没有有效深入网络空间，形成事实上的治理缺失。所以，作为私营企业的平台单向度垄断了整个空间、所有数据，与传统社会“政府—企业—社会”相对平衡的三元权力结构不同，网络空间中商业力量一家独大。权力因缺乏基本制约而造成严重失衡，滥用成为必然。这就是我们这一场全球性反垄断风暴的根源所在。

中国互联网平台垄断问题，有与欧美类似的共性，也有自己的特殊性。放眼中国互联网发展整个历程，大致有几个重要的节点。在 2010 年之前，中国互联网是自由竞争阶段，2010 年是个拐点，当时互联网普及率大概达到 30%，互联网公司市值到了千亿级，此时暴发了“3Q”大战。2010 年之后进入垄断竞争阶段，此时主要是移动互联网进入爆发期，BAT 三强基本垄断了整个互联网。接着，2016 年是另一个拐点，网民数量超过总人口的一半，移动互联网走向成熟，并且深入社会。整个社会联结度大大提升，中

① 方兴东、钟祥铭：《互联网平台反垄断的本质与对策》，《现代出版》2021 年第 2 期。

国互联网进入了一个与欧美不同的特殊阶段，我们可以称为“公共俘获”阶段。这是不同于欧美的地方。中国互联网巨头不但垄断了市场和商业，更强势渗透、介入很多公共领域，实施以控制为手段、以商业利益为目的的“俘获”。

过去5年，互联网垄断问题日趋恶化，各种滥用行为不断激化。但是，几乎没有媒体真正批评BAT，5年之前一些著名媒体还会报道和批评百度、腾讯和阿里巴巴。但是，过去5年媒体却集体销声了，形成了十分明显的“媒体俘获”现象。还有更严重的学术界的“学术俘获”，以及监管部门不作为的“监管俘获”。这类“公共俘获”现象在反垄断和电子商务等领域最为深入，这些领域自然也是重灾区。所以，很奇怪的是，过去这5年，基本没什么专家学者发声倡言反垄断。或者直到今天，依然没有太多专家能够强有力地发声。对这些公共领域的操作和控制，即便政府都难以达到如此程度。显然，这完全超越了企业的本分和边界。所以，透过现象看本质，这一场反垄断的本质不仅仅是经济问题，更是政治问题；并不仅仅是利益问题，更是权力问题。

因此，这一轮平台反垄断的本质就是重构数字时代的权力体系，在数字空间中重新平衡政府、社会和企业的权力结构。我们不能指望这一过程一蹴而就：超级平台反垄断之路注定是艰难而曲折的，本质上这是国家权力与平台权力的第一次全面博弈，影响长远，不能期望速胜。

三　平台的本质与平台反垄断的本质

2020年是人类社会真正从工业时代到数字时代的转折点。因为疫情，数字空间变成了我们的主要生活空间，深度主导了人类生活和社会。这也是为什么中美欧在2020年会同时掀起互联网平台反垄断浪潮。因为在时代的切换中，社会权力结构发生了根本性的变化。过去维系社会秩序和国际秩序的国家主权在新的数字时代遭遇了前所未有的挑战，这就是反垄断背后的核心基础。

超级平台因为实际掌控的海量用户、实时数据和巨额交易，已经大大超越了传统跨国公司的实力与能力，成为人类有史以来最强大的超国界与超主权的新型非国家行为体。① 超级平台事实上已经掌控超越国家权力的能力：超越国家的社会动员能力、超越国家的个人和社会数据收集能力，具有很多突破国家治理的基础条件。

当然，平台本质的属性是商业企业，谋求利益最大化是其主要驱动力，挑战社会秩序和国家秩序不是其内在诉求。所以，平时超级平台不会轻易显示和施展其掌控的实际能力和权力，但难以保证在突发情况或者非常时期中冲击甚至颠覆社会和国家秩序。

目前国家（无论欧美还是中国）都不具备驾驭和驯服超级平台的制度体系，不具备在非常时期和紧急状态中确保安全的技术能力。仅仅依靠经济法中的《反垄断法》也远不足以解决问题，而技术与传播是理解的基础。

四　逐步完成从执法到治理的范式转变

从 2020 年开始，互联网将会真正进入多方数字治理阶段。所谓治理，就是多方协同治理，所谓多方，并不是一个说辞，而是每一方都要有权力、有能力、有动力，这样才能形成一个真正良性的治理架构。在制度建设方面，欧洲为世界各国提供了“抄作业”的很好范本。除了互联网反垄断丰富的实践经验，欧洲 3 年前出台的《通用数据保护条例》（GDPR），可以说是网民在网络空间中的“独立宣言”，第一次真正意义上在网络空间确立了网民的基本权益，引发世界各国的借鉴和跟随。包括中国已经完成二审，将在 2021 年正式公布的《个人信息保护法》，也在很多方面参照了欧洲的 GDPR。通过立法保障网民的各项权利，可以使网民真正成为数字治理的重要一极。即便美国，也面临制度上的困境，而美国人也认识到欧洲的制度具有借鉴意义。

---

① 方兴东：《促进我国平台经济健康发展》，《人民邮电》2021 年 3 月 19 日。

欧盟推出的《数字市场法》草案是一个更具开创性的制度突破。草案将互联网平台划分出不同的层次，从中介到平台到“守门人”，他们把重点放在“守门人”的治理上。“守门人”被定义为活跃用户数量超过欧盟人口10%的超级网络平台。通过对“守门人”赋予18项义务，迫使平台开放数据，重构平台权力。我们还可以定义更高一档的“超级守门人”，那就是活跃用户数量超过全球人口10%的网络平台。这些超级网络平台的一举一动完全可以影响整个国际秩序。

《数字市场法》带来了整个网络治理的范式转变。《反垄断法》很有用，但是它只能通过个案的事后处罚做些补救，却无法解决数据问题、“公共俘获”问题以及很多深层次的结构问题。《数字市场法》最大的意义在于开创了真正意义上的治理新范式，社会、政府、平台都有能力和权力，从而形成相互协同和制衡的机制。其重心在于将反垄断的事后监督前移到真正事前的常态化治理之中。

中国除了强化行业自律、监管部门约谈和行政处罚等措施之外，也将加快立法的进程。除了《反垄断法》的修订工作，中国版的《数字市场法》也将正式颁布。面对从未有过的复杂的治理挑战，各种举措多管齐下，从而形成有效治理的新局面，无论对于网民与社会，对于国家发展，还是对互联网企业稳定健康的发展，这都是必经之路。

总之，欧洲作为全球网络空间规范、规则和行动的引领者，与美国在互联网创新和超级网络平台的全球领先，以及中国作为全球唯一10亿级网民大规模同时在线的单一市场，形成了全球网络空间美、中、欧各具优势的三足鼎立之势。

五　全球影响、中国对策与未来趋势

中国虽然是反垄断的后来者，但是从2020年年底开始，一系列的反垄断举措充分发挥了体制优势，促进了全球反垄断的整体进程。尤其是在《反垄断法》未完成修订之前，多管齐下，高效率、高速度、多层次、多部委的联手行动已经展示了反垄断的决心和成效。政府一旦意识到问题，认清了问题，就可以充分发挥动员能力、组织能力和制度创新能力的独特优势，迅速占据全球反垄断的制高点。

首先，我们在发挥自己优势的同时，更需要立足全球视野，充分吸收和学习全球的经验，尤其是要了解欧洲在平台治理方面的最新制度进程。制度本身是公共物品，“抄作业”完全是值得鼓励的。其次，在中国，除了解决互联网平台的规范与竞争问题，更需要解决更加隐蔽但危害更加深入的“公共俘获”问题。要进一步强化企业责任，明晰企业边界，并完善相关法律制度，设立红线。再次，多管齐下。无论是新范式还是老范式，不管是从行为方面还是从结构方面出发的反垄断举措，都需要多管齐下，才有可能更好地解决问题。

从互联网发展进程来看，前 25 年是科学逻辑主导，过去的 25 年是商业逻辑主导。接下来将开启新的历史时期，那就是治理逻辑将成为主导。一方面，政府将强势回归，全面介入数字空间。另一方面，科学逻辑、商业逻辑和治理逻辑这三种逻辑各有侧重、各有长短，唯有形成有机平衡，互联网才能健康发展，真正成为人类的福祉，我们的数字时代才有保障。任何一项权力如果失去制衡，都可能走向反面，甚至变成灾难。

B.25

2020年中国广播融媒体市场发展现状及趋势

黄学平 *

摘　要：　2020年，受新冠肺炎疫情影响，广播这一传统收听端的收听总量出现萎缩，但是随着传统广播与新媒体的深度融合，各级广播电台构建的融媒体传播矩阵均已成型，广播在融媒体领域深耕多年的成果逐渐显现，尤其在特殊时期，广播作为主流媒体的权威性愈发凸显，云端传播力大幅提升，为下一步广播融媒体产品的变现奠定了扎实的基础。

关键词：　广播融媒体　媒体转型　MCN

一　广播融媒体发展现状

1. 2020年全国广播频率融媒体云端累计点击量过百亿次

数据显示，2020 年全国广播融媒体云端累计点击量为 115.04 亿次，较 2019 年增长 12.09 亿次，同比增幅达 11.7%。疫情下，广播融媒体凭借其传播平台多样化、资讯快捷性、新闻权威性等优势获得了越来越多线上用户的青睐，传播影响力明显提升。

综观移动智能收听在各区域的热度，东部沿海及华北经济发达地区的智

* 黄学平，赛立信媒介研究有限公司总裁。

能收听热度较高，广东地区用户在广播融媒体云端的累计点击量达 13.37 亿次，为全国之首，其次是江苏（7.11 亿次）、河北（7.06 亿次）、上海（6.84 亿次）和北京（5.60 亿次），累计点击量均超过 5 亿次。

2. 特殊时期更显媒体权威性，央广和省级电台的云端传播力大幅提升

2020 年新冠肺炎疫情暴发之初，中央广播电视总台（以下简称“央广”）和省级电台第一时间反应，成为疫情防控宣传的主力军。作为广播融媒体发展的先行者，除了线下的特别节目直播，两级电台还借助移动互联网平台进行“两微一端 + N”的矩阵传播，在融媒体平台传播上率先发力，通过打造疫情防控系列专栏、开设抗疫前线直播间等，成功吸引了大批粉丝。

数据显示，2020 年，央广和省级电台融媒体平台的累计点击量达 82.27 亿次，市场份额达 71.51%。与 2019 年相比，央广和省级电台融媒体平台的点击量均是 3 亿多次的增长量。疫情暴发初期，央广和省级电台的权威性更为凸显，在武汉封城开始的一个月内，央广和省级电台融媒体平台的点击量累计过 5 亿次，同比增幅达 102.8%。

中国之声、环球资讯广播和经济之声是央广点击量领先的频率，全年点击量均超 5 亿次。中国之声的点击量是 16.87 亿次，同比增加 4.1 亿次，在新冠肺炎疫情暴发初期一个月（2020 年 1 月 24 日 ~2020 年 2 月 23 日）内的点击量达 1.42 亿次，同比增幅达 56.6%。在这段时间，央广点击量同比增幅较大的频率还有中国交通广播和环球资讯广播，增幅分别是 47.4%、46.0%。

近年省级电台在融媒体发展中不遗余力，在融媒体云端积聚众多的用户，2020 年云端点击量最大的省级电台为上海电台和广东电台，全年累计点击量均超过 6 亿次。另外，河北电台、北京电台、江苏电台和浙江电台 2020 年的点击量也都达到 2 亿次以上，同样有着强劲的云传播影响力（见图 1）。

比较各类频率在融媒体平台的云听表现，2020 年，新闻频率的云听表现依然优异，以近 50 亿次的点击量远超其他各类频率，音乐和交通频率次

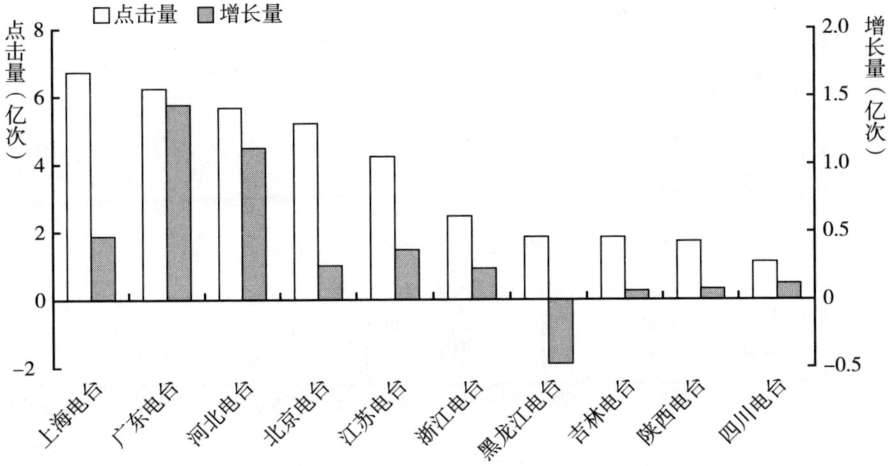

图1　2020年省级电台云端点击量TOP10及其点击增长量

资料来源：赛立信广播融媒体云传播效果数据，2019～2020年。

之，点击量均接近20亿次，以点击量来计算，三类频率在线上云听市场占据超过70%的市场份额。经济频率的点击量同比提升达2.70亿次，主要是源于全球经济下行的情况下人们对于投资理财的兴趣及投入有所提升。文艺类、都市生活类、音乐类、私家车类等娱乐休闲类频率点击量同比均出现了不同程度的下滑（见图2），主要是频率在2020年2～4月疫情期间点击量明显减少之故。

3. 广播媒体在“两微一条”的影响力不断提升

随着移动互联网的发展，广播借助“两微一条”① 等公域平台传递资讯、推送自制的融媒体产品，不断扩大广播融媒体产品的传播渠道。经过多年的耕耘努力，广播媒体在这些平台上的影响力也在不断提升。除了央广，省级电台的表现尤为亮眼，2020年省级电台在“两微一条”的传播力愈发强劲，相关指标均有大幅度增长（见表1）。

① “两微一条”指微信、微博、今日头条。

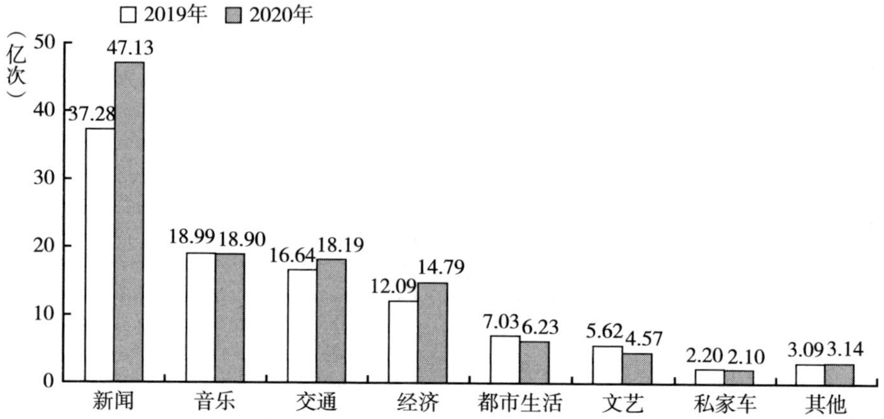

图 2　2019～2020 年全国各类频率的云端累计点击量变化

资料来源：赛立信广播融媒体云传播效果数据，2019～2020 年。

表 1　2019～2020 年全国省级电台“两微一条”的传播效果

单位：亿人次，%

客户端	指标	2019 年	2020 年	同比增幅
微信	累计阅读量	16.22	27.36	68.7
	在看量	0.05	0.08	60.0
微博	交互量	0.14	0.17	21.4
今日头条	累计阅读量	31.78	99.42	212.8
	互动量	0.34	1.25	267.6

资料来源：赛立信广播融媒体云传播效果数据，2019～2020 年。

对比各地区省级电台微信公众号的传播效果，华东地区是综合表现最突出的地区，该地区的省级电台在三大平台获得的关注度与互动量均远高于其他片区：微信平台上在看量高达 438.96 万人次，累计阅读量超过 13 亿人次，同比增幅 65.5%；在微博平台的互动量达 915.9 万人次，同比增加超过 24 万人次，华东地区省级电台的用户黏性与互动热度均高于其他地区的省级电台；在头条端，华东地区省级电台头条号视频及推文的累计阅读量高达 55.9 亿人次，互动量达 7678 万人次。

随着广播媒体在“两微一条”的传播力不断加强，爆款量日益增长。综观三个平台的爆款，我们可以发现以下特点。

第一，在微信平台，交通频率的影响力较大，在监测的400多个频率中，62个频率有爆款文章，其中过半是交通频率的公众号，爆款推文量达5396篇，占比达95.8%，杭州交通918、FM93交通之声爆款文章过千篇，安徽交通广播、河北交通广播、黑龙江交通广播、江苏交通广播网、新疆949交通广播的爆款文章均过300篇。

第二，音乐频率在微博平台的互动较为活跃，动感101、广东电台的音乐之声的一些话题都引起了较为强烈的互动。其中动感101互动量过万的话题全年超过100个。

第三，交通频率在头条号平台的传播力也相当不错，80个常规监测头条号中，拥有较多爆款的头条号多属于交通频率，楚天交通广播以近1500个爆款居首位，江苏交通广播、山东交通广播、浙江城市之声、金鹰955的爆款超过300个。此外，一些省级新闻频率的头条号表现也相当不错，如福建新闻广播FM1036、浙江之声、湖北之声、吉林之声，爆款量均超过300个。广播媒体不只体现声音的魅力，视频也受到不少网络用户的热捧，在头条号上，超过70%的爆款均是小视频或者直播，说明广播多样化的融媒体产品在用户中具有较强的影响力。

二　广播融媒体资源变现的探索

1. 广电机构MCN化转型尝试

在各级广播融媒体矩阵均逐步发展成型的同时，广播融媒体的盈利转换也成为新课题。近年来，主流媒体入局MCN成为一种新趋势，数家省级以上广电机构MCN运营较为成功。如中央级媒体凭借其雄厚的财力与实力，基于“5G+4K/8K+AI”等新技术，推出总台综合性视听新媒体旗舰平台“央视频”与“云听”，其中“云听”已拥有超过3000万用户，汇聚全国各地主要省市地方台广播频率节目800余路；广东融媒体中心则充分利用自身积累的丰厚内容资源与人才资源，以广东广电 MCN 机构为核心，开展以内容策划、生产和传播为主要业务形态的运营，并建立工作室制度，开发台内主持、记者资源，建立形成一批具有强大原创能力的队伍，孵化具有服务性、实用性和用户黏性的垂直类新媒体品牌 IP。

在实现盈利转化方面，广播媒体则倾向于活用自身作为主流媒体所具备的线下影响力、传播力及内容资源等，以融媒体内容创作、MCN 化运营为引，实现线下线上用户资源的整合变现。如河北广电 MCN 通过其组建的全国广播融媒营销合伙人平台，联合全国各地各级多家广电媒体资源，利用行业已搭建的多元化电商变现渠道制定新媒体电商平台营销推广方案，将传统听众向电商平台商城导流，实现变现；江苏广播研发“融媒体音视频产品”，对受众进行细分，借助融媒体直播矩阵在线上线下各平台同步开展活动，获得社会与经济双效益。

2.“直播带货”热潮下的电台盈利新模式

“直播带货”的火热为广播电台发展带来了新机遇，赛立信在 2020 年 4 月所做的“关于直播带货”系列调查数据显示，有超过 35% 的广播用户一周会有 4 天观看带货直播，广播入局“直播带货”初具基础，且在直播带货的实际尝试中，取得良好成果的广播电台也不在少数。如珠江经济台与华南国美开展了“520 为爱拼了”这一直播活动，3 个小时内所获得的直播销售额将近 6000 万元。

各地电台的直播带货活动多不胜数，为 2020 年广播经营增色不少。但是对商业化优势较低、区域化特点鲜明的广播电台而言，在对直播带货的盈利探索上仍有着不小的阻力。目前，广播直播带货更多是发挥媒体的本地化特色，如推出的助力复工复产类直播带货，或邀请乡县领导为家乡农产品代言的直播带货等，而对直播带货需具备的整个生产、物流、售后流程不甚熟练，要想通过直播带货真正实现用户资源变现仍需不断探索。未来，以构建融媒体传播矩阵为支撑，借鉴电商化运营模式，对线上线下用户资源重新整合，或将成为广播电台实现融媒体发展变现的新道路。

3. 电台自建平台变现途径仍待突破

广播电台融媒体矩阵中重要的“一端”——电台自建App客户端，近年来仍发展缓慢。究其原因，电台自建平台始终存在两大问题，其一是难以摆脱自身的区域局限、资源局限，能够吸引的流量有限，也就导致平台流量变现能力弱；其二是多数地方广播电台内容资源不足，只能对自身精品内容进行深耕，不足以吸引用户付费。因此，许多广播电台花费人力与技术搭建的客户端始终停留在“表现平平”乃至“入不敷出”的状态，无法实现盈利，甚至因运营、维护成本高而产生亏损。

目前，部分电台自建客户端尝试建立会员制的盈利方式，如上海动感101通过对会员提供专属内容、活动优先参与、电台商品专享优惠等特权，吸引用户为会员制付费；一些交通广播App会员，付费观看行经线路的实时通行情况。但借会员制实现用户资源变现的方式，首先要求电台客户端拥有一定的用户基础与内容资源，其次还需拥有会员权益策划能力、会员制度运营能力等，这对多数广播电台而言并非易事。自建平台的会员制度仅能作为一个流量变现途径参考，想要建立长久的用户资源增长、培养与变现循环体系，仍需从流量引进与内容聚合等基本层次展开探索。

三　广播融媒体发展趋势

广播媒体“两微一端一条”的传播矩阵已成雏形并且传播逐渐常态化，“中央厨房”模式广泛应用，融媒体中心得到进一步推广，广电主流媒体的融合运营模式已经成形。“十四五”之际，广电的融媒体发展步子将会迈得更大，未来发展主要呈以下趋势。

第一，打造全媒体生态系统，挖掘与延伸融媒体价值链。随着智众时代的到来，媒体融合在渠道、平台、经营、产品等方面纵向稳步推进的基础上，转化为系统、服务生态融合的大开大合，打造新的全媒体生态系统。[①]

① 胡正荣：《媒体融合与智慧全媒体生态系统》，《中国有线电视》2019年第7期。

媒体融合的下半场是“智慧广电”，在互联网业态发展中，建立智慧全媒体生态体系，实现资源云端化、内容垂直化、服务场景化和产业智能化。套用互联网思维：以媒体用户数据为核心，一个内容、多种产品形式、多个分发平台，为用户提供深度的延伸服务，实现媒体的智慧化和场景化转型。

第二，融媒体呈区域化发展，实现当地媒体体系的全盘激活。2018 年以来，河南、湖南、浙江、陕西等全国多个省市吹响了建立县级融媒体中心的号角，县级融媒体中心建设进入高潮。经过多年的打造，县区基层的媒体融合成为新阵地，涌现出多家成功的县级融媒体中心，在先进信息技术的支撑下，打破各部门资源分散、各自为政的壁垒，以服务当地人民为宗旨，建立“内容 + 政务 + 服务”的智慧全媒体平台，打通各地媒体融合的“最后一公里”、连接群众和基层治理的“最后一公里”，全面盘活当地的媒体体系。而广播媒体凭借着本地化下沉的特点，与县级融媒体中心鲜明的区域化特点相结合，更能够发挥出自身媒体的潜能。

第三，重新构建广播融媒影响力评估体系。随着媒体融合下半场的到来，广播媒体传播力价值已经不仅仅体现在线下的收听规模上，线上的引流、用户盘活、用户互动等也同样体现广播融媒体在各分发平台的传播影响力。基于此，广播融媒体传播力的评估要打通线下线上数据，从规模、黏性、互动、活跃等多角度、多平台的数据全面综合评估广播融媒体传播力，体现广播融媒体的真实价值。

B.26

2020年短视频全渠道转化能力研究报告

宋妍妍*

摘　要： 近年来，在数字化爆发式发展的驱动下，品牌日益加大在数字媒体上的广告投放，同时要求投放效果可量化。品牌利用抖音、西瓜视频的巨量引擎平台，致力于从广告到生意的全局演进，将其商业化能力延伸至全链路，构建新营销增长模型。巨量引擎营销科学度量团队与凯度消费者指数（在中国隶属于央视市场研究）深度合作，从消费者全渠道转化的角度，度量巨量引擎短视频平台价值。研究发现，抖音的平台价值不仅体现在高月活量、高黏性上，更体现在对年轻买者的触达和转化上，对全渠道老客、竞品买者的转化上，可有效促进消费升级。

关键词： 短视频　新营销　平台价值

中国的互联网内容平台环境变化异常迅速，以抖音为代表的字节跳动系短视频平台整体用户规模始终保持两位数增长。在数字化爆发性发展的驱动下，品牌日益加大在数字媒体上的广告投放，同时要求投放效果可量化。品牌利用抖音、西瓜视频的巨量引擎平台，致力于从广告到生意的全局演进，将其商业化能力延伸至全链路，构建新营销增长模型。如何更加全面、深入、公正地评估巨量引擎短视频广告价值成为品牌关注的焦点。互联网平台

---

* 宋妍妍，凯度消费者指数媒介产品总监。

的价值不仅仅体现在对消费者触达的广度上，更体现在与细分消费者的沟通深度，尤其是对消费者购买行为的影响上，即销售转化。“品效合一”成为众多品牌媒体广告投放追求的目标。

销售转化不应仅体现在电商的短期转化上，而应立足于全渠道、长期的营销转化上，从而全面展示平台的营销价值。中国电商市场近年来发展迅速，从整体销售额来看，其渠道份额占整个快速消费品市场的20%以上。尤其对于快速消费品而言，完整地评估全渠道层面上的转化是一个重要课题，也是建立长期、系统的评估体系的关键。巨量引擎营销科学度量团队与凯度消费者指数深度合作，从消费者全渠道转化的角度，展示巨量引擎短视频平台价值。凯度消费者指数为了全面评估短视频广告对于品牌转化的提升价值，对部分品牌的历史广告投放案例进行研究，包括美妆类、白酒类、日化类品牌等。

凯度消费者指数连续监测中国市场购买者的行为变化，研究其全渠道购买行为间的联系，包含所有的线下渠道和各种类型的电商平台，同时包括促销影响，从而精准定义消费者对品类的购买行为和对品牌的忠诚度。凯度消费者指数对消费者购买行为的研究覆盖食品、饮料、个护、美妆、母婴等多个大类。与此同时，凯度消费者指数打通同一样本户的媒体使用、平台偏好、广告曝光等行为，实现从同源消费者的维度打通广告曝光和购买行为间的联系，精准建模、量化从广告到购买转化的“品效合一”研究。在此研究方法上，凯度消费者指数应用了消费者媒介影响力模型，即根据看到广告的曝光组买者的家庭形态、历史购物行为，选取与之匹配的未看到广告的控制组。在曝光组（看过广告）和控制组（未看过广告）广告活动前行为一致的情况下，比较广告活动中二者的行为变化，量化广告曝光对买者购买行为的影响。①

① 文中统计指标：转化率 = 购买分析期间品牌买者/广告投放期间到达整体；转化率指数 = 实验组转化率/控制组转化率；曝光组 = 看到广告人群；控制组 = 未看到广告的、与曝光组家庭形态及广告活动之前一年购物行为等类似的人群。

一　巨量引擎短视频矩阵中，抖音用户的全渠道用户画像

抖音已成为中国城镇用户月活跃度较高且使用时间较长的平台之一。根据凯度消费者指数对家庭主购者移动端行为的追踪来看，约六成中国城镇家庭主购者每月使用抖音，用户月活量与在线视频（包括以长视频形态为主的爱奇艺、腾讯视频、优酷等）整体的月活量相当。从使用时长上看，中国城镇家庭主购者抖音月使用时长为在线视频整体使用时长的2.4倍，黏性极强。抖音已成为中国城镇家庭购买决策者使用的主要平台之一。

抖音广告可以有效帮助品牌实现对年轻家庭的触达和转化，有效触达全渠道品类老客，促进消费升级。以本次研究的白酒品类为例，抖音用户有更高比例的白酒全渠道品类老客，比在线视频高8%；并且抖音用户的品类老客比在线视频用户的品类老客在白酒品类上的花费高7%，抖音广告可以帮助白酒品牌更高效触达品牌潜客，尤其是有消费升级机会的潜客。在本次对日化类产品牙膏买者人群研究中也发现，抖音用户比在线视频用户有更多比例的牙膏品类购买决策人群；购买天然成分牙膏的买者在抖音的目标人群浓度比在线视频高7个百分点，抖音广告可以帮助牙膏品牌高效触达追求天然成分的潜客。抖音用户购买的美白护肤品更加高端，抖音美妆买者在美白护肤品上的购买单价比在线视频高6%，抖音广告可以帮助美妆品牌更高效触达品类升级人群，促进消费升级。

抖音用户在电商平台上购买白酒、日化、美妆类目产品的积极性更高，总体表现为更高比例的电商品类老客，且更“爱”在电商平台上买高端品牌。抖音用户在日化和白酒电商上购买者浓度高，并且在美妆、白酒、日化电商上购买的相关产品均更高端。

二　巨量引擎短视频广告帮助品牌高效转化全渠道买者

在本研究的实际投放案例中，与在线视频和传统媒体（户外和电视）

相比，巨量引擎短视频广告能够更高效地转化品牌的全渠道用户。巨量引擎短视频广告（包括抖音广告、今日头条广告、西瓜视频广告、抖音火山版广告）触达的购买者比其控制组（没有看到广告的购买者）的转化率提升38%，这不仅明显高于电视广告（比没看过电视广告的控制组提升14%）和户外广告（比没看过户外广告的控制组提升19%）的转化率，也显著高于在线视频广告的转化率（比没看过在线视频广告的控制组提升25%），如图1所示。

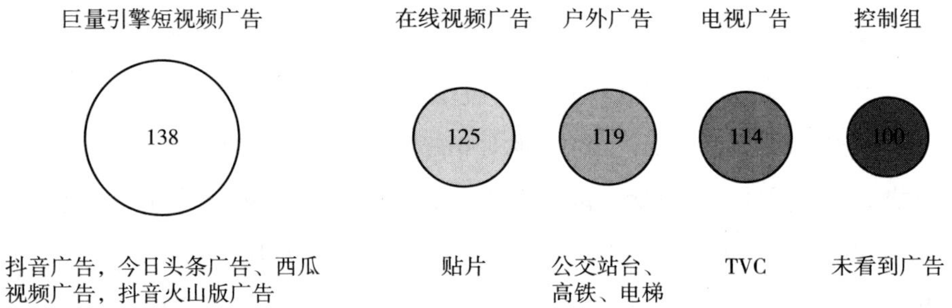

图1　平台广告转化率指数

说明：对比广告未曝光人群（控制组），未曝光人群转化率为100。

在分析参与本研究的3个品牌表现后发现，巨量引擎短视频广告在3个品牌案例中的表现均优于其他媒体广告。其中，抖音对品牌A全渠道消费者转化率提升高达64%，品牌B和C也分别有16%和21%的提升。巨量引擎在不同短视频平台扮演的角色也不尽相同。抖音广告和今日头条广告可以有效转化全渠道购买者，今日头条广告还能有效提高买者的忠诚度。

巨量引擎短视频广告对买者中、长期转化和3次触达后持续转化效果突出。从广告长期转化效果来看，巨量引擎短视频广告人群在中期和长期的购买转化率上相比在线视频广告仍然保持优势，其中抖音在12周转化效果最佳。从不同频次的转化效果看，抖音广告与在线视频广告相比，在3次触达之后的转化率显著提升（见图2）。

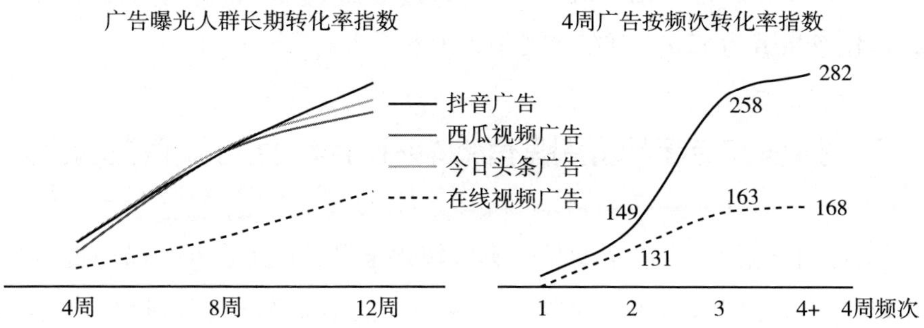

图 2　广告投放转化指数

相较于在线视频广告，抖音广告的优势还体现在对年轻人群和不同城市级别的转化效果上。相较于在线视频广告，抖音广告能更有效转化品牌活动计划的核心目标人群，即 18～34 岁的消费者，其中对主要购买人群，即 25～34岁消费者的转化效果最好（见图 3）。

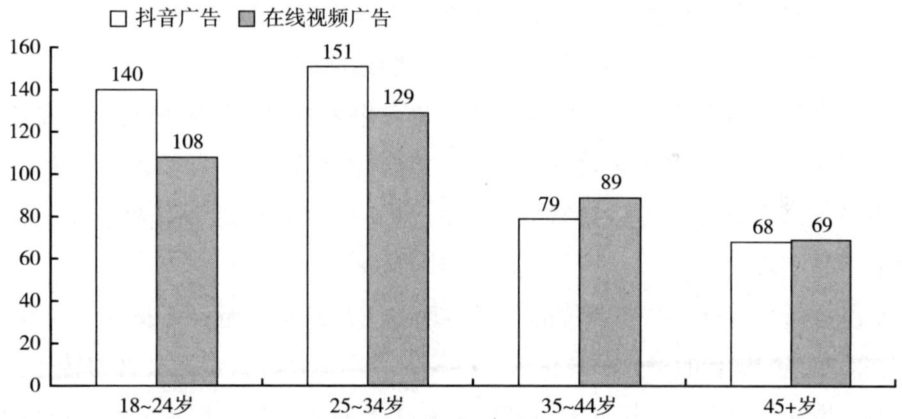

图 3　广告曝光人群转化率指数对比（抖音广告 vs 在线视频广告）

说明：以在线视频转化率为 100。

抖音广告在各城市级别转化效果上均高于在线视频广告，尤其对上线和下线城市转化效果均较为突出。在上线城市，抖音广告转化率指数为 110，远高于在线视频广告转化率指数（84）；抖音在下线城市的转化效果同样突出，转化率指数为120，而在线视频为106。

三　抖音广告帮助品牌有效转化全渠道购买者的案例

抖音广告为什么可以帮助品牌有效转化全渠道购买者？可以通过两个案例予以说明。品牌A在品类重要销售期间，通过跨媒体广告投放，与品牌核心增长人群沟通，以期实现销售增量，促进竞品人群转化。该品牌通过抖音标签投放，更精准定位核心增长人群，其核心目标人群TA浓度[①]高于在线视频8个百分点（抖音广告曝光人群TA浓度为54%，在线视频广告曝光人群TA浓度为46%）；通过抖音触达的购买者的产品购买平均单价比没看过广告的控制组高10%，助力品牌实现消费升级；同时，对品牌竞品购买者转化的效率比没看过广告的控制组高48%，有效促进竞品人群转化。

品牌B在新品推广期间，通过抖音人群标签投放，定位年轻、高端购买人群，与新品潜客沟通，推动品牌年轻化。从抖音触达的目标人群来看，对比未曝光的控制组，其品类年轻购买者触达浓度高46个百分点，品类高端购买者触达浓度高4个百分点。从转化效果来看，对比未曝光的控制组，抖音对年轻购买者的转化效率高53%，对巩固品牌忠诚购买者的效率高5个百分点。由此可见，抖音有效帮助品牌B更精准触达高商业意向人群，并有效地实现转化。

综上所述，抖音的平台价值不仅体现在用户高月活量、高黏性上，更体现在对年轻购买者的触达和转化上，以及对全渠道老客、竞品买者的转化上，可有效推动消费升级。抖音本身拥有更高比例的电商高端购买人群，可以助力广告主与更高端的电商用户沟通。与在线视频广告和传统媒体广告相比，抖音广告可更有效地实现全渠道的销售转化，其转化率提升可高达64%；抖音广告在3次触达之后的转化率显著提升，且其长期转化率保持优势。

① TA浓度＝品牌核心增长买者（即年轻品类买者）/所有品类买者。

结　语

在互联网流量见顶的新常态下，内容平台面临流量变现以及变现后帮助品牌实现短期、长期增量转化的压力。站在短视频风口，拥有高日活量、高黏性的抖音，已经明确将“短视频＋电商”模式提升至公司级战略层面。“内容＋电商”模式并非抖音首创，但抖音入局后，已经向外界展示了其快速攻城略地的能力，将“种草”和“拔草”的周期进一步缩短。如何进一步全面评估“内容＋电商”的模式，在与消费者沟通中短视频究竟扮演什么角色，品牌如何实现短期转化与长期增长的协同，将会是凯度消费者接下来重点研究的主题。

B.27

2020年新营销环境下的中国媒体广告市场

龙思薇　黄升民　陈苏城*

摘　要：在全新的市场、媒介、渠道、2B+2C互联网技术等各要素重塑的新营销环境下，中国媒体广告市场呈现出一系列新的特点。广告主的广告投放存在一定的品类波动，在营销目标的制定和策略的执行上更加强调"营销一体"。媒体方面，互联网广告收入全面领先，效果广告增长明显，媒体的广告服务呈现出融合化、产品化的特点，智能终端凭借场景价值正在崛起。广告代理机构加速调整以适应市场的变化，传统代理机构加速转型，新型的代理机构不断涌现，用整合+数字化的工具型服务，回应市场的需求。

关键词：新营销环境　营销一体　数字营销工具　场景价值

一　2020年新营销环境的变化和趋势

1. 消费市场：增量获客和存量活客的双重挑战

中国经济增速放缓和人口红利消退的趋势受到营销界高度关注，营销进入"增量获客"和"存量活客"的双轮时代。营销一方面追求收益

* 龙思薇，中国传媒大学广告学院助理研究员；黄升民，中国传媒大学资深教授，中国广告博物馆馆长；陈苏城，中国传媒大学广告学院博士研究生。

在短期内的迅速增长而重视流量、带货等；另一方面注重精细化经营，维系好与消费者的关系，在“增量获客”与“存量活客”之间进行平衡和取舍。

2. 传播新常态：媒体平台化与内容碎片化的聚散博弈

一方面，那些具有数亿用户规模的传播平台因信息的融合化、交互化构建出了超级平台化媒体的传播能力和竞争优势。另一方面，信息内容的创作、分发和消费却呈现出明显的碎片化特征，内容创作的门槛进一步降低，出现了大批普通创作者，也催生了服务于内容创作者的多渠道分发网络（MCN）、交易服务平台等第三方机构；无限的内容供应面前，用户的内容消费行为同样具有碎片化的特征。

3. 渠道新常态：多元化、社交化、智能化的结点运营

在新商业、新零售的浪潮下，渠道呈现出社交化、智能化、多元化的新常态（见表1），成为兼有品牌传播触点、销售转化售点功能的“结点”。营销者开始意识到，要提供全渠道、多样化的服务来满足消费者全新的购物需求，赋予渠道更强大的连接能力，实现更高效、更智能的传播触达和销售转化。

表1　新营销背景下渠道的发展特点及代表性应用

渠道多元化	快闪店、智慧门店、体验中心、沉浸空间、社交电商、小程序电商等
渠道社交化	直播带货、小程序分享、各类线上消费社群等
渠道智能化	数字标牌、购物扫码、自助终端、无人货柜、电子试衣间、智能定位与个性化信息推送等一系列智能应用

资料来源：根据调研访谈及互联网公开信息自行整理。

4. 互联网新常态：2C外向，2B内化，营销底层技术构建的重塑

互联网已经进入2C消费互联网+2B产业互联网并行发展的阶段，从人与人的连接拓展到物与人、物与物的万物互联的新阶段（见表2）。2C消费互联网是外化型的变革，营销层面需要以更直接的理念、更互动的手段与消费者进行沟通，而2B产业互联网则是内化型的变革，营销层面需要从内部

开始重塑，在产品服务、渠道建设、传播优化、销售运营等价值链的各个层面上进行数字化、工具化的改造，充分发挥互联网在生产要素配置中的优化和集成作用。

对新的营销转型升级而言，“互联网+”的基础要求是将技术作为营销底层的支撑系统。营销不能仅仅将互联网看作传播的通路、卖货的场地，而是需要将互联网背景下的大数据、云计算、人工智能等技术作为营销的底层基础，从内到外赋能营销的全流程，在用户洞察、公域和私域传播优化、渠道管理、销售转化、客户服务等各个环节提升效率，在新市场常态下创造更大价值。

表2　2C消费互联网、2B产业互联网代表性平台及产品

2C消费互联网	淘宝、京东、美团、滴滴、抖音等
2B产业互联网	甲骨文、AWS、阿里云、华为云、腾讯小程序等

资料来源：根据调研访谈及互联网公开信息自行整理。

二　2020年中国媒体广告市场的特点分析

虽然疫情冲击了2020年的经济发展，进而波及中国广告市场，但总体而言，受益于对疫情较快的控制，2020年中国广告花费超6262亿元，同比下跌2.8%，但远好于全球广告市场下跌11.8%的预期。①

1. 2020年广告主广告营销趋势及特点

（1）疫情影响下，品类的广告投放存在一定的波动

疫情环境下，消费者需求和心理等因素的变化让广告主的销售、服务和渠道投放方式出现了一定的变化，继而对广告主的媒体广告营销投入产生了影响，一些代表性品类的广告主在品牌营销、市场销售领域的支出费用变化如表3所示。根据已披露的2020年财报数据中各品类头部代表性品牌的市

① 群邑中国：《This Year，Next Year：China Mid－Year Forecast Report》，2020年8月10日。

场表现，笔者洞察到以下几个品类方面的特点：电商平台、互联网公司、在线教育平台的营销支出呈现较大幅度的增长；受特殊时期居民生活形态和海外市场的影响，汽车、家用电器行业在广告及媒体服务、销售方面的支出出现了较大幅度的缩减。

表3　2020年代表性品类广告主在品牌营销、市场销售领域的支出费用

单位：亿元，%

品类	品牌	类目	时间范畴	金额	同比变化
互联网、通信、在线教育	京东	营销支出	2020年1~9月	167.00	19.00
	阿里巴巴	销售和市场费用	2020年3~12月	520.00	46.00
	拼多多	销售和市场费用	2020年1~9月	264.00	47.00
	腾讯	销售及市场推广开支	2020年1~6月	148.00	65.00
	好未来	销售及营销费用	2019年3月~2020年2月	55.55	76.00
	中国移动	销售费用	2020年1~6月	313.50	-8.70
	小米	宣传及广告开支	2020年1~9月	32.15	76.00
汽车、家用电器	长城汽车	广告及媒体服务费	2020年1~6月	6.35	-23.80
	美的	销售费用	2020年1~9月	201.00	-27.00
	格力	销售费用(包括宣传推广费用)	2020年1~6月	52.00	-50.00
	步步高	销售费用	2020年1~9月	27.65	1.00
食品、药品	伊利	广告营销费	2020年1~6月	61.80	1.00
	上海医药	销售费用	2020年1~9月	93.20	-1.00
	双汇	广告宣传及促销费	2020年1~6月	2.90	11.00
	汤臣倍健	销售费用	2020年1~9月	9.90	-17.50
日化	宝洁	广告支出	2020年1~12月	475.96	7.00
	欧莱雅	广告及促销支出	2020年1~12月	668.41	-6.00
	联合利华	品牌及营销投资	2020年1~12月	—	全年增长1.6亿欧元

资料来源：根据企业公开数据整理。

（2）强调品牌宣传和销售转化的一体化，对“销”的需求显著增强

广告主加速数字化转型，重新统筹布局营销资源和要素，将品牌的宣传推广需求与促进产品销量的销售需求结合起来，打破传播、销售的界限，构建品牌与用户的高效连接，强调营销一体。超六成广告主会同时关注品牌型

和效果型指标。[①] 对于广告主而言，品牌宣传与产品销售并非对立，而是相辅相成。

具体到实操层面，主要有以下三点：一是通过对营销中内容物料的精细化管理，提高内容运营势能。二是构建“人立方”的创新模式，把握营销场域中丰富的“人”的资源，发挥不同角色的人在传播引导、利益扩散、话题裂变、销售转化等方面的作用。[②] 三是引入 DTC（Direct to Customer，直接面向消费者）的营销模式，“公域 + 私域”融合化运营，即用公域化的方式获得增量，用私域化的方式保证存量。

2. 2020年中国媒体机构广告营销趋势及特点

（1）互联网广告收入全面领先，“效果”广告增长明显

从不同媒体形态的广告份额来看，2020 年，中国互联网广告收入全面领先于电视、户外等媒体的广告收入。在经济增长前景相对较弱的情势下，企业尤其看重能够带来可见实效的广告形式，因此电商广告、社交媒体广告收入增长较快。传统电视的广告投放呈现出持续性的下跌，2020 年传统电视硬广投放预计同比减少 18.4%，[③] 但头部电视机构依然受到广告主看重。户外广告市场虽在艰难探索中，但随着更多品牌主将眼光投向新一线和二、三线市场，户外广告向低线城市推进的速度或将超出预期，成为未来市场的可能增长点。

（2）媒体的广告业务呈现出融合化、产品化的特点

随着广告主对销售转化需求的日益高涨、营销技术的日益智能化，媒体机构的广告业务呈现出融合化、产品化的两大趋势（见表4）。融合化方面，为了兼顾品牌传播、销售转化、关系链接等多重营销目的，媒体纷纷推出“品牌 + 内容 + 社交”的融合化广告产品。产品化方面，广告营销的实操需要完成投放优化、海量营销内容物料生产、直播、KOL 和 KOC 的选择、效果评估等多项细分任务，而每一项任务又面临着不同的选择、组合、优化、

① 艾瑞咨询：《中国网络广告市场年度洞察报告（2020 年）》，2020 年 7 月。

② 周艳、吴殿义：《新营销变革全景》，《媒介》2020 年 5 月。

③ 群邑中国：*This Year*，*Next Year*：*China Mid - Year Forecast Report*，2020 年 8 月 10 日。

测量的问题。因此，媒体正在不断发力，建设、优化智能化营销平台，提供可操作的数字化营销工具，提升广告营销的效率。

表4　2020年媒体机构的代表性广告业务动向

机构	时间	广告业务动向
湖南广电	2020年10月	将广告部升级为湖南卫视商业运营中心，与天娱广告合并运营，打造短视频、长视频、电商及城市商业体联盟
芒果TV	2020年	推出大芒计划2.0，打通UP主与制作人之间的通道。推出"KOLIP"模式，打通内容IP和带货
腾讯	2020年7月	整合投放端，推出一站式广告投放平台"腾讯AMS"
阿里巴巴	2020年8月	阿里妈妈发布全新营销矩阵
百度	2020年11月	百度营销发布"成长力引擎"，关注实效和长效营销
字节跳动	2020年8月	巨量引擎推出品效合一营销解决方案"巨量新品日"
	2020年11月	全量上线搜索广告；与国双共建DataHub数据平台
京东	2020年10月	推出针对户外全渠道的广告投放产品"京屏果"
	2020年10月	京东营销360推出精准营销解决方案"JD GOAL"

资料来源：根据调研访谈及互联网公开信息整理。

（3）智能终端凭借场景价值崛起，成为全新的"广告媒体"

当前智能手机、智能穿戴、智能居家、智能汽车等智能终端蕴藏着巨大的营销潜能，不仅具有庞大的用户规模、较强的互动性，而且渗透在消费者生活的各种场景中，积蓄了丰富的数据能量。通过挖掘自身流量资源、构建广告营销系统，智能终端崛起成为全新的"广告媒体"。广告主的营销也可以借助这些智能终端，进入消费者生活的各个场景中，触达碎片化的消费者，以更贴合、更原生化的方式与消费者建立深度的链接。

3. 2020年广告营销代理机构的发展趋势及特点

（1）角色分布特点：传统代理公司转型，新角色兴起

在新冠肺炎疫情的影响下，2020年营销代理机构也呈现出不一样的生存图景。一方面，传统代理机构需要迎合广告主在生存压力之下快速"回

血”的需求，大力铺开电商直播、红人带货等业务。另一方面，专项代理商也备受青睐，87.6%的受访者选择与专项代理商合作满足单一营销需求。[①] 在专项代理商合作模式的主导之下，代理公司分工逐渐精细化，满足广告主在不同地区市场、不同渠道的综合营销需求，一批专注短视频、直播、大屏、KOL、“出海”营销等垂直领域营销服务的代理机构获得迅猛发展。

（2）借力数字营销工具，回应市场对“效率”和“增长”的需求

2020年，广告营销市场对“效率”和“增长”的需求是空前的。一些来自科技领域的营销技术服务公司，发挥自身的数据服务能力和技术开发优势，将营销工具化，为广告主、媒体提供了多种场景下的技术解决方案和操作平台。这些服务商中既有国内的机构，也有深耕中国市场的海外技术公司。从服务的内容来看，这些机构有的提供全流程的数字营销整合解决方案，比如国双、Convertlab；有的专注于智能化的内容创意和制作，比如筷子科技、特赞；有的侧重于消费者旅程优化和用户体验，比如Adobe、Saleforce、Merkle；有的侧重于数据管理，比如Oracle、IBM、SAP。一些老牌的广告代理商也迅速调整业务方向，响应这一趋势，蓝色光标、华扬联众、群邑中国等纷纷搭建起智能技术平台，通过对数据的整合、分析与挖掘，将工具赋能于营销者，实现增长目标。

① R3&SCOPEN：《2020年中国营销趋势研究》，2020年12月24日。

B.28

2020～2021年中国数字营销传播生态发展趋势

杜国清　陈　怡*

摘　要：　新冠肺炎疫情加速推动广告主数字化转型，媒体和平台在传输网络数字化转型之后，进入以数据和算法升级内容的阶段。媒体和平台在内容生态位上的重叠引发了联合创新的双赢尝试。营销传播支持机构的数字化转型稳中有进，乘数据算法之风，强专业价值之势，数字营销的新调整也给营销传播支持机构带来了新的机会和发展空间。

关键词：　数字营销传播　广告生态　广告主

一　数字营销传播生机盎然，协同共进迎来新阶段

2020年中国在新冠肺炎疫情防控上取得的成绩，为整体经济的平稳回升提供了坚实基础，也提振了企业和广告主的营销信心。2021年广告主对营销推广费用占比预期明显回升。① 不同规模的被访广告主营销费用占比预期整体向好，其中，中小企业和小微企业的净增值最高；除邮电通信和房

* 杜国清，中国传媒大学广告学院教授；陈怡，中国传媒大学广告学院助理研究员。

① 如无特殊说明，本文数据均出自《广告主营销趋势调查报告》（中国传媒大学广告学院、央视市场研究及国家广告研究院）及《广告市场生态调查报告》（中国传媒大学广告学院）。

地产行业以外，其他行业营销推广费用占比增大的广告主比例都有大幅提升。

连续的广告主营销调查研究表明，广告主数字媒体花费呈持续增长态势，如图 1 所示，2021 年数字媒体花费占全媒体花费的比例预期增至 63%（移动互联网 36%，PC 互联网 13%，数字户外 10%，OTT/IPTV4%），5 年间上涨 20 个百分点。

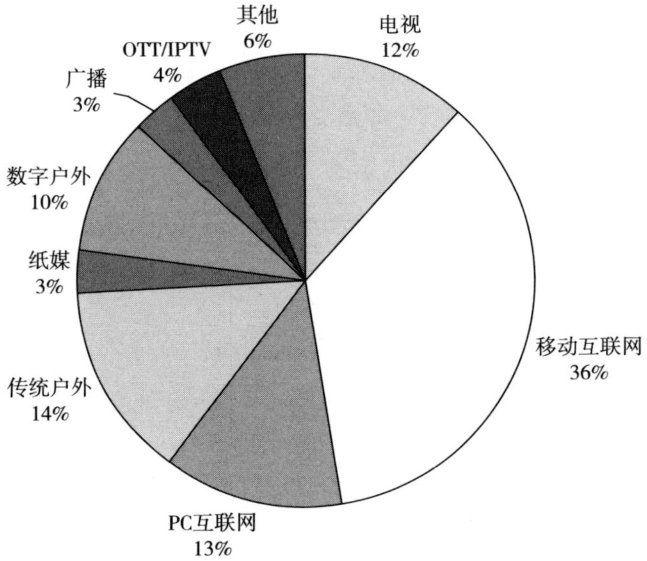

图 1　2021 年广告主全媒体预算分配预期

数字营销传播的“生机盎然”还体现在广告主在私域营销领域的发力，基于 2021 年广告主营销趋势调查研究，广告主的私域营销探索呈现以下三大特征。

其一，回归营销根本，以客户关系管理数字化升级为抓手。2020 年以来，口碑营销、社群营销、场景营销、私域流量营销和粉丝营销成为企业最常使用的营销概念，除了场景营销以外，其他四种都是从消费者或用户角度出发开展的营销。

其二，打造自有传播矩阵，继两微一抖公众号的建设之后，2021 年企业将持续推进孵化和打造自有 KOL。调研数据显示，在短视频和直播营销传播中，自己孵化培养红人和自己打造虚拟偶像的选择率达到了 20%，相比 2020 年有明显提高。

其三，对于数据和平台的使用，愈发重视对于企业数据中台、自有 DSP/PMP 平台的建设和使用。

值得关注的是，广告主的私域营销尚处于蓄能储备阶段，在营销和销售层面发挥充分的作用还有待时日。MMA 全球和安永的最新研究表明，只有不到 13% 的公司拥有成熟的消费者数据应用技术和能力。大多数组织缺乏有效收集、分析和执行消费者数据的流程和技能。尽管大多数公司在合规性方面取得了重大进展，但在打破内部孤岛、激活数据和建立合适的技能以提高数据投资回报率方面，仍然存在问题。①

可以预见的是，品牌在私域和公域的共生、转化、协同等营销传播进展中，其博弈的特征也将愈发凸显，由此带来的诸多相关机构的协同共进也将进入一个新的阶段。

广告主对数字化转型的态度再次印证，数据资源和能力成为数字营销传播各主体发展的基础和动力。数字媒体和平台作为数据资源较早的生产者和承载者，获得了在数据生态位的先发优势，随着广告生态各主体数字化转型的持续深入，各主体的共生性愈发明显，依存度也显著提高，在数据生态位上实现共同进化。

2021 年广告生态各主体的进化不再是唯数据论，换言之，各主体持续积累数据资源并提升运营能力，在此基础上，从对数据资源的焦虑中突围，回归生态关系中的价值交换，发挥自身专业价值。媒体和平台在数据和算法基础上实现内容创新，营销传播支持机构在数据加持下实现效果和创意的双突围。

① Marteker 技术营销官：《MMA 全球和安永的最新研究表明，只有不到 13% 的公司拥有成熟的消费者数据技能和能力》，https：//www. 163. com/dy/article/G72STMFA05310573. html，2021 年 4 月 8 日。

二　生态思维赋能营销创新，数字战略升维实践生态共荣

研究发现，越来越多的企业将运用生态思维回应用户需求个性化、动态化的挑战，同时构建用户需求驱动下的生态创新网络。用户个性化需求不是一个个孤立信息，其背后是用户动态的“需求图谱”，通过所有参与者共享价值，品牌得以实现对这个动态“需求图谱”的回应，形成自演化的生态。

海尔是全球第一个提出构建物联网时代的生态品牌战略的企业，自2019年年底以来，海尔步入生态品牌战略发展阶段，所有的数字技术将服务用户个性化体验。生态品牌的所有参与者在共享价值的基础上不断参与到后续的生态共创中，生态品牌共创共赢，实现生态圈的共同增值和生态品牌的永续发展。

另一个值得关注的趋势是综合性大企业联合平台方全面推进生态赋能。例如，联合利华U创孵化器与天猫新品孵化平台，在2020年达成战略合作协议，共同探索在中国孵化新品牌的新模式。此次战略合作旨在为优秀的初创企业搭建线上线下全方位的支持矩阵，打造全新的孵化生态链，并助力可持续的商业发展模式。[①] U创孵化器也充分借助了天猫新品创新中心（TMIC）的数据能力，洞悉市场发展趋势与机会点，定位产品的核心功能与宣称，让新产品的开发过程实现以消费者为中心，以数据驱动决策，生产出符合市场需求的产品，帮助入孵企业控制产品创新过程中的风险。

在笔者看来，这已经不仅仅是互联网对产业和营销的单向赋能，而且是企业在数字战略升级后对生存模式的探索，通过输出企业管理、营销资源，赋能生态圈，实现生态共荣。

① 美通社：《联合利华U创孵化器携手天猫，打造全新孵化生态链》，https：//baijiahao.baidu.com/s？id=1678500847482067179&wfr=spider&for=pc，2020年9月22日。

三　内容运营依然是核心所在，驱动媒体增长和平台创新

其一，算法加持内容生产，媒体数字化创新收入增长。内容生产一直是媒体的立命之本，数字技术推动了传播形态和传播模式的变革，视频化成为媒介发展的主流形态。2020 年广电媒体在短视频、直播等数字新形态上积极探索，并尝试运营主持人资源。无论是央视主持人康辉的“大国外交”Vlog 系列，还是“小朱配琦”的直播主持组合，都取得了较好的传播和销售效果。调查数据显示，约 20% 的广告主倾向于选择媒体知名主持人作为短视频和直播的 KOL。

报刊媒体利用大数据的热点推荐助力选题和内容生产。广告生态调研结果显示，2020 年广告经营收入增长的报刊媒体中，运用大数据和智能算法开展内容生产的比例达到 80% 。无论是广电媒体还是报刊媒体，广告经营收入来自数字产品的比例逐年提升，均已经超过非数字产品。

其二，打造品牌内涵，平台内容运营驶入新里程。具有数据和算法先发优势的平台，近年来都是全能态势，在发掘内容价值、丰富平台品牌内涵方面积极拓展，在提升用户黏性的同时，对平台自身品牌进行塑造。交易平台的内容赋能体现在借势和自造两方面。平台借势主要选择有影响力的 IP 和明星，例如京东、天猫的各种大促活动都积极引入 IP 和明星资源，不断吸引流量。IP 赋能交易平台再造流量高位，为平台创造可持续的流量入口，保持流量增长的同时也为平台品牌内涵增加新注解。另外，数字平台依托数据和算法技术，制造话题、自造内容。例如，闲鱼推出“闲鱼十大转卖理由”和“首届闲鱼文学获奖作品”，以仪式感的品牌活动来表达对年轻人的认同，年轻人丰富的想象力和鲜活的生命力由此也赋能到平台。

其三，媒体和平台以内容联动突围经营创新。截至 2020 年 12 月，央视、湖南卫视、上海东方卫视、江苏卫视、浙江卫视、北京卫视共播出 31

台综艺晚会（包含商业赞助），其中26台电视晚会由包括百度、快手、抖音、拼多多、天猫等在内的互联网企业赞助，而其中有10台晚会是电视台为电商平台定制打造的节目。定制晚会对电视台和网络平台而言是双赢选择，既满足了广告主需求，又实现了经营路径的创新。

需求维度上，数字营销传播无论是品牌塑造还是流量导入，都加大了对内容的倚重和投入，而且依照数字营销场景各环节的需求来确定媒体属性和适配的内容类型。生态维度上，内容运营成为媒体和平台创新发展的关键所在。

四　以数据强基，营销传播集团，加速智能转型

数字营销传播度过流量红利期，营销传播集团经过3年的艰难探索和实践磨砺，逐渐摸索出技术革新和专业价值的平衡点和契合点。无论是群邑发挥客户服务的专业优势成为阿里妈妈首个超级营销伙伴，联手探讨新客营销赛道更多可能性，还是2021年快手磁力引擎将帮助创作者实现100亿元广告收入，让创作者成为链接品牌和用户的关键桥梁，数字营销重构了营销传播支持机构的专业价值和专业自信。营销传播机构对广告主效果广告需求的回应，也正是体现了其客户体验、客户洞察等方面的专业价值。

其一，依托计算科学，营销传播集团突围效果广告。电通发布全新的安布思沛（iProspect），在全球范围内提供以绩效营销为导向的代理商，扎实的数字营销专业能力使其可以分别在短期和长期的不同需求下加速品牌增长。2021年电通与VidMob合作推出一种跟踪跨数字渠道创意效果的解决方案。媒介策划和购买代理商UM联盟利用数据和个性化内容，通过运用更具结果导向的方法实现可量化目标的能力。

其二，借力数据，提升客户体验管理能力。回应广告主强化私域运营的需求和趋势，营销传播支持机构借力数据提升客户体验能力，回归洞察消费者的专业根本，探索数据时代的客户体验升级管理。

其三，在数字化和智能化转向过程中，创意能力依然是最重要专业价

值。数字生态位上，部分创意设计类支持机构实现成功迁移。在数据驱动和智能算法下，营销传播机构正在发生“智能化”转向，在智能洞察、智慧内容生产、智能媒介购买与投放等多元领域取得实践进展。广告生态调查显示，10 年以来，创意设计、整合营销传播、大型活动策划都是广告公司利润贡献率前三名，也是广告主最看重的广告公司的专业价值。

其四，数据的科学运营需求给营销传播支持机构带来新机会。2021 年广告主调查数据显示，随着数字媒体的发展，超过九成的广告主“更需要第三方数据机构对市场做出中立公正的判断”，基于数字媒体围墙的出现，对市场全貌的理解也需要第三方公司的专业支持。数据已经成为数字营销传播生态的流通货币和生产资料，随着媒体围墙的出现，数据壁垒也成为数字营销传播发展的桎梏。营销传播支持机构在数据公正和科学性发展方面大有可为。

总之，随着广告主数字化转型的加速，一方面广告主数字营销主导权增强，注重对私域的运营；另一方面，数字化转型升维至数字战略，企业用互联网思维运营企业资源、释放企业管理与营销的势能、实现创新战略突破。数字媒体、广告主、营销传播支持机构都在积极地、有策略地优化数据资源生产和运营能力，这是面向可持续发展的结果，也是生态包容性和自演化的体现。

B.29
2020年电视大屏 IPTV、OTT 设备收视观察

刘洁婷*

摘　要：　2020年，新冠肺炎疫情对中国家庭居民生活造成了一定的影响，观众的电视大屏收视行为也随之发生变化。为响应观众对疫情的关注、对知识文化及娱乐内容的需求，电视频道、IPTV 互动平台和 OTT 互动平台动态创新，以适应特殊时期的内容需要。同时，疫情防控下观众的休闲选择向家庭转移，这也使更多年轻观众回归电视大屏，促使 IPTV 和 OTT 互动平台电视大屏向着更均衡、更家庭的方向发展。

关键词：　电视　IPTV　OTT

一　非直播收视情况

非直播收视即为 CSM “其他频道” 收视，是电视大屏端除直播频道收视外的所有收视行为数据，主要以观众在电视大屏上通过有线电视机顶盒、IPTV 机顶盒进行的回看，以及通过 IPTV 机顶盒、OTT 盒子和智能电视进行的点播收视为主，也包括少量数字频道及其他交互应用产生的非线性收视行为。

1. 非直播收视份额持续增长，人均收视时长提升

2020 年 CSM 59 测量仪城市组电视大屏收视中，75.4% 来自直播频道收

---

* 刘洁婷，中国广视索福瑞媒介研究（CSM）客户服务事业部经理。

视，24.6%来自非直播收视。非直播收视市场份额较2016年的12%提升约1倍（见图1）。

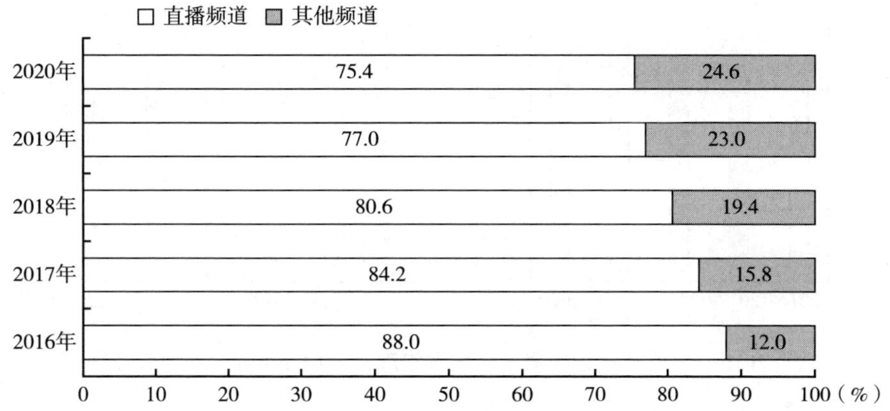

图1　2016～2020年电视大屏直播频道与其他频道市场份额

资料来源：CSM媒介研究，测量仪城市组（2016～2018，52城；2019，55城；2020，59城）。

2. 直辖市、省会城市非直播收视增幅提速，观众日均收看超2小时

从观众人均收视时长来看，2020年CSM 59测量仪城市组观众日均非直播收视时长为123分钟，同比增长12%。直辖市、省会城市观众日均非直播收视时长均已超2小时，直辖市更是超过了59测量仪城市组整体水平，达到130分钟（见图2）。

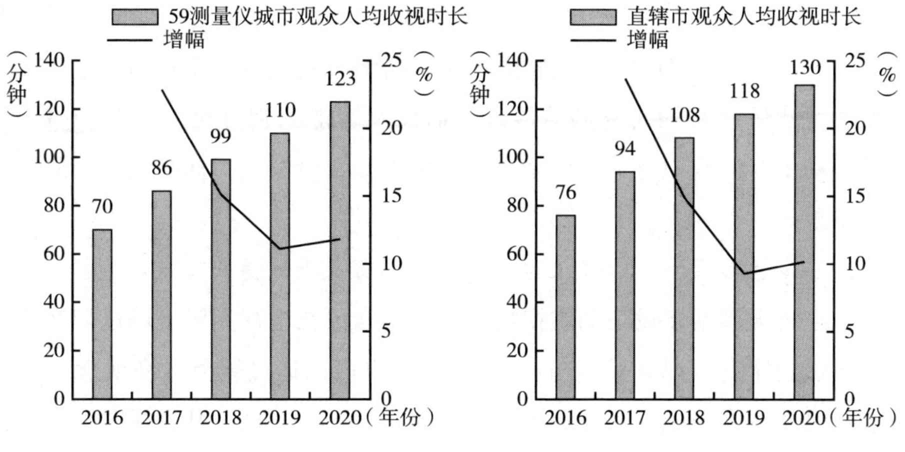

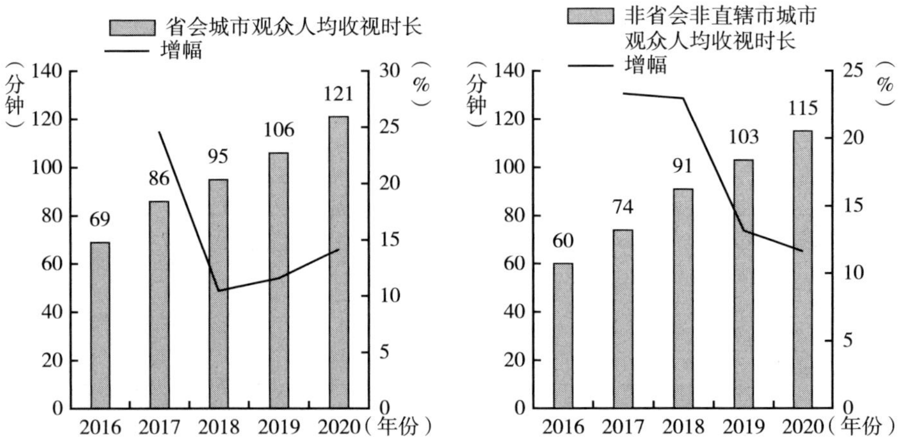

图2　2016～2020年电视大屏各级城市组观众日均非直播收视时长及增幅

数据来源：CSM媒介研究，测量仪城市组（2016～2018，52城；2019，55城；2020，59城）。

从各年龄段观众收视时长来看，2020年CSM 59测量仪城市组青少年观众对非直播收视的黏性依然是最强的。4～14岁观众日均非直播收视时长达143分钟；35～44岁观众次之，为131分钟；65岁以上观众日均非直播收视时长最低，为106分钟。

二　IPTV与OTT互动平台收视情况

2019年，CSM升级了电视大屏信号来源测量技术，已实现同屏辨识精确到人的各平台收视行为，并推出“TV+同源收视测量”系列研究。“TV+同源收视测量”系列研究涵盖传统直播以及智能电视开机、OTT、IPTV等多个互动平台的收视行为，可呈现大屏跨平台、全场景、标准化的同源受众测量结果。

1. IPTV互动平台、OTT互动平台市场份额提升，重叠观众比例扩大

在电视大屏端多设备的收视场景下，观众可在电视大屏上通过切换信号源，通过数字有线或IPTV收看直播节目，也可以通过智能电视或盒子收看点播节目。观众对电视大屏端不同来源和内容上的收视，其收视时间是独立

互斥的，因此 IPTV 互动平台和 OTT 互动平台可以被理解为电视大屏中两个互动“频道”。

2020 年，CSM 59 测量仪城市组 IPTV 互动平台①、OTT 互动平台②市场份额均出现小幅上涨，分别升至 8.0% 和 9.4%，直播频道及其他收视则受到挤压。其中，OTT 互动平台市场份额提升更为显著，较 2019 年提高 1.7 个百分点（见图 3）。

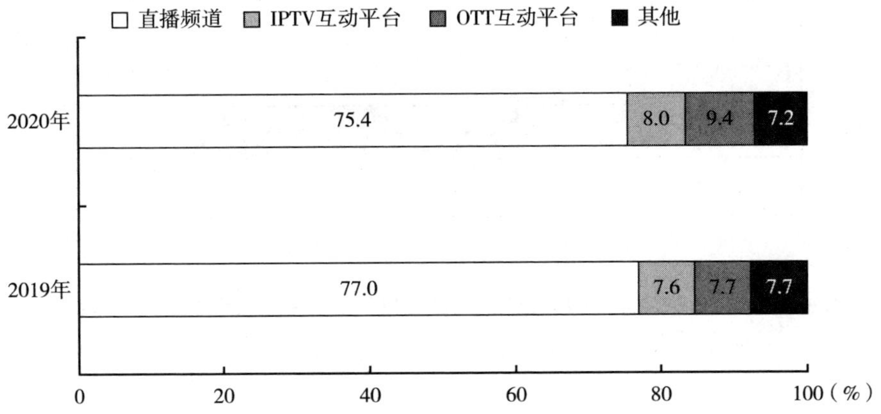

图 3　2019～2020 年电视大屏直播频道与互动平台市场份额

资料来源：CSM 媒介研究，测量仪城市组（2019，55 城；2020，59 城）。

随着大屏收视设备的多元发展，观众多设备混用的情况也越来越常见。从数据上看，2020 年 CSM59 测量仪城市组观众中，在 IPTV 互动平台和 OTT 互动平台上均收看过节目的观众占所有观众的 12.2%，较 2019 年同期提升 2.5 个百分点。IPTV 互动平台拥有 25.2% 的独立到达③，较 OTT 互动平台多 6.2 个百分点，这意味着更多的观众只在 IPTV 互动平台收看点播回看等

① IPTV 互动平台收视：观众在 IPTV 机顶盒上使用回看、点播、数字频道及其他应用所产生的收视。

② OTT 互动平台收视：观众在智能电视和 OTT 盒子上使用的点播、应用等产生的收视。

③ 独立到达：仅在 IPTV 互动平台上观看，未在 OTT 互动平台上观看的观众到达率；或仅在 OTT 互动平台上观看，未在 IPTV 互动平台上观看的观众到达率。

非直播内容。而从与2019年的对比数据看，2020年OTT互动平台的独立到达提升2.1个百分点，高于IPTV互动平台的增幅（1.7个百分点），增幅更大，OTT互动平台在“拉新”方面势头更猛（见图4）。

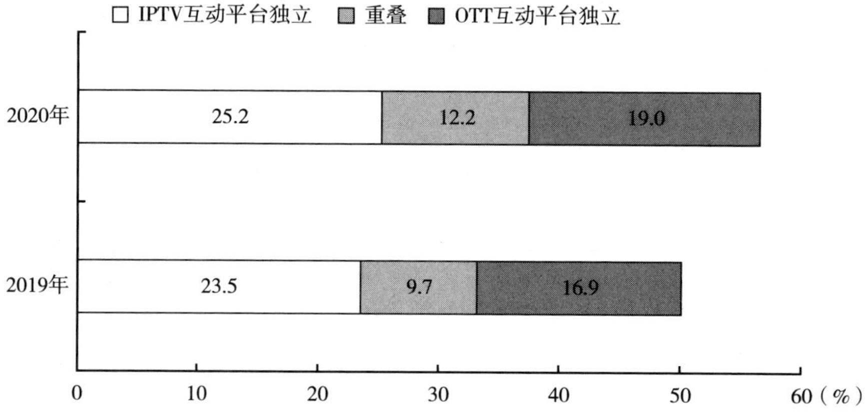

图4　2019～2020年在IPTV互动平台与OTT互动平台收看节目的观众比例

资料来源：CSM媒介研究，测量仪城市组（2019，55城；2020，59城）。

2. IPTV互动平台收视情况

IPTV互动平台收视率在疫情期间增长显著。从分月趋势上看，IPTV互动平台收视受到疫情影响明显。2020年第一季度观众居家时间变长，IPTV互动平台收视率较2019年同期显著提高。其中2月收视率达1.24%，为全年最高值。从4月开始收视率缓慢回落，并于疫情平稳后逐渐恢复至上一年同期水平，年初涨势并未转变为常态化收视，仅年末回升态势优于2019年（见图5）。

2020年，CSM 59测量仪城市组IPTV互动平台观众规模提升，到达率由2019年同期的33.2%上涨至37.5%，提升4.3个百分点。分月来看，2020年1月正值农历新年和疫情初期，返乡过节与居家隔离为IPTV互动平台提供了更大的观众基础，IPTV互动平台观众规模增长显著，到达率为28.5%，较2019年同期提高6个百分点。疫情平稳后走势恢复常态，仅在9月开学时期出现异于同期的小幅回落，于年末迎来二次高峰（见图6）。

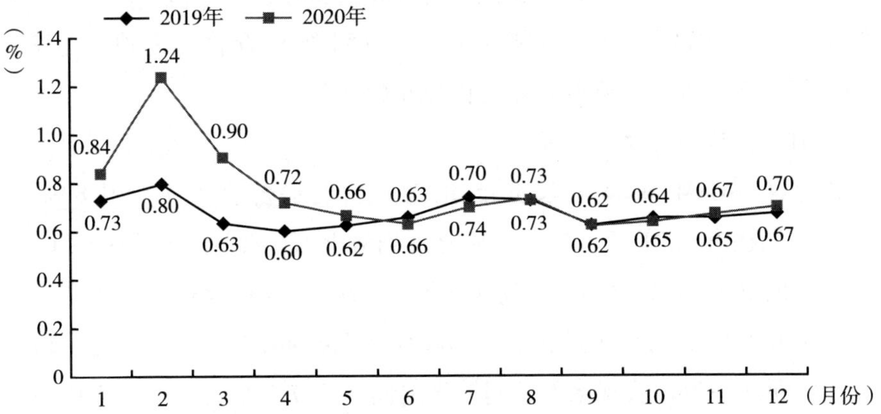

图5　2019～2020 年 IPTV 互动平台分月收视率

资料来源：CSM 媒介研究，测量仪城市组（2019，55 城；2020，59 城）。

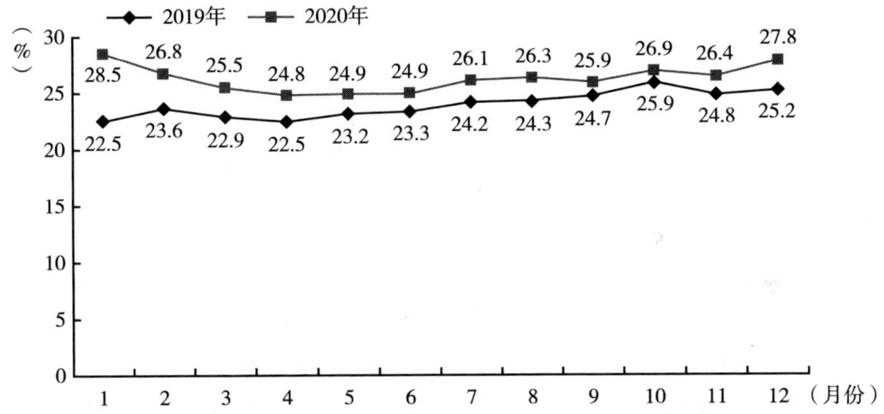

图6　2019～2020 年 IPTV 互动平台分月到达率

数据来源：CSM 媒介研究，测量仪城市组（2019，55 城；2020，59 城）。

2020 年，CSM 59 测量仪城市组 IPTV 互动平台月平均观众规模在各区域均呈现提升，升幅有所差异。从行政区划看，省会城市 IPTV 互动平台月平均到达率最高，为 27.9%。从地域区划看，西北地区 IPTV 互动平台月平均到达率达 41.7%，居各区域之首。

青少年及银发人群 IPTV 互动平台收视占比同比提升。2020 年，CSM 59 测量仪城市组 IPTV 互动平台观众中，45～54 岁观众占比最高，达 23%；4～14 岁及 45 岁以上观众收视占比同比小幅增长。

3. OTT 互动平台收视情况

2020 年，CSM 59 测量仪城市组 OTT 互动平台收视率为 0.89%，较 2019 年同期提升 0.21 个百分点。从分月趋势上看，受到疫情影响，OTT 互动平台收视 2020 年上半年各月收视率均较 2019 年同期大幅上扬。其中 2 月收视率达 1.40%，为全年最高值。其后收视逐步回落，6 月开始逐月趋势均与上一年同期一致，收视水平较同期稳定偏高约 0.1 个百分点，年初积蓄的上涨态势得以存续（见图 7）。

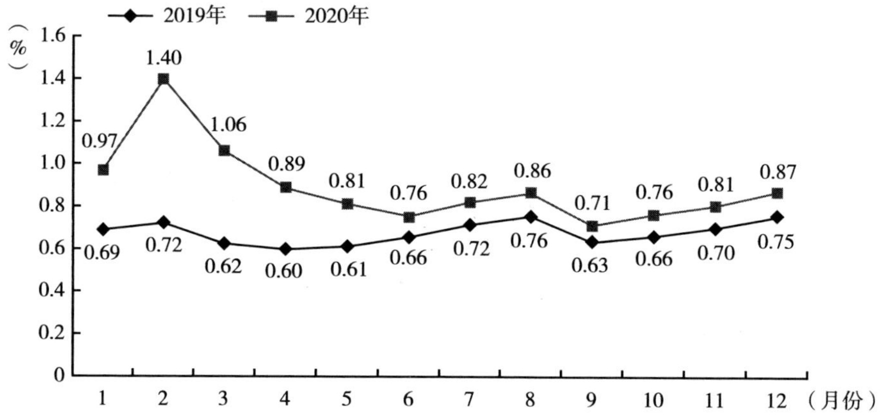

图 7　2019～2020 年 OTT 互动平台分月收视率

资料来源：CSM 媒介研究，测量仪城市组（2019，55 城；2020，59 城）。

2020 年，CSM 59 测量仪城市组 OTT 互动平台月平均观众规模在各区域均呈现增长态势，但升幅有所差异。从行政区划看，省会城市 OTT 互动平台月平均到达率最高且增势更好，较 2019 年同期提升 5 个百分点，高于直辖市以及非直辖非省会城市。

2020 年，CSM 59 测量仪城市组 OTT 互动平台观众中，中青年、高学历观众仍为 OTT 互动平台收视主力。25～34 岁观众收视占比最高，达

23.8%，但较2019年同期下降2个百分点；4~14岁及65岁以上观众收视占比同比分别上涨1.8和1.4个百分点。

三　智能电视开屏行为

提供电视内容的信号源设备在日趋丰富，但电视机仍然是电视大屏收视的核心设备和“第一入口”。智能电视在开机时可向观众展示开屏广告，是电视大屏端新兴的广告形式。响应市场对智能电视开屏广告的评估需要，CSM“TV+同源收视测量”系列研究同样实现了对智能电视开机行为的测量并将数据精确到人。本部分根据2020年CSM 59测量仪城市组“TV+同源收视测量”智能电视开屏数据，分析观众的开机行为和构成情况。

智能电视是家庭客厅媒体，是更适合多人收视的场景。区别于设备覆盖量和终端开机数据，智能电视开机到达率指的是“人”到达，与常规电视大屏收视数据口径一致，更能准确评估智能电视开屏广告的触达“人数”。2020年，CSM 59测量仪城市组智能电视开屏到达率为27.1%，较2019年同期上涨4.6个百分点。月均到达率超过两成，达20.5%；日均到达率小幅升高1.9个百分点，达9.0%。

从行政区划看，2020年CSM 59测量仪城市组中省会城市智能电视开屏月平均到达率最高，为22.5%，较2019年同期提升最多，上涨4.8个百分点。从地域区划看，华南地区智能电视开屏月平均到达率最高，达28.3%，较2019年上涨6.4个百分点，涨幅最大。观众的开屏行为在不同周天、不同时段水平不一。分周天来看，2020年CSM59测量仪城市组周末智能电视开屏日平均到达率较工作日高0.4个百分点，差距与2019年保持一致。分时段来看，18:00~22:00是全天智能电视开屏到达最高的时段。需要特别说明的是，在CSM跨平台收视数据中，智能电视开屏到达是一个节点数据，而不是指延续的“开机状态”，即智能电视开屏观众是在指定时间范围内，智能电视屏幕亮起时屏前的观众。其后观众观看电视的行为都将计作频道收视行为，而非智能电视开屏行为。

2020 年 CSM 59 测量仪城市组智能电视开屏观众中，45 ~54 岁、25 ~34 岁观众占比最高，分别为 21.3% 和 21.1%；15 ~24 岁观众占比最低，仅占 6.9%。4 ~14 岁智能电视开屏观众在上午 6:00 ~10:00 时间段的占比最高，为 12.4%；10:00 ~18:00 日间时段占比均在 10% 以上，晨间和晚间相对较低。24 ~54 岁青壮年观众呈现时间越晚占比越高的趋势，55 岁以上的中老年观众则趋势相反。

B.30

2020年中国广电媒体融合传播效果报告

刘牧媛　肖子南*

摘　要：新冠肺炎疫情的暴发使2020年变得不平凡，于传统广电媒体而言这既是一次考验，也是一次机遇。疫情制约传统节目制播方式，使得直播和“宅经济”产业爆红，面对一系列变化，广电媒体在这一关键时刻迅速反应，转换赛道，提供权威、准确、全面的新闻资讯和有针对性的服务，以创新的表达弘扬主旋律报道，将考验化为机遇，在新媒体平台焕发生机。基于此背景，CTR媒体融合传播效果评估体系在2020年针对38家省级以上广电媒体进行了连续性监测，重点关注以上机构新媒体产品在6大传播渠道的传播力效果。数据显示，各家机构都在积极探索融媒发展的创新方式，呈现出各具特色的媒体融合发展路径。

关键词：媒体融合　融合传播效果　网络传播力

一　中央广播电视总台、湖南广播电视台和浙江广播电视集团位列网络传播力前三

38家省级以上广电机构网络传播力榜单显示，中央广播电视总台、湖

* 刘牧媛，央视市场研究（CTR）媒体融合研究经理；肖子南，央视市场研究（CTR）媒体融合助理研究员。

南广播电视台和浙江广播电视集团分列前三名（见表1）。广电机构积极推进小屏端创新发展，唱响“央视频”、“芒果TV”和“中国蓝”等新媒体旗舰品牌，真正做到大小屏联动发展，开启广电媒体守正创新的融合发展新征程。

表1　2020年38家省级以上广电机构网络传播力TOP10

排名	评价对象	网络传播力	排名	评价对象	网络传播力
1	中央广播电视总台	91.53	6	黑龙江广播电视台	55.28
2	湖南广播电视台	66.70	7	江苏省广播电视总台	55.16
3	浙江广播电视集团	58.32	8	北京广播电视台	54.27
4	上海广播电视台	57.82	9	安徽广播电视台	53.84
5	广东广播电视台	55.37	10	河南广播电视台	53.77

资料来源：CTR融媒体监测数据。

广东广播电视台着力发展自有App“触电新闻”，同时发力微信公众号建设，在自有App和微信渠道分榜单中均进入TOP10。黑龙江广播电视台以微信公众号闯天下，旗下“新闻夜航”、“黑龙江交通广播”和“龙视新闻在线”微信公众号全年累计阅读量均已过亿次。河南广播电视台在自有App“大象新闻”和短视频平台共同发力，其自有App产品在分渠道榜单位居第三，“河南广播电视台民生频道”“河南都市频道”抖音号深耕民生新闻，聚焦百姓生活，粉丝量均在千万以上。

二　发力自有渠道，广电机构自有App下载量同比增长超四成

截至2020年年底，38家广电机构正常更新的自有App累计下载量较2019年增长44.8%，广电机构在媒体融合进程中稳步完善自有App建设。38家广电机构中，中央广播电视总台、湖南广播电视台和河南广播电视台等积极探索自有App特色发展方向，在自有App建设进程中领先于其他广电机构（见表2）。

表 2　2020 年 38 家省级以上广电机构自有 App 网络传播力分榜单 TOP10

排名	机构名称	排名	机构名称
1	湖南广播电视台	6	上海广播电视台
2	中央广播电视总台	7	贵州广播电视台
3	河南广播电视台	8	北京广播电视台
4	广东广播电视台	9	江苏省广播电视总台
5	浙江广播电视集团	10	山东广播电视台

数据来源：CTR 融媒体监测数据。

中央广播电视总台自有 App 充分利用“云”制播相关技术，打造“出圈”内容产品，扩大新媒体平台的影响力。“央视频”在疫情期间对武汉火神山、雷神山两大医院建设施工现场进行 24 小时不间断“慢直播”，超 2 亿网友在线观看，活动助推“央视频”App 的 2 月初下载量在苹果应用市场名列前茅，并催生年度热词“云监工”。为缓解 2020 年高校毕业生的就业压力，“央视频”依托强大的品牌号召力开启“云招聘”——“国聘行动”，“国聘行动”第二季——“春华秋实国聘行动”于 2020 年 12 月启动，超 2 万家企业积极参与，相关招聘信息总触达超 10 亿次。“央视新闻”在 2020 年 7 月对“中国关闭美国驻成都总领事馆”进行直播，超 2000 万网友关注。北斗三号卫星发射、嫦娥五号探月、日环食、流星雨、自然景致、灾难救援等系列直播内容直击事件现场，推动网络舆论形成同频共振。

湖南广播电视台芒果 TV 依托优质内容提升自有产品竞争力。2020 年爆款综艺《乘风破浪的姐姐》在湖南娱乐频道和芒果 TV 同步播出，仅上线一天播放量突破 2 亿次，后续累计播放量超过 50 亿次，带动“芒果 TV”累计下载量增长近 50%。

河南广播电视台自有 App“大象新闻”在疫情期间全国学校暂停上课阶段，上线“名校课堂”频道服务，方便中小学生免费在线上课，上线 4 天就登上了应用商店新闻类排行榜榜首，成功打造“停课不停学”的“名校课堂”。

三　广电机构加速进入短视频赛道，头部账号和MCN机构数量双增长

2020年，38家广电机构在短视频平台表现优异，千万级粉丝量账号由2020年年初的15个增加至25个，百万级肩部账号数量增长近一倍。CTR短视频监测显示，2020年38家广电机构之中的中央广播电视总台、湖南广播电视台和河南广播电视台短视频平台传播力位列前三（见表3）。

表3　2020年38家省级以上广电机构网络传播力短视频渠道分榜单TOP10

排名	机构名称	排名	机构名称
1	中央广播电视总台	6	上海广播电视台
2	湖南广播电视台	7	北京广播电视台
3	河南广播电视台	8	福建广播影视集团
4	四川广播电视台	9	山东广播电视台
5	浙江广播电视集团	10	湖北广播电视台

资料来源：CTR融媒体监测数据。

中央广播电视总台在抖音、快手平台共有超50个百万级以上粉丝量的头肩部账号（“央视新闻”抖音号粉丝量已破亿人），并在短视频平台不断创新合作方式，利用交互式话题和流行文化符号吸引年轻用户。嫦娥五号登月期间，“央视新闻”“央视频”与抖音平台合作，推出话题#你好月球#，累计获得8.8亿次互动量，在年轻用户群体中获得热烈反响。2020年底，“央视新闻”与抖音合作推出话题#2020年最后一个拥抱#，主持人康辉、朱广权、尼格买提和众多抖音KOL均积极响应，带动网友参与投稿，截至2021年1月31日已累计获得9.3亿次播放量。

省级广电机构中，湖南广播电视台共有30个百万级及以上粉丝量的头肩部账号，其中老牌综艺节目“快乐大本营”官方账号在抖音、快手平台的粉丝均超千万人。河南广播电视台拥有2个千万级粉丝量的频道账号和26个百万级粉丝量账号。四川广播电视台的“四川观察”以“四处观察”

的定位在2020年异军突起，截至2020年年底粉丝量已超4000万人，成为省级广电机构中粉丝量最高的抖音号，带动四川广播电视台在短视频分榜单中较2019年提升了20名，排名升至第4。

随着融合转型的战略升级，各家广电机构加速入局短视频赛道，广电MCN亦蓬勃发展。据统计，全国已有28家广电媒体成立了36家MCN机构，整合优化媒体资源，通过栏目以长化短、主持人IP打造等轻量化转型促进融媒体改革，重新激发广电机构的商业活力。

四 两微和其他第三方平台平稳运营，亮眼作品不断涌现

2020年38家广电机构在微博、微信和其他第三方渠道深耕运营，整体活跃账号规模与上一年持平，其中微博1400余个，微信公众号2000余个，其他第三方平台3000余个。具体榜单如表4所示。

表4 2020年38家广电机构网络传播力两微和其他第三方平台榜单TOP10

微博分榜单		微信公众号分榜单		其他第三方平台分榜单	
排名	机构名称	排名	机构名称	排名	机构名称
1	中央广播电视总台	1	中央广播电视总台	1	中央广播电视总台
2	湖南广播电视台	2	浙江广播电视集团	2	江西广播电视台
3	上海广播电视台	3	黑龙江广播电视台	3	上海广播电视台
4	北京广播电视台	4	广东广播电视台	4	浙江广播电视集团
5	江苏省广播电视总台	5	上海广播电视台	5	北京广播电视台
6	浙江广播电视集团	6	辽宁广播电视台	6	河南广播电视台
7	湖北广播电视台	7	江苏省广播电视总台	7	湖北广播电视台
8	山东广播电视台	8	安徽广播电视台	8	江苏省广播电视总台
9	河南广播电视台	9	陕西广播电视台	9	吉林广播电视台
10	安徽广播电视台	10	贵州广播电视台	10	湖南广播电视台

数据来源：CTR融媒体监测数据。

中央广播电视总台在微博、微信和其他第三方平台已拥有2个粉丝量过亿人、2个季度阅读量过亿次的超级头部账号和共计21个粉丝量超千万人

的头部账号，总体上优质账号矩阵发展稳定。在疫情暴发期间，中央广播电视总台“两微”账号持续高频发布“武汉”“疫情”最新资讯，成为权威的信息源，其中超50条相关博文互动量超百万次，上千篇公众号文章阅读量破10万次。“央视新闻”发起的#共同战疫#话题，话题讨论量高达630.1万次，阅读量超114亿次。此外，从年初春晚与快手平台合作，到年末的跨年晚会与B站合作，中央广播电视总台不断尝试跨平台合作，主动拥抱亚文化，重视针对年轻圈层的精准传播。

上海广播电视台在微博、微信和第三方平台整体表现突出，均进入各平台榜单前5位。“新闻坊”微信公众号2020年全年共计近900篇文章的篇均阅读量超10万次，占上海广播电视台10万+阅读量的文章总数的88%。“看看新闻KNEWS”微博账号推出#看看直播#话题，关注最新发布会信息，直播热门事件现场，平台互动量（阅读+讨论）高达38.2亿次。“看看新闻”头条号粉丝量超千万人，在省级广电机构中排名首位。

浙江广播电视集团在微信端传播力表现突出，15个微信公众号在2020年共收获1200篇阅读量过10万+文章，“浙江交通之声”公众号贡献了96%的阅读量过10万+的文章。微博端14个账号的150条博文互动量（转评赞）超10万次。

黑龙江广播电视台微信端保持传播优势，2020年全年收获超1400篇阅读量超过10万+的文章，8个公众号季度阅读量超百万次，其中“新闻夜航”“黑龙江交通广播”“龙视新闻在线”季度阅读量均超千万次。

江西广播电视台在其他第三方平台传播力表现突出，百万级粉丝量账号共计15个，位列省级广电机构之首，旗下“经典传奇”、“江西五套新闻晚高峰”、“金牌调解TV”和“江西网络广播电视台”头条号粉丝量均在300万人以上。

五　海外社交平台传播效果评估

CTR海外社交平台研究显示，截至2020年年底，超过500个国内主流媒体在 YouTube、Facebook 平台共有超过 500 个持续运营的官方账号，CTR 根据账号订阅量、发文量、互动量等多个维度对主流媒体机构的海外传播效果和影响力进行评估。评估结果显示中央广播电视总台海外社交平台影响力独占鳌头，账号覆盖全部 44 个语种，全球粉丝量达 3.7 亿人，在国际传播中积极呈现中国视角、亮明中国立场，展现真实中国形象。

广电机构中湖南广播电视台、上海广播电视台、浙江广播电视集团和贵州广播电视台均榜上有名（见表 5）。湖南广播电视台账号“湖南卫视芒果 TV”发布的综艺节目《明星大侦探》在 YouTube、Facebook 平台都获得高播放、高互动量，深受平台用户喜爱。

表 5　2020 年广电机构海外社交平台融合传播效果 TOP5

排名	机构名称	排名	机构名称
1	中央广播电视总台	4	浙江广播电视集团
2	湖南广播电视台	5	贵州广播电视台
3	上海广播电视台		

资料来源：CTR 融媒体监测数据。

回顾不平凡的 2020 年，尽管融合之路面临各种挑战，但广电媒体并未却步，而是积极拥抱变化，保持昂然向前的奔跑态势，奋力打造出融合发展的新局面。随着“推进媒体深度融合”被写入国家“十四五”规划，各家广电机构的融合发展将再次提速。CTR 将持续关注广电机构的融合发展趋势，对媒体融合的未来充满期待。

B.31
2020年省级电视台新闻融合传播指数研究报告

王 蕾 崔晓楠*

摘 要： 2020年,广电媒体融合转型已进入纵深阶段，在疫情催化下融媒传播方式和内容表达进一步完善和提升。随着广电媒体在融媒领域的深度布局，省级电视台新闻融合传播增长势头延续。本报告根据2020年度CSM省级台新闻融合传播指数，综合反映了31家省级电视台基于电视、自有客户端、短视频、微博、微信5个渠道的新闻融合传播效果。研究发现，各省级台在坚守电视主阵地的同时积极推进小屏端创新发展，呈现出短视频持续占据热赛道、线上化推动自有客户端建设、头部集中效应持续、融媒品牌强势发展等特点。

关键词： 新闻融合传播 省级广电 网络传播

2020年新冠肺炎疫情的暴发使权威信息需求急剧上升，线上化进程加速，也为媒体深度融合打入一针“催化剂”。“慢直播”“云上课堂”“直播+电商扶贫”等创新传播形式层出不穷。在此背景下省级广电机构新闻融合传播呈现新的态势。CSM省级电视台新闻融合传播指数是基于电视、“三微（短视频、微信、微博）一端（自有新闻客户端)”用户及传播数据的综

* 王蕾，中国广视索福瑞媒介研究（CSM）融合传播研究事业部研究经理；崔晓楠，中国广视索福瑞媒介研究（CSM）融合传播研究事业部研究员。

合性评价，聚焦电视新闻融合传播发展，综合评估电视媒体新闻融合传播效果。

一 省级台新闻融合传播量创新高

2020 年，省级台融合传播矩阵持续发力，新闻融合传播电视大屏年度收视总时长 289.5 亿小时，较 2019 年水平保持增长态势；单个自有新闻客户端最高月活量突破 500 万人；省级台新闻短视频全年总发布量 447.9 万条、传播量 1468.1 亿次，发布量、传播量均比 2019 年上涨近七成[①]；省级台新闻类微信账号总发布量 56.8 万条、传播量超过 33.8 亿次，发布量比 2019 年上涨近五成、传播量上涨近九成；省级台新闻类微博账号总发布量 113.1 万条、互动量 1.6 亿次，发布量较 2019 年上涨六成、互动量上涨超 160%。

省级台新闻融合传播量的大幅提升，客观地反映在新闻融合传播指数上：2020 年省级台新闻融合传播指数平均值较 2019 年增长超过 130%；31 家省级台均有不同程度的增长，其中指数值高于平均水平的省级台共计 13 家；与 2019 年相比，指数增幅超过 100% 的省级台共计 21 家。

在“三微”传播上，省级台新闻融合传播的头部集中效应持续凸显，但新闻融合短视频传播头部竞争加剧。从新闻融合微博传播看，仅 2 家省级台就贡献了 8456.2 万次互动量、占总量的 53.1%，头部效应持续集中；而从新闻融合短视频传播看，5 家省级台贡献传播量 806.7 亿次，占全年总流量的 54.9%，与 2019 年 5 家省级台占总流量的 72.1% 相比，头部效应有弱化趋势，说明越来越多的省级台跻身新闻短视频头部竞争。

与此同时，融媒账号进入强势发展阶段，品牌 IP 赋能传播的效应逐渐显现。上海台“看看新闻 Knews”、江苏台“荔枝新闻”、四川台“四川观察”等成为台内的融媒产品创新主力。以新闻融合短视频传播为例，传播

① CSM 媒介研究短视频监测平台涵盖抖音、快手、今日头条、腾讯新闻等 9 个平台。

量 TOP50 账号中有 15 个融媒账号，发布量 119.4 万条，占 TOP50 账号总发布量的近六成；传播量 615.7 亿次，占 TOP50 账号总传播量的五成以上。

二　网络传播效果成为新闻融合传播重要影响因素

2020 年，广电机构在融合发展的道路上继续积极探索，部分省级台创新谋划特色融媒发展路径，新闻融合传播指数领跑全国。指数排名前 10 位为上海台、河南台、广东台、浙江台、山东台、贵州台、北京台、黑龙江台、江苏台、湖北台。与 2019 年相比，河南台、贵州台排名上升明显，跻身前十。

上海台坚持以新闻立台，在各新闻传播渠道均衡发展，电视大屏和“三微一端”传播指数均居前，呈现出深度融合发展的积极态势，蝉联新闻融合传播指数榜首。广东台、浙江台、山东台的新闻融合传播表现延续以往优势：浙江台新闻传播领域继续高效融合，新闻短视频、微信传播指数排名上升明显；广东台、山东台电视新闻节目传播优势突出，新闻短视频传播效果明显提升。河南台、贵州台在新闻融合传播指数上有亮眼表现，特别是疫情期间积极通过自有新闻客户端、短视频、微信、微博等平台发声，传播效能不断提升，用户沉淀成效明显。值得注意的是，2020 年省级台新闻融合传播指数显示，“三微一端”网络传播效果已经成为影响新闻融合指数变化的主导因素，河南台、贵州台的“弯道超车”，均受其新闻融合网络传播指数的强势带动。北京台、黑龙江台、江苏台、湖北台“以点带面”的特点更为突出，依托各自的优势传播渠道带动新闻融合传播指数值提升。

三　省级台线上化进程加速

建设自主可控的互联网平台，是省级台推进媒体融合向纵深发展的关键步骤。2020 年，省级台新闻融合自有客户端传播指数较 2019 年大幅提升，其中 6 家机构指数超过 100。从指数排名来看，贵州台、河南台、上海台、浙江台、广东台、天津台、四川台、黑龙江台、江苏台、北京台位居前10位。

贵州台、河南台自有新闻客户端“大象新闻”“动静”的月活跃用户数均增至百万级。为了提高用户留存，河南台“大象新闻”在校园复课后，持续加码线上教育服务，并在两会期间确立客户端首发机制；贵州台“动静”则不断升级娱乐休闲功能，增加视听、商城等功能模块。

除了疫情期间的“点状突破”，省级台也通过资源整合，探索实现自有新闻客户端建设“面上开花”。浙江台旗下新闻客户端“浙江+”改版升级为一站式车生活服务平台“北高峰”，黑龙江台“极光新闻”开辟“社区链”模块、上线“圈子”功能，持续增强社交属性。可见，为了满足用户多元需求，省级台自有新闻客户端在整合新闻资讯、政务信息，拓展电商直播、社交互动、教育服务等方面开展了一系列探索与尝试。但与商业平台相比，省级台自有新闻客户端的用户规模尚处低位、传播效能差距明显。

受疫情影响，移动端应用已成为新闻资讯大众传播的核心渠道与端口。对于广电机构而言，要实现从“借船出海”向“造船出海”的突破，面对的仍是一场持久的攻坚战，打通内外资源、深耕平台运营或成用户留存关键。

四　省级台新闻融合短视频传播指数

2020年的特殊环境助推短视频的渗透和迭代增长。省级台新闻融合短视频传播指数平均值为71.8。从指数排名来看，上海台、河南台、山东台、四川台、广东台、湖北台、浙江台、福建台、北京台、安徽台位居前10位，其中前6家机构指数超过100，传播表现均超过2019年最优水平。

上海台蝉联省级台新闻融合短视频传播指数年度榜首，指数高达244.3，旗下融媒品牌“看看新闻Knews”全年发布超64万条短视频，收获超174.3亿次播放量。河南台新闻短视频全年播放量超过140亿次、互动量近11亿次，分别位列省级台第二、三位。山东台新闻融合短视频传播指数排名升至第三位，融媒账号“闪电新闻”持续强化与抖音平台合作，在“内容+技术”的深度融合下，互动量较2019年快速提升。

五　省级台新闻融合微信、微博传播指数

2020 年省级台新闻融合微信传播指数平均值为 91.2，高于 2019 年平均水平。从指数排名来看，黑龙江台、广东台、上海台、辽宁台、浙江台、陕西台、贵州台、湖北台、内蒙古台、山西台位居前 10 位，且指数均高于 100。与 2019 年相比，浙江台、湖北台指数排名上升明显。黑龙江台 2020 年蝉联省级台新闻融合微信传播指数榜首，指数值高达 293.5，且全年有 10 个月均居首位。

省级台地面频道新闻栏目微信公众号，以更具贴近性、服务性的内容，释放出更大的传播价值。比如，广东台“广东公共 DV 现场”、上海台“新闻坊”、黑龙江台“新闻夜航”全年传播量均破 2 亿次。辽宁台“新北方”“新闻正前方”、陕西台“陕西都市快报”、内蒙古台“都市全接触”“NMTV 新闻天天看”、海南台“直播海南”等基于地面频道新闻栏目的微信账号，密切关注民生动态，吸引用户长期关注，纷纷跻身新闻微信传播量头部账号。

从微博传播情况看，2020 年省级台新闻融合微博传播指数平均值为 61.6，高于 2019 年平均水平。指数排名前 10 位的是北京台、江苏台、浙江台、陕西台、上海台、山东台、湖北台、河南台、福建台、黑龙江台，且前 5 位省级台的指数均高于 100。其中，江苏台、陕西台、湖北台指数排名相较于 2019 年上升明显。

北京台 2020 年蝉联省级台新闻融合微博传播指数榜首，指数值高达 281.3，旗下微博账号合计粉丝量近 3700 万人，发布内容紧跟社会热点；陕西台注重微博运营，全年新闻微博发布量超 12 万条，居省级台之首，“陕视新闻”“陕西都市快报”“第一新闻”等账号所发布的若干本地新闻内容均在热门微博之列。江苏台全年微博互动量超 4300 万次，“荔枝新闻”“江苏新闻”两账号分居省级台新闻类微博账号互动量第二、三位，依托热点新闻和话题运营，巩固优势传播地位。

B.32

2020年中国地方电视台新闻短视频传播盘点

王丽　梅杰*

摘　要： 随着媒体融合发展持续快速向纵深方向推进，地方电视台不断深化转型升级，加强在短视频领域的布局。地方电视台新闻短视频表现出以下特点：机构发展稳定、机构间新闻短视频的发布与传播呈现出明显分化；头部效益显著，台内融媒体账号和栏目账号共筑传播生态；新闻聚合平台和短视频聚合平台分别成为发布、传播的主战场。

关键词： 地方电视台　新闻短视频　第三方平台

一　地方电视台新闻短视频传播特点

综览2020年地方电视台新闻短视频传播表现，机构、账号间传播效果阶梯化分布愈加明显；地方台加强融媒品牌建设，传播生态由以栏目账号贡献为主转变为融媒品牌与栏目共建；聚合类新闻客户端是当前主要分发渠道，但多平台分发已成趋势。

1. 地方电视台新闻短视频持续发展，省级电视台仍是新闻短视频传播主力

地方电视台新闻短视频持续发展，省级电视台新闻短视频收获1015.3亿

---

* 王丽，中国广视索福瑞媒介研究（CSM）融合传播研究事业部研究经理；梅杰，中国广视索福瑞媒介研究（CSM）融合传播研究事业部研究主管。

次传播量，城市台新闻短视频收获328.7亿次传播量，省级电视台仍是新闻短视频传播主力。2020年，在抖音、快手、今日头条、腾讯新闻四个平台上，省级电视台旗下新闻短视频账号共计464个，其中在更账号376个，共计发布230.9万条新闻短视频，收获传播量1015.3亿次，其中播放量919.4亿次，互动量95.9亿次，机构间新闻短视频的发布与传播呈现明显分化的特点。

基于45家中心城市广电机构239个新闻类短视频账号的连续监测，2020年在更账号225个，共发布短视频67.2万条。总传播量为328.7亿次，其中总播放量293.9亿次、总互动量34.8亿次。平均单条短视频的播放量、互动量分别为43735次和5175次。

2. 社会民生新闻短视频贡献高传播量

从省级电视台高流量短视频内容类型来看，全年4个平台传播量TOP1000短视频中，社会民生新闻短视频发布量、播放量占比均超六成，单条视频平均传播量为715.6万次。

在城市台的67.2万条短视频中，传播量TOP1000短视频的累计传播量为115.7亿次，占所有短视频传播量的35.2%。全年播放量TOP1000的短视频内容基本为社会民生新闻。

3. 地方电视台发挥主流媒体优势助力战“疫”

2020年1～2月正值新冠肺炎疫情暴发初期，省级电视台发挥主流媒体的责任担当和资源优势，及时更新疫情动态、防控部署等信息，成为权威、可靠的信源渠道。从短视频播放量数据看，2月播放量达87.4亿次，较1月上涨12.0%，达到上半年峰值。

3月省级电视台进一步加大疫情防控相关内容发布力度，短视频发布量达到全年峰值（21.7万条）。而4～12月，除国庆长假期间发布量较低外，其余月份发布量基本保持在19万条左右。随着复工复产以及疫情防控等高关注度内容减少，省级电视台新闻短视频播放量、互动量从3月起逐月下降，至5月到达全年最低点41.7亿次。

城市台的视频发布量多数月份稳定在5万～6万条。作为具有公信力的区域媒体，城市台在疫情期间也积极通过短视频等新媒体渠道及时传达政府声音，发布疫情权威消息，高效回应百姓关切。

4. 地方头部电视台发布主力

省级电视台新闻短视频发布量差异化明显，发布量领先的 8 家电视台的合计发布量达到 137. 1 万条，发布量占总量的 59. 4%。上海台一家发布 31. 4 万条，占比 13. 6%。江西、广东、浙江和安徽台的发布量均超过 15 万条，山东台、河南和福建台发布量为 10 万 ~15 万条。

45 个中心城市台在新闻融合传播实力上已经逐渐拉开差距。根据 2020 年全年数据，长沙台、成都台、苏州台等 11 个电视台的新闻短视频发布量和传播量均在 45 城平均水平以上，在城市台新闻短视频市场中具有较强竞争力。

与此同时，地方广电机构头部电视台在流量方面的头部效应也较为显著，如省级电视台四川台、河南台、山东台、湖北台、广东台位列传播量前 5，合计传播量达 553. 8 亿次，占总传播量的 54. 5%。处于高传播量第一梯队的四川台、河南台、山东台和湖北台，短视频日均传播量均超过 2000 万次。

城市台也呈现类似趋势，从播放量看，城市台新闻短视频播放量累计超过 293 亿次，全年播放量排名前 10 位的城市台与其余城市台在播放量上差距较大，以长沙台为首的第一梯队发布的新闻短视频总量占 45 个城市台播放总量的 84. 4%，且各台日均播放量均在 320 万次以上。

二　省级电视台新闻短视频发布、传播分析

省级电视台在新闻短视频发布、播放、互动方面存在分化。发布量方面，上海台日均发布超 800 条，遥遥领先；播放量方面，河南台、四川台入围“百亿俱乐部”；互动量方面，互动量 TOP3 合计占比超五成。

1. 头部五家电视台合计贡献53. 2% 的播放量

播放量位居前五的省级电视台贡献总播放量的 53. 2%（见表 1）。同时，高播放量电视台的月度播放量波动较大，湖北台、河南台、四川台在全年不同阶段交替领先，山东台播放量相对稳定。四川台和河南台在 2020 年

9月之后播放量双双大增，与其他机构拉开差距，高播放量短视频以各地社会民生新闻居多。

表1　2020年省级电视台新闻短视频传播数据TOP10

单位：亿次，%

机构名称	传播量	传播量占比	播放量	播放量占比	互动量	互动量占比
四川台	149.7	14.7	128.9	14.0	20.7	21.6
河南台	142.6	14.1	131.9	14.3	10.8	11.3
山东台	100.0	9.8	79.5	8.7	20.5	21.3
湖北台	96.2	9.5	88.9	9.7	7.4	7.7
广东台	65.3	6.4	59.6	6.5	5.7	5.9
福建台	57.1	5.6	49.9	5.4	7.2	7.5
上海台	49.2	4.8	47.8	5.2	1.5	1.5
贵州台	40.2	4.0	36.6	4.0	3.6	3.8
浙江台	37.1	3.7	34.4	3.7	2.6	2.7
黑龙江台	37.0	3.6	35.6	3.9	1.4	1.4
总计	774.4	76.2	693.1	75.4	81.4	84.7

资料来源：中国广视索福瑞媒介研究。

2. 互动化传播两极分化

2020年，新闻短视频互动量最高的前5家机构分别为四川台、山东台、河南台、湖北台和福建台，合计互动量达66.6亿次，占比达69.4%。

四川台、山东台、河南台和湖北台播放量和互动量双高，但其间变化趋势不同。四川台互动量最高的8月播放量处于相对平稳水平；山东台播放量波动小但是互动量自8月开始断崖式下跌，因为多个主力账号的互动量从6月开始依次缩减；河南台和湖北台2020年下半年播放量抬升，互动量未显示相应提高。

上海台的发布量远超其他机构，占整体发布量的13.6%，但播放量仅占5.2%、互动量仅占1.5%（见表1），内容量转化为传播量的效果有待加强。

三　省级电视台新闻短视频账号发布、传播分析

省级电视台新闻短视频流量持续向头部账号集中，台内核心账号包揽主

要内容生产和传播任务。账号流量的头部效应凸显，省级电视台的48个头部短视频账号贡献了总发布量的51.8%、总传播量的70.5%。各省级电视台融媒体中心整合台内各频道节目资源，优化内容分发机制与流程，成为传播创新主力，融媒账号和栏目账号共筑传播生态。

1. TOP20账号贡献超六成传播总量

2020年省级电视台新闻短视频账号发布的短视频日均传播量达75.6万次。传播量前20的账号的发布量和传播量分别占总发布量的28%和总传播量61.3%（见表2）。

表2　2020年省级电视台新闻短视频账号发布量与传播量TOP10

序号	账号	账号属性	发布量（万条）	发布量占比（%）	传播量（亿次）	传播量占比（%）
1	四川观察	融媒账号	5.1	2.2	148.0	14.6
2	河南民生频道	频道账号	1.2	0.5	44.7	4.4
3	看看新闻	融媒账号	27.9	12.1	40.4	4.0
4	湖北新闻	融媒账号	2.7	1.2	38.0	3.7
5	长江新闻号	节目账号	1.3	0.5	32.7	3.2
6	河北广播电视台	频道账号	3.4	1.5	30.3	3.0
7	海峡新干线	节目账号	1.5	0.6	29.3	2.9
8	动静视频	融媒账号	0.4	0.2	28.6	2.8
9	山东齐鲁频道	频道账号	0.4	0.2	28.1	2.8
10	河南都市频道	频道账号	2.0	0.9	24.6	2.4

资料来源：中国广视索福瑞媒介研究。

2. 融媒账号与节目账号共筑短视频传播生态

省级电视台短视频账号中，融媒在更账号66个，节目在更账号234个，频道在更账号76个。融媒账号数量占比17.6%，发布量和传播量则分别占到34.3%、35.7%。作为省级推进媒体融合的排头兵，融媒体中心整合台内各频道节目资源，发力短视频业务，采取一次采集、多渠道分发的模式，产生了较好的传播效果，成为台内的融媒产品创新主力。

四　省级电视台在主要第三方平台的短视频发布与传播分析

1. 头部台短视频分发集中于今日头条和腾讯新闻

2020 年省级电视台新闻短视频分发主力平台为今日头条和腾讯新闻，分别承担了 52.9% 和 28.4% 的发布量。上海台、浙江台、江苏台、湖南台和北京台等头部台尤为明显，其中上海台和浙江台在两平台分发的内容合计分别占分发总量的 93.4%、91.5%。抖音和快手，成为省级电视台新闻短视频传播的主战场，抖音互动量占比 82.0%，快手播放量占比 61.9%（见图 1）。

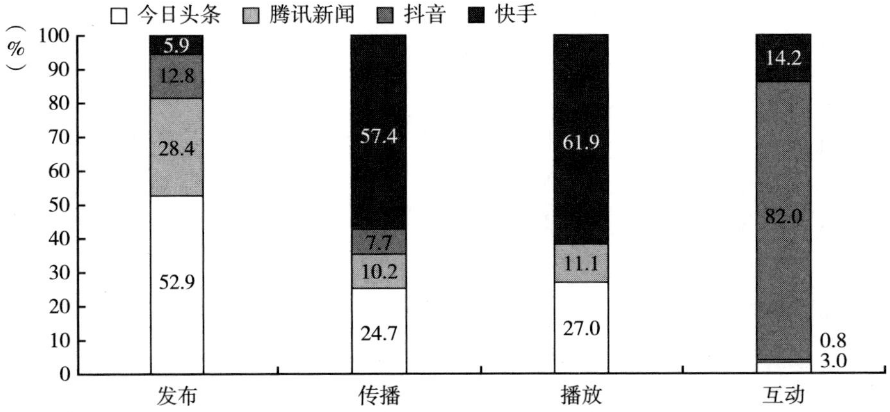

图 1　省级电视台短视频发布和传播的第三方平台分布

资料来源：中国广视索福瑞媒介研究。

2. 快手是播放量重要支撑，抖音是互动传播支柱平台

新闻短视频播放量超过 10 亿次、占总播放量 95.6% 的 19 家电视台多数从快手获得最大流量来源。在快手平台分发内容的电视台，都获取了数倍于内容分发比例的播放量贡献比例，通过快手平台达成高传播量目标。如河南台在快手平台上的发布量仅占全台的 17.2%，却收获了全台 79.7% 的播

放量；四川台分布在快手平台上的13.6%内容量，撑起全部播放量的93.6%。

有15家电视台的互动量多于1亿次，其合计互动量占总互动量的92.8%，在抖音平台的发布量分别占本台总量的4%～32%不等，获得的互动量却多数占本台总量的60%以上。

B.33
2020年中国IP产业发展报告

黄忻渊　杨欣悦*

摘　要： 版权全产业链可分为主营版权储备及交易的上游市场、通过多样影视内容实现价值变现的中游市场和以衍生品为主的下游市场，近年来各市场发展均呈增长态势。未来，借助跨平台属性，版权将在生产应用中不断泛化，成为贯穿于文化产业乃至其他行业的一条重要线索，也将是消费市场上重要的变现手段。

关键词： IP产业　盲盒经济　短视频化　IP变现

一　IP产业发展现状

当前中国版权（Intellectual Property，IP）产业已在产业链和产业生态维度获得了良好的延伸和拓展，具备强烈的商业性和产业链特征。以与文化IP关系最紧密的网络版权产业为例，2019年，中国网络版权产业市场规模达9584.2亿元，同比增长29.1%，而该市场规模在2013年仅为2157.8亿元。①

IP产业涉及版权交易、影视内容制作发行以及实景娱乐和玩具等一系

---

* 黄忻渊，清华大学、腾讯联合培养博士后；杨欣悦，清华大学新闻与传播学院硕士研究生。

① 数据来源：中国音像与数字出版协会、中国网络视听节目服务协会、艾瑞咨询、艺恩智库，腾讯研究院综合测算，2020年2月。

列衍生产品的开发，其全产业链可分为主营版权交易的上游市场，通过多样影视内容实现价值变现的中游市场和以衍生品为主的下游市场。

上游市场的市场规模达百亿元级别，网络文学是上游市场主要的资源。在以影视剧集为代表的中游市场，影视公司从上游获取 IP 后进行再创作与开发，通过电视剧、电影、网络剧等方式实现内容变现，市场规模接近千亿元级别。以游戏、动漫衍生品为代表的下游市场的市场规模也达千亿元级别。国内手游行业爆发式增长显示出 IP 在以玩具、手游、实景娱乐为代表的衍生品市场方面巨大的开发价值。未来，国内政策扶持、产业改革创新、行业转型升级以及消费能力的持续攀升，都将推动 IP 产业的进一步发展。

2020 年 11 月，文化和旅游部发布《文化和旅游部关于推动数字文化产业高质量发展的意见》，这是政府在政策层面首次提出版权（IP）概念，并提出 IP 依托于动漫游戏、网络视频、网络文学等形态的创造性转化与创新性发展，这一文件的出台，将进一步促进 IP 产业的快速发展。

二　IP 产业发展特征

1. 上游市场：头部企业争相布局，网络文学改编逐渐成熟化

目前 IP 上游市场以网络文学为主要来源，IP 市场的繁荣促使以 BAT 为代表的互联网企业加速布局网络文学：2014 年百度成立百度文学；2015 年腾讯收购盛大文学，成立阅文集团。互联网企业旗下的内容平台通过自主创作、投资收购等方式储备优质网络文学 IP 资源，再通过自主开发、授权等方式盈利。

2. 中游市场：短视频化内容 IP 崭露头角

近年来短视频市场发展迅速，这一趋势加大了视频平台在短视频版权方面的投入。借力 IP 资源的精品短剧、微剧等短内容，各大视频巨头精心布局内容板块，用以争夺存量短视频用户。早在 2019 年，快手即推出名为“追鸭”的 App，专门孵化短剧内容生态。2020 年 10 月字节跳动表示要拿出 20 亿元补贴西瓜视频和抖音的短剧内容；12 月腾讯视频宣布将正式布局

微剧类中视频业务；百度的好看视频宣布投入10亿元补贴创作者。短、微剧具有投资小、制作周期短、上线快的特点，这为视频内容追寻网络热点、满足受众兴趣创造了空间，极易成为爆款内容。

3. 下游市场：潮玩市场高速发展

随着“Z世代”逐渐成为消费市场的主流，潮流玩具作为艺术、设计、潮流等多元素理念的融合体，渐渐成为年轻人精神世界的产物，被赋予独特的价值。潮流玩具市场被迅速打开，市场规模飞速增长，市场空间巨大。国内潮玩行业产业链上游为IP授权或IP原创，中游为产品设计及制造，下游则是渠道、营销及社群。以“IP原创—盲盒生产—实体店销售、社群营销”打通全链路经营的代表性头部公司——泡泡玛特打开了潮玩行业的新格局。虽然该领域发展较快，但整体来看国内潮玩行业目前仍处于早期发展阶段，上游IP内容与下游衍生品尚未形成全面联动，未来的商业化价值潜力巨大。

三　IP产业发展趋势

1. IP玩法愈发多元化、创新化

从消费端来看，消费者消费理念不断升级，消费心理发生变化。以情绪需求为主导的消费将成为未来消费领域大部分增量的来源。部分传统消费品必然面临着“重生”，需要被赋予更多的缓解压力、增加快乐等解决情绪问题的功能，所以需要在产品的外观、工业设计、品牌形象、与消费者的关系等方面对其进行重塑。相应地，IP产品及变现方式不再局限于网络文学、影视剧、游戏之间的互相改编和跨界的联名营销，将更加多元化、创新化，盲盒的火热就是典型的例子。①

2. IP精品化路线成大势所趋

IP精品化趋势在影视剧市场表现明显。2018年，众多大IP制作电视剧在收视和口碑上均十分惨淡，“大IP+流量明星”的运作方式开始失效。之

① 盲盒是指消费者不能提前得知具体产品款式的玩具盒子，具有随机属性。

后在政府有关规范的管制下，IP 改编趋于理性，市场竞争逐渐正规化，高质量的 IP 打造不断增加。正如腾讯公司副总裁、企鹅影视首席执行官孙忠怀所说，“走过以流量为核心的‘圈地’阶段，制作精良、拥有高口碑、高流量的精品化内容正成为视频行业最为核心的竞争力”。头部互联网公司均在 IP 布局上明确精品化路线：腾讯在《2020 腾讯视频年度指数报告》中指出以新精品内容驱动价值增长；爱奇艺表示将坚持精品发行战略，“与潜力 IP 一同长跑，深挖 IP 市场潜力”①；B 站表示始终坚持 IP 化、精品化战略。②

精品化趋势的成果日益显著，影视剧作为 IP 的衍生品其质量近年来也大大提高。在 2020 年豆瓣评分 8 分以上的国产剧集中，IP 衍生作品占据近一半。

IP 游戏行业规模也不断扩大，IP 改编游戏占据移动游戏市场六成以上份额，并持续增长。③ 该市场竞争逐渐激烈化，用户对于游戏产品的甄别能力日益提升，早期“披着 IP 外壳”的模式已难以立足，逐步被市场淘汰。另外，国家广播电视总局开始通过版号调控游戏发行总量。在政策调整下，游戏审核的监管压力增大，游戏产品将向精品化方向发展。

3. IP 跨界发展常态化

2020 年，IP 市场持续火热，更多行业入局，跨界玩法层出不穷。中秋之际，奈雪的茶联手故宫 IP 推出了 2 款“芳盒”系列月饼，月饼设计从古董瓷器、掐丝珐琅、宋徽宗喜爱的字画等文物中获得灵感，深受年轻人喜爱。除文创衍生品外，IP 影视剧的跨界更是常态。2020 年春节档电影《侍神令》备受关注，除明星阵容外，最根本的原因在于电影改编自现象级手游《阴阳师》。2020 年 10 月网易公司旗下的经典游戏《阴阳师》被公布整

① GameLook：《爱奇艺高级副总裁何云鹏：开启 IP 全球化，与合作伙伴共赢未来》，2019 年 5 月。

② 游戏智库：《B 站三季度营收达 32.3 亿元，精品化 IP 化战略成效显著》，2020 年 11 月。

③ 中国产业信息：《2019 年中国移动 IP 游戏行业发展现状及未来发展趋势分析：精品成 IP 生命力延续关键》，2020 年 3 月。

体估值达702.2亿元，[①] 与该IP相关的小说和衍生影视作品都积累了大量的受众，为《侍神令》带来了一定的商业价值保证。

4. IP与传统文化互相赋能

中国悠久的历史与传统文化为文化IP提供了丰富的资源和更具深层内涵的价值，同时文化IP的打造为传统文化的传承与创新创造了崭新而有力的途径。近年来，头部互联网企业加强了传统文化与IP产业的互相赋能，以科技助力文化价值传承，不断推出行之有效的策略活化传统文化。例如，腾讯游戏《奇迹暖暖》联合故宫博物院，在传统服饰文化领域进行形象授权合作，推出的宫廷服饰皮肤总下载量近4000万次。[②] 腾讯还与故宫博物院共同打造"古画会唱歌"全新文创项目，由QQ音乐联合人工智能、唱作歌手及原创音乐人，以《清明上河图》《韩熙载夜宴图》等10幅古画为灵感进行歌曲创作，并激发更多年轻人以音乐为触点，共同探索通过现代音乐"活化"传统文化的创新方式。

当下，文化消费市场越来越大，文化产品形态也愈发丰富。IP凭借其跨平台的属性，以漫画、小说、电影、玩具、游戏等不同的形态存在，并随意切换，在这个新兴消费时代被赋予了巨大势能。互联网企业和影视内容平台会不断致力于打通IP内容的全产业链，让小说、动漫、电视剧、游戏、电影等内容在互联网环境下逐渐高度互通，通过内容产品挖掘IP品牌影响力、撬动粉丝经济。IP将在生产应用中不断泛化，成为贯穿文化产业乃至其他行业的一条重要线索，也将是消费市场上重要的变现手段。

① 艾瑞咨询：《中国游戏IP价值案例研究报告——阴阳师》，2020年10月。

② 《人民日报》海外版：《故宫腾讯十大领域合作 探索"数字文保"中国经验》，2018年10月。

B.34
区块链技术在中国视听媒体版权领域中的应用

严 波　王玉奇*

摘　要：随着中国融媒体传播格局的逐步形成，视听媒体开辟了新兴的传播渠道，并迎来了广阔的发展空间，但网络环境中的侵权盗版行为仍然制约并阻碍着视听媒体的可持续发展。难得的是，以区块链为代表的新技术为版权保护提供了新思路和新方法。如何掌握并运用好区块链等新技术来加强版权保护、促进可信化版权交易机制的形成是中国视听媒体版权领域的重要课题。

关键词：视听媒体　融媒体传播　版权保护　版权交易　区块链

近年来，视听媒体行业的融合发展逐步加速，内容生产、传播和经营模式不断更新，全媒体传播格局正在快速形成。但在行业快速发展的同时，侵权盗版也给网络环境中视听媒体业的发展带来巨大的挑战。若能有效采用区块链等新技术加强版权保护、促进可信化交易机制的形成，必将进一步推动视听媒体行业的发展，从而健全中国文化产业体系。

---

* 严波，中央广播电视总台总经理室版权运营中心副主任；王玉奇，中央广播电视总台总经理室版权运营中心法律事务专员。

一　侵权盗版仍是网络环境中视听媒体行业发展的最大挑战

自2005年起，国家版权局联合相关部门开展打击网络侵权盗版的“剑网行动”。到2019年，该行动已经连续开展15年，共查办网络侵权盗版案件7000余起，依法关闭侵权盗版网站近8000个，删除侵权盗版链接近400万条，收缴侵权盗版制品近1500万件，移送司法机关追究刑事责任案件近800件。[①]“剑网行动”取得的显著成果从一个侧面说明了盗版侵权的严重程度。

盗版的猖獗给版权产业带来严重伤害，也同时阻碍了视听媒体行业的进一步发展。早在2017年，Digital TV Research就发布报告称，Netflix、腾讯视频、优酷等全球范围内的流媒体皆因平台内容被侵权盗版而损失惨重，在2022年损失的金额预计将超过500亿美元；侵权盗版也给中国经济造成巨大损失，2016年的损失高达42.36亿美元，预计2022年的损失将接近100亿美元。[②] 艾瑞的研究发现，月活超300万人的活跃盗版视频网站年度流量变现潜力在1亿~2亿元，这和正版视频网站的盈利能力几乎持平，让人触目惊心。[③]

二　区块链等新兴技术为版权保护和产业发展带来新机遇

1. 中国在区块链等新技术研发和应用方面已居世界前列

目前，中国在区块链等技术的研发和应用方面已居世界前列。根据中国

① 国家版权局：《2019年中国网络版权保护年度报告》，2020年9月16日。

② Digital TV Europe：*Piracy to Cost TV and Film Industry US $52bn by 2022*，https：//www.digitaltveurope.com/2017/10/30/piracy-to-cost-tv-and-film-industry-us52bn-by-2022/，2017年10月30日。

③ 艾瑞咨询：《2019中国盗版视频网站流量变现研究报告》，2019年4月。

信通院 2020 年 10 月发布的数据，中国区块链相关学术论文发表量居全球首位（1189 篇），高于美国（1089 篇）、英国（345 篇）。[①] 根据全球知识产权第三方机构 IPRdaily 联合 incoPat 创新指数研究中心发布的数据，2020 年上半年，全球区块链专利数量排名前 10 的公司中，中国就有 7 家，排名前 100 的企业中，中国有 46 家。[②] 2020 年上半年，中国在区块链的跨链技术、隐私保护技术、数据安全技术方面取得了不少创新。

国家各部委高度重视区块链产业发展，积极出台相关政策，强调各领域与区块链技术的结合发展。2020 年上半年国家共发布与区块链相关的政策 26 项，超过了 2019 年全年的数量。另外，地方政府也重视区块链技术的落地应用，出台相关专项扶持政策，探索区块链产业发展路径。截至 2020 年 6 月底，已有湖南、贵州、海南等 12 个省市出台区块链专项政策。全国共有 15 个省、28 个城市成立 44 家区块链产业园区。目前，经工商部门登记注册的区块链相关企业有 4 万余家，2020 年上半年具有投入产出的区块链企业超过 300 家。根据赛迪区块链研究院的统计数据，2020 年上半年中国区块链产业市场规模达 17.15 亿元，同比增长 246.46%。[③] 从前述数据可以看出，区块链产业在中国快速发展，集技术研发、平台支撑、服务配套、行业应用于一体的产业链逐步形成。[④] 综合来看，区块链技术的融合应用已经在中国大范围地开展开来，在金融、医疗、公益、政务等多个领域有实际的应用，而这些实际的发展为区块链技术在版权领域的应用提供了巨大的支持。

2. 区块链技术对视听媒体版权保护前景可期，但成熟度仍然不足

区块链技术在视听媒体版权保护领域已经有应用并取得一定进展，但其应用领域还较为狭窄，与版权业务的结合仍有不足，远未满足视听媒体在加

① 中国信息通信研究院等：《区块链白皮书（2020 年）》，2020 年 12 月。

② Iprdaily：《2020 上半年全球企业区块链发明专利排行榜》，2020 年 7 月 29 日，http://www.iprdaily.cn/news_25399.html。

③ 赛迪区块链研究院等：《2020 年中国区块链发展现状与展望（上半年）》，2020 年 10 月 24 日。

④ 中国信息通信研究院等：《区块链白皮书（2020 年）》，2020 年 12 月。

强版权保护能力、减少版权交易成本、提高版权信息透明度、建立版权互信体系及相关机制建设等方面的诉求。

首先，区块链技术在版权领域的应用已经找到立足点和发力点。2018年10月，随着杭州互联网法院司法区块链平台正式上线，该法院成为中国首家采用区块链技术协助案件审理的法院。2019年4月，北京互联网法院采用“天平链”证据进行案例判决。2019年8月，中央与地方多个部门编写的《区块链司法存证应用白皮书》正式发布，该书对区块链电子数据存证特点及系统设计原则进行了详细介绍，对于区块链技术在司法领域的应用具有指导意义。

在司法系统之外，区块链初创企业、大型互联网公司、传统内容生产单位也都在积极应用区块链技术。2020年上半年落地的146个区块链行业应用中，有11个应用于电子存证领域，3个应用于版权保护与交易领域。①

其次，区块链在视听媒体版权领域的应用仍其然不足。目前，区块链技术除了应用于存证、取证之外，其技术优势还未完全得以发挥，尤其是对于视听媒体行业发展中林林总总的版权障碍和问题，未能提出更加有效和完善的整体解决方案。区块链技术领域也由于利益问题存在条块分割、相互排斥的问题，尚未能形成有效针对侵权盗版的统一体系和信任机制。

三　如何用好区块链技术是视听媒体版权领域的重要课题

由于饱受盗版侵权的危害，加之视听作品版权经济价值往往较高，中国视听作品版权交易一直以来存在版权权利信息不清晰、买卖各方缺乏信任、版权交易效率低下，以及“交易成本高、市场难做大”等问题。如何用好区块链等新技术，有效应对版权侵权危害，并建立可信化的版权交易机制，

① 赛迪区块链研究院等：《2020年中国区块链发展现状与展望（上半年）》，2020年10月24日。

是视听媒体版权领域的重要课题。

区块链技术可有效解决知识产权尤其是版权交易中的信任构建等难题。区块链技术与智能合约等激励机制结合，形成全行业的交易品牌公信力和强有力的法律维权能力，将在最大程度上降低交易风险、提高交易效率、扩展交易范围，有利于广播影视版权内容在互联网上的流通和交易。

以区块链技术为基础，综合运用大数据、人工智能等技术，可以建立版权信任交易体系，促进中国版权产业发展。利用区块链技术建立数字作品溯源体系，可实现数字权利的快速检索。利用区块链智能合约技术，建立点对点的可信交易体系，自动代扣，自动履约，打破信任壁垒，可实现权利人与平台间的无接触在线交易。运用人工智能与区块链智能合同构建合同授权系统模型，自动生成符合法律要求的电子签名、可直达司法系统的授权文书，可解决无人干预模式下版权交易后授权协议签署问题。在版权联盟链的基础上构建版权参与各方的信用评级体系，引入激励与惩罚措施，可约束和震慑违规行为。

通过对区块链等技术的应用，可为权利人与使用方之间建立透明、安全、高效、低成本的交易通道，有利于满足当下数字作品规模化交易的需求，同时构建一套科学的版权交易新秩序。另外，依托交易系统的数据积累，可以定期出台行业原创内容监测大数据分析报告，并利用数据不断完善评估模型，解决版权价值评估难题，促进版权金融业务发展，助力视听产业的高质量发展。

综上所述，区块链技术的应用对促进中国视听媒体版权领域的发展具有重要意义。同时，视听媒体版权领域也为区块链等先进技术的应用提供了最佳的舞台和市场空间。依靠中国区块链等新技术在世界范围内的优势，在政府政策的巨大支持下，产业、技术方如果能够消除壁垒，扩大合作，致力于消除盗版侵权隐患，建立可信任的版权交易机制，积极扩大行业版权交易规模，中国视听媒体版权领域必将迎来又一个发展的春天。

B.35
2020年中国在线教育市场发展报告

冯　锦*

摘　要：　自互联网诞生之初，教育行业就开始了互联网探索，并随着网络技术的发展不断进化。今日的在线教育，在利用网络技术降低学习成本与运营成本的同时，致力于解决沟通难点、增强学习效果，在线教育的渗透率因此不断提升。在疫情期间，在线教育不受时空限制的特点让“停课不停学”成为可能，也因此受到更多人认可。未来的在线教育有望持续向好发展，在国家政策的引导下，加深对线上线下教育融合发展模式的探索，为教学工作赋能。

关键词：　在线教育　远程教育　教育信息化　教育OMO

一　在线教育的定义及发展要素

在线教育，也称远程教育，是将现代信息技术运用于教育后产生的概念，是通过互联网完成备课、教学、考试、练习等教学环节的信息化教学行为。虽然在线教育是基于互联网的教学与学习行为，但其本质仍然是教与学。在线教育是利用信息技术开展的教学工作，因此在线教育的发展离不开信息技术的支撑，信息技术的发展程度决定了在线教育的发展走向，在2G、3G、4G以及正在迎接的5G时代，在线教育不断进化

* 冯锦，央视市场研究（CTR）移动用户指数事业部高级分析师。

并以不同的形式出现，产品形态逐渐变得饱满立体。在线教育的发展要素有以下几个方面。

第一，国家层面的支持与规范。在线教育的长期稳定发展，离不开国家在政策上给予的大力支持。2015 年起，在线教育高速发展，尤其在 2016 年互联网教育被纳入重点发展高新技术领域后，在线教育领域的投融资金额不断攀升，在经历两年市场激增之后，教育部出台了一系列规范在线教育发展的政策，市场停止野蛮生长，投融资数量开始减少（见表 1），一些优秀的在线教育企业浮出水面，市场增长稳健有序。

表 1　2010～2020 年在线教育行业投融资情况

单位：项，亿元

年份	投资数量	投资金额
2010	18	10. 38
2011	28	23. 74
2012	28	8. 58
2013	35	8. 89
2014	91	32. 16
2015	234	122. 76
2016	233	95. 79
2017	237	99. 83
2018	189	112. 03
2019	129	180. 55
2020	91	400. 89

资料来源：IT 桔子。

第二，重视教育的文化传承。在中国，教育一向被家庭所重视。中国居民教育花费的不断攀升为在线教育的长期发展持续注入能量（见表 2）。

表 2　2015～2019 年全国居民人均可支配收入与人均教育文化娱乐支出情况

单位：元，%

年份	全国居民人均可支配收入	全国居民人均可支配收入年增长率	人均教育文化娱乐支出	人均教育文化娱乐支出年增长率
2015	21966	8	1723	11
2016	23821	8	1915	11
2017	25974	9	2086	9
2018	28228	9	2226	7
2019	30733	9	2513	13

资料来源：国家统计局。

第三，拓宽职场边界的需求。在竞争激烈的职场社会中，学历和职业资格证书对收入有着显著的影响。根据 CTR 的调查数据，自 2016 年起，中国城镇居民参与成人教育培训的计划持续增加，截至 2020 年年底，27% 的城镇居民有参与成人教育培训的计划（见图 1）。

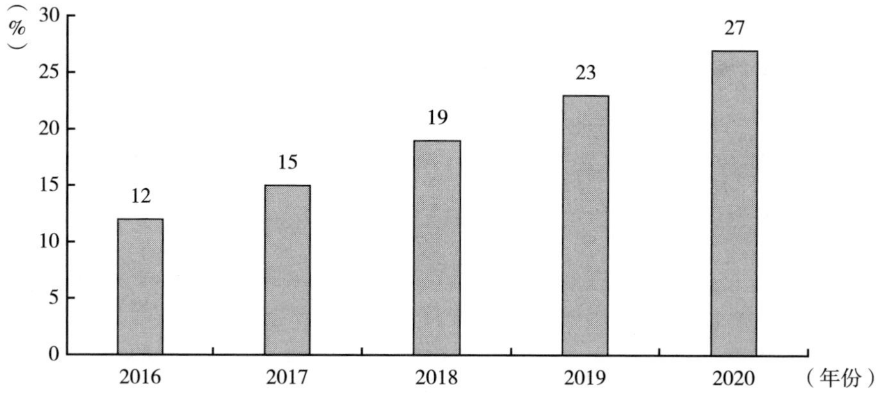

图 1　2016～2020 年全国城镇居民计划未来 1 年内接受成人教育培训的占比

资料来源：CTR“TGI 目标群体指数数据库”2016 年第四季度～2020 年第四季度。

二　在线教育发展现状

目前在线教育行业处于快速发展期，市场格局已初步建立，主要玩家已相继登场，但玩家间竞争激烈，市场地位仍待稳固。新冠肺炎疫情影响下的“居家”常态下，在线教育的发展得到催化。随着疫情得到控制，虽然在线教育用户规模有所下降，但考虑到互联网习惯的不断深入，未来在线教育仍会持续向好发展。

1. 在线教育行业格局

在线教育的行业版图可分为四大板块：为在线教育提供技术支持的教育信息化，针对学龄前儿童的学前在线教育，针对K12人群的K12在线教育，以及针对成人的成人在线教育，其中，K12在线教育发展得最为迅猛（见表3）。

表3　在线教育主要竞争格局

主要赛道	代表企业
学前在线教育	
全脑思维	火花思维、斑马AI、豌豆思维
幼儿英语	叽里呱啦、流利说
幼儿启蒙	洪恩识字、凯叔讲故事
K12在线教育	
辅学工具	作业帮、小猿搜题、题拍拍
家校互通	智学网、乐教乐学
综合网校	学而思网校、猿辅导、作业帮直播课、高途课堂
少儿英语	VIPKID、51Talk
一对一学科辅导	掌门一对一
少儿编程	编程猫、VIPCODE
兴趣素养	美术宝、美术蛙
成人在线教育	
学历教育	尚德教育
职业教育	中公教育
教育信息化	
技术服务商	科大讯飞
内容提供商	新东方、好未来

资料来源：外部资料，CTR整理收集。

K12在线教育又可根据用途的不同分为工具类和网课类两大部分，由于起步早、用户基数大，工具类在渗透率上大步领先于网课类。工具类赛道包括用于辅助学生学习的辅学工具类，以及用于教学沟通的家校互通类，辅学工具类与家校互通类在K12人群中的渗透率已经分别达到36%和29%（见图2）。

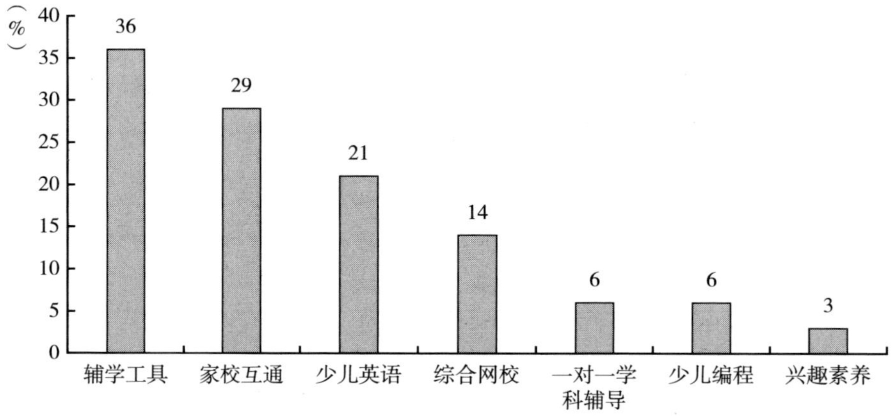

图2　K12细分赛道在K12群体中的渗透率

资料来源：CTR K12在线教育调研数据。

在网课类赛道中，少儿英语赛道发展较为成熟，以21%的渗透率领先于其他赛道，综合网校类是受疫情刺激发展最快的赛道，其中学而思网校、猿辅导、作业帮直播课等头部品牌已在K12教育领域耕耘多年，拥有一定用户积累，在市场上处于优势地位。与学而思网校、猿辅导等主推大班课教学形式的网校在疫情期间的爆发式增长不同，一对一学科辅导赛道发展平稳，用户体量相对较小，加之入局玩家较少，尚未掀起大规模的市场争夺战。

中国成人在线教育呈现市场分散、行业集中度低的特点。成人在线教育可分为在线学历教育和在线职业教育两大板块。在线学历教育包括成人高考、学历自考、开放大学、研究生入学考试培训等，在线职业教育包括资格认证培训和职业技能培训，目前成人在线教育市场对于职业教育的需求高于学历教育（见图3）。

学前教育赛道可分为幼儿启蒙类（如识字、儿歌、故事等）、针对英语学

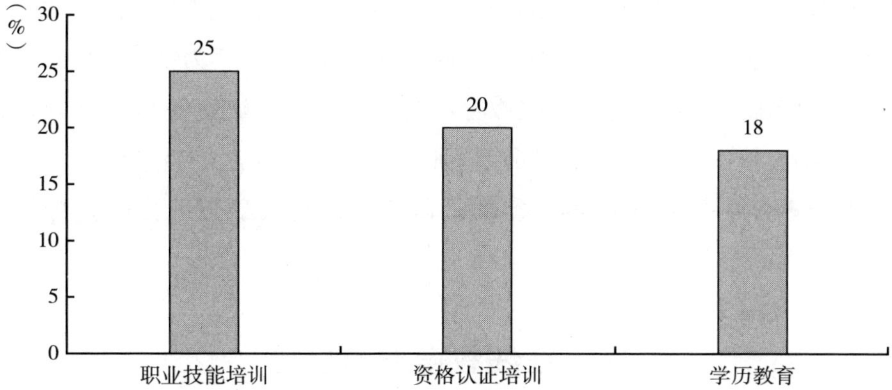

图3　成人教育细分赛道在受众群体中的渗透率

资料来源：CTR“TGI 目标群体指数数据库”2020 年第一季度。

习的幼儿英语类，以及涉及英语、数学等多学科的全脑思维类。近两年，全脑思维类受到热捧，经过几年的跑马圈地，以火花思维、斑马 AI、豌豆思维为首的头部品牌阵营逐渐明朗，但品牌间竞争激烈，一时之间难分高下。

2. 行业发展瓶颈

在线教育所处的互联网教学环境为教学服务的质量保障工作设置了更高的门槛。在线教育的教学工作服务边际更广，这无形中提高了优秀教师的标准，除了对教师的教学水平有要求外，对于教师的课堂气氛掌控、师生亲密度等也提出了更高的要求，加大了教师招聘难度。

在常见的在线 K12 双师大班教学模式中，辅导老师负责课后与学生及家长的深度沟通，了解学生的学习情况，工作通常更为烦琐和细致，学生规模大、沟通场景复杂，增大了辅导老师的工作难度；不少在线教育平台为了建立更亲密的用户关系，降低人服比，控制辅导老师的带生数量，导致辅导老师的供应更加紧缺。

3. 新冠肺炎疫情对在线教育的催化

2020 年突如其来的新冠肺炎疫情为教育行业的发展带来了深远的影响，尤其对 K12 在线教育产生了惊人的催化作用。为了抗击疫情，全国各地的线下培训机构全面停课，教育部要求延迟春季开学，并利用网络平台“停课不停教”“停课不停学”，保障学生在疫情期间的学习进度，亿万学生一夜之间涌入网络平台，数家在线教育企业响应国家号召，为学生提供免费的在线学习资源，共同促进了在线教育的井喷式发展。截至 2020 年 6 月，在线教育用户规模达到 4 亿人，同比增加了 63.7%。在这一特殊时期，在线教育打破教学活动对于时间、空间的限制，提高教学弹性化的优势得到关注。

三 在线教育发展趋势

1. 在线教育头部品牌跨科发展

在线教育对于空间、时间没有限制，无形中提升了在线教育品牌在课程布局上的丰富性，跨科发展门槛被降低；自 2018 年起，头部品牌跨科布局趋势凸显，着力建立多产品矩阵模式，实现全场景、全人群覆盖；对于聚集了大量生源的头部品牌，跨科布局一方面通过实现一站式教辅满足用户多种培训需求，增强用户便利；另一方面，有效巩固用户黏性，提升品牌竞争力。

2. 持续下沉的市场渗透

目前在线教育市场仍以一、二线城市为主，K12 在线教育在三、四、五线城市的渗透将逐渐带动下沉市场的发展。同时，中国 K12 在校学生规模一直保持稳中有升的趋势，截至 2019 年年底，全国 K12 学生规模达到 1.9 亿人，其中三、四、五线城市 K12 学生规模占到近七成，虽然用户体量庞大，但在课外培训市场渗透率上仍与一、二线城市有明显差距（见图 4）。2019 年，全国 K12 学生平均课外参培率为 52%，而三、四、五线市场的课外参培率仅为 47%，课外培训市场在下沉市场仍存在大量增长空间。

3. 教育 OMO：线上教育与传统模式的融合

在线教育自发展之初，就从未停止过线上线下融合教学的探索，试图通过线上线下融合，在线上真实还原线下课堂教学场景，为教学效果赋能。

2020 年 7 月，国家印发《关于支持新业态新模式健康发展激活消费市

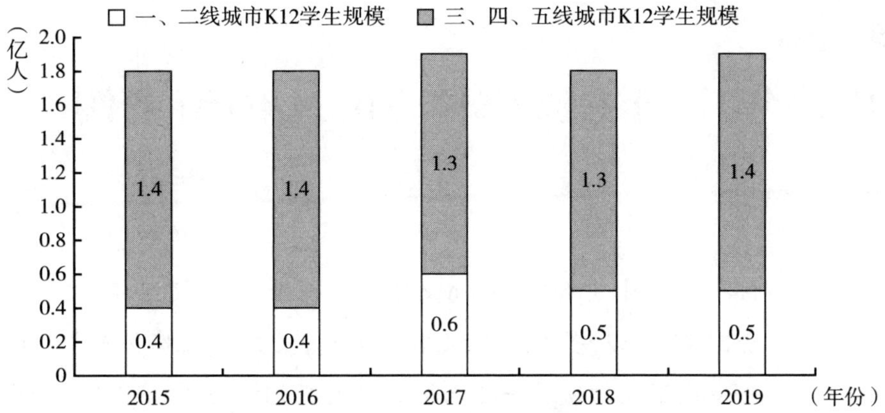

图 4　2015～2019 年 K12 学生规模

资料来源：教育部。

场带动扩大就业的意见》，提出“要大力发展融合化在线教学，构建线上线下教育常态化融合发展机制，形成良性互动格局”，明确支持线上线下融合的新型教育形态。好未来、新东方等教育龙头企业率先开始探索教育 OMO，并将在线教育与线下教育的融合作为未来几年的主要发力方向。线上线下的融合一方面为企业解决了运营成本高的难题，另一方面提升了用户的学习体验，企业与用户实现双赢。

B.36
2020年中国主流媒体 MCN 创新案例

万 强　安宝丹*

摘　要： 自2018年国内首家广电 MCN 成立以来，截至2021年上半年，全国至少有20多家广电媒体成立了 MCN,主流媒体布局 MCN 的步伐正在加快。一些入局较早的机构如芒果 MCN，已经形成了完整的产业链，进入了品牌升级阶段；稍晚入局的机构正整合各类资源谋求快速发展，例如，浙江广电采用体制内外强强联合的方式成立布噜文化 MCN，黑龙江广电以“融”赋能、以生态化布局谋发展，山东广电的闪电 MCN 走社会效益和经济效益并重的特色之路,重视传媒 MCN 深耕影视内容创作、依托内容生产和运营打造全新业态。在实践中，广电 MCN 逐渐探索出多元化的商业模式，部分机构实现了可观的盈利，让更多主流媒体看到了重构商业生态的希望。

关键词： 主流媒体　MCN　传媒创新

MCN 与广电媒体具有高度的适配性，一方面，广电媒体与生俱来的强大公信力以及其所拥有的专业制作能力、丰富的内容库、有影响力的主持人、庞大的受众资源等使之发展 MCN 业务具备天然的优势；另一方面，MCN 成为广电媒体盘活这些存量资源的重要载体。MCN 正成为主流媒体轻

---

* 万强，央视市场研究（CTR）媒体融合研究院副总经理；安宝丹，央视市场研究（CTR）媒体融合研究院研究经理。

量化转型的重要路径，是媒体向服务层业务延伸的市场化工具。本文将挑选几家发展较为成熟或在某些领域独树一帜的 MCN 机构作为研究对象，通过典型案例剖析，为主流媒体的转型提供一些参考借鉴。

一　湖南广电芒果 MCN：高度市场化运营，开拓全业态整合营销

“芒果 MCN”（原名“湖南娱乐 MCN”）是湖南广电旗下的新媒体和内容服务机构，打造了流量生产和变现的全产业链条。依托强大的内容基因和市场化手段，芒果 MCN 在全网建立常态化运营的账号矩阵，重点聚焦明星娱乐、母婴、剧情、萌宠等赛道，截至 2021 年 3 月，全网 600 多个账号的粉丝量超 4.18 亿人，视频播放量超 1200 亿次。①

1. 积极推进市场化改革，持续激发内生动力

芒果 MCN 各业务团队采用扁平化和模块化的管理，并可随着业务开展进行机动调整；灵活使用项目制、工作室、事业群/部等运营方式和内容生产组织，在人、财、物使用方面赋予其一定自主权；在全公司范围内实施 OKR（目标与关键成果法）考核制度，激励员工自我驱动。

2. 实现运行机制的数字化，为新媒体业务体系赋能

2020 年，芒果 MCN 以数字化为推手开展组织变革，搭建了以“中台赋能的新组织形态”，大力建设数字资产，实现流程管理数字化，形成“前台 + 中台 + 后台”的结构体系，围绕内容生产和投放的两个基本核心能力模块，进行业务形态的设计。

3. 完善新媒体内容生产体系，提升内容服务专业度

芒果 MCN 完善从内容生产到流量运营的线上管理体系，内容生产报单、生产调度、流量投放及三级审查制度等模块均可在线上操作；搭建了 1 万平

---

① 广电独家：《总监专访丨湖南娱乐频道深入推进媒体融合，为专业频道变革破题！》https：//mp. weixin. qq. com/s/eVoOIJGCBMEeub6TsYFPpQ，2021 年 3 月 21 日。

方米的短视频内容生产制作基地，可满足多类垂直内容的场景拍摄。

4. 打造四大产品账号矩阵，构建以 To B 为主、To C 配合的多元盈利方式

一是媒体矩阵。布局全网流量平台，在明星娱乐、母婴、萌宠等多个赛道建立账号体系，形成超强媒体内容矩阵，依靠品牌广告经营变现。二是达人矩阵。成功打造以“陈小纭”“蒋梦婕”“张之助竟然”“丸糯本丸”“潘大甜”为代表的明星、达人 IP 矩阵，打通达人孵化的全产业链条。变现模式为广告经营、销售佣金。三是品牌矩阵。面向 B 端搭建内容营销体系，提供品牌客户服务。如承接品牌方的抖音账号代运营业务，为品牌方生产效果类视频等，赚取服务费。四是商业矩阵。基于品效合一的企业营销诉求，着力发展电商业务，搭建以直播电商为核心定位的商业矩阵，开启多平台网店服务，依靠商品销售变现。

目前，芒果 MCN 的经营从单纯依赖传统电视媒体资源转型为运用全互联网平台发展，2020 年营收同比增长 53.7%，其中新媒体业务收入占比超过 65%。2021 年芒果 MCN 将向“第一明星娱乐 MCN”方向进行品牌升级，强化机构的 B 端定位。

二　浙江广电布噜文化：打破体制边界，优质资源强强联合

“布噜文化”是由浙江广电旗下的新蓝传媒与民营广告公司思美传媒合资成立的 MCN，控股方为新蓝传媒。布噜文化将新蓝传媒的媒资优势与思美传媒的商务资源优势进行整合，搭建起“内容 + 平台 + 服务”的完整生态链。①

1. 注重达人 IP 和原创内容孵化，为商业变现夯实基础

布噜文化注重打造垂类行业的 KOL，发掘广电垂类主持人，通过账号内容定制等一系列措施对主持人进行 IP 孵化，力图打造主持人 IP 矩阵；对

① 布噜文化：《喜报！布噜文化入选“年度全国广电十佳 MCN 机构”!》，https://mp.weixin.qq.com/s/E09fXEA81IeHBOwVGUPjoA，2018 年 11 月 28 日。

流量进行系统整合，建立了拥有500多个头部达人账号、曝光量达亿万级的达人矩阵。与此同时，布噜文化利用广电内容资源、达人资源发力内容原创，致力于短剧/短综艺、PGC/UGC 直播、微剧/微综艺及定制视频等“轻内容”的创作与营销。①

2. 积极探索“内容 + 电商”的变现路径，构建多元商业模式

电商方面，依托旗下的主持人 IP 和节目资源，与短视频、电商平台联动发力直播带货业务；版权方面，凭借优质的原创微剧/微综艺，与爱奇艺、腾讯视频等视频平台合作，获得版权分账收入；广告方面，通过 KOL 账号内容广告植入、商业内容定制等方式扩大广告收益；代运营方面，依托思美传媒客户资源，主要针对网络达人及企业账号提供代运营服务；艺人经纪方面，凭借 MCN 市场资源优势和商业化经纪能力，开展网络艺人孵化经纪业务，这些网络艺人将与短视频、微剧/微综等内容相链接。②

三　黑龙江广电龙广电 MCN：以“融”赋能，生态化布局谋发展

“龙广电 MCN”是全国省级媒体中首家媒体类 MCN，充分挖掘黑龙江广电的媒体效能，依托广电内部优质资源，融合多方外部力量，构建新生态。③

1. 内部资源整合重构，以价值再造探索发展新路径

龙广电 MCN 基于“主持人 +”“广电 +”“融媒 +”思路，将广电的公信力、制作队伍、主持人、优质内容、硬件设备、策划经验等优质资源转至新媒体战场，尤其注重发挥主持人和节目的品牌核心影响力，在全网打造 IP 效应。截至2020年年底，龙广电 MCN 吸纳了黑龙江广电旗下超280位主

① 陈雨笛：《浙江广电：构建广电 MCN 的多元运营模式》，https://mp.weixin.qq.com/s/EvnXWwT1gtKr5TmoStM2bA，2020年9月13日。

② 德外5号：《布噜文化沈维林：冲破体制边界 链接“小而美” | 德外独家之 MCN 系列》，https://mp.weixin.qq.com/s/s8U5gOaNPW6 - vZDrSncC6g，2019年12月3日。

③ 德外5号：《黑龙江广电马威：转动融媒八大“星球”，布局 MCN 新生态》https://mp.weixin.qq.com/s/TrIuAOLV_ ba4lWeegP9rrg，2020年11月30日。

持人入驻，重点覆盖母婴、美食、情感、时尚等垂类领域，先后成功孵化出叶文、袁哲、晓雪等主持人账号；此外，将《访谈》《沟通》《一帮到底》等民生服务类 IP 节目孵化成融媒体超级 IP。

2. 积极“融”聚社会资源，创建全新融媒创新模式

龙广电 MCN 从多个方面聚全媒体力量，“融”聚社会资源，具体体现在多个方面：与 7 家互联网短视频公司达成联盟，从短视频运营、直播电商等方面聚合联盟力量，实现龙广电 MCN 在短视频平台价值最大化；整合省内 13 个地市广电资源，通过内容共享、联合招商实现一体化孵化运营，开辟下沉市场；牵手互联网“大厂”，在技术应用、内容生产、商务合作等维度展开合作，拓宽变现渠道；联合省内高校创立融媒人才孵化基地，实现人才续航。

3. 打造四位一体融媒机构，激活 MCN 全产业链条

龙广电 MCN 创建“直播机构 + MCN 机构 + 商家 + 供应链”四位一体的融媒发展模式，打通产业链条的各个环节。建立聚合广告公司、MCN 机构、红人经纪等复合功能的电商主播体系，解决“人”的问题；搭建自主供应链，兼具自我孵化品牌，解决“货”的问题，同时强化积累电商经验和线下运营经验。

四　山东广电闪电 MCN：社会效益和经济效益并重，依托广电优势走特色之路

“闪电 MCN”——Lightning TV 由山东广电推出，依托全省主要广电媒体机构及主持人、记者、专业领域 KOL 等搭建内容创作账号体系，截至 2021 年 3 月底，旗下 145 个账号的短视频累计播放量突破 1559 亿次，收获 37.3 亿次点赞，粉丝达 7790 多万人。Lightning TV 依托自身的内容生产专业力量以及主持人 IP、公信力等媒体资源优势，在强化宣传和舆论引导职能的同时，探索自身特色化的商业变现模式。①

① 德外 5 号：《山东广电王忠：四大变现方式助力媒体 MCN 特色化之路》，https：//mp.weixin.qq.com/s/2NX0Cv5FcmeUvZqD5Lr8ww，2020 年 11 月 25 日。

1. 挖掘新闻资讯内容价值，发挥强大舆论引导作用

山东广电发挥其在新闻资讯生产方面的专业优势，重点布局热点资讯、民生事件、新闻热评、暖新闻等领域，全方位、多角度传播山东声音，孵化了“闪电新闻”“生活帮”“一切为了群众”等正能量账号。

2. 以“媒体+服务”形式，全面释放主流媒体社会价值

Lightning TV成立专业直播公会，发动旗下大量优质主持人，利用其IP影响力，以短视频和直播平台为主阵地，为企业复工复产提供助力；携手山东各县市区、村干部等基层干部，发动旗下主持人，通过“直播+短视频”的形式开展电商助农带货，同时进行大小屏联动、全渠道传播报道，助力脱贫攻坚。

3. 围绕内容、运营、产业等开发多元盈利模式，实现经济效益扩增

Lightning TV建立短视频内容运营团队，不仅用于台内主持人账号孵化，同时面向企业提供短视频定制业务，服务于企业营销推广；面向中小主播、企业、机构开展实战课程培训，此外提供短视频账号代运营服务；与市场化公司开展产业合作，例如与磐升生物联合打造护肤类品牌，并利用媒体资源为产品赋能，打造合作共赢关系。①

五　重庆广电重视传媒MCN：深耕影视内容创作，依托内容生产和运营打造新业态

“重视传媒MCN”是重庆广电集团（总台）重视传媒公司旗下针对互联网平台建立的网络内容运营机构，依托自身原创影视内容制作力量及艺人经纪团队，围绕内容生产和运营两个基础业态，建立了广告营销、内容电商、平台补贴、课程销售、衍生品销售五大业务模式。② 在抖音平台“2020

① 闪电新闻：《抖音媒体MCN全国第二！闪电MCN Lightning TV“半年成绩单”抢眼》，https://www.sohu.com/a/401521857_100023701，2020年6月12日。

② 重视传媒：《重庆广电重视传媒MCN获2020年度全国广播电视媒体融合成长项目》，https://mp.weixin.qq.com/s/OilfBpHRUa4bFXckF3quPA，2021年2月20日。

年度广电 MCN 区域影响力机构榜单”中，重视传媒 MCN 位列第十。

1. 将内容生产作为头部产品打造，布局全网内容分发战略

重视传媒 MCN 与主流的新媒体平台均建立了合作关系，根据各平台属性进行内容布局，形成了涵盖达人垂直内容、王牌栏目拆条视频以及有声剧、有声书等形态的多元内容矩阵；同时，将原创影视 IP 二次孵化为网络电影、网剧项目，向腾讯视频等长视频平台输送，再造 IP 价值。

2. 孵化主持人 IP，发力垂直赛道

重视传媒 MCN 在情感生活、母婴亲子、美食娱乐、旅游、舞蹈、萌宠、娱乐追星、艺考培训等多个垂直领域持续生产优质内容，同时与重庆时尚频道、少儿频道等 5 个频道的多位主持人、艺人、麻辣明星签约，逐步将其孵化为各自垂类领域的 KOL，实现商业变现。

3. 发挥权威性和内容生产优势，服务好 G 端和 B 端

重视传媒 MCN 充分发挥在内容创作、大型晚会制作方面的专业优势，大量举办大型直播活动，将品牌宣传与直播带货有效衔接。例如，协助涪陵文旅委举办“重庆双晒第二季涪陵双晒‘两江福地神奇涪陵’大型直播文旅推介活动”，2 小时全网观看量达 1800 万人次，带动涪陵游客同比增长 20.03%；联合猪八戒网进行企业年度大型直播活动，总直播时长 3 小时，带货销量破亿元。

B.37
2020年全球数字经济发展报告

刘金河　姚庚君*

摘　要： 2020年数字经济在各国抗击新冠肺炎疫情过程中发挥了重要作用，同时也将为全球经济恢复起到关键作用。中国数字经济发展逆势而上，各项指标向好。各界对数字经济的认识逐渐从广义数字经济向数字经济核心产业转变，数字经济测算统计方法进一步完善。

关键词： 数字经济　ICT　测算方法　平台经济

一　全球数字经济发展态势

随着数字化转型的深度推进，数字经济在全球范围内持续发展。全球数字经济的规模由2018年的30.2万亿美元增长至2019年的31.8万亿美元。[①] 过去10年间，全球通信技术服务和数字化交付服务的出口增长速度远大于整体服务出口的增长速度。2018年，可数字化交付的服务出口总额已达2.9万亿美元，约占全球服务出口总额的1/2。[②] 数字贸易持续增长的背后是过去几年世界互联网人口数量的不断增长。截至2019年年底，全球网民数量

---

* 刘金河，清华大学公共管理学院博士后；姚庚君，清华大学新闻与传播学院博士研究生。

① 说明：本测算数据为中国信息通信研究院发布，主要包括对美国、英国、中国、日本、印度等47主要国家的测算，基本代表了世界经济的总体情况，其中测算内容包含数字产业化和产业数字化两大部分，为广义上的数字经济。参见中国信息通信研究院2020年10月发布的《全球数字经济新图景（2020年）》。

② 联合国贸发会议：《2019年数字经济报告》，2019年。

超过总人口的51%（约40亿人）[①]，并随着2020年全球疫情带来的社交隔离进一步快速增长。然而随着移动通信技术的发展和普及，当前全球移动互联网覆盖范围也趋于饱和，新旧移动通信技术正处于代际更替的关键期。据ITU估算，到2020年年底，全球范围内4G网络覆盖近85%的人口，超过90%的人口可以使用移动宽带网络（3G或以上）。[②] 截至2020年9月，全球有遍布48个国家的113个运营商宣布商用5G，这些运营商拥有全球40%的市场占有率，其潜在受众群庞大，未来5G的部署和普及将会加快。[③]

疫情加速了全球互联网的连接进程，疫情期间，人们对互联网的依赖大幅增加。相关数据显示，2020年全球互联网带宽增长了35%，达到618Tbps，是自2013年以来增长幅度最大的一年，近4年的复合年增长率也因此增长至29%。[④] 2020年，全球新生产的数据量为64.2ZB。未来5年，数字存储产生的数据量将是有数字存储出现以来的数据量的2倍以上。[⑤]

基础设施建设的发展也使得以数字连接、在线经济、远程服务等为核心的数字经济在2020年成为各国抗击疫情和恢复经济的重要抓手。截至2020年年底，全球市场价值超100亿美元的数字平台企业达76家，较2019年增加了7家，价值总额达12.5万亿美元，同比增速达57%。[⑥] 但受疫情影响，2020年全球IT支出下降了3.2%，为3.7万亿美元。不过根据Gartner预测，2021年全球IT支出将出现反弹，预计达到3.9万亿美元。[⑦]

---

① 数据来源：ITU。

② ITU：Measuring Digital Development Facts and Figures, 2020.

③ GSMA Intelligence：Global Mobile Trends 2021 Navigating Covid－19 and Beyond, December 2020.

④ 数据来源：TeleGeography。

⑤ 数据来源：IDC。

⑥ 中国信息通信研究院：《平台经济与竞争政策观察（2021年）》，2021年5月。

⑦ 数据来源：Gartner。

二　从广义数字经济到数字经济核心产业

对数字经济的认识和衡量依然是一个世界难题。联合国报告指出，根据数字经济的定义差异，世界各国数字经济规模一般占其国内生产总值的4.5%～15.5%，差异幅度较大。[①] 不过，随着数字经济实践探索的不断深入，世界各国不断提出新的测算方案，对数字经济的核心组成越来越具有共识。

中国主流的数字经济定义和测算方法是以中国信息通信研究院的定义和测算为代表，测算范围主要包含数字产业化和产业数字化两部分。根据其测算方法，2019年中国数字经济规模占到GDP总量的36.3%，德国、英国、美国数字经济占GDP的比重分别高达63.4%、62.3%和61.0%。但是这种测算方法过于夸大数字经济规模，特别是将数字经济的融合溢出部分大范围纳入其中。[②] 产业数字化是数字技术与传统产业互相融合而产生的溢出效应，所以产业数字化部分的经济规模应分属于各自的产业范畴，数字经济测算应该采用狭义的范围。美国经济分析局（BEA）一直坚持采用狭义数字经济的定义，将数字经济商品和服务划分为以下三类，即数字基础设施（Digital-Enabling Infrastructure）、数字媒体（Digital Media）以及电子商务（E-Commerce）。根据其在2020年8月发布的最新测算，2018年美国数字经济的规模是1.8万亿美元，占GDP总值的9%。近年来随着认识的不断深入，信通院在其数字经济测算中逐渐将狭义的数字经济部分独立出来测算，并得出中国数字产业化的增加值占GPD总值的7.3%（2020年）。

对数字经济的不同理解导致各国采取不同的测算方式，数字经济的范围是测算的前提。基于既有的认识，本报告认为：数字经济是继农业经济、工业经济和服务经济之后发展产生的新经济形态；是以网络通信技术和数据为核心生产要素展开的经济活动；数字经济的基本结构由ICT产业、数字传媒

① 联合国贸发会议：《2019年数字经济报告》，2019年。

② 崔保国、刘金河：《论数字经济的定义与测算》，《现代传播》2020年第4期。

产业和网络平台产业构成（见图 1），这三部分形成数字经济核心产业；数字经济发展会对其他产业有融合溢出效应，是广义数字经济的重要组成部分。[①] 将数字经济明确限定在其独有的经济部门范畴内，使用“数字经济核心产业”的概念具有科学性，也使数字经济本身具有清晰而又独立的地位，避免了泛化和失焦。

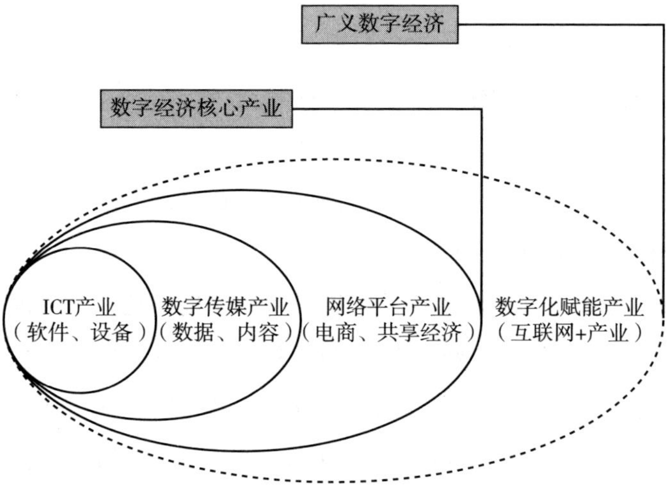

图 1　数字经济内涵与范围

资料来源：崔保国、刘金河：《论数字经济的定义与测算》，2020。

这种转变已经从学术研究进入政策制定领域，获得越来越多的共识。中央最新重大发展规划也给出了相应的方向指示，明确提出数字经济核心产业的概念。“十四五”规划和 2035 年远景目标纲要提出 2025 年数字经济核心产业增加值占 GDP 的比例将达到 10%。在数字产业化部分，即狭义数字经济部分，提出要“培育壮大人工智能、大数据、区块链、云计算、网络安全等新兴数字产业，提升通信设备、核心电子元器件、关键软件等产业水平”，“鼓励企业开放搜索、电商、社交等数据，发展第三方大数据服务产业”，“促进共享经济、平台经济健康发展”。

① 崔保国、刘金河：《论数字经济的定义与测算》，《现代传播》2020 年第 4 期。

在最新的国家经济统计方法中也体现了这种思路的转变。2021 年 5 月 27 日，国家统计局发布《数字经济及其核心产业统计分类（2021）》，提出数字经济核心产业即数字产业化部分是数字经济发展的基础，是指为产业数字化发展提供数字技术、产品、服务、基础设施和解决方案，以及完全依赖数字技术、数据要素的各类经济活动，主要包括计算机通信和其他电子设备制造业、电信广播电视和卫星传输服务、互联网和相关服务、软件和信息技术服务业等。数字经济核心产业分为数字产品制造业、数字产品服务业、数字技术应用业、数字要素驱动业 4 个统计大类。该统计分类将产业数字化领域作为单独的部分，指应用数字技术和数据资源为传统产业带来的产出增加和效率提升，是数字技术与实体经济的融合，该领域归入第 5 个统计大类——数字化效率提升业，该部分涵盖智慧农业、智能制造、智能交通、智慧物流、数字金融、数字商贸、数字社会、数字政府等数字化应用场景，对应《国民经济行业分类》中的 91 个大类，体现了数字技术已经并将进一步与国民经济各行业产生深度渗透和广泛融合。[①] 值得注意的是，数字传媒产业和网络平台产业作为数字经济的核心产业组成部分在国家统计局的分类中被放入第 4 类——数字要素驱动业。

三　中国数字经济发展势头向好

新冠肺炎疫情给中国经济带来极大冲击，但也为经济社会数字化转型带来加速契机。自 2020 年下半年国内疫情可控以来，中国数字经济各项指标逐渐向好。2020 年，中国广义数字经济增加值达到 39.2 万亿元，在疫情和全球经济承压背景下增速依然达到 9.7%，其中数字经济核心产业增加值为 7.5 万亿元，占 GDP 的 7.8%。[②]

在 5G 方面，中国已经处于世界领先地位，2020 年，中国运营商部署了

① 国家统计局：《数字经济及其核心产业统计分类（2021）》，2021 年 5 月。

② 中国信息通信研究院：《中国数字经济发展白皮书》，2021 年 4 月。

大约 60 万个新 5G 基站，5G 连接数达到 2.02 亿个，占全球 5G 连接数的 87%，2025 年将达到 8.2 亿个，普及率从 12% 增长到 47%。①

作为数字经济核心产业的 ICT 产业发展良好。2020 年，中国信息传输、软件和信息技术服务业的增加值较 2019 年增长近 17%。② 2020 年 1～11 月，全国移动互联网累计流量达 1495 亿 GB，同比大幅度增长，增长率达 35.1%。③ 2019 年，中国数据产量总规模为 3.9ZB，同比增加 29.3%，占全球数据总产量（42ZB）的 9.3%。截至 2019 年年底，中国数据总存量约为 332EB，占全球总存量（约 2800EB）的 11.9%。④ 2020 年，国家明确提出要加快数据要素市场的培育，数据作为数字经济的核心要素进一步得到各界重视。

中国互联网企业发展速度快，尤其是在疫情影响下，平台型企业发展迅速。截至 2020 年 12 月 31 日，中国互联网上市企业在境内外的总市值达 17.8 万亿元。⑤ 2020 年，中国市值超 10 亿美元的平台型企业达 197 家，较 2019 年增加 23 家，价值规模达 3.5 万亿美元，同比增长 56.3%。在世界范围内，中美平台经济处于领先地位。2020 年，中美市值超百亿美元的平台企业有 64 家，全球占比 84.2%；市值总额高达 12 万亿美元，占据全球总量的 96.3%。即便如此，中国与美国的平台经济发展依然存在差距。2020 年，中国市值超百亿美元数字平台的数量虽首次超越美国，达到了 36 家，但市值总额仅为美国的 1/3，约 3.1 万亿美元。⑥ 从这个角度来看，发展高质量的平台经济仍然是下一阶段中国数字经济发展过程中的重要任务，对于当前正在进行的平台经济反垄断需要保持克制以及加紧评估其对创新带来的综合影响。

① 数据来源：工业和信息化部。

② 国家统计局：《中华人民共和国 2020 年国民经济和社会发展统计公报》，2021 年 2 月。

③ 参见 http://www.cinic.org.cn/xw/tjsj/1024836.html? from = singlemessag。

④ 中国信息通信研究院、中国网络空间研究院：《国家数据资源调查报告（2020）》，2021 年 4 月。

⑤ 中国信息通信研究院：《2020 年三季度中国互联网上市企业运行情况》，2020 年 10 月。

⑥ 中国信息通信研究院：《平台经济与竞争政策观察（2021 年）》，2021 年 5 月。

全球传媒市场报告

Global Media Market Reports

B.38
2020年全球传媒产业发展报告

杭 敏　张亦晨*

摘 要： 2020年，在新冠肺炎疫情与经济下行的影响下，全球传媒及娱乐产业经历了数字技术的持续变革与消费行为的深度变迁，发生了结构性的变化。综观现有产业格局，全球传媒与娱乐市场整体呈现与世界经济同步波动的趋势，细分行业发展态势各异，强者恒强的“马太效应”加剧。与此同时，依托于人工智能、拓展现实、大数据等技术而兴起的新业态日益成熟，从中折射出传媒生态体系向数字化与智能化持续纵深发展的必然趋势。产业版图不断重构，内容付费、数据服务，以及行业数字化进程加快将带来新的经济增长点，而媒介、文化与科技的深度融合也将继续重塑全球传媒及娱乐产业的未来。

* 杭敏，清华大学新闻与传播学院教授、博导；张亦晨，清华大学新闻与传播学院博士研究生。

关键词： 传媒产业 媒介生态 智能技术 数字化

一 全球娱乐及传媒产业发展综述

2020 年，新冠肺炎疫情（以下简称“疫情”）的蔓延对全球经济造成了巨大冲击，全球娱乐及传媒产业遭遇了 10 年以来的首次衰退。根据普华永道的预测，全球娱乐及传媒产业产值预计降至 2 万亿美元，总体市场规模较 2019 年萎缩 5.6%，绝对值损失达 1200 亿美元，产业增速下降并呈现负增长态势（见图 1）。[①] 随着全球经济逐渐从“休克”状态中复苏，娱乐及传媒产业将恢复增长势头。根据世界银行发布的统计数据，2020 年全球经济在收缩 4.3% 后缓慢恢复，若新冠肺炎疫情得到进一步的有效遏制，全球 GDP 将在 2021 年实现 4% 的正向增长。[②] 与此同时，全球娱乐及传媒产业预计在 2021 年实现强劲反弹，整体增速将达到 6.4%，产业回升态势有望超出全球 GDP 的预期增长。从复合增长率来看，2019 ~ 2024 年，全球娱乐及传媒产业复合年均增长率预计为 2.8%，相较 2015 ~ 2019 年降低了 1.2 个百分点。

从全球不同市场表现来看，在普华永道调查的 53 个国家和地区中，新兴市场与发达市场的娱乐及传媒产业消费性支出将呈现出两极分化的特点。新兴市场尽管在支出方面整体基数较小，但保有巨大的增长空间和潜力。2019 ~ 2024 年，印度在娱乐及传媒消费市场发展强劲，复合年均增长率预计达到 8.8%；尼日利亚、菲律宾、沙特阿拉伯和巴基斯坦紧随其后，复合年均增长率预计均将保持在 5% 以上。与此同时，发达国家的娱乐及传媒市场则受到消费增速动力不足的影响，传媒消费支出复合年均增长率在未来的几年中将低于 2%，其中，丹麦、以色列和挪威市场还将呈现微弱负增长。

疫情改变了消费者的媒介消费行为，加速了传媒产业的转型。从整体趋

① 数据来源：PWC，https：//www. pwc. com/gx/en/industries/tmt/media/outlook. html。

② 数据来源：IBRD，https：//www. shihang. org/zh/publication/global – economic – prospects。

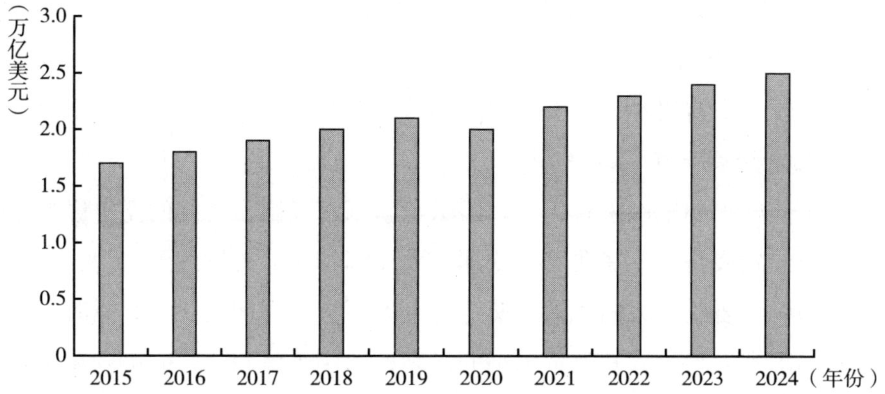

图 1　2015～2024 年全球娱乐与传媒产业规模及预测情况

资料来源：https：//www. pwc. com。

势来看，在过去的 1 年中，传媒产业的数字化进程提速，订阅业务的扩张成为产业数字化转型的显著特征。数字化平台与虚拟现实技术的结合为消费者打造了更具个性化的直播体验，使音乐会、展览和体育赛事转战线上布局成为可能，也为电子商务和直播带货等新型商业模式的发展创造了条件。从消费支出来看，随着消费者对传媒数字化业务的依赖上升，全球娱乐及传媒产业的主要收入来源发生变化；在未来 5 年间，全球传媒广告收入的增长速度预计将落后于消费性收入增长，智能手机数据消费将超过固定宽带数据消费。聚焦细分领域，全球娱乐及传媒产业复苏将呈现出“K 型”分叉走势，一部分行业在疫情的影响下高速扩张，另一部分仍然处于低位。社交距离和远程办公带来的场景转换催化了 OTT（Over-The-Top）视频行业、游戏行业的快速增长，这些行业将在未来几年位于“K 型”曲线上端，而电影、报纸、消费类杂志和广告行业将复苏缓慢，位于“K 型”曲线下端。

二　全球娱乐及传媒产业各行业发展状况

1. 报纸、杂志和图书出版业

在过去的 5 年间，全球报纸出版业收入以年均 7.6% 的速度不断下滑。

受疫情的影响，2020 年报纸出版行业收入预计降至 850 亿美元，下降幅度超过 13%。从产品与服务组成来看，印刷版报纸收入位列第一，在 2020 年报纸总体收入中占比 41%，广告和数字报纸销售收入位列其后，分别占报纸总收入的 36.5% 和 22.4%。[①]

从不同国家和地区来看，发达国家与新兴市场国家之间的竞争影响了报纸出版业的发展格局。在北美、欧洲、大洋洲和东亚的发达国家中，报纸出版业的印刷广告收入大幅缩减，使行业发展下行压力增大。与此同时，随着新兴市场国家人均收入和教育水平的提高，印刷媒体和广告的市场需求相继被提振，广告业在拉丁美洲、亚太及非洲部分地区发展势头强劲。尽管如此，报纸出版行业在新兴市场的增量仍不足以抵消其在成熟市场的萎缩量。未来五年，随着越来越多的消费者向数字媒体迁徙，在强劲的外部竞争压力下，广告收入外流的威胁将使报纸出版行业面临更为显著的衰退预期，预计到 2025 年，报纸收入将以每年 4% 的降幅跌至 655 亿美元。[②]

全球杂志出版业规模在 2020 年急剧收缩，总收入下降了 14% 以上，其中消费性杂志下降得最为严重。[③] 2023 年消费性杂志预计迎来转折点，其数字广告的全球收入将超过印刷广告。

2015 ~ 2020 年，电子书不断挤压传统图书的利润空间，全球图书出版业总收入年均下降 1.6%；面对行业负增长压力，图书出版商相继制定更高效的定价和发行模式以维持收益。疫情波及之下，2020 年全球图书出版业收入下降 3.3%，预计总收入为 1110 亿美元。未来在中国、印度以及拉丁美洲的部分发展中国家，居民对教育的支出将持续增加，电子商务的发展将推动消费者的购书渠道和体验不断优化，全球图书出版业在未来 5 年即将迎来新一轮的增长机遇，总收入预计在 2025 年突破 1240 亿美元，年均复合增长率达到 2.4%。[④] 此外，技术也将进一步影响图书出版业的发展趋势，智

① 数据来源：http://www.ibisworld.com。
② 数据来源：http://www.ibisworld.com。
③ 数据来源：https://www.prnasia.com/story/290048-1.shtml。
④ 数据来源：http://www.ibisworld.com。

能手机和智能音箱的普及使有声读物的市场版图不断扩大，未来将成为行业竞争的重要赛道。

2. 电视和视频业

过去几年，受众视频观看方式的变化使全球有线电视和卫星电视用户数量逐年走低，但这一态势在疫情期间得到好转。居家隔离期间，人们观看电视的时间比以往普遍增加了 10%①，受众中年轻群体比例有所上升。同时，流媒体平台因观看便捷、成本低廉，在疫情期间拉动 OTT 消费市场需求直线上升，越来越多的消费者愿意为优质内容付费。

在未来的 5 年中，全球付费电视收入预计将降至 1520 亿美元。2020 年，美国拥有最高全球付费电视用户保有量，其付费电视用户超过 7924 万人，是中国的近 9 倍。② 到 2025 年，美国付费电视收入将降至 560 亿美元，同一时期，英国和加拿大的付费电视收入均损失近 10 亿美元。反观新兴市场，印度和中国的付费电视市场仍有增长潜力，印度的付费电视收入将在此期间增加 8 亿美元，届时，中国和印度共计将拥有全球一半的付费电视用户。③

根据 Digital TV Research 公布的数据④，2020 年，全球 OTT 行业收入激增 26%，增幅绝对值达到 160 亿美元。未来几年，互联网流媒体服务收入将持续飞速增长，预计在 2025 年突破 1670 亿美元，较 2019 年的市场规模翻一番。OTT 行业中的 SVOD（订阅型视频点播）模式将成为消费者的主流选择。在未来 5 年，SVOD 所占市场份额将维持在 58% 左右，到 2025 年，全球 SVOD 收入将突破 1000 亿美元，SVOD 订阅量将增加 5. 29 亿个，预计达到 11. 7 亿个。在 Digital TV Research 所调查的 138 个国家和地区中，美

---

① 数据来源：https：//magnaglobal. com/life – after – covid – global – ad – market – to – recover – in – 2021 – after – steep – downturn – in – 2020/。

② 数据来源：https：//www. statista. com/statistics/250373/number – of – pay – tv – subscribers – worldwide/。

③ 数据来源：https：//www. researchandmarkets. com/reports/5165446/global – pay – tv – forecasts – update#rela3 – 5137049。

④ 数据来源：https：//www. digitaltvresearch. com/products/product？ id = 285。

国、中国、英国、德国和法国居于全球 SVOD 市场收入前 5 位，5 个国家的 SVOD 订阅总量将占全球市场 2/3 的份额。[①] 从行业竞争格局来看，主流 SVOD 平台在百业萧条的 2020 年异军突起。自疫情暴发之后，奈飞（Netflix）已经新增了 1600 万个新订阅用户。于 2019 年底推出的流媒体服务“迪士尼 +”（Disney +）在疫情期间的表现势如破竹，在推出后 8 个月便已收获了 6050 万个订阅用户，成为 Netflix 最大的竞争对手。据预测，在未来 5 年，Netflix、Disney + 和亚马逊的 Prime Video 将共同占据全球 SVOD 市场订阅量的一半。[②]

网络直播视频已经成为社交网络和视频网站的一大消费热点，但与其他形式的视频相比，用户增长潜力仍有待挖掘。Global Web Index 在 2020 年第三季度进行的一项调查发现，全球 32% 的 YouTube 用户在过去一个月内曾在平台上观看过直播视频，而 58% 的用户观看过音乐视频，38% 的用户观看过电视节目或剪辑视频。

3. 音乐和广播业

全球音乐行业收入在过去的 5 年中以年均 5.5% 的增速不断攀升，行业收入在 2020 年达到 311 亿美元。[③] 从产品与服务细分市场的收入贡献比例来看，流媒体版权收益在 2020 年构成全球音乐行业收入的最主要来源，贡献比例高达 66%[④]，远高于实体销售收入（14%）、表演权收入（11%）及数字下载收入（6%）等。此外，音乐制作与发行公司致力于采取多元化策略延伸利润点，积极在活动授权、音乐会、赞助和商品销售活动等领域布局，行业整体盈利能力明显提升。根据预测，全球音乐产业收入将在 2025 年达到 367 亿美元，复合年均增长率为 3.4%。[⑤]

在疫情期间，线下举办的现场音乐活动受到限制，截至 2020 年 4 月，

① 数据来源：https://www.digitaltvnews.net/?p=35215。

② 数据来源：https://www.digitaltvresearch.com/products/product?id=302。

③ 数据来源：http://www.ibisworld.com。

④ 数据来源：http://www.ibisworld.com。

⑤ 数据来源：http://www.ibisworld.com。

全球有近750场音乐节被取消或推迟。① 在停摆危机下，全球音乐行业一致选择将现场音乐会演出迁至线上。在智能数字技术助力下，各种个性化定制的直播演唱会逐渐衍变成独立的音乐演出形态，具有强沉浸感和高亲近感的“沙发音乐会”和“天台音乐会”等虚拟音乐会不断出现，成为过渡时期全球音乐行业新型商业模式之一。

消费者宅家生活方式的转变导致OTT平台消费量激增，流媒体音乐平台也迎来红利时代。数据显示，2020年第一季度全球流媒体音乐平台的用户订阅量同比增加35%，达到3.94亿个。② 到2020年第二季度，受到订阅费降低和广告来源减少的影响，全球流媒体音乐市场收入增长放缓，但在第三季度有所回升，最终在2020年底回到疫情前的收入水平。③

受到疫情对经济活动的影响，2020年全球广播市场收入预计缩减4.3%，降至1100亿美元。Research and Markets 发布的报告显示④，未来几年中，全球广播行业将从疫情对全球经济的冲击中快速恢复，市场收入在2025年增长至1377亿美元，复合年均增长率为5%。从不同国家和地区来看，西欧地区占据全球广播市场最高份额，其在2020年的市场占有率高达50%；北美地区排名第二，占据28%的全球市场份额。疫情影响了用户的广播收听习惯，人们的收听场景从通勤途中转移到了家里，智能音频设备的使用频率增加，与身心健康和冥想等主题相关的广播、新闻频道和播客节目备受青睐。

2020年播客市场继续发力，全球月度听众数量预计逼近9亿人，吸引资本快速注入。⑤ 全球在线音乐流媒体巨头 Spotify 重点布局播客业务，这一战略立即为其引入了可观的流量与高增长的订阅数。美国国家广播公司

---

① 数据来源：https：//www. pwc. com/gx/en/industries/tmt/media/outlook. html。

② 数据来源：https：//www. counterpointresearch. com/music - subscriptions - 394 - million - q1 - 2020/。

③ 数据来源：https：//www. counterpointresearch. com/global - online - music - streaming - growth - slowed - down - in - q2 - 2020/。

④ 数据来源：https：//www. researchandmarkets. com。

⑤ 数据来源：PWC，https：//www. pwc. com/gx/en/industries/tmt/media/outlook. html。

（NPR）在2020年领跑全美播客市场，截至2020年年底，旗下拥有播客节目53个，周均用户数达1210万人。诸多案例表明，播客商业模式在部分发达经济体已经得到验证。① 聚焦中国播客市场，2020年可以称得上其“出圈”之年，截至2020年5月，中文播客的数量已超过1万个，受众黏性高，付费意愿强，播客在中国逐渐跨出小众领域，迎来新的风口。据德勤公司预测，到2025年，全球播客市场规模预计达到33亿美元。②

4. 电影业

在疫情笼罩的2020年，全球电影行业遭遇了前所未有的寒冬。疫情导致全球各地的电影院关闭，电影制作进度缓慢，电影发行延迟。2020年全球电影总收入预计将暴跌至155亿美元，跌幅超过60%，且损失部分基本不可能恢复。根据普华永道的预测，未来几年内电影行业的恢复将持续受到疫情牵制，2024年全球电影收入将低于2019年的水平。③

全球电影行业的生态环境正在发生深刻变革，线下影院的关停导致电影发行方式改变，影院票房收益转移至交易型视频点播平台（TVOD）。在美国，受电影院停业影响，电影公司正在通过OTT平台触达用户，电影《魔法精灵2》同时推出线下影院和线上数字版点播两种观影模式，而《花木兰》在北美市场则直接绕过线下放映窗口，仅支持用户在Disney+平台上进行观看。疫情导致在北美上映的电影越来越少，在旺盛的需求驱动下，多数电影发行和制作公司搭建了自己的流媒体平台。在中国，许多版权商也将电影转至OTT平台进行播放。

尽管遭受重创，电影行业仍展示出一定的抗寒韧性。中国线下电影院的恢复解锁了消费者经压抑后出现的观影热潮，以往低频、中频观影人群进入影院，展示出影迷重返影院的积极预期。另外，创新技术正在电影行业加速

---

① 数据来源：https：//www. tritondigital. com/resources/podcast – reports。

② 数据来源：Deloitte，https：//www2. deloitte. com/content/dam/Deloitte/cn/Documents/technology – media – telecommunications/deloitte – cn – tmt – predictions – 2020 – rise – of – audiobooks – podcast – industry – zh – 200217. pdf。

③ 数据来源：PWC，https：//www. pwc. com/gx/en/industries/tmt/media/outlook. html。

落地，2020年6月，克里斯托弗·诺兰导演的最新电影《信条》预告片出现在游戏《堡垒之夜》的虚拟屏幕中，电影行业与游戏行业的跨界合作打造了沉浸式的观影体验，引来影迷强势围观，新一代年轻群体尚有观影消费的无限潜力。

5. 广告业

2020年之前，全球广告业实现了连续10年的增长，广告支出与GDP呈平行波动。新冠肺炎疫情暴发后，全球范围内的品牌商纷纷削减了广告支出预算，且大部分转而布局用户订阅的商业模式。面临行业趋势和经济下行的双重压力，2020年全球广告市场收入降至5523亿美元，下降幅度超10%；从绝对数值来看，2020年广告市场的萎缩程度比2009年的经济衰退还要严重。① 2021年，尽管全球大部分国家和地区的广告市场将在2021年有所回升，但尚不足以填补2020年的巨幅损失，与真正意义上迎来复苏还相差甚远。

从国家和地区来看，电通安吉斯发布的数据显示，美国、中国、日本、英国和德国的广告支出在全球广告市场中位列前5。② 2020年，除中国广告市场小幅增长1.6%外，其他主要广告市场均受到了不同程度的冲击。2021年，美国将继续保持全球最大的广告市场地位，占据全球广告支出份额的38%。西欧和亚太市场将分别迎来7.5%和5.9%的增长率。2021年，印度广告市场将以10.8%的增长率强势反弹，成为人均广告支出增长最快的国家。就行业和产品类别而言，受疫情拖累，旅游、汽车和餐饮行业的广告预算削减幅度最大，其中，遭受重创的旅游业减少了33%的广告投放，③ 而快速消费品、金融和科技行业则总体保持稳定。④

① 数据来源：WARC Data，https：//lp. warc. com/global - ad - trends - state - of - the - industry - 2020 - 2021。

② 数据来源：https：//www. dentsu. com/cn/zh//0224 - ad。

③ 数据来源：WARC Data，https：//lp. warc. com/global - ad - trends - state - of - the - industry - 2020 - 2021。

④ 数据来源：MAGNA，https：//magnaglobal. com/magna - advertising - forecasts - december - 2020/。

（1）互联网广告

在过去的几年中，广告主的预算投放逐渐向新媒体和社交媒体倾斜，数字广告收入稳健增长，疫情的到来加速了这一趋势。在未来5年间，数字广告的热度将持续上升，复合年均增长率预计将达到4.8%。① 世界广告研究中心（WARC）发布的数据显示，2020年互联网广告市场对全球广告市场的贡献超过半数，总额为3033亿美元。

在互联网广告的细分领域，社交媒体、搜索和视频成为拉动互联网视频广告的三大重要引擎。2020年，互联网视频广告的市场表现最为抢眼，CPM（千人成本）在2020年增长近8%，并将在2021年继续引领互联网广告市场收入增长；付费搜索广告投放在2020年略有下降，但会在2021年迎来7%的反弹性增长；社交媒体广告支出在2021年会增长至1103亿美元，占据所有广告支出的18.6%。

（2）电视广告

盟诺（MAGNA）发布的全球广告预测报告显示，2020年，由于电视广告市场长期依赖的汽车行业等垂直细分领域广告需求疲软，以及重大体育赛事被迫延期，全球电视广告收入为1490亿美元，较上一年下降13%，仅占全球广告总支出的30%。2021年，随着欧洲足球锦标赛等重大体育赛事的回归，品牌营销预算和广告支出有望回升。到2022年，全球电视广告收入将达到1590亿美元，占据全球广告收入的26%，保持全球广告业第二大收入来源的地位。②

（3）户外广告

新冠肺炎疫情暴发前，户外广告是最具影响力的线性媒体渠道之一，2019年全球户外广告支出接近394亿美元。疫情来袭，户外广告投放需求下降。在此情况下，全球户外广告市场在未来几年内的表现将持续低迷，到2022年，户外广告预计支出将下降至371亿美元。③

---

① 数据来源：PWC，https：//www. pwc. com/gx/en/industries/tmt/media/outlook. html。

② 数据来源：https：//www. statista. com/statistics/237803/global – tv – advertising – revenue/。

③ 数据来源：https：//www. statista. com/statistics/273716/global – outdoor – advertising – expenditure/。

6. 社交媒体

疫情暴发后，社交媒体用户黏性增强，人们越来越多地依赖社交媒体维护社交关系、获取新闻资讯。2020 年，全球社交媒体活跃用户高达 42 亿人，占全体互联网用户的 90%。[①] 世界范围内，用户平均每天在社交媒体上花费的时间已超过 2 小时 40 分钟[②]，54% 的“Z 世代”群体（10～24 岁）和 44% 的“千禧一代”群体（25～39 岁）表示疫情增加了其使用社交媒体的频率。

从社交媒体用户的地区分布来看，西欧地区拥有高达 79% 的社交媒体渗透率，居世界第一，[③] 俄罗斯则拥有最高的社交媒体互动率，[④] 越来越多的发达区域性市场正在接近饱和。麦肯锡数字消费者调研显示，约有 1/3 的社交媒体用户来自亚太地区。[⑤] 其中，中国和印度分别以 3.7 亿和 8500 万的社交媒体用户数量位居全球前两名。随着东南亚国家互联网的加快普及，当地社交媒体用户数量也在迅速增长，目前，印度尼西亚拥有 5200 万社交媒体用户，跃升至东南亚国家第一位。

综观社交媒体市场竞争格局，Facebook 拥有最多的注册账户量，活跃用户达到 27.4 亿人，占据市场主导地位，YouTube 位居第二。[⑥] TikTok 凭借短视频业务在 2020 年收获了现象级别的巨大流量。根据其官方统计，90% 的用户每天高频使用 TikTok，年轻用户使用 TikTok 的日均时长超过 80 分钟。[⑦]

作为传递一线疫情、科普防疫知识的重要舆论场，面对疫情期间公众产生的“信息饥渴”，社交媒体对于突发性公共卫生事件的意义正在被重新审视。社交媒体高度信息聚合的特征也带来了“双刃剑”效果，在民众、新闻

① 数据来源：https：//www. statista. com/statistics/617136/digital – population – worldwide/。

② 数据来源：https：//www. statista. com/topics/1164/social – networks/。

③ 数据来源：https：//www. statista. com/topics/1164/social – networks/。

④ 数据来源：https：//www. sohu. com/a/405885731_ 99918922。

⑤ 数据来源：https：//www. mckinsey. com. cn/。

⑥ 数据来源：https：//www. statista. com/statistics/272014/global – social – networks – ranked – by – number – of – users/。

⑦ 数据来源：https：//www. sohu. com/a/445945940_ 115514。

媒体和各类组织通过社交媒体传播和获取疫情相关信息的同时，虚假信息以及仇恨言论也在社交媒体上蔓延，“信息疫情”得到了前所未有的关注。

7. 新兴传媒业

（1）拓展现实

疫情的暴发使全球拓展现实产业迎来重要转折点。2020 年，用户对“非接触式”服务、线上办公、个性娱乐的需求激增，虚拟化、沉浸式服务体验的价值正在被重新定义。在 5G 通信技术搭建的基座之上，拓展现实的应用场景已经从会展演出、营销零售行业拓宽至在线教育、企业培训和工业生产等领域。国际数据公司（IDC）数据显示，2020 年，全球增强现实与虚拟现实（AR/VR）市场支出达到 120 亿美元；其中，中国市场占有率超过一半，并将在 2021 年维持全球规模第一的市场地位。同时，全球增强现实与虚拟现实市场将在未来几年明显走强，整体市场支出预计在 2024 年突破 728 亿美元，复合年均增长率达到 54%[①]。

从全球拓展现实市场的支出与投资分布来看，个人消费者仍是拓展现实设备购买的主力，增加现实游戏、虚拟现实游戏以及视频是个人用户的三大消费偏好。在商用消费市场，企业和教育领域对拓展现实设备的支出有望弥合与个人消费者市场的差距。到 2024 年，零售行业预计为促进现实与虚拟现实市场发展注入 73 亿美元的投资，成为对市场支出贡献最大的商业领域。

从全球虚拟现实市场的增长重心来看，其增速主要依赖于商业领域和公共部门的投资。未来几年，金融行业将进一步强化数字化转型、探索“非接触式”服务的能力，在此趋势影响下，银行业、证券及投资服务业对拓展现实技术及应用的需求激增，将成为虚拟现实市场支出增幅最高的细分行业，复合年均增长率分别突破 126% 和 106%。[②] 随着世界范围内智慧城市规划的落地，政府公共部门将通过智能化技术进一步拓展城市安全、服务与治理的空间，为全球虚拟现实市场的支出增长注入强劲动力。到 2024 年，拓

① 数据来源：https：//www. idc. com/getdoc. jsp？ containerId = prUS47012020。

② 数据来源：https：//www. idc. com/getdoc. jsp？ containerId = prUS47012020。

展现实技术在公共基础设施维护、工业维护、物流配送管理等领域的应用将进一步升级，设备销量有望增加一倍以上。①

（2）电子游戏

2020年，全球游戏市场在“宅经济”的驱动下逆势增长，女性、二次元等垂直用户群体被全面激活。游戏市场数据研究分析公司Newzoo发布的报告显示，2020年全球游戏市场收入达到1593亿美元，整体市场规模较上一年增长9.3%，其中，亚太市场贡献了近一半的收入。② 根据预测，电子游戏行业在这一特殊境遇下迎来的发展机遇将会在短期内持续；2021年，全球游戏玩家预计突破28亿人，为游戏市场贡献超过1893亿美元的收入。从产业细分市场份额来看，不同游戏终端之间的收入断层正在加剧。移动游戏在2020年蓬勃发展，该细分领域收入达到772亿美元，占据游戏行业的最大市场份额（40%）。此外，主机游戏也吸引了大量用户，成为拉动游戏市场的第二大引擎（市场份额为28%）。相比之下，其余终端市场则受到不同程度的挤压（数字版/盒装PC游戏市场份额为21%，平板电脑游戏市场份额为9%），萎缩最为明显的是网页端游戏（市场份额为2%），用户流失导致网页游戏收入在2020年骤降13.4%。

（3）语音社交

随着音视频和直播等传播形态日益成熟，语音在平行伴随、实时互动和情感连接等方面的社交属性和传播优势逐渐显露，“耳朵经济”赛道上的场景、平台和商业模式正在经历蝶变。以中国社交媒体用户的消费习惯为例，2020年，文字聊天占据了63%的用户使用份额，语音配对以及直播间连麦等占比达到32%。③ 2021年初席卷全球的语音社交应用程序Clubhouse印证了语音这一媒介载体在社交媒体市场的发展潜力。相较于文字与视频而言，

① 数据来源：https：//www2. deloitte. com/cn/zh/pages/technology－media－and－telecommunications/articles/tmt－predictions－2021－vr－immersive－technologies. html。

② 数据来源：https：//newzoo. com/insights/trend－reports/global－games－market－report－2020－chinese/。

③ 数据来源：https：//www. iimedia. cn/c400/76205. html。

语音输出的效率更高、反馈更及时，同时能够隐匿用户的形象以及环境信息，在呈现效果上具有一定的可控性。

三　全球娱乐及传媒产业发展的特征与趋势

1. 沉浸式经济升温，文娱科技加速融合

近五年来，“沉浸式”（Immersive）一词的热度随着人工智能、虚拟现实和深度学习等技术的普及不断上升，沉浸式设计行业规模连续多年呈指数级增长，相关从业者群体不断壮大。沉浸式数字内容作为一种表达手段，通过调动人的感官认知体验，为用户营造出物理世界和虚拟世界相融合的临场体验，在文化、娱乐和游戏等领域有着丰富的应用前景。在疫情之前，沉浸式娱乐体验项目多集中于线下场景，重点在主题乐园、剧院演出等场域进行布局，强调技术与叙事内容的互动演绎。

在5G基础设施建设以及疫情的叠加效应之下，个人消费者和商业用户对于“体验式经济”的认知迅速升温。疫情期间，沉浸式的线上体验填补了文娱场所线下关停带来的空白，科技与文化的融合加速了沉浸式旅游、虚拟偶像全息演出等品类的开发，供给端的沉浸式生产创作在会展、游戏、文旅和电商等场景中遍地开花，并逐步延伸至医疗、教育和制造等领域，并有望引发数字文化消费升级的新热潮。

2. 传媒消费迁移线上，“云”模式为数字经济注入新动能

疫情在世界范围内的传播颠覆人们办公学习和休闲娱乐的触达方式，诸多行业的运行活动迁至线上。在线传媒消费迈向红利发展时期，远程办公、在线教育、线上问诊等模式全线铺开，“云”视频、宅娱乐等词汇频繁出现于2020年的搜索热词中。在疫情暴发初期，办公场景的迁移吹响了在线传媒消费的号角，在线视频会议应用程序及协同办公工具迎来高光时刻，Zoom、腾讯会议、钉钉等即时通信和办公辅助软件的用户流量激增。

在“云”管理和5G技术的升级之下，疫情刺激出现的“宅经济”运行模式将在未来一段时期内走向常态化，“云”模式也将成为未来的必然趋

势，在线传媒消费不仅将在纵向上继续触达垂直细分领域用户群体，也将在横向发展中延伸至各行各业，破除原有消费场景的限制。

3. 数字化转型提速，传媒机构探索多元化商业模式

疫情改变了新闻媒体机构与用户的互动模式，一方面，用户流向及消费行为的转变促使新闻媒体的数字化转型进程不断加快，多数新闻机构旗下的印刷业务甚至被叫停。2020 年，美国《纽约时报》的数字化用户增量突破 100 万人，数字化产品收入超越了纸媒收入；同时，澳大利亚新闻集团于 2020 年 5 月停止了旗下 112 份报纸产品的生产。新闻媒体的数字化转型不仅意味着印刷产品的电子化，也意味着多样化新闻分发渠道的建设。未来将有更多的新闻媒体机构入驻播客和流媒体，从多个触点与受众建立直接联系。

另一方面，新闻媒体对付费订阅模式的重视程度显著提升，多个国家的新闻机构都在疫情期间推广内容收费项目。数据显示，2020 年 3～5 月，新闻媒体的数字订阅用户较上一年增加了 110%；[①] 以《纽约时报》为例，其付费订阅用户已超过 559 万人，付费订阅收入在整体数字收入中所占比重持续增长。[②] 与此同时，疫情期间，为应对数字广告收入不确定性的加剧，新闻媒体更加积极地探索可持续的混合收入来源，除了向用户推出多种付费方案以外，越来越多的机构也在视频及电商业务等领域组合发力。

4. 数据服务蓝海已现，财经媒体市场竞争加剧

与 2019 年相比，2020 年全球数据生产规模增量达到 25%[③]，用户对于数据分析、交易与应用等服务的需求不断增加。专业的财经媒体在信息时代的数据供应链中长期扮演关键的供应商角色，致力于为金融市场的交易主体快速挖掘、分析数据并传递相关新闻。在全球各行业数字化进程不断加快的背景之下，数据应用在金融、互联网和政府领域不断渗透，企业用户寻求一

---

① 数据来源：https：//www. zuora. com/press – release/subscription – businesses – remain – resilient – amid – covid – 19/。

② 数据来源：PWC，https：//www. pwc. com/gx/en/industries/tmt/media/outlook. html。

③ 数据来源：头豹研究院，https：//pdf. dfcfw. com/pdf/H3_ AP202101141450490554_ 1. pdf? 1610622508000. pdf。

站式的数据解决方案提供商，尤其在以交易算法主导的金融市场中，利用智能工具对数据进行获取和分析的价值日益凸显。据此，金融巨头纷纷布局数据服务业务，资本市场出现收购浪潮。

2020年，标准普尔全球公司（S&P Global）宣布收购金融分析公司HIS Markit，转型拓展数据信息的获取及管理业务；伦敦证券交易所集团（London Stock Exchange）也在积极构建大型数据业务，通过收购路孚特（Refinitiv Holdings Ltd.）增强其在金融数据行业的整合能力。这些收购行为将使市场数据及分析服行业的竞争加剧，彭博、路透社等财经媒体作为财经信息和数据服务供应商的主导地位受到挑战。财经媒体在追踪高质量市场参考数据、提供描述工具和发布新闻报道等方面的优势资源将被抢占，如何优化数据供应链将成为行业亟须思考的重要命题之一。

5. “信息疫情”加剧平台监管危机，全球合作净化网络环境

2020年，当疫情在全球肆虐之时，社交媒体上的虚假、错误信息也大行其道，仇恨情绪、误导谣言在网络环境中迅速蔓延。社交媒体的公信力与内容监管在公共卫生危机情境下面临巨大挑战，各权威机构与平台型媒体合作制定综合管理对策已经成为全球共识。在信息生产环节，Facebook、Twitter和TikTok等社交媒体平台与世界卫生组织等机构展开合作引入权威信源，以确保公众能够在海量信息中接收真实可靠的一手资讯。在信息传播环节，来自新闻机构及独立事实核查机构的专业人员与平台建立了紧密联系，致力于鉴别、核实并揭露不实信息。同时，在技术应对层面，数字平台与搜索引擎服务商积极开展合作，通过调整算法、改进信息推荐机制，来提高搜索引擎检索质量，并利用人工智能等手段标记、审核和删除平台上的危害性内容。

“信息疫情”在社交媒体上的传播不仅是对公众媒介素养的考验，也是敦促各方重新思考如何利用数字技术创新对媒体平台进行内容监管的一次机会。在疫情带来的传播危机中，政府、媒体与企业合作探索、携手共进、共同推动网络环境净化，这对于全球传媒产业的未来发展具有重要的、里程碑式的意义。

B.39

2020年美国传媒产业发展报告*

史安斌　王沛楠**

摘　要： 2020年的美国传媒产业在新冠肺炎疫情和美国大选的影响下呈现市场分化和生态重塑的特征。传统报业和有线电视网受到疫情冲击，广告收入大幅下滑，加剧了中小型媒体的生存危机；居家隔离和远程办公的普及则推动了在线会议和音频社交的出现；疫情使得美国电影院被迫关门，对传统影业造成重创，却成为流媒体娱乐快速发展的契机；5G和区块链等新兴传播技术在经历了早期的快速扩张后开始寻找更适合商用的落地场景，进而进入内涵式发展的阶段。本文基于2020年的典型案例和行业数据，主要聚焦报纸与广播电视业、互联网与社交媒体、影视娱乐和流媒体、广告业以及5G和区块链等新兴媒介产业，对美国传媒产业的发展态势进行梳理和预测。

关键词： 美国　传媒产业　数字媒体　媒介融合

2020年对于美国传媒产业而言是喜忧参半的一年：新冠肺炎疫情的蔓

* 本报告系教育部哲学社科重大攻关项目“新时代中华文化走出去策略研究”（项目编号：18JZD012）的阶段性研究成果。清华大学新闻与传播学院硕士研究生叶倩、郭泽众、王禹航、杨晨晞、党逸倩参加了资料搜集和部分文稿的撰写，特此致谢。

** 史安斌，清华大学新闻与传播学院教授、博导；王沛楠，清华大学教育研究院博士后、清华大学写作与沟通教学中心专职教师。

延使得本就身处转型期的纸媒元气大伤，但同时推动部分以捐款和订阅为收入来源的高质量数字新闻媒体获得新的发展机遇；疫情导致电影院大规模关闭，给传统电影业造成了重创，票房的断崖式下跌迫使大量好莱坞电影选择延期放映，但以奈飞（Netflix）为代表的流媒体影视平台则异军突起，通过买断电影的独家放映权在流媒体平台播放而获利颇丰；广播电视业在经历了特朗普时代的收视人数的快速增长后在2020年遭遇了挫折，美国三大电视网2020年收视人数同比均出现了大幅下滑，但福克斯新闻网（Fox News）和CNN等新闻台的收视人数则逆势增长；新任总统拜登上任的“三把火”继续烧向数字巨头，2020年针对脸书（Facebook）和谷歌（Google）等平台的反垄断调查力度在不断升级；与此同时，以Zoom为代表的线上视频会议软件和以Clubhouse为代表的音频社交软件兴起标志着社交媒体市场结构的潜在变化。

由此可见，新冠肺炎疫情的暴发与特朗普的败选成为左右2020年美国传媒产业的两大核心事件，对美国传媒业的短期发展格局产生了深刻的影响。

一　报纸与广播电视业

2020年对于传统媒体而言是无比艰难的一年，突如其来的新冠肺炎疫情导致包括纸媒和广播电视在内的传统媒体面临前所未有的挑战。疫情所造成的经济衰退使许多企业被迫收紧预算，进而停止在报纸杂志上刊登广告。一项对6家大型媒体集团的研究显示，2020年前两季度传统纸质媒体的广告收入与2019年同期相比缩水42%，发行量则下滑8%。在疫情前，传统媒体的广告收入一度达到了发行收入的2倍之多。但如今，发行收入和数字订阅收入却成为各家媒体集团较为稳定的收入来源。在被调查的6家媒体集团中，2020年内已有3家媒体集团的发行收入超过了广告收入。[①]

① https：//www.journalism.org/2020/10/29/coronavirus－driven－downturn－hits－newspapers－hard－as－tv－news－thrives/.

为了应对危机，大量美国地方媒体不得不采取停印纸版报纸、员工减薪停薪、强制休无薪假和裁员等方式维持生存。甘尼特集团（Gannett Co.）于2020年4月宣布旗下2万余名员工在接下来3个月每月强制休5日的无薪假期，行政层减薪25%；拥有7家媒体的Euclid Media Group则直接裁去了80%的员工。[①] 据《纽约时报》估计，美国仅在4月就有3.6万余名媒体从业者失业在家，有不少中小型媒体则因疫情直接选择停刊或破产。

虽然传统报业饱受疫情困扰，但一些向数字订阅转型的传统媒体受疫情的影响相对较小。包括《科罗拉多太阳报》《芝加哥街区俱乐部》以及纽约的《城市报》在内的一些完成数字化转型的媒体在疫情早期发布了大量高质量的报道，进而吸引了更多有信息需求的用户为之付费。调查显示，美国2020年的数字新闻支出同比增加了20%，在疫情带来巨大不确定性的背景下，有越来越多的人愿意采用订阅的方式为高质量内容付费。这也为其他的媒体转变盈利模式提供了新的思路。[②]

与传统新闻业类似，美国广播电视业也在疫情期间出现了明显的收视率下滑和盈利下降。从2020年的全年收视人数排行榜来看，哥伦比亚广播公司（CBS）、美国全国广播公司（NBC）和美国广播公司（ABC）仍旧占据排行榜前三的位置（见表1）。但值得注意的是，三大电视网的收视人数在2020年同比都出现了两位数的下滑，收视榜上排名冠亚军的CBS和NBC的同比下滑更是均超过了20%。虽然三大电视网的根基尚在，但其地位江河日下的趋势已然不可避免。[③] 在全国性电视网每况愈下的阴霾之中，新闻频道的收视人数却出现大幅增长。新冠肺炎疫情、“黑人的命也是命”（BLM）运动加上美国总统大选，让许多观众重拾了对电视新闻的关注和热情。2020年，福克斯新闻的收视人数同比上涨了43%，CNN的收视人数更是同比上涨了83%。

① https://www.niemanlab.org/2020/03/total-annihilation-coronavirus-may-just-be-the-end-for-many-alt-weeklies.

② https://www.digitalnewsreport.org/survey/2020/overview-key-findings-2020/.

③ https://variety.com/2020/tv/news/network-ratings-2020-top-channels-fox-news-cnn-msnbc-cbs-1234866801/.

表 1　2020 年美国电视网收视数据榜

单位：千人，%

排序	电视网	收视人数	同比变化
1	CBS	5603	-21
2	NBC	5025	-20
3	ABC	4522	-12
4	Fox	4157	-10
5	Fox News Channel	3596	43
6	MSNBC	2135	23
7	CNN	1790	83
8	ESPN	1500	-16
9	Univision	1445	11
10	TLC	1365	16

对于数字广播而言，2020 年则依旧是播客持续发展的一年（见表 2）。调查显示，播客当前保持着 20% 的年增长率。按此趋势，预计到 2023 年播客听众数将比 2019 年翻一番。如此快速的增长所带来的广告收益也十分可观，预计 2021 年美国播客广告收入将超过 10 亿美元。还有数据显示，播客更能吸引 18 ~ 44 岁年龄段的年轻消费者和高学历、高收入人群，其中蕴含着广阔而持久的商机。①

表 2　2020 年美国主要播客

播客名	主办方	播客类型
The Joe Rogan Experience	Joe Rogan	娱乐播客
The Daily	The New York Times	新闻播客
Crime Junkie	Audiochuck	犯罪新闻播客
This American Life	This American Life	新闻播客
My Favorite Murder	Exactly Right	犯罪喜剧播客
Stuff You Should Know	HowStuffWorks	文化播客
Office Ladies	Earwolf	娱乐播客

① https://www.nielsen.com/us/en/news-center/2020/nielsen-at-podcast-movement-2020-opportunities-in-a-skyrocketing-industry/.

续表

播客名	主办方	播客类型
Pod Save America	Crooked Media	政治播客
Planet Money	NPR	文化播客
Wait Wait Don't tell me	NPR	娱乐播客

疫情对于报业和广播电视业产生了巨大的冲击。除了少数转型成功的传统媒体和电视新闻网之外，绝大多数报纸和广播电视媒体需要面对疫情持续蔓延带来的业绩压力和裁员可能。作为21世纪迄今为止影响最大的事件，新冠肺炎疫情对于本已陷入衰退的美国传统媒体而言将是一次沉重的打击。如果美国不能在2021年内有效控制疫情，美国传统媒体在未来将面临更大的冲击与挑战。

二　互联网与社交媒体

截至2021年1月，美国共有2.99亿互联网用户和2.4亿社交媒体用户。2020年美国互联网用户数比2019年增加了1100万人，同期活跃社交媒体用户的数量增加了1000万人，活跃的社交媒体用户同比增长4%。老年用户成为社交媒体增长速度最快的群体，65岁以上的脸书用户在2020年增长了约25%，几乎是脸书整体用户增长速度（13%）的2倍。在年轻人逐渐转向TikTok和Instagram等新兴平台的背景下，中老年用户正在逐渐成为脸书等传统社交媒体的主力军。[①]

2020年美国互联网和社交媒体产业最值得关注的事件可以说是美国对于数字巨头的反垄断升级。仅2020年，脸书在美国的收入超过700亿美元，利润超过185亿美元。联邦贸易委员会（FTC）和美国48个州已经宣布将起诉脸书，要求脸书进行拆分并剥离包括Instagram和WhatsApp在内的资产，禁止脸书向离职的程序员施加反竞争条件，要求脸书在未来进行合并收购之前向联邦政府告知并获得批准。

① https：//wearesocial. com/digital－2021.

除脸书外，亚马逊和谷歌也面临不同程度的反垄断指控。2020 年亚马逊销售额占美国电子商务销售额的近 50%，零售领域销售额比排名第二的沃尔玛高 7 倍以上。联邦贸易委员会指控亚马逊在竞价排名中优先自营商品，并从第三方卖家收集数据以便提升自营品牌的销售额，从而形成了不正当竞争。谷歌则被指控利用搜索引擎进行不正当的竞价排名，影响用户搜索关键词的结果。

相比于传统社交巨头深陷反垄断的危机之中，疫情期间新兴的线上会议平台则成为 2020 年美国互联网领域增长最快的细分市场。由于疫情在美国的蔓延，Zoom 的用户数量从 2019 年底的 1000 万人激增至 2020 年 3 月的 2 亿人。市场的认可使得 Zoom 的股价在 2020 年内上涨超过 500%，成为美股科技股涨幅的第一名。随着用户逐渐习惯云端连接的工作方式，全球在线会议市场预计到 2026 年将翻一番，市场规模达到 100.92 亿美元，并保持 9.8% 的复合年均增长率。①

除了线上会议平台，另一个值得关注的社交媒体新兴领域是以“俱乐部屋”（Clubhouse）为代表的音频社交软件。2020 年 3 月，Clubhouse 由硅谷企业家 Paul Davidson 和 Rohan Seth 创立。但推动它“出圈”的则是特斯拉汽车公司 CEO 马斯克（Elon Musk）与免费股票交易平台 Robinhood 首席执行官特内夫（Vlad Tenev）在 Clubhouse 主持的一次音频聊天。截至 2021 年 2 月 1 日，采用邀请制注册的 Clubhouse 已经拥有了 200 万用户，成为估值超过 10 亿美元的行业独角兽。Clubhouse 带来的音频社交模式，为疫情期间饱受隔离和社交距离之苦的用户创造了新的互动平台，其未来前景值得期待。

三　影视娱乐和流媒体

受到疫情影响，2020 年北美地区全年票房仅为 22 亿美元，相较于 2019 年的 114.5 亿美元断崖式下跌了约 80%，创下近 40 年最低纪录。② 全美很

① https://www.fortunebusinessinsights.com/industry-reports/video-conferencing-market-100293.

② https://www.reuters.com/article/us-film-box-office-idUSKBN29I04G.

多影院从2020年3月中旬起相继关门，从而错过了往年能够产生40%全年票房的暑期档。整个美国电影市场暑期档票房仅有1.76亿美元。2020年也是过去10年里漫威电影首次缺席全年票房前十名。

为了寻求生路，很多电影转向流媒体平台上线。如华纳的《神奇女侠1984》（*Wonder Woman 1984*）就在影院和旗下的流媒体平台HBO Max同时上线。值得注意的是，2020年迪士尼的备受瞩目的大作《花木兰》（*Mulan*）也转移到了旗下的Disney+平台首发。① 而对于本身没有流媒体平台的电影公司，则采用了延期上映和出售给流媒体平台的双重策略。以派拉蒙为例，《寂静之地2》（*A Quiet Place*：*Part* Ⅱ）和《壮志凌云2：独行侠》（*Top Gun*：*Maverick*）等影片准备推迟至2021年上映，而《芝加哥七君子审判》（*The Trial of the Chicago 7*）以5600万美元的价格卖给了流媒体平台奈飞，《美国之旅2》（*Coming to America 2*）则以1.25亿美元卖给了亚马逊Prime Video。

根据尼尔森旗下的Superdata公司发布的《2020年度数字游戏和互动媒体回顾》，全球2020年电子游戏总收入达1266亿美元，相比2019年增长了12%。其中2020年1～2月仅比2019年同期增长6%，但在疫情大暴发的后10个月相比2019年同期增长14%。在疫情带来的社交隔离情况下，社交属性成为游戏的一大卖点。美国约有27%的居民用游戏和朋友保持联系或与陌生人进行社交。《使命召唤：战区》（*Call of Duty*：*Warzone*）和《集合啦！动物森友会》（*Animal Crossing*：*New Horizons*）就因为其虚拟社交的属性成为2020年的热门游戏。

四　广告业

在新冠肺炎疫情对美国经济造成严重破坏的2020年，全美广告业也不可避免地受到了很大的打击。但由于数字广告的逆势增长，整体广告业跌幅

① https：//apnews.com/article/ap－top－news－bob－chapek－entertainment－movies－virus－outbreak－01cae278467ab8eb94dbb00daf83781d.

并没有市场预期中的剧烈。2020 年全美广告业整体收入降至 2280.9 亿美元，同比下降 3.9%。[①]

其中，电视广告支出同比下降 2.8%，降至 751 亿美元。[②] 在整体小幅下降的趋势下，电视广告投入结构持续转型。由于越来越多的观众转向流媒体，美国的数字电视广告支出持续上升，加上 2020 年美国智能大屏所能触达的家庭数量首次超过传统有线电视，智能大屏成为广告主与消费者建立沟通的重要渠道。预计 2020 年美国的联网电视广告支出增长 27.1%，达到 81.1 亿美元，且在 2021 年将会升至 113.6 亿美元。[③] 由于 TikTok 等短视频平台的兴起，竖屏短视频广告也成为新趋势，有 59% 的电视广告主表示将缩短广告时长并专门制作面向短视频平台的竖屏广告。[④]

数字广告的市场规模在 2020 年并无大幅增长，仅比 2019 年增长 1.7%。虽然数字化转型被认为是不可阻挡的时代趋势，但在疫情影响几乎所有行业的 2020 年，美国数字广告市场规模的扩张态势也逐渐停滞。脸书、谷歌与亚马逊仍是数字广告行业的主导，这三家巨头合计获得了美国 2020 年近2/3 的数字广告投放费用。脸书 2020 年第三季度的广告收入同比增长 22%。谷歌第三季度的数字广告收入同比增长近 10%，达 371 亿美元；而亚马逊第三季度的广告收入同比增长 51%，达 54 亿美元。数字巨头对于广告流量的垄断驱趋势日益明显。美国广告行业正面临结构性变革，数字广告取代传统媒体广告将成为大势所趋。[⑤]

在疫情的影响之下，还有另一些重要转变。2020 年美国程序化广告收入保持了较为强劲的增长态势，全年同比增长超过 10%。据预测，程序化广告在 2021 年则有望反弹到 24.1% 的增幅。[⑥]

---

① https：//www. groupm. com/this – year – next – year – us – eoy – forecast – 2020/.

② https：//www. mediapost. com/publications/article/358092/us – tv – ad – spending – forecast – to – decline – 28 – bett. html.

③ https：//www. emarketer. com/content/us – connected – tv – advertising – 2020.

④ https：//www. thetradedesk. com/us/knowledge – center/the – future – of – tv – report – january – 2021.

⑤ https：//www. groupm. com/this – year – next – year – us – eoy – forecast – 2020/.

⑥ https：//www. emarketer. com/content/us-programmatic-digital-display-advertising-outlook – 2021.

五　新兴媒介产业

虽然在2020年全球新冠肺炎疫情滋生的“信息疫情”中，5G技术也遭遇污名化，但这并没有阻止5G技术的进一步扩张。全球网络运营商实现了平均15%的网络流量激增，利好5G技术发展。① 更为重要的是，5G开始被运用于新形态下的内容生产，对于新兴媒介技术实现广泛落地和普遍商用具有积极的促进作用。

在新闻生产方面，具有高速率、低时延、大容量等特点的5G技术可以赋能远程和实时内容生产，美国各媒体公司近年来也多次尝试与运营商合作，如福克斯体育利用5G+4K技术直播2018年美国高尔夫公开赛、NBA使用5G技术通过智能手机摄像头播送2019年夏季联赛、2020年Verizon的5G技术支持美国超级碗赛事放送等。调查显示，全球92%的广播从业者预计自己所在的机构会在未来1~2年内使用5G技术，最有潜力的应用场景是远程内容制作和分发。② 82%的受访者认为，5G最终将取代DTT/DTV和卫星等传统广播发行方式，成为访问电视内容的首选方式。③

随着各大媒体积极拥抱5G技术，5G在传媒业的相关应用场景也逐渐清晰。《纽约时报》与威瑞森电信公司（Verizon）合作创建的5G新闻实验室开发了“即时媒体”（instant media）和“环境摄影制图”（environmental photogrammetry）两种技术，前者帮助记者实现即时、高分辨率的新闻采编与远程数据连接，后者可以拼接成百上千张静态照片实现3D视觉效果，以

① https：//www. prnewswire. com/news - releases/5g - will - transform - the - media - landscape - and - enable - over - us69 - billion - in - revenues - to - cloud - gaming - and - cloud - video - by - 2024 - 301062084. html.

② https：//nevion. com/resources/research - and - trends/broadcast - 2020 - survey - into - the - adoption - of - 5g/.

③ https：//nevion. com/news/press - releases/survey - 5g - to - be - preferred - access - to - tv/.

此提升用户的沉浸式新闻体验。① 与之类似，《华盛顿邮报》也与美国电报电话公司（AT&T）合作探索5G在新闻业中的应用潜力，实现了编辑部人员与前方记者的实时信息互动和大规模数据连接，并积极采用5G支持下的增强现实（AR）、虚拟现实（VR）和全景摄影等技术创新故事讲述方式、提升用户的阅读体验。②

同5G类似，区块链技术也在努力探索新技术与传媒业的适用场景，寻求大浪淘沙、泡沫破灭后货真价实的媒体赋能路径。在新闻生产方面，美联社从2020年11月开始在以太坊和EOS区块链上发布2020年美国总统选举的结果。通过该系统，美联社为每个州的选票实时进展建立无法篡改的永久记录。③ 电信巨头Verizon也于10月宣布推出其基于区块链的开源新闻编辑室产品，旨在通过提升内容透明度来提高公司的整体企业责任感。该平台将使用公共区块链忠实记录公司的各种新闻稿、专栏文章等内容。④

在新闻溯源方面，《纽约时报》与新技术公司IBM Garage于2019年合作启动的“新闻溯源项目”（News Provenance Project）也取得一定进展，通过使用区块链技术来建立一个新闻照片元数据记录和分享系统，旨在通过为新闻照片提供语境描述，帮助读者识别真实新闻照片。目前该项目正寻求与其他新闻编辑室、事实核查机构和各平台媒体的合作以建立一个标准统一、操作简便的真实信息系统。

六　总结与展望

2020年的美国传媒产业在全球新冠肺炎疫情扩散与美国本土政治生态

---

① https：//www. nytco. com/collaborate/how – the – new – york – times – uses – new – journalistic – tools – developed – for – 5g/.

② https：//www. washingtonpost. com/brandstudio/att – business/the – potential – of – 5 – G – enabled – reporting/.

③ https：//cointelegraph. com/news/ap – news – publishes – us – presidential – election – results – on – the – blockchain.

④ https：//www. verizon. com/about/news/verizons – full – transparency – launches – blockchain – verification.

改变的语境下正在悄然发生变化。拜登政府的上台有利于美国疫情的防控，但经济生活在短时间内仍旧难以完全恢复到“前疫情时代”的状态。可以预见的是，2021 年美国传媒产业将在很大程度上延续 2020 年的步伐，行业结构将继续呈现市场分化和生态重塑的态势。

美国传媒业的市场结构分化日趋明显。深陷疫情困局的传统媒体、被迫关门导致票房大减的好莱坞电影业以及受到大规模反垄断调查的数字巨头，可能正在面临行业发展的分水岭。与之相对应的是，快速兴起的数字订阅、流媒体娱乐和音频社交，可能会在未来改写美国传媒业传统的市场结构，加速传媒行业的市场形态分化。

与市场分化齐头并进的将是美国传媒产业的生态重塑。反垄断调查改变了社交媒体的生态，流媒体进入改变了影音娱乐行业的生态，5G 和区块链落地则可能对整个传媒业的生态产生影响。但对于试图颠覆一个传统行业的挑战者而言，能否寻找到持续发展的模式决定了这些技术在传媒业的未来会昙花一现还是渐入主流。

同时，以市场分化和生态重塑为代表的趋势将不仅仅是美国传媒业发展的特点，对于全球传媒产业的生态变化都将产生深刻的影响。流媒体影音产业的发展、音频社交的兴起、5G 与区块链技术的完善以及传统媒体的数字化转型将呈现出齐头并进的态势，共同塑造美国乃至于全球传媒产业的格局。

B.40
2020年欧盟传媒产业发展报告

张 莉　王俞欢*

摘 要： 2020年，英国脱欧和突如其来的新冠肺炎疫情的蔓延对欧盟传媒产业造成了较大冲击。报刊发行量和读者数量持续减少，报刊业仍面临艰难转型。电视和广播都是欧盟民众获取信息的重要来源，越来越多的观众和听众选择通过网络接收电视和广播节目。影院关闭使电影业受到重创，欧盟本土电影业仍受到美国电影和流媒体电影对市场的挤占。数字音乐产业不断发展，实体音乐面临困境。互联网和移动互联网产业发展势头强劲，居家办公和线上课堂增加了民众对互联网的需求，社交媒体受到广泛欢迎。为进一步规范美国大型互联网企业在欧业务，欧盟出台了一系列数字法规促进公平竞争。

关键词： 欧盟传媒产业　媒体信任　流媒体　数字法规

2020年欧盟传媒产业发展受到了英国脱欧和新冠肺炎疫情（以下简称“疫情”）的较大冲击，不仅印刷媒体行业没有回暖趋势，而且电影院的关闭也使电影业受到重创。不过，居家隔离和线上课堂使流媒体服务和互联网的使用率更高。

在信息传播领域，疫情凸显了辨别虚假信息和错误信息的重要性。由于

---

* 张莉，清华大学新闻与传播学院副教授、博导；王俞欢，清华大学新闻与传播学院硕士研究生。

大部分关于疫情的信息主要通过媒体传播，民众对媒体的信任程度在很大程度上影响了疫情防控措施的效力。2020 年，欧盟国家民众对媒体的信任度差异较大，71% 的芬兰人倾向于信任媒体，但马耳他、法国和希腊三国民众对媒体的信任度最低，只有 21% 的民众选择相信媒体，欧盟 27 国对媒体表示信任的民众平均占比约 40% （见图 1）。[①] 欧盟民众对不同渠道媒体的信任程度也不同。总体而言，人们对媒体的信任程度比往年有所下降，对网络社交媒体的信任度尤其低，而传统媒体仍然被视为最可靠的新闻来源。[②]

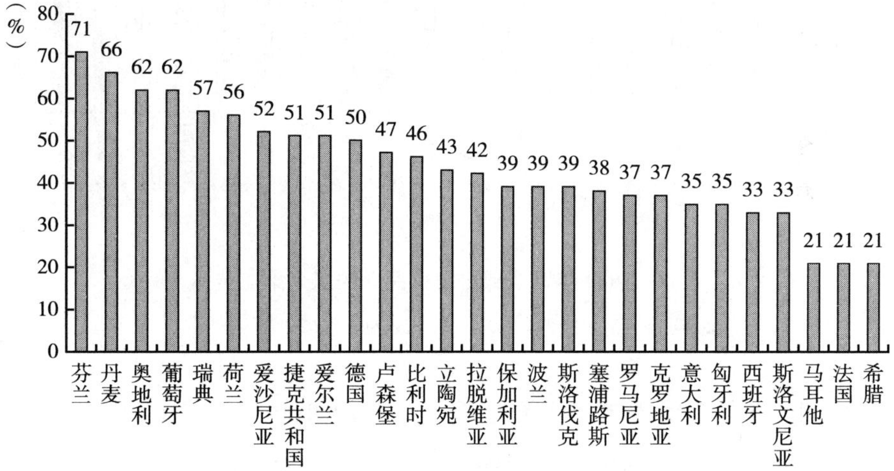

图 1　2020 年表示对媒体信任的欧盟各国民众占比

资料来源：EU Open Data Portal。

一　报刊产业

日益多样化的媒介渠道使报刊产业面临困境。2020 年，欧盟民众获取

① EU Directorate-General for Communication, Standard Eurobarometer 93 Summer 2020.

② 资料来源：https：//www. statista. com。如无特殊说明本文相关数据均引自 https：//www. statista. com。

信息时，更倾向于选择网络和电视，对报刊等印刷媒体的选择较少。多数国家倾向于通过印刷媒体了解信息的人数占比仅为20% ~30% （见图2）。

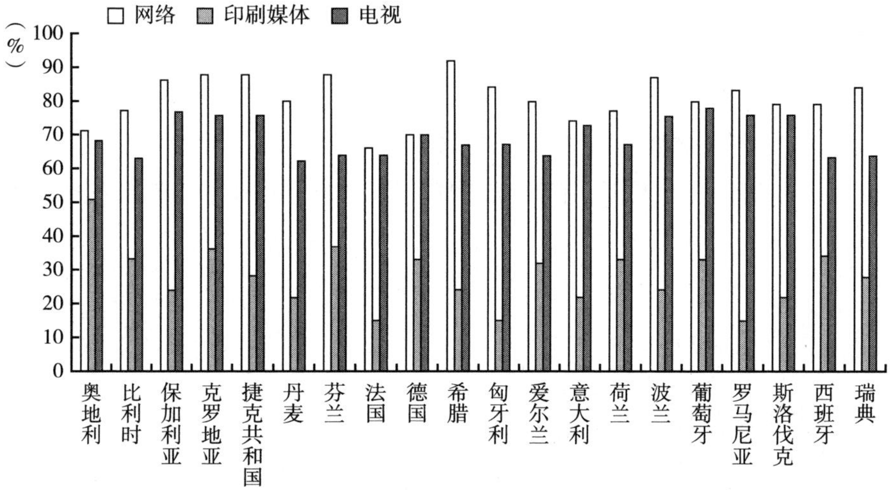

图2　2020年欧盟部分国家民众的媒介渠道选择

资料来源：《2020数字新闻报告》（*Digital News Report 2020*）。

报刊产业处于困境之中已超过10年。2019年，15岁以上的欧洲人中只有26%表示几乎每天阅读纸质新闻。奥地利的纸质新闻读者在欧洲占比最高，但在短短6年内，这一占比下降了近20个百分点。[①] 2020年，罗马尼亚只有15%的人表示会通过报纸获取新闻。[②] 比利时报刊近5年来的消费量下降了12个百分点，疫情的出现加深了这种趋势。相比网络媒体，尽管人们更信任纸媒，但2019年倾向于信任报刊新闻的欧洲人占比为46%，比2018年下降了1个百分点。

面对困境，一些国家的政府采取措施扶持报刊业。2020年，丹麦商业印刷报纸在疫情危机之后获得了一些政府支持，第三季度的报纸销售收入约

① *Digital News Report 2020*, https://www.digitalnewsreport.org/.

② *Digital News Report 2020*, https://www.digitalnewsreport.org/.

为1.8亿美元，比上一年同期增加了3200万美元。① 芬兰则致力于发展覆盖不同层次受众的多样化媒体系统，这个系统由一个强大的地区性媒体、一个强大的公共广播公司（YLE）、一份广为阅读的《国家日报》（*Helsingin Sanomat*）和两份受欢迎的晚间小报组成，这两份小报都覆盖了该国一半以上的成年人口。② 报刊集团自身也努力求生，比如西班牙的《世界报》和一些地区报纸推出网络付费版本，面对销售下滑的现象，《每日新闻报》向读者发出“求救”，随后付费会员数量跃升至5.3万人。③

二 电视产业

在网络媒体的冲击下，电视的重要性逐渐下降，比如在2010～2019年，丹麦人平均每天的电视观看时间减少了1个多小时，同期全国平均每日电视覆盖率从70%以上下降到58%。2020年，受疫情影响，民众居家时间增多，德国人平均每天看电视的时间为220分钟，比2019年增加9分钟，是自2016年以来的首次上升。

电视观看时间在不同年龄段也有显著差异。2019年，瑞典人平均每天看电视的时间为127分钟。其中60岁以上的人群看电视的时间最多，达255分钟，而15～24岁的青少年每天观看时间仅为37分钟。匈牙利老年人平均每天看6.5小时电视，而18～49岁的民众平均每天看3.5小时电视。丹麦12～18岁的青少年平均每天看电视31分钟，比55～70岁的中老年人少约200分钟。

在观看频率方面，2020年荷兰每天看电视的人占78%，比2013年下降17个百分点。2019年，87%的15岁以上罗马尼亚人和意大利人几乎每天都看电视。葡萄牙每天看电视的人占比最高，为94%。每天看电视的人的比例最低的是卢森堡，为62%。

---

① *Digital News Report 2020*, https://www.digitalnewsreport.org/.

② *Digital News Report 2020*, https://www.digitalnewsreport.org/.

③ *Digital News Report 2020*, https://www.digitalnewsreport.org/.

网络电视受到欢迎。2020 年，德国 29% 的网民使用互联网看电视节目。在疫情之前的调查中，奥地利电视新闻覆盖率大幅下降，但公共广播公司 ORF 开通网络频道后，吸引了原先的大部分受众。① 2011～2018 年，瑞典观看网络电视的人数增加了 15%，其中 15～24 岁的青年观众数量占总观众数量的比例达 50%。

欧盟电视市场收入整体呈现下降趋势。2019 年瑞典的电视产业收入约 96 亿瑞典克朗（约 9.5 亿欧元），比上一年有小幅下降。丹麦的电视广告收入在过去的几年中持续下降，2019 年约为 20 亿丹麦克朗（约 2.69 亿欧元），比 2011 年减少 5 亿克朗（约 6700 万欧元）。

三 广播产业

广播在欧盟仍拥有广大受众。在收听人数方面，受疫情影响，2020 年 2～3 月，面向法国海外侨民的法国海外广播电视台（Outre mer la 1ère）收听人数增长了 108%。2019 年，意大利的广播听众人数约为 3400 万人，比 2016 年增加了 300 万人。

在收听频率方面，不同国家差异较大。2020 年，14 岁以上的德国人中，有 3580 万人每天收听广播。广播是斯洛文尼亚人 2019 年最常使用的媒介，有 66% 的受访者表示几乎每天收听广播，而罗马尼亚只有 27% 的人每天听广播。2019 年，74% 的 15 岁及以上的欧洲人每周至少收听一次广播，其中 47% 的人每天收听 1 次。意大利每天约有 1770 万人收听广播，较 2006 年下降了 24.5%。

英国脱欧对欧盟的广播市场产生一定影响。脱欧后，英国的电视和视频点播服务将不能再向欧洲观众提供泛欧洲服务，除非其部分业务迁至欧盟成员国。但大多数国际广播公司，已在多个欧盟国家获得新的许可证。自 2021 年 1 月 1 日起，欧盟《视听媒体服务指令》（AVMSD）和来源国

① https：//www.digitalnewsreport.org/.

原则不再适用于隶属于英国管辖的、面向欧盟国家传输的电视和视频点播服务。不过，1989年制定的《关于跨国电视的欧洲公约》（ECTT）仍将适用。这意味着签署ECTT的20个欧盟国家必须确保能够自由接收英国管辖范围内的广播服务。然而，比利时、丹麦、希腊、爱尔兰、卢森堡、荷兰和瑞典7个欧盟国家尚未签署ECTT，因此，爱尔兰电视和宽带提供商Sky Ireland已经从电子节目指南中撤掉了许多英国的电视频道和广播电台。①

四　电影产业

在疫情暴发前的2019年，欧洲电影产业取得了较大成就。票房方面，欧洲占全球票房总收入的23%，仅次于美国，位列世界第二。②

2019年，欧盟国家电影票房与2018年相比普遍上升。其中，意大利、德国和捷克票房上升幅度较大，均增长了10%以上。欧洲电影总票房为88亿欧元，较2018年增长了7.7%。2019年，有13.6亿观众去电影院观看电影，比2018年增加了4.6%；包括英国在内的欧盟国家票房为72亿欧元，比2018年增长6.8%。③

电影银幕数量方面，2019年法国有6114块，德国有4961块，意大利有3880块，位列欧盟前三。④

电影制作方面，受美国电影业冲击，2019年欧洲生产的电影全球市场占有率达到了2005年以来的最低水平，为25.7%。其中，法国、波兰和捷克是欧盟国家中本土电影市场占有率最高的3个国家，分别为34.8%、

① 《英国退出欧盟 广播公司相关规则发生变更》，流媒体网，https://lmtw.com/mzw/content/detail/id/196571/keyword_ id/。

② 国际影院联盟（International Union of Cinemas）。

③ *UNIC Annual Report 2020*，https://www.unic - cinemas.org/fileadmin/user_upload/Publications/UNIC_ AnnualReport_ 2020.pdf.

④ *UNIC Annual Report 2020*，https://www.unic - cinemas.org/fileadmin/user_upload/Publications/UNIC_ Annual Report_ 2020.pdf.

28.2%和24.2%。[①]

从票房表现来看，2020年波兰票房收入峰值出现在2月14~16日的周末，超过641万兹罗提（约140万欧元）。而票房最低出现在疫情暴发影院关闭12周后重新开张的第一个周末，即6月12~14日，仅为3.2万兹罗提（约0.69万欧元）。2020年的最后1周，荷兰电影票房收入同比下降96%，西班牙下降73%，爱尔兰下降100%。[②]

疫情封锁期间，欧盟一些国家的电影行业积极创新，通过流媒体等数字化渠道为观众提供最新电影。[③] 但总体来看，欧盟范围内针对电影院的支持措施相对有限，主要集中在降低影票增值税率和政府提供刺激资金等方面。[④]

五　图书出版产业

图书阅读在欧盟民众的生活中占据重要地位，这一点可以从图书出版数量的增长上反映出来。2019年匈牙利出版的书籍接近1.4万册，数量为2013年以来最多。波兰出版的书籍数量从2005年的2万册增加到2019年的3.6万册。

图书出版业的收入方面，各国情况有所差异。2019年匈牙利图书销售收入总计555亿福林（约1.56亿欧元），比前几年有所增加。瑞典图书销售收入约为18.6亿瑞典克朗（约1.83亿欧元），与2018年相比略有下降。

图书阅读方式也在更新换代，越来越多的人使用电子书，这一现象带动了图书领域收入的增长。截至2020年，匈牙利有140万电子书用户，2022

① *UNIC Annual Report 2020*, https://www.unic-cinemas.org/fileadmin/user_upload/Publications/UNIC_Annual Report_2020.pdf.

② *UNIC RESEARCH The Impact of the Coronavirus Outbreak on the European Cinema Industry*, https://www.unic-cinemas.org/fileadmin/user_upload/Publications/Public_-_UNIC_research_-_Coronavirus_impact_on_the_cinema_industry_v96.pdf.

③ *UNIC Annual Report 2020*, https://www.unic-cinemas.org/fileadmin/user_upload/Publications/UNIC_AnnualReport_2020.pdf.

④ *UNIC RESEARCH The Impact of the Coronavirus Outbreak on the European Cinema Industry*, https://www.unic-cinemas.org/fileadmin/user_upload/Publications/Public_-_UNIC_research_-_Coronavirus_impact_on_the_cinema_industry_v96.pdf.

年这一数字预计将达到 150 万。使用电子阅读器、平板电脑或智能手机等电子设备读书的德国消费者数量有所增加，2020 年超过 270 万德国读者购买过电子书，是 2010 年的 10 倍。预计 2020 年德国文学类电子书收入将达到 2. 92 亿欧元。近 1/3 的瑞典人有阅读电子书的习惯，4% 的受访者每天会阅读电子书。2019 年，瑞典图书收入最多的分销渠道是数字转售，总额超过 5. 2 亿瑞典克朗（约 5100 万欧元）。2019 年西班牙电子书行业的营业额约为 1. 19 亿欧元，较 2018 年增长了 15 万欧元。

六　互联网产业

互联网在欧盟大部分民众的生活中都占据重要地位。截至 2020 年 6 月，欧盟约有 3. 98 亿网民，占欧盟总人数的 89. 3% 。欧洲网民占世界总网民的 14. 8% ，位列第二。①

2020 年欧洲互联网接入率为 87. 2% ，仅次于北美洲，位列世界第二。其中多数国家的互联网接入率达到了 85% 以上，但仍有一些国家低于 80% 。比如，丹麦、德国、荷兰和瑞典的互联网接入率较高，均达到了 95% 以上，而保加利亚、希腊和罗马尼亚的接入率没有达到 75% （见图 3）。②

截至 2020 年 6 月，欧盟网民人数较多的国家有德国、法国和意大利，均超过了 5000 万人。在网民人数排名前 10 的国家中，瑞典和捷克共和国的网民人数没有超过 1000 万人（见图 4）。③

部分国家民众对待互联网信息持谨慎态度。在使用互联网看新闻时，欧盟国家中，西班牙、德国、法国、爱尔兰、罗马尼亚、芬兰、克罗地亚、意大利、保加利亚和匈牙利超过 50% 的民众会考虑新闻的真实性。④

---

① Internet World Stats, *Internet Usage in the European Union*, https：//www. internetworldstats. com/stats9. htm.

② https：//www. digitalnewsreport. org/.

③ Internet World Stats, *Internet Usage in the European Union*, https：//www. internetworldstats. com/stats9. htm.

④ *Digital News Report 2020*, https：//www. digitalnewsreport. org/.

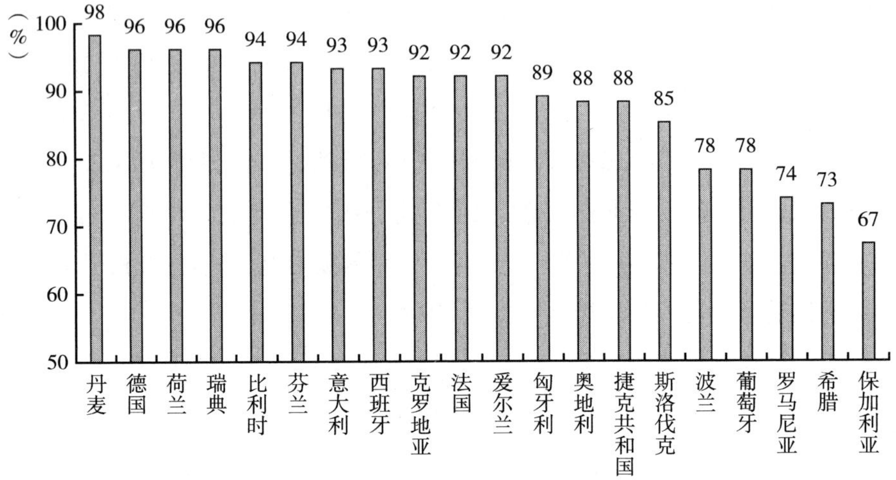

图 3　2020 年欧盟部分国家互联网接入率

资料来源：《2020 数字新闻报告》（Digital News Report 2020）。

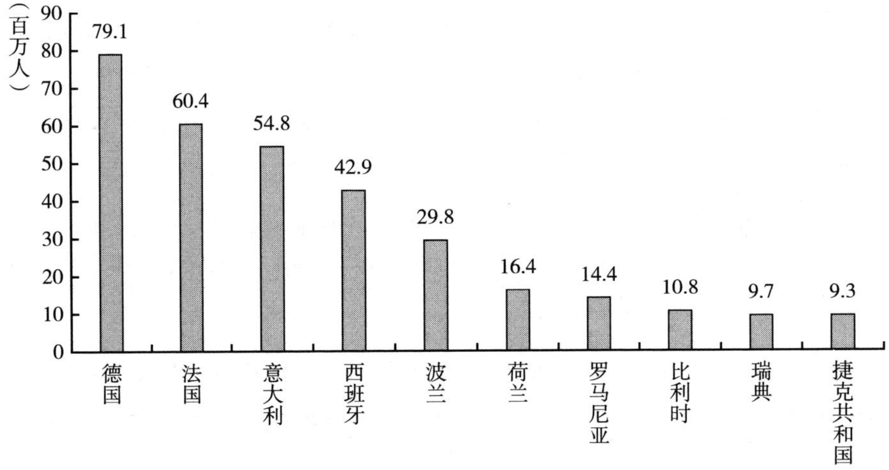

图 4　2020 年 6 月欧盟网民人数前十国家

资料来源：互联网世界统计（Internet World Stats）。

2020 年，流媒体服务平台积极开拓欧洲市场。2020 年 11 月，Netflix 选择了法国测试其首个线性频道。该线性频道名为 Direct，播放法国、美国和其他国家的故事片和电视连续剧。

疫情同样促进了欧盟民众对网络媒体的使用。2020 年疫情城市封锁期间，欧盟国家的网络视频观众数量大幅增加，比如意大利金融报纸 *Il Sole 24 Ore* 的网络视频播放量在 3 月 9 ~ 15 日增加了 500 万次。

2020 年，法国用户参与率最高的社交媒体平台是 TikTok，其次是 Instagram。西班牙移动设备下载量最高的软件为 Instagram，全年下载次数约为 55 万次；民众使用最多的软件是 WhatsApp，平均每天使用 103 分钟。波兰移动互联网用户使用最多的是 Facebook，该平台占社交媒体平台使用量的 81.39%。在德国 18 ~ 25 岁的青年人中，89.2% 的人每周多次使用社交媒体。社交媒体的蓬勃发展也带来了经济上的收益，2020 年欧盟社交媒体广告收入的前两名为德国和法国，分别约为 17 亿美元和 15 亿美元。

面对互联网行业的蓬勃发展，欧盟采取措施进一步规范美国互联网巨头企业在欧洲的业务拓展。2020 年 2 月欧盟正式宣布启动新的数字战略《塑造欧洲数字未来》(*Shaping Europe's Digital Future*)。2020 年 12 月 15 日，欧盟委员会公布了《数字服务法案》(*Digital Services Act*) 和《数字市场法案》(*Digital Markets Act*) 的草案，旨在厘清数字服务提供者的责任和遏制大型网络平台的不正当竞争行为，这是欧盟 20 年来在数字领域的首次重大立法。欧盟的系列新法规涉及从 AI 到数据等多个领域，这些法规将对欧盟用户以及苹果、谷歌、脸书和亚马逊等大型科技企业产生持久影响。本批法案如果最终生效，将对美国科技巨头在欧盟的运营产生重大影响。[①]

① 《欧盟公布数字新规草案严管 Facebook 等科技巨头》，流媒体网 https://lmtw.com/mzw/content/detail/id/195788/keyword_ id/。

B.41
2020年英国传媒产业发展报告*

徐 佳**

摘 要： 可用（进一步）数字化、去本土化、传统价值回归概括疫情元年英国传媒产业的三大特色。数字化贯穿在互联网基础接入进一步提升、内容产品进一步转向线上、盈利模式在线驱动等传媒产业的各个层面，也体现在社交、视听、报业、电商等各个细分领域。数字化的一个显性结果是去本土化：全球即时通信工具、全球数字视听平台进一步介入英国市场并占据过半份额，过去讨论的国际传播不平衡结构正以一种新的方式呈现在发达国家之间。疫情促使英国公众从近年来对社交信源的一味沉溺中摆脱出来、重新重视起传统媒体作为信源的价值，这给予机构媒体，尤其是公共广电服务机构与传统大报以新的生命力，尽管这一现象可能只是一时的。

关键词： 英国传媒产业 数字化 去本土化 传统新闻价值回归

在世界主要经济体中，英国受新冠肺炎疫情影响颇重。2020 年英国 GDP 总量为 1.959 万亿英镑，下跌 9.8%，为过去 3 个世纪以来（包括 1921 年经济大萧条以及 2008 年金融危机时期）的最大跌幅。全年中，第二季度

---

* 本研究获部校共建复旦大学新闻学院专项经费资助。

** 徐佳，复旦大学新闻学院副教授。

下跌达19.5%，第三、四季度分别回涨16.9%和1.3%，全年呈剧烈动荡态势，不确定因素大幅增多。① 英国传媒产业正是在这一背景下经历了不寻常的一年。②

一 基础通信

整个电信领域为英国经济贡献了320亿英镑的产值，成为一个新的支柱型产业。

1. 基础接入进一步提升

2019年度，英国互联网基础设施质量进一步提升。全国平均家用宽带互联网网速达到64Mbit，较2018年提高18%；69%的英国家庭接入了超高速宽带，较2018年增长10%，其中有3%的家庭接入了300Mbit以上超超高速宽带。基础接入速度的提升支持着英国人更多使用并产生数据，2019年每个单月，固定宽带接入数据使用量达到315G，移动接入则达2.9G，较2018年大幅提升30%。③ 与此同时，上网费用进一步下调。2019年英国家庭在电信接入方面的支出下降了6%，平均每月支出77.5英镑，约占月家庭开支的3%。性能提升同时费用下调，是对“人人都可接入”既定理念的进一步履行。

至2020年，92%的英国人使用互联网，这一指标在16~44岁人群中更是达到99%。当然，依然有13%的英国家庭以及6.3%的英国人从未接入互联网，其中75岁以上年长者家庭不上网比例超过四成，这从根源上解释了英国传媒产业若干细分领域传统渠道老龄化、数字渠道年轻化的现象。然而，可能出于应对疫情的需要，2020年，75岁以上英国老人使用互联网的

① Office for National Statistics. *GDP quarterly national accounts, UK: October to December 2020*. https://www.ons.gov.uk/economy/grossdomesticproductgdp/bulletins/quarterlynationalaccounts/octobertodecember2020. 2021.3.21.

② 本报告撰写时，新冠肺炎疫情对英国传媒产业的影响尚未完全得到评估，本报告中混合着疫情暴发前后（2019~2020年）的数据，作者尽可能加以区分说明。

③ Ofcom. *Communications Market Report 2020*。如无特殊注明，下同。

比例已达到54%，这一比例较2003年的29%翻了将近一番。[①] 这一现象可能对英国乃至全球重新思考互联网的本质有启示作用。

2. 通信仍然由线上线下混合实现

由于智能手机几乎全面普及（4G、5G手机覆盖率在2020年也已达到88%），加之无线互联网在英国家庭中的普及率已达到98%，人际间的日常通信越来越普遍地通过WhatsApp、Facebook Messenger、Instagram等在线工具实现。在各种形态的在线产品中，英国成年人超过1/3的上网时间被用于Instagram、WhatsApp等Facebook旗下社交产品以及YouTube等Google旗下社交产品，值得注意的是，这些在线社交工具均为全球品牌而非英国本土品牌。

英国邮政收入在2019年仍然维持在39.92亿英镑。邮政体系的较完备保存与正常运营也为英国的产品推广与消费提供了基础条件——2019年，直邮广告实现了13.58亿英镑的收入，占英国广告总收入的5.3%，而作为线上经济主体部分的网购（电子商务）也在很大程度上通过邮政包裹递送业务得以实现。

二 视听领域

整个电视领域在2019年的收入为163.6亿英镑。细分下来，付费订阅收入为62.89亿英镑，占比最大，为38.4%；新兴的在线视听收入为31.3亿英镑，占19.1%；而曾经一统天下的传统广告收入为36.47亿英镑，占22.2%；公共频道收入为23.87亿英镑，占14.6%。

1. 智能化进一步走强

总体上，视听领域进一步智能化，这是基础接入、内容与服务提供、终端设备等多方面智能化发展共同作用的结果。2019年，约22%的英国家庭拥有智能音箱（这个数字在2018年仅为13%），57%的家庭拥有智能电视，超过2/3的家庭将其电视以某种方式接入互联网。

① Office for National Statistics. *Internet users, UK: 2020*. https://www.ons.gov.uk/businessindustryandtrade/itandinternetindustry/bulletins/internetusers/2020, 2021.4.6.

视听智能化的一个直接结果是：传统的本地有线电视受到来自视频点播订阅（SVOD）平台的进一步挑战，Netflix、Disney + 等全球供应商进一步占据英国市场，2019 年，这些全球平台分享了英国一半以上的在线视频收入，达 17 亿英镑。

本土视频产业空间占比进一步缩小。即便是在疫情居家隔离期间，每周观看（普通）电视的人口比例仍然较 2019 年同期下降 2.3 个百分点至 86.3%，人均每日观看电视的时间亦自 2018 年继续下降 9 分钟至 3 小时 3 分钟，而其中，75 岁以上长者平均每日观看 6 小时电视，16 ~ 24 岁青少年则仅观看 1 小时 9 分钟，电视观众老龄化趋势进一步加剧。

2. 公共播出服务维持生计同时迎来价值回归

除了海外在线视频平台介入以外，英国本土的公共播出服务还受到疫情的显著影响。继疫情前 BBC 于 2019 年 6 月宣布不再免除 75 岁以上老人执照费，2021 年 3 月再次宣布其执照费将由 157.5 英镑上调至 159 英镑且该计划将至少延续至 2035 年，以“维持生计”。

压力之下，公共播出服务机构对英国首播的本土内容的投入跌至 25.2 亿英镑，为 2006 年以来的最低点，且由于体育赛事、娱乐等传统上驱动英国电视业发展的公共活动因疫情而中断，预计公共播出机构的财务压力仍将继续加大。此外，第三方对本土首播内容的投入则继续增长至 5.49 亿英镑，自 2014 年以来，这个数字已经翻了一番，其中最主要的（68%）投入去向是电视剧（英剧）。

然而，疫情又使得人们重新意识到传统新闻来源的重要价值。依据牛津路透新闻研究院的连续调查，传统媒体作为信源的地位在过去 10 年间逐步被社交媒体等取代，而疫情使得这一图景发生了极大的逆转，传统机构媒体重新充当起重要信源，即便这一现象可能只是一时的。[①] 以 2020 年 4 月的某一周为例，英国人获取新闻信息的渠道依次是：电视（71%）、社交媒体

---

① Newmann, N., Fletcher, R., Schulz, A., Andı, S., Nielsen, R. K. *Reuters Institute Digital News Report 2020.* https://reutersinstitute.politics.ox.ac.uk/sites/default/files/2020-06/DNR_2020_FINAL.pdf.

（47%）、广播（35%）、印刷报纸与杂志（18%），电视位居首位。对 BBC 而言，2020 年 1～4 月（在这段时间英国经历了 3 月 12 日政府首次发布隔离措施以及 4 月 6 日首相约翰逊感染新冠肺炎入院），其新闻网站的访问量从每日 1000 万次浏览量增倍至超过 2500 万次。

当然，价值回归并不必然意味着信任回归。例如，一项调查显示，自脱欧讨论以来英国民众对 BBC 的信任度显著下降，2020 年党派中立的英国人对于 BBC 的信任指数为 63%，较 2018 年下降 8 个百分点，而有明确党派取向的英国人群对 BBC 的信任度更是下降 20%。如何将价值回归及其带来的流量回归转化为信任回归，值得英国机构媒体思考。

3. 音频领域进一步数字化、去本土化

音频领域与视频领域呈现出同样的特征：数字化趋势显著、全球平台日益介入。

57% 的英国家庭经常使用收音机，88.8% 的英国人每周收听广播，平均每周收听时间仍然达到 20 小时 12 分钟。然而，广播也同样面临听众老龄化问题，在年龄结构的两端，65 岁以上老人占广播听众的 22.58%，15～24 岁青少年则仅占 13% 且每周收听时长仅为 12 小时 30 分钟。同时，广播数字化趋势亦十分显著，58% 的广播收听是通过 DAB、数字电视等新方式实现的。图 1 显示出英国广播数字化程度与受众年龄增长成反比。

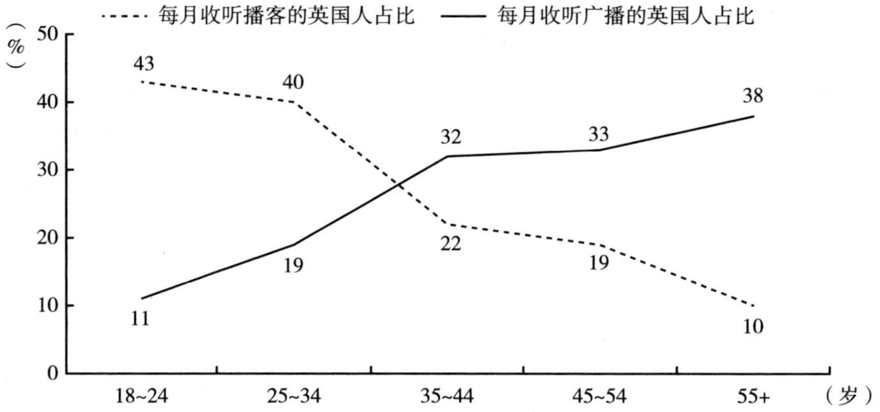

图 1　英国广播数字化程度与受众年龄关系

英国人收听播客的三大主要平台分别是 BBC Sounds（28%）、Apple Podcasts（26%）以及 Spotify（24%），其余平台总计仅占 22% 左右。除 BBC Sounds 为本土音频应用程序外，后两者是分别起源于美国和瑞典并在全球运营的品牌，外来平台介入英国音频产业并已占据一半以上市场。

三　报业

1. 发行进一步转向线上

传统报业式微这一全球趋势在英国也未能例外。2008 年金融危机以来，诸多英国地方报纸印刷版的发行量均以两位数的百分比缩减，关停者亦不在少数。疫情更使英国全国性报纸发行量进一步缩水 15%。[①] 《金融时报》《泰晤士报》等大报则调整经营策略，将在线业务作为重点，用户线上订阅取代线下订报成为一些全国性大报的主要营收模式。

2. 捐赠模式充满不确定性

不同于以上做法，在 2021 年迎来创刊 200 周年的《卫报》则坚持不以内容向用户收费，而是倡导基于自愿的募捐模式。这一模式一度颇为成功——《卫报》在多年亏损之后于 2018 ~ 2019 年度报告小幅盈利。疫情暴发以来，一方面报业广告收入再遭重创；另一方面如前所述，人们意识到真实可信的信息来源比以往任何时候都重要，因此以新闻与观点品质著称并以捐款为用户主要投入方式的《卫报》可能迎来新的发展契机。一项调查显示：在向信息提供商捐款的人中，42% 的英国人捐款给《卫报》（排在第二位的是受 13% 的捐款者青睐的维基百科）。然而，疫情使得英国人可支配收入降低，甚至超过 1/4 的英国成年人出现财务问题无法应对裁员、被缩减工作时长、生病等生活中的负面事件，[②] 加之不捐款者普遍乐于

① UK National Newspapers: *Inc Impact Of COVID - 19 Market Report 2021.* https: //store. mintel. com/uk - national - newspapers - market - report.

② Thompson, M. , North, R. , Ziady, H. *The UK Economy Just Had Its Worst Year in Three Centuries.* https: //edition. cnn. com/2021/02/12/economy/uk - gdp - record - fall/index. html, 2020. 2. 12.

享用免费内容，在此情况下，很难评估捐款能否作为一种稳定且持续的收入模式存在下去。

四 商业模式

1. 收入呈线上驱动

2019 年全年（即疫情前）英国媒体广告收入为 253.6 亿英镑，整体较 2018 年的 241.6 亿英镑有小幅增长。其中线上广告规模最大，收入为 156.94 亿英镑，其后收入由高到低依次为电视广告 44.78 亿英镑，户外广告 13 亿英镑、直邮广告 13.85 亿英镑、报纸广告 11.14 亿英镑、广播广告 6.53 亿英镑、杂志广告 3.9 亿英镑、电影广告 3.12 亿英镑。①

自 2012 年以来，英国线上广告规模翻了约 2.5 番，而印刷报纸与杂志的广告规模则缩减约 60%，电视和广播业尽管广告收益相对稳定，但细分看来这一平衡是由于在线视听的发展（如在线内容收入大幅增长 27%）抵消了传统视听的衰退。

2. 电子商务成为新支柱

互联网经济已成为英国国民经济新兴的支柱，其中电子商务的发展尤其瞩目。在英国，电子商务主要由网站销售与电子数据交换两部分构成。2019 年，10 人以上非金融企业的电子商务销售总额达 6689 亿英镑，较 2018 年增长近 300 亿英镑；96.9% 的千人规模以上企业拥有自己的网站，且调查显示，越是大规模企业，参与电子商务程度越高。② 整个线上经济中，网购收入规模为 681.93 亿英镑，占 74%（见图 2）。

---

① Ofcom. *Communications Market Report 2020 – Interactive Data*. https://www.ofcom.org.uk/research-and-data/multi-sector-research/cmr/cmr-2020/interactive. 2020.9.30.

② Office of National Statistics. *E-commerce and ICT activity*, *UK*: *2019*. https://www.ons.gov.uk/businessindustryandtrade/itandinternetindustry/bulletins/ecommerceandictactivity/2019, 2020.2.5.

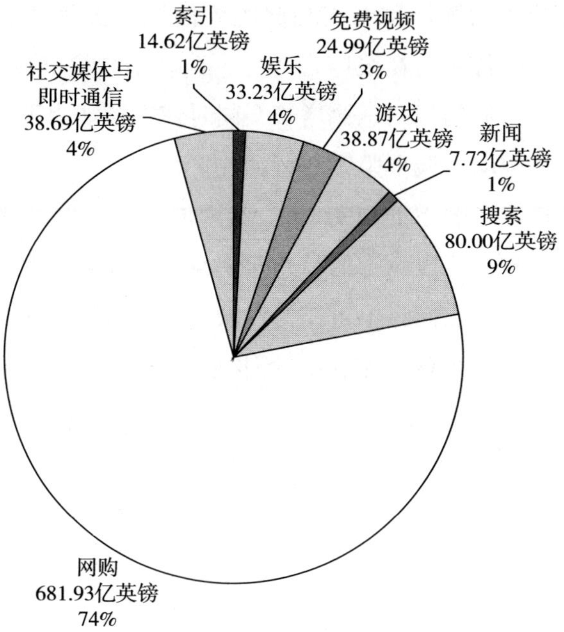

图 2　2019 年英国线上收入构成

总　结

2019～2020 年，英国传媒产业发展一方面承续着近年来的整体趋势惯性，另一方面面临着新冠肺炎疫情带来的新的挑战与变化，总体上呈现出数字化、去本土化、传统价值回归三大特征。

互联网基础接入进一步提升，在性能与成本意义上英国互联网更加“可用”，且疫情使得上网成为一些人群新的刚需，互联网普及率及使用度均有所提升。全球社交平台继续充当英国人日常通信的主要渠道，同时，本土传统的邮政服务仍然被认为是十分重要的，且在直邮广告以及网购商品递送领域充当基础设施，这是英国式的“互联网＋”。视听领域进一步智能化，全球数字订阅点播平台深度介入英国市场，本土传统视听产品市场份额继续缩减且受众老龄化。公共广电服务继续维持，同时疫情使坚守新闻真实与观点品质的传统机构媒体重新充当起主要信源。报业进一步全面转向线上，盈利模式以在线订阅与在线广告为主，读者捐赠模式则充满不确定性，这是由于疫情使得人们的捐赠意愿增长，同时使捐赠能力下降。总体上，英国传媒产业呈线上驱动、线下坚守的特征。

观察受疫情持续影响下的 2021 年，英国传媒产业发展存在诸多不确定的内外影响因素。唯一可以肯定的是，宏观经济、社会状况、民众信任等影响因素将越来越显性，它们将不再作为背景，而是直接介入长期存在于传媒产业中的技术与内容、全球与本土、个体与社会、传统与新兴等的悖论发展中。

B.42

2020年德国传媒产业发展报告

吴璟薇　谢铠璠*

摘　要：德国传媒产业在新冠肺炎疫情、政治、经济等多重因素影响下呈现出了稳中有变的媒介生态格局。疫情背景之下，欧洲社交隔离渐呈常态化趋势，普通民众对娱乐和信息获取的需求持续增加，这带动着媒体内容生产变革和产能增值、新媒体科技应用增强，网络与数字内容蓬勃发展。与此同时，传统媒体行业也经受着前所未有的冲击。本文将从传媒生态的视角，结合具体的媒介形式，对德国2020年的传媒产业发展进行考察。

关键词：德国传媒产业　媒介生态　数字内容

一　疫情影响下的德国媒介生态与行业发展

2020 年 1 月 28 日，德国首次有患者确诊感染新冠肺炎病毒。在新冠肺炎疫情（以下简称“疫情”）的进一步蔓延以及现行法规、建议和禁令的规制下，德国民众的信息需求和新闻使用行为发生了很大变化。新闻产品的需求明显增加，媒体对需求的增加做出了反应，提供了更多的服务，如特别广播、更快的出版节奏或新的节目形式，如邀请病毒学家、流行病学家作为嘉宾而专门制作、播出的特别科学专题播客，其中病毒学家德罗斯滕

* 吴璟薇，清华大学新闻与传播学院助理教授；谢铠璠，清华大学新闻与传播学院硕士研究生。

（Christian Drosten）与北德意志电台（NDR）录制的系列播客“新冠病毒更新”（Das Coronavirus-Update）甚至获得了德国格里默网络媒体奖（Grimme Online Award）的两项大奖。

众多媒体推出免费栏目、限时优惠试订等活动，这在一定程度上成为一种行业趋势。整体上，在疫情期间，不同的媒介使用时长都有明显增长，数字化强、品质高的媒体内容获得受众青睐。

据德国联邦政府官网数据，2020 年德国文化和媒体预算比 2019 年增加了 8400 万欧元。自从 2013 年文化与媒体部部长 Monika Grütters 上任以来，预算增加了 50% 以上。[①] 文化和媒体领域的数字化是联邦政府十分关注的问题。

二　报纸杂志

德国从 20 世纪 90 年代以后有了一个相对稳定的媒体格局，占据主导地位的报刊和电视台几乎没有变化。就传统媒体而言，德国报业在 2012 年进入“寒冬”，传统报刊衰落，发行量大幅下降，广告额也随之减少。[②] 2020 年德国日报的付费发行总量约为 1250 万份，比上一年减少近 100 万份。30 多年来，德国日报的付费发行量总体上呈现下降的态势（见图 1）。

在当前全国性日报市场份额中，《图片报》是 2020 年第二季度德国付费发行量最高的全国性日报，约 132 万份。《南德意志报》和《法兰克福汇报》紧随其后，分别位居第二和第三。而在全国性日报的数字版中，《商报》的发行量最高，2020 年第二季度的销量接近 8.6 万份。《南德意志报》和《图片报》紧随其后，分别位居第二、第三位。截至 2020 年第三季度，德国报纸流通量的下降对销售产生了显著影响。根据普华永道的预测，在 2023 年之前，德国报业收入将继续大幅下降。

① https：//www. bundesregierung. de.

② 吴璟薇：《德国新闻传播史》，人民日报出版社，2017。

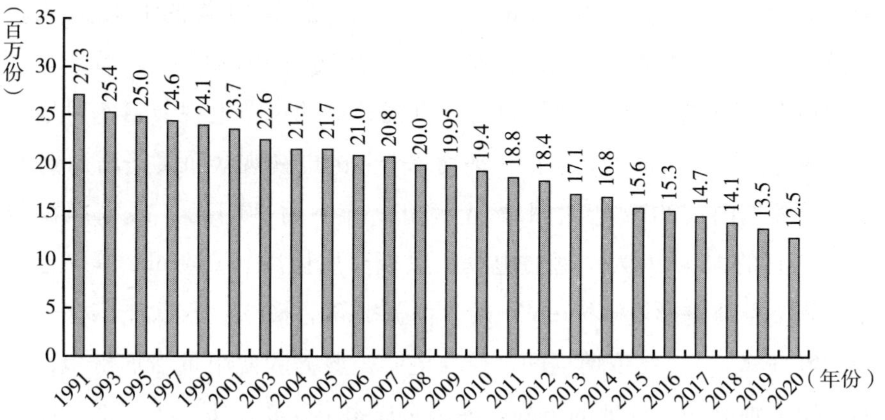

图1　1991～2020年德国日报出版发行量统计

资料来源：https：//de. statista. com。

三　广播电视

根据AGF公司发布的研究报告，在疫情暴发之前，德国音频和广播的使用量就已经达到了很高的水平。德国音频和广播产品每日使用人数达5300多万人，占总人口数的75.5%。听众的音频平均使用时间稳定在254分钟的高位。[①] 在疫情影响下，广播节目是德国人重要的信息来源之一。因此，音频和广播的使用量再次大幅增加。

在电视方面，德国全国性私营电视最重要的两大收入支柱仍然是免费电视的传统广告和付费电视的收视费。目前，德国约有103个付费电视频道获得许可，其中娱乐频道（43个）占比最大，其次是体育频道（29个），另外还包括13个付费电视纪录片频道、10个付费电视儿童节目频道和8个付费电视音乐节目频道。[②]

近年来，德国的视频点播流媒体市场发展非常好。包月视频点播

① Leibiger J. , & Giersberg F. （2020）. *Pay-TV in Deutschland.* VAUNET-Privater Medien.

② Leibiger J. , & Giersberg F. （2020）. *Pay-TV in Deutschland.* VAUNET-Privater Medien.

（SVOD）消费者数量从2017年的900万人增加到2019年的1340万人。即点即播（TOVD）消费者数量同样有稳定的增长。

2019年，所有AGF公司授权付费电视频道的付费电视节目每月观众净覆盖1640万人。2020年上半年，平均每个月的电视观众净覆盖增加到1710万人。回顾期内（2019年1月1日~2020年6月30日），最高净覆盖为2020年3月的1830万人。通过电视、电视台媒体库、YouTube等平台或视频流媒体，点播电影（Kinofilm）的日覆盖率高达82%，仅次于广播或其他音频内容（86%）。在疫情期间，受众电影类服务的使用量增加最多，而音频的使用量则有一定程度的下降，原因是居家工作状态下上下班时间减少。

四　电影市场

2020年对德国电影院来说注定是戏剧性的一年，3月因疫情而实行的封锁隔离政策导致大批影院歇业。直到7月，虽然德国电影院得以重新开放，但在卫生和防疫相关规定要求下，上座率被限制在20%~25%。从2020年11月起，德国电影院又再次关闭，德国电影业未来发展趋势很难预见。

德国联邦电影局（FFA）董事会成员Peter Dinges指出，“据FFA统计，2020年德国电影院的观影人数为3809万人。影协与其他联邦州政府一起资助尽其所能缓解困难。不过，对于行业来说，整个情况还是非常艰难的”。2020年德国电影票房呈断崖式下跌。从行业主要指标来看，德国影院公司数量（1227家）变化不大，场馆数量为1728家（减少6家），银幕数量4926块（减少35块）。

2020年票房最高的电影是《绝地战警：疾速追击》（*Bad Boys For Life*），该片卖出了180万张票，但该票房成绩在2019年还不足以进入前10。票房第二是2020年8月26日上映的《信条》（*Tenet*），虽然受到疫情影响，但仍然卖出了170万张影票。从美国引进的电影卖出了1740万张影票，比2019年下降了73%。

对于德国本土电影来说，情况稍有不同。在美国大片被推迟上映之后，德国的影视制作则有了更大的空间。最受关注的是2020年2月13日上映的《夜生活》(*Nightlife*),售出140万张影票。排在第二位的是《袋鼠记》(*Die Känguru-Chroniken*),受疫情影响,只卖出80.9万张影票。总体而言,2020年德国电影(包括国际合拍片)共售出1330万张票,较2019年减少46%。由于缺乏国际竞争,德国本土电影占德国电影市场的份额大幅上升,超过35%。

五 社交媒体

WhatsApp、YouTube和Facebook是德国成年网民使用最普遍的社交媒体软件,同时也是用户接触新闻内容最多的平台。WhatsApp作为一款通信应用程序,从2016年起用户逐年增长,四年间用户使用率增长近20个百分点。2020年YouTube的使用率较2019年出现短暂下滑,Facebook与2019年基本持平。据路透社、莱布尼茨媒体研究所和汉斯-布瑞多研究所在2020年发布的社交媒体使用调查数据,22%的德国成年网民选择Facebook作为获取新闻的社交媒体,Facebook是受众获取新闻的主要社交媒体。有16%的成年网民在WhatsApp上看新闻,14%在YouTube上观看新闻短片。在Twitter和Instagram上,2020年均有6%的网民了解新闻内容(见图2)。

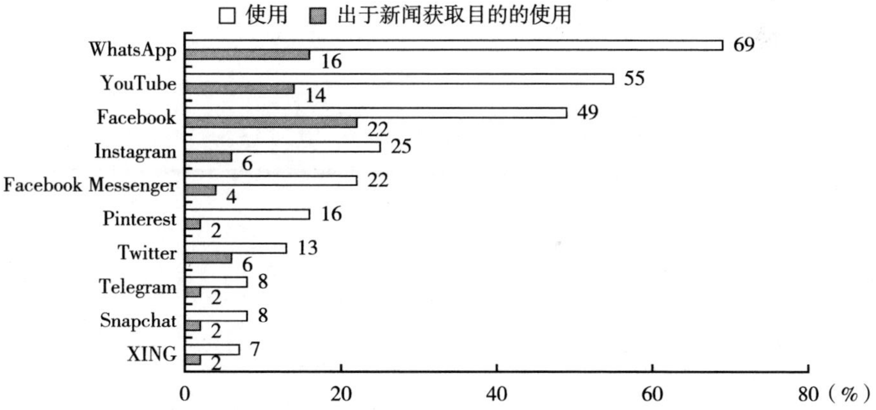

图2 2020年德国成年网民(用于新闻采取)的社交媒体使用率

资料来源:Höllig, S., Hasebrink, U., & Behre, J.。

尽管关于新闻内容的讨论在社交媒体和评论栏中受到高度关注，但不应该忽视的是，在德国，只有相对较小比例的网民积极参与新闻报道互动。最广泛的参与形式是对帖子进行评分或点赞，15%的成年互联网用户基本每周会进行互动，11%的人经常在社交媒体上分享新闻文章，10%的人发表评论。①

TikTok在2018年与Musical. ly合并后在德国上市。该应用允许用户创建3～15秒的音乐短视频以及3～60秒的循环短视频。与Musical. ly合并后，TikTok下载量上升，成为下载量最高的应用，也是在德国第一个实现这一目标的中国应用。

2019年，媒体将TikTok列为2010～2019年10年间下载量排名第7位的移动应用。Hype Auditor进行了一项德国TikTok网红生态系统研究，分析了来自世界各地310万名TikTok网红（拥有超过1000名粉丝的TikTok账户）和来自德国的近6万名网红，发现德国的TikTok网红数量排在世界第七位，Tiktok网红中1. 95%的网红来自德国。就德国国内用户而言，2. 82%的德国网红的粉丝数量超过10万名，他们可以与品牌合作并获得广告费。受众方面，德国TikTok的核心受众是13～24岁的女性（47. 1%）。

① Höllig S.，Hasebrink U.，& Behre J.（2020）. *Reuters Insitute Digital News Report 2020 – Ergebnisse für Deutschland*. Hamburg：Verlag Hans-Bredow-Institut.

B.43
2020年法国传媒产业发展报告

张　伟*

摘　要：　在“黄背心”危机的影响下，2019年法国经济增速总体放缓。在整体经济低迷的大环境下，法国传媒产业发展各方面受到影响，但新闻出版、广播、电影等传统产业的增加值总体呈下降趋势，而互联网行业保持上涨势头。

关键词：　文化与传媒产业　文化经济　数字化

根据法国国家统计局数据，2019 年法国 GDP 约为 2.4 万亿欧元，同比增长 1.3%，[①] 增速较 2018 年下降了 0.4 个百分点。2019 年法国经济遭遇多重困难，除了“黄背心”危机外，“油价提高”“英国脱欧”等多重事件的持续发酵影响了法国经济和社会稳定。此外，在欧洲制造业整体下滑和欧元区多国债务问题的影响下，法国国民经济增长的动力被大大削弱。在整体经济水平低迷的情况下，2018 年法国文化相关部门（包含广告、视觉艺术、建筑、视听、文化教育、书籍出版和新闻、非物质文化遗产和演出等部门）收入的增加值约为 470 亿欧元，其中音像，书籍出版、新闻报刊以及舞台演出领域的产值占据文化产值前三位（见表 1）。此外，视觉艺术和非物质文化遗产方面的收益虽在文化经济中所占比例较小，但大多数部门呈现持续增长的趋势，特别是在 2013 ~ 2018 年，视

* 张伟，北京工商大学艺术与传媒学院讲师。

① 数据来源：法国全国统计和研究所（INSEE），https：//www.insee.fr/fr/accueil。

觉艺术的相关产业价值复合年均增长率为3.6%，而同期整体文化经济的复合年均增长率仅为1.2%。

表1　2018年法国文化产业各细分领域产值与所占文化经济比例

单位：10亿欧元，%

文化产品类别	产值	所占文化经济比例
音像	13.0	27.7
书籍出版、新闻报刊	7.2	15.3
舞台演出	6.6	14.1
广告	5.8	12.3
非物质文化遗产	4.6	9.7
视觉艺术	3.8	8.1
建筑	3.8	8.0
文化和艺术教育	2.2	4.7
文化经济总合	47.0	100.0

资料来源：Insee，法国国家统计局，法国文化与传媒部，Ministère de la Culture et de la Communication，Chiffres Clés Statistique de la Culture et de la Communication，DEPS，Paris，2020，p7。

纵观2008～2018年法国文化传媒产业发展产值变化，新闻出版、广播、电影等传统产业的增加值呈下降趋势，特别是新闻出版行业大幅度滑落。与之相反的是，2010年之后，互联网行业保持持续上涨的势头。

一　电影业

受新冠肺炎疫情影响，世界范围内的电影业受到严重冲击。根据法国电影联盟（Unifrance）2021年1月12日发布的数据，法国电影2020年本土观影人次为2920万，2019年观影人次为4530万。2020年法国电影在境外的观影人次仅为1370万，较2019年下降60.7%，海外票房下降了69.8%。就法国本土电影影响力而言，目前与好莱坞等电影相去甚远。2020年登上法国电影票房TOP10的10部电影中，本土出品的法语电影仅有3部，分别为《坏学生杜可布3》、《托托的笑话》和《最多三十天》（见表2）。

表 2　2020 年法国电影票房 TOP10

单位：万美元

排名	影片	出品方	国家	票房
1	信条(*Tenet*)	华纳兄弟	美国	2290
2	星球大战:天行者的崛起(*Star Wars: Episode* Ⅸ*-The Rise of Skywalker*)	迪士尼影业	美国	1711
3	1917	环球国际影业	美国	1636
4	刺猬索尼克(*Sonic the Hedgehog*)	派拉蒙国际影业	美国	1559
5	绝地战警:疾速追击(*Bad Boys for Life*)	索尼影业	美国	1348
6	坏学生杜可布 3(*Ducobu* 3)	UGC 影业	法国	1216
7	多力特的奇幻冒险(*Dolittle*)	环球国际影业	美国	891
8	托托的笑话(*Les blagues de Toto*)	SND 影业	法国	886
9	野性的呼唤(*The Call of the Wild*)	迪士尼影业	美国	878
10	最多三十天(30 *Jours Max*)	Axel 影业	法国	864

资料来源：French Box Office For 2020，https：//www. boxofficemojo. com/year/2020/？ grossesOption = calendarGrosses&area = FR。

二　电视业

2019 年年初，法国本土共有 244 个频道获视听高级委员会（CSA）① 授权准许本土播放，其中有 31 个国家数字地面电视频道，包括 26 个免费的和 5 个付费的。此外，还有国家付费频道 127 个，私营付费频道 86 个。②

截至 2019 年上半年，93% 的法国家庭配备了电视机，这一比例已经持续 5 年保持稳定，电视仍然是法国家庭中最受重视的收视设备，其次是电脑（86%）和平板电脑（48%）。所有收视设备（电视、电脑、智能手机、平

① 视听高级委员会（CSA）是法国的公共视听监管机构，负责保障视听传播的自由。它颁发广播电视或无线电频道的无线电频率许可证。在法国电视接收可以是地面接收、卫星接收（2 个免费服务和 5 个其他付费服务）、通过互联网接入提供商的网络接收（3 个播放服务，包括互联网和电话订阅），也可以是纯粹通过互联网接收（“over-the-top”，OTT）。

② Ministère de la Culture et de la Communication, *Chiffres Clés Statistique de la Culture et de la Communication*, DEPS, Paris, 2020, p. 246.

板电脑……）的总使用时长为每人每天3小时46分钟。法国国家电视台占据了法国电视观众收视时长的90%，剩余的则由国外的频道或专题栏目占据。TF1、France2、France3、Canal +、France5、M6和Arte占电视观众收视的59%。2019年收视最好的时刻均和体育赛事相关，如2019年6月举行的女子世界杯足球赛，7月的环法自行车大赛（见表3）。

表3　2019年法国电视收视最佳节目

单位：万人，%

频道	类型	时间	节目	收看人数	收视率
TF1	体育	6月28日	女足世界杯,法国－美国	10727	49.6
France2	体育	7月25日	环法自行车大赛	10648	47.5
TF1	体育	6月23日	女足世界杯,法国－巴西	9435	44.0
TF1	综艺	3月8日	2019年,焦点世界——核心的残余	9860	42.2
TF1	体育	6月7日	女足世界杯,法国－韩国	9430	39.7
TF1	体育	6月12日	女足世界杯,法国－挪威	9860	42.2
France3	电视剧	4月9日	Marleau船长:黑夜中的声音	9430	39.7
M6	体育	10月14日	欧洲杯预选赛,法国－土耳其	8598	33.6
M6	喜剧	4月19日	南特直播:真人大的牛	7425	30.4
France3	电视电影	12月28日	塔希提825谋杀案	5369	28.1
France2	电视电影	9月4日	亚历克斯·雨果:死亡日记	5561	25.2

三　互联网行业

截至2019年年底，法国电脑的普及率为76%，智能手机的普及率为77%，智能手机的普及率已经超过电脑。在法国社会每2个20岁以下的互联网用户中，就有1个在10岁或更小时便有了第一次上网的经历。数字对人类社会的影响深远，它在带来好处的同时也存在不足，例如公众对个人隐私数据泄漏的担忧。即便如此，越来越多的人开始使用社交媒体，每10个人中就有6人使用社交媒体，这一比例在“黄背心”抗议运动之后持续增长。截至2019年年底，电视和互联网已经广泛被主流社会接受，63%的法国人表示，他们通过这两种方式获取新闻信息，这一比例比2016年增加了5个百分点。然而，在年轻受众，特别是12～24岁的群体中，23%的受访者认为社交媒体是追踪新闻的最佳媒体；18～24岁的年轻人群体在这一问题上，选择互联网和电视的比例分别为38%和29%。

与此同时，随着智能移动终端的普及，法国的电子商务将迎来飞速发展。2021年2月4日，法国电子商务协会（Fevad）发布的年度报告显示，2020年法国电子商务交易额达1120亿欧元，同比增长8.5%。法国电商交易额在2019年仅占零售贸易总额的9.8%，但在2020年上升至13.4%。综合《费加罗报》和《世界报》的最新消息，2020年法国政府为控制市民外出，不得不颁布命令暂时关闭了一部分非必需日用品的零售商店，这一措施使得法国第四季度的网络交易额飞速提升，相信这一趋势也将在2021年得以继续。

2/3的法国人认为数字时代是艺术创作的机会，这一比例自2018年以来上升了3个百分点，认为互联网是威胁的比例则下降了11个百分点。在线内容和新形式的数字艺术产品的出现，增强了人们对互联网艺术创作的信心。在就业方面，70%的法国人普遍认为数字技术带来了巨大的机遇，但认为互联网为传统就业带来威胁的人的数量上升了7个百分点。数字化时代，机器能够执行越来越复杂的命令，越来越多的职位被机器所取代，与中国对互联网的接受态度不同的是，互联网进程在法国进行的缓慢且法国人对互联网充满警惕。

B.44

2020年日本传媒产业发展报告

林　杨*

摘　要：　受日本国内需求增长影响，2019年日本传媒市场部分行业发展呈现良好势头：电影票房总收入创近10年新高；广告市场实现8年连续增长，互联网广告体量首次超过电视广告体量；电子出版市场带动出版市场整体迎来增长。在数字经济稳步提升的同时，报业、广播电视和唱片业等传统媒体行业的市场规模仍然处于小幅下跌的状态，而随着移动互联网的进一步普及，摆在传统媒体行业面前的经营难题将愈发明显。

关键词：　日本传媒产业　日本媒体　日本广告市场

日本内阁府发布的《2019 年度（令和元年度）国民经济计算年次推计》显示，2019 年日本名义 GDP（货币 GDP）为 559.7 万亿日元，同比增长 0.5%。2019 年，因中美贸易摩擦等外部因素影响，以制造业为中心的相关行业较为低迷，日本经济的主要增长来自内需的扩大，个人消费、住宅投资、设备投资、政府支出及公共投资等对 GDP 的增长做出了较大贡献。

一　报纸与出版

日本报业协会数据显示，2019 年日本报业市场总收入为 16525 亿日元，

* 林杨，清华—日经传媒研究所所长助理。

同比下降0.6%。其中，报纸销售收入9180亿日元，同比下降3.39%；广告收入3092亿日元，同比下降6.53%；其他收入4253亿日元，同比增加11.48%（见图1）。

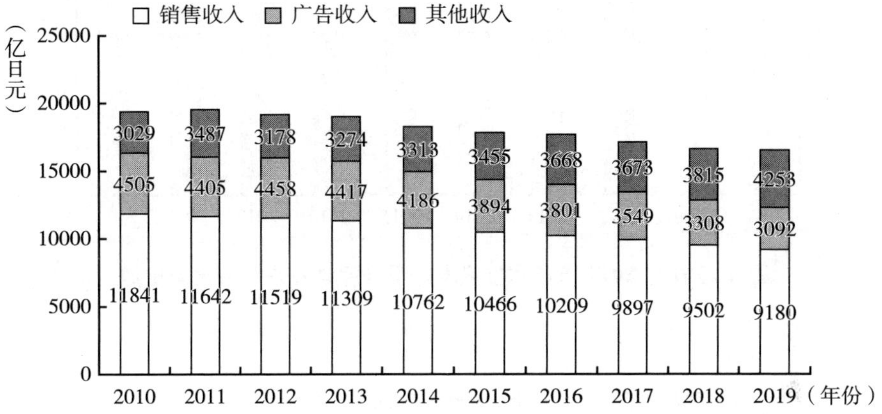

图1　2010～2019年日本报业总销售额细目

说明：部分数据根据最新调查统计结果有所修正。
资料来源：日本报业协会。

2019年日本报纸总发行量3781万份，同比下降5.2%；户均订阅量降至0.66份（见图2）。

日本出版科学研究所数据显示，2019年日本出版市场（纸+电子）规模为15432亿日元，同比增长0.2%，这是自2014年日本出版科学研究所开始测算日本电子出版市场以来，纸+电子出版市场首次迎来增长。

传统出版方面，纸质出版市场规模12360亿日元，同比下降4.3%。其中图书出版市场规模6723亿元，同比下降3.8%；期刊出版市场规模5637亿日元，同比下降4.9%。

电子出版方面，在违法电子漫画网站“漫画村”被取缔后，电子漫画的销售迎来了飞跃式增长，2019年日本电子漫画市场规模2593亿日元，同比增长29.5%；电子图书市场规模349亿日元，同比增长8.7%；电子期刊市场规模130亿日元，同比下降16.7%（见图3）。

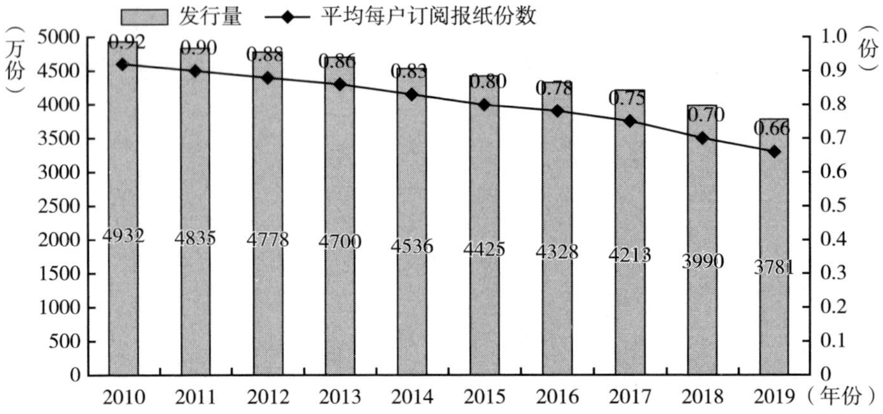

图2　2010～2019年日本报纸发行量与平均每户订阅报纸份数

资料来源：日本报业协会。

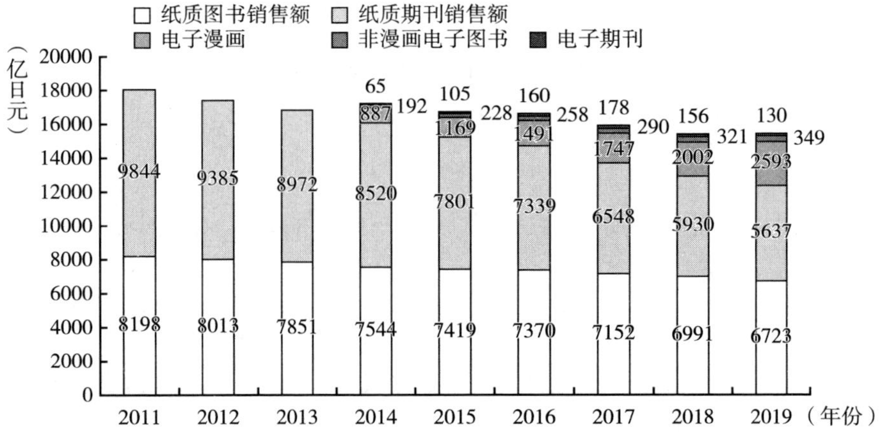

图3　2011～2019年日本出版市场规模

说明：出版科学研究所自2014年起开始测算日本电子出版市场规模。

资料来源：出版科学研究所，《出版指标年报》2010～2019各年度版。

二　广播电视

日本总务省信息通信统计数据及NHK业务报告书数据显示，2019年日本广播电视市场规模达38499亿日元，同比下降2.0%。其中，NHK（经常事业收入）7373亿日元，与2018年基本持平；民营地面电视市场规模22495亿日元，同比下降3.3%；卫星电视市场规模3623亿日元，同比增长0.1%；有线电视市场规模5008亿日元，同比下降0.4%（见图4）。

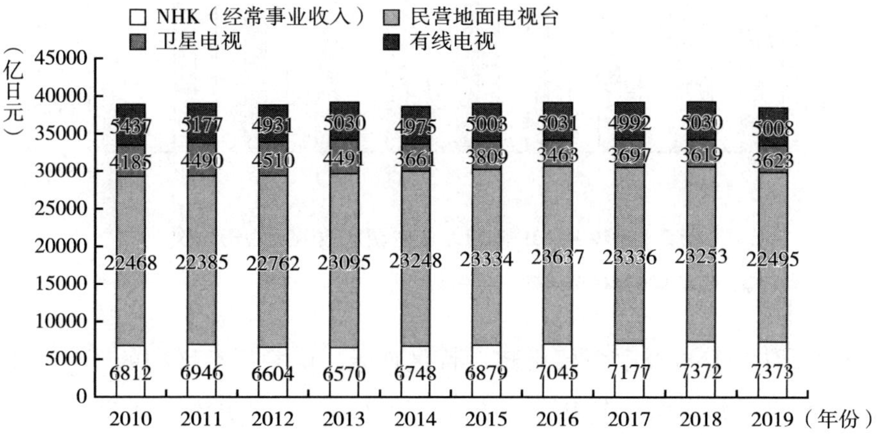

图4　2010～2019年日本广播电视市场规模

资料来源：日本总务省信息通信统计数据库；NHK业务报告书各年度版。

广播方面，日本民间放送联盟《2019年度民放决算概要》显示，2019年日本广播市场规模为1193亿日元，同比增加0.1%。

三　电影

据日本电影制作者联盟统计，2019年日本电影市场票房总收入为2612亿日元，同比增长17.4%。其中国产电影票房收入1422亿日元，同比增长16.6%；进口电影票房收入1190亿日元，同比增长18.4%。2019年日本电影市场观影人数19491万人次，同比增长15.2%（见图5）。

2019年全年，日本电影市场共上映1278部作品，其中国产电影689部，进口电影589部。全国总屏幕数3583块。与往年只有一两部电影票房过百亿日元相比，这一年有《天气之子》、《冰雪奇缘2》、《阿拉丁》和

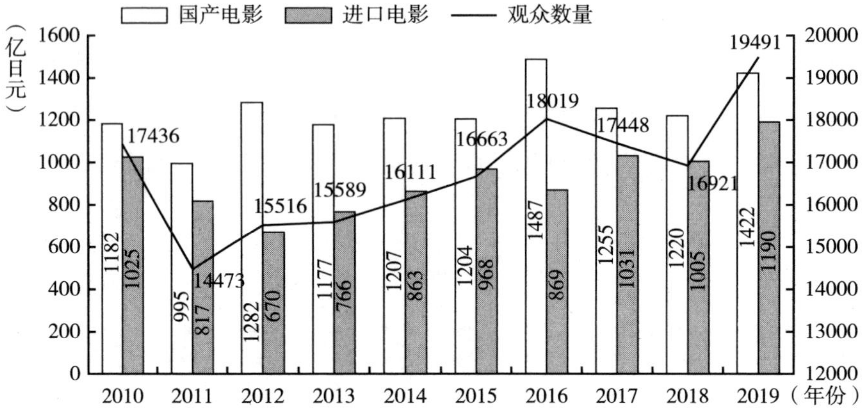

图 5　2010～2019 年日本电影票房收入及观影人次

资料来源：日本电影制作者联盟。

《玩具总动员 4》4 部电影票房超过百亿日元。优秀作品增加的同时，上映作品总数也大幅增加，带来了入场人次的高增长。多重因素推动 2019 年日本电影总票房达到自 2000 年开始新统计方式后的最高值。

四　音像

根据日本唱片协会统计，2019 年日本音像市场规模 2998 亿日元，同比下降 1. 6%。其中，实物唱片市场规模 1528 亿日元，同比下降 3. 0%；音乐影像市场规模 764 亿日元，同比下降 7. 6%；网络付费下载及增值服务市场规模 706 亿日元，同比增长 9. 5%（见图 6）。

五　互联网

日本总务省《令和元年通信利用动向调查》显示，2019 年日本互联网个人用户普及率为 89. 8%，6～12 岁及 60 岁以上的网民数量增加明显。其中，通过智能手机上网的用户占全体网民的 63. 3%，通过电脑上网的用户占全体网民的 50. 4%（见图 7）。

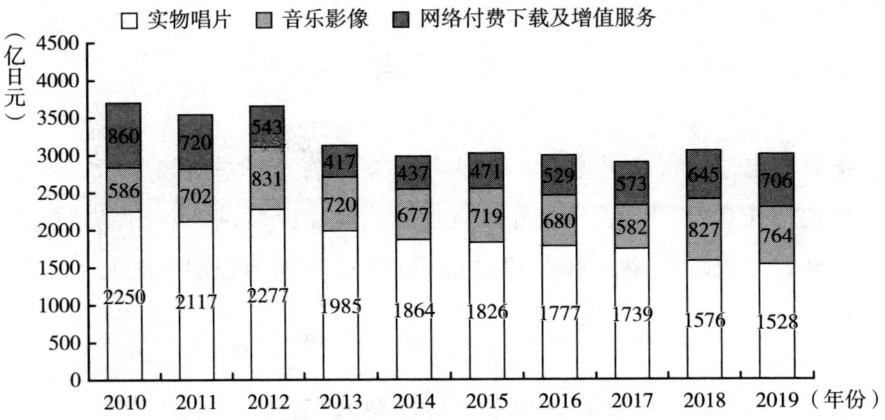

图6 2010~2019年日本音像市场规模

资料来源：日本唱片协会。

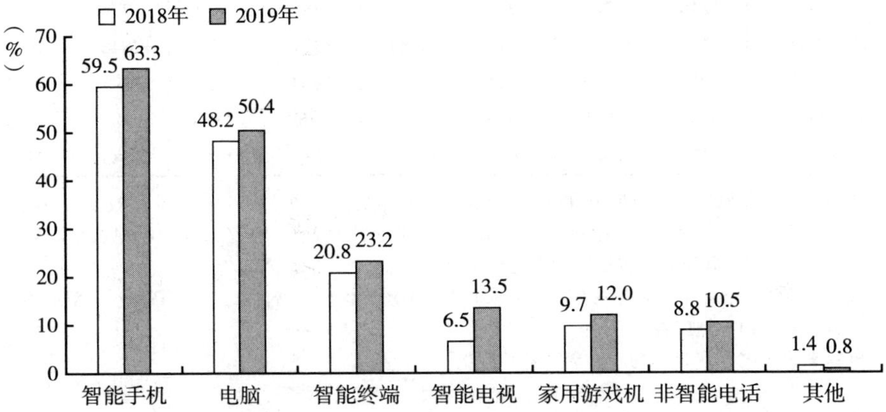

图7 2018~2019年日本网民互联网用户接入方式占比

资料来源：日本总务省，《令和元年通信利用动向调查》。

此外，该项调查结果显示，在新冠肺炎疫情暴发之前，日本已经有约三成的企业表示正在实施或打算实施远程办公，这些企业多集中在IT相关行业、金融业和保险业。

六　广告

据日本电通广告公司测算，2019年日本广告市场总规模69381万亿日元，同比增长6.2%①，连续8年实现增长。其中互联网广告市场规模连续6年实现2位数增长率，首次超过电视媒体广告，规模突破2万亿日元（见表1）。

表1　2012～2019年各媒体广告费

单位：亿日元

媒体类型	2012年	2013年	2014年	2015年	2016年	2017年	2018年	2019年
报纸	6242	6170	6057	5679	5431	5147	4784	4547
杂志	2551	2499	2500	2443	2223	2023	1841	1675
广播	1246	1243	1272	1254	1285	1290	1278	1260
地面电视	17757	17913	18347	18088	18374	18178	17848	17345
卫星媒体	1013	1110	1217	1235	1283	1300	1275	1267
互联网①	8680	9381	10519	11594	13100	15094	17589	21048
推广展示广告②	21424	21446	21610	21417	21184	20875	20685	22239

说明：①互联网广告中包括来自传统媒体的数字业务的广告收入，其中2019年报纸数字广告规模146亿日元、杂志数字广告规模405亿日元、广播数字广告规模10亿日元、电视数字广告规模154亿日元，电视关联视频广告规模150亿日元；

②包括户外广告、交通展示类广告、折页广告、DM广告、免费画册广告、POP、大型活动及展示类广告、楼宇内视频广告等。

资料来源：电通《日本的广告费》各年度版。

2019年日本广告市场的增长得益于日本经济的平稳增长，例如非现金支付行业大规模返现式市场推广、电影市场的活跃、新天皇即位改元迎来的10连休黄金周对旅游市场的刺激、首都圈内新主题公园的开业、日本代表队打进在日本举办的橄榄球世界杯8强等，刺激了日本的内需增长，也使得相关行业广告主更加积极地进行广告投放。

① 从2019年起电通在统计项目中新增了电商平台广告费等统计对象，如按上一年度统计内容计算则同比增长1.9%。

B.45
2020年中国媒体海外传播报告

李东晓　周长城*

摘　要：　近年来，中国媒体的海外传播与布局日趋成熟。当前，海外用户流量依然存在增长红利，随着2020年新冠肺炎疫情的延续，“宅经济”成为经济发展的强劲动力，用户对社交媒体和线上娱乐的需求旺盛，客观上为传媒“出海”创造了有利条件。为此，本报告将从新闻媒体、出版发行、影视与音乐、社交媒体和游戏业等几个领域切入，考察代表性中国媒体和传媒企业的传播现状与海外布局方式，并总结中国媒体海外传播的趋势与面临的挑战。

关键词：　中国媒体　海外传播　新闻媒体　社交媒体

一　中国媒体海外传播背景

随着中国经济发展、科技进步和文化成果的不断转化，传媒产业取得了长足进展，在国内稳定增长的基础上，逐步向海外传播与布局。这一方面反映在以传媒产业为核心的文化产品出口上，根据商务部统计，2019 年中国文化产品出口额为998.9 亿美元，同比增长 7.9%；另一方面反映在传媒企业海外投资与运营上，如腾讯 2020 年对日本 8 家游戏公司进行了投资。[①]

---

* 李东晓，清华大学新闻与传播学院科研助理，比利时布鲁塞尔自由大学博士研究生；周长城，清华大学新闻与传播学院博士研究生。

① 新浪科技：《腾讯 2020 年投资总额超 120 亿美元：总共投资 163 家初创企业》，2021 年 3 月 22 日。

面对海外流量的增长红利，中国媒体的海外传播面临巨大机遇。2020年，全球社交媒体用户数增长了13%以上，平均每天增加130万个新用户，尤其是全球年轻用户的增长空间巨大。[①] 全球用户的社交娱乐需求非常旺盛，疫情也进一步促使人们的社交娱乐生活从线下转至线上。

媒体已突破传统形态，从报纸、广播、电视、电影等发展为全球性综合媒体、新媒体；传媒行业的主体，由传统的报业集团、广电企业、出版影视公司逐渐变为阿里巴巴、腾讯、今日头条等跨国互联网巨头企业，技术和资本成为核心驱动；其参与海外传播的方式也从国内制作内容对外传播，逐渐转向包含海外投资和本地经营等更为灵活的方式。

二　中国媒体海外传播现状

1. 新闻媒体

中国的官方主流新闻媒体和市场化新闻媒体均已开展多年海外传播业务，前者主要包括各类中央级和地方媒体，后者包括财新网和凤凰网等，而阿里巴巴集团在2015年底收购《南华早报》，可视作中国传媒企业参与海外新闻传播的另一条路径。

2020年，中国新闻媒体的海外传播稳步发展。在新冠肺炎疫情蔓延期间，主流媒体通过报道和纪录片等形式消除国际疑虑，传递中国声音，如中国国际电视台CGTN面向国际观众制作了系列新闻纪录片《武汉24小时》，在全球52个国家和地区的182家主流媒体播出，在CGTN新媒体平台上推放1437万次，视频观看量超过600万次。北京卫视也译制了抗疫系列节目《生命缘：来自武汉的报道》，节目在Facebook、YouTube等海外媒体矩阵中传播，覆盖受众广泛，引发国际舆论的热烈反响。

媒体融合也是中国新闻媒体海外传播的重要成绩。新华社在2018~2020年间陆续开通运行了日、美、英、法等10余条全球互联网采编专线，

① We Are Social与Hootsuite：《2020全球数字报告》，2021年1月30日。

向全世界的用户提供全媒体新闻产品。中国日报的移动新闻客户端在海外关注度不断攀升，全球累计下载量已超过3000万次，并力压众多西方媒体获得“2019年英国报业年度大奖”评选的“年度新闻客户端高度推荐奖”。此外，主流媒体还积极布局海外社交媒体，如Twitter和YouTube等平台，截至2021年3月，CGTN和新华社在Twitter平台上分别拥有1300万和1200万粉丝，在海外社交平台的传播力和影响力可见一斑，但目前各主流媒体在YouTube上的投入仍显不足（见图1）。

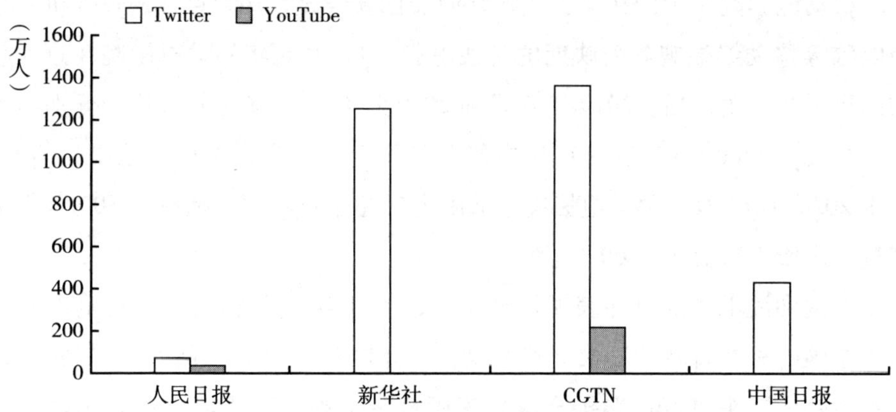

图1　中国主流媒体的海外社交平台用户数量

资料来源：根据互联网公开资料整理。

2. 出版业

中国出版业的“出海”步伐不断加快，正逐步实现从内容到模式、从区域到全球、从输出到联动的整体性转换。据智研咨询统计，2020年1~11月中国印刷品出口额为115.5亿美元，由于新冠肺炎疫情影响，较2019年同期减少37.9亿美元，同比下降24.7%，[①] 预计在2021年疫情平稳、各国经济恢复后，海外出版发行规模和效益将迎来回升。

在新兴出版发行领域，网络文学发展势头迅猛，海外市场规模逐渐扩大。

① 智研咨询：《2020年中国印刷品进出口贸易分析：进出口总额为138.06亿美元》，2021年1月28日。

2019年中国网络文学海外市场规模达4.6亿元，海外用户数量为3193.5万人，向海外输出作品超10万部，其中翻译作品3452部，[①] 发展势头迅猛。

网络漫画作品也迅速在东南亚和北美发展立足，走出了一条独特的“出海”之路。MangaToon和Webcomics是国内最早运营国漫“出海”的两家平台，MangaToon上线仅3个月就拥有近200万海外用户。

3. 影视与音乐

（1）电影与电视剧发行

移动电影院是中国在电影放映领域的创新尝试，用户可以通过手机、平板电脑等移动终端观看公映期的院线电影。自2018年移动电影院在意大利与西班牙成功落地后，2019年6月和2020年6月，移动电影院又分别与美国发行公司Well Go USA和韩国电影节签约合作，实现了更大范围的传播。截至2020年11月，移动电影院已放映电影超过600部，拥有逾800万次下载量，观影人次突破1500万。[②]

中国动漫电影的海外表现相对亮眼，2021年《新神榜：哪吒重生》创造了中国电影在日本的最快上映纪录，并登陆澳大利亚、新西兰、新加坡，还被流媒体巨头Netflix购买全球独家版权。《罗小黑战记》在日本收获了5.6亿日元票房，位列2020年度同类型第9名。

国产剧集的海外传播也展示了喜人成绩。电视剧在中国电视节目国际贸易中占比已超过70%，并已出口到全球200多个国家和地区。在美国，《你和我的倾城时光》斩获“2019迈阿密美洲·中国电视艺术周”金珍珠奖项电视剧金奖；在韩国，《香蜜沉沉烬如霜》获得“首尔国际电视节海外最具人气奖”。[③]

（2）音乐与音频服务

由于基于算法的音乐推荐在中国广受欢迎，音频类娱乐巨头也纷纷在海

① 艾瑞咨询：《2020网络文学出海发展白皮书》，2020年11月16日。

② 资料来源：https：//www. smartcinema. com. cn/#/。

③ 中华网：《中国电视剧已出口到全球200多个国家和地区 推动文化交流 促进民心相通》，2020年10月26日。

外推出音频类 App，目前的音频类 App 主要分为三类：第一类为以 CastBox 为代表的在线播客，国际化程度较高，专注于本地化和用户体验，其收入来源以用户订阅为主；第二类音乐类 App 以 JOOX Music 为代表，作为 QQ 音乐的海外版本，它建立了本地团队以预测音乐潮流趋势，并基于用户位置进行音乐推荐，功能设计更针对年轻用户群体，主要通过赞助商与广告盈利；第三类在线卡拉 OK 如 Wesing，是全民 K 歌的海外版本，有超过 500 万首音乐的版权，使用完全免费，目前主要变现模式为虚拟礼物，其自带的社交属性深受各个年龄段用户的喜爱。①

4. 社交媒体

虽然中国社交媒体平台很早就开始在海外布局，但是以微信和微博为代表的传统社交媒体的“出海”之路不是很理想。数据显示，微信目前有约 1 亿海外用户，但主要是海外华人华侨和留学生群体，原因在于其海外扩张初期对本地化用户的重视不足，如不支持用户将图片分享在 Twitter 上，表情包没有做好当地开发和优化等。微博的“出海”之旅也同样艰辛。东南亚国家是微博的主要海外目标市场，虽然其闯入了越南和泰国用户使用的社交媒体前十位，但市场份额占比均低于 5%。②

作为新兴社交媒体的代表，大量移动短视频和直播平台在海外传播上取得了更好成绩（见表 1）。以 TikTok 为例，TikTok 针对每个市场都采取了极具特色的本地化运营，在短时间内收获了全球大批用户，目前，其全球下载总量达 25 亿次，在全球热门社交应用中排名前 5 位，并以超过 8.5 亿次的年度下载量，成为 2020 年下载次数最多的社交媒体应用。此外，小米旗下短视频应用 Zili 在 2020 年加大推广力度，也迅速入围榜单 TOP10。快手携旗下短视频应用 Uvideo 和 Snack Video 向海外市场发起猛攻，分别专注于印度和印尼市场，均成功入围本地榜单。

---

① Facebook、艾瑞咨询：《中国泛娱乐出海机遇洞察》，2020 年 10 月。

② 智创物联：《中国出海 App 只知道 TikTok？还有他们在大展拳脚》，2020 年 8 月 10 日。

表 1　2020 年上半年“出海”短视频直播平台 TOP20

排名	应用	类型	发行商	主要市场
1	TikTok	短视频	字节跳动	全球
2	Likee	短视频	欢聚时代	东南亚、俄罗斯、印度
3	Helo	短视频	字节跳动	印度
4	Uvideo	短视频	快手	印度
5	Vmate	短视频	UC	印度
6	Bigo Live	直播	欢聚时代	东南亚、俄罗斯、印度
7	Kwai	短视频	快手	印尼
8	VivaVideo	短视频	小影	全球
9	Zili	短视频	小米	印度
10	Snack Video	短视频	快手	印尼
11	Vigo Video	短视频	火山小视频	巴西、印度
12	Nimo TV	直播	虎牙	东南亚、中东、拉美
13	StreamKar	直播	米格星科技	巴西、印度
14	Risapp	短视频	趣柠檬	拉美
15	Yome Live	直播	虎牙	印度、东南亚
16	Zynn	短视频	快手	北美
17	Nonolive	直播	世讯信息科技	东南亚
18	Noizz-Formerly Biugo	短视频	欢聚时代	印度、巴西
19	4Fun	短视频	Fantastic Team	印度
20	MICO	直播	米可	全球

资料来源：Sensor Tower，2020 年 7 月。

直播平台“出海”的代表是欢聚时代旗下的 Bigo Live，自 2016 年成立以来，通过针对不同地区采用签约主播或鼓励用户生产内容等不同推广策略，不断拿下印度、东南亚等市场。2020 年上半年获 5800 万次下载，进入 2020 年全球最赚钱应用、全球娱乐应用下载量双榜单 TOP10。

MICO、Yiyo 和 YoHo 等为海外市场量身打造的国产社交软件也纷纷“出海”。MICO 采用了陌生人社交玩法，从 2014 年开始，以中东地区和东南亚地区为起点，用户逐渐覆盖了超过 150 个国家和地区的 1 亿人以上。App Annie 显示，目前，MICO 已进入 86 个国家和地区 Google Play 社交应用畅销榜前 10；Yiyo 和 YoHo 也分别在 14 个和 31 个国家和地区的 Google Play

社交应用畅销榜进入前 10。

5. 游戏

中国游戏的海外市场主要集中于美、日、韩三国。2020 年，中国移动游戏的海外收入分布中，美、日、韩分别占比 27.55%、23.91% 和 8.81%，三国合计占据了海外市场的近 2/3。[①] 据统计，2020 年第四季度，共有 21 款中国手游产品入围美国移动游戏收入前 100 榜单，收入突破 7.8 亿美元，市场份额达到 20%。[②] 中国游戏厂商在入围游戏数量和市场份额方面仅次于美国，市场表现十分亮眼。

中国游戏厂商的海外收益不断增长，头部效应愈发明显。中国移动游戏“出海”收入前 30 名榜单的入围条件从 2019 年 1 月的 547 万美元提升至 2019 年 12 月的 760 万美元，这从侧面印证中国游戏厂商的海外发展欣欣向荣。[③] 以腾讯为代表的头部企业在海外游戏市场收入排名持续领先，2020 年，腾讯旗下的天美工作室的营收突破 100 亿美元，[④] 一跃成为全球最大的游戏开发商；腾讯出品的 PUBG Mobile（《绝地求生》）也进入全球热门游戏的月活跃用户人数 TOP10 榜单[⑤]，相反，在这类榜单中小型游戏企业和初创游戏企业的身影则并不多见。

三　中国媒体海外传播的趋势与挑战

1. 技术重要性凸显，文化价值表达仍有待提高

当前，媒体对前沿技术的应用成为海外传播的关键。5G、物联网和云计算等基础设施，以及人工智能与大数据等应用类技术在海外传播过程中都

① GPC、中国游戏产业研究院：《2020 年中国游戏产业报告》，2020 年 12 月 17 日。

② GPC、中国游戏产业研究院：《2020 年中国游戏产业报告》，2020 年 12 月 17 日。

③ GPC、中国游戏产业研究院：《2020 年中国游戏产业报告》，2020 年 12 月 17 日。

④ 新浪科技：《天美工作室 2020 年营收 100 亿美元 已成全球最大的游戏开发商》，http://finance.sina.com.cn/chanjing/gsnews/2021-04-02/doc-ikmxzfmk1387756.shtml，2021 年 4 月 2 日。

⑤ App Annie：《2021 年移动市场报告》，2021 年 1 月 19 日。

扮演着重要角色。TikTok、MICO 和 MANO Book 等应用软件尽管分属不同门类，但均基于机器学习和算法推荐技术提高了用户匹配的精准度与传播效率，有效积累了大量海外用户。但应注意的是，内容产品的传播还有赖于独特的文化价值和共通的表现方式，目前大多数传媒企业海外传播产品的娱乐属性较强而文化内涵不足，图文、电影、音频类应用等往往仅在文化背景相近和人口基数较大的市场接受度较高。因此，传媒企业有必要思考如何提高产品文化内涵，适应当地文化心理、以吸引全球更大范围用户，并扩大文化的影响力。

2. 本地化运营效果显著，但仍面临复杂的海外传播环境

目前“出海”的传媒企业致力于为海外用户量身定做，在当地设立机构，聘用本地人员，研究当地用户的使用习惯、文化与风俗，进行市场调研和法律政策咨询，从而不断捕捉信息、优化算法，以改善用户体验。然而，当前国际舆论形势恶化，贸易保护主义抬头，国家数据主权与公民隐私意识加强，导致海外传播环境日益复杂，“出海”企业在政策法规、风俗文化、技术门槛、市场准入、隐私保护、资金安全、版权保护等方面面临较大风险。如自 2020 年 3 月起美国政府以维护国家安全为由，对 TikTok 和 WeChat 实施禁令；2020 年 6 月印度政府禁用 59 款中国开发的应用程序；2019 年和 2020 年，TikTok 分别在印度和巴基斯坦遭到 Mitron TV 和 TikTik 等山寨应用的仿冒等。

传媒市场主要数据

Key Media Market Data

B.46

2020年中国广告市场数据*

全国 2020 年广告花费——广告投放渠道

单位：%

广告投放渠道	广告花费同比变化	广告资源同比变化
电视	-13.5	-20.7
报纸	-28.2	-14.7
杂志	-29.5	-33.3
广播	-19.9	-24.2
传统户外	-4.1	-16.4
合计	-13.9	—

* 中国广告市场数据来源：CTR 媒介智讯（CTR Media Intelligence 01/2019 - 12/2020）。统计范围以 CTR 媒介智讯 2019 年的监测范围为基准；花费统计以媒体公开报价为标准，不含折扣和免费项目；电视频道监测时间为 17：00～24：00；“New”代表本次新上榜。

全国 2020 年广告花费——品类/品牌

单位：%

序号	品类	同比变化	品牌	同比变化
1	食品	1.8	养无极	8.2
2	饮料	-12.3	陈李济	7.0
3	药品	-9.6	汤臣倍健	140.6
4	酒精类饮品	-9.6	康师傅	-40.2
5	活动类	-11.1	伊利	-20.2
6	商业及服务性行业	-24.0	美赞臣	10.3
7	娱乐及休闲	-32.6	同溢堂	-31.4
8	化妆品/浴室用品	-39.3	君乐宝	-21.2
9	邮电通信	-3.9	阿房宫	-26.8
10	家用电器	2.6	鸿茅	-9.9

全国 2020 年电视广告花费——品牌

单位：%

序号	品牌	同比变化	序号	品牌	同比变化
1	养无极	8.9	6	美赞臣	10.4
2	汤臣倍健	141.1	7	同溢堂	-31.9
3	陈李济	6.1	8	阿房宫	-26.8
4	康师傅	-40.4	9	君乐宝	-21.8
5	伊利	-22.5	10	蒙牛	5.7

全国 2020 年央视、省级卫视广告花费——品牌

单位：%

序号	央视广告花费——品牌		省级卫视广告花费——品牌	
	品牌	同比变化	品牌	同比变化
1	飞鹤	-4.8	康师傅	-24.1
2	足力健	15.8	汤臣倍健	392.2
3	沃刻	31.5	美赞臣	22.7
4	伊利	14.1	豆本豆	-2.1
5	鲁花	5.1	芬必得	-16.6
6	快手	>1000	伊利	-39.4
7	养无极	80.2	舒适达	657.1
8	易开得	612.0	蒙牛	27.1
9	君乐宝	-14.1	旺旺	-3.5
10	喜之郎	21.9	奥利奥	62.0

全国2020年报纸、杂志广告花费——品牌

单位：%

序号	报纸		杂志	
	品牌	同比变化	品牌	同比变化
1	中国移动通信	-21.4	克丽斯汀迪奥	-7.1
2	中国工商银行	-17.8	迪奥	3.0
3	中国福利彩票	-29.4	香奈儿	-15.4
4	中国农业银行	-27.1	路易威登	-3.4
5	恒大	-54.5	GUCCI	6.6
6	中国建设银行	-12.1	卡地亚	-20.8
7	中国银行	-32.4	宝格丽	-9.9
8	中国体育彩票	-9.0	欧米茄	15.6
9	交通银行	-25.5	阿玛尼	-69.0
10	中国邮政储蓄银行	-15.1	圣罗兰	-40.4

全国2020年广播、传统户外广告花费——品牌

单位：%

序号	广播		传统户外	
	品牌	同比变化	品牌	同比变化
1	燕之屋	-21.3	VIVO	41.3
2	中国移动通信	-13.9	伊利	-15.8
3	好视力	33.7	全景	41.5
4	尚海	>1000	京东金融	>1000
5	天草	33.2	中国银联	-36.0
6	中国电信	-27.3	华为	-3.0
7	小仙炖	357.1	京东商城	-38.6
8	鸿茅	-11.6	猿辅导	New
9	一汽大众	-26.2	雍禾	138.9
10	全包圆	21.7	猎聘	487.2

北京/上海/广州/深圳2020年广告花费——广告投放渠道

单位：%

广告投放渠道	北京		上海		广州		深圳	
	广告花费同比变化	广告资源同比变化	广告花费同比变化	广告资源同比变化	广告花费同比变化	广告资源同比变化	广告花费同比变化	广告资源同比变化
电视	-34.0	-57.4	-9.7	-9.1	0.2	-11.4	-30.3	-50.5
报纸	-51.8	-53.2	-40.0	-40.4	-24.3	-31.0	37.0	65.7

续表

广告投放渠道	北京		上海		广州		深圳	
	广告花费同比变化	广告资源同比变化	广告花费同比变化	广告资源同比变化	广告花费同比变化	广告资源同比变化	广告花费同比变化	广告资源同比变化
杂志	-30.1	-31.9	-36.2	-42.4	-29.5	-27.2	7.9	0.5
广播	-35.2	-39.5	19.7	39.2	-12.5	-14.4	-6.5	0.5
传统户外	-19.2	-25.5	9.2	-4.6	13.1	-1.6	-0.3	4.0
合计	-31.4	—	-5.4	—	-1.9	—	-22.0	—

北京/上海/广州/深圳 2020 年广告花费——品类

单位：%

序号	北京		上海		广州		深圳	
	品类	同比变化	品类	同比变化	品类	同比变化	品类	同比变化
1	IT 产品及服务	47.0	IT 产品及服务	27.1	IT 产品及服务	71.1	IT 产品及服务	61.5
2	房地产/建筑工程行业	-52.7	房地产/建筑工程行业	36.1	房地产/建筑工程行业	-2.5	房地产/建筑工程行业	-29.5
3	个人用品	-47.1	个人用品	-2.8	个人用品	57.8	个人用品	108.8
4	工业用品	-45.1	工业用品	-21.0	工业用品	8.3	工业用品	92.7
5	化妆品/浴室用品	-62.6	化妆品/浴室用品	-5.6	化妆品/浴室用品	-15.9	化妆品/浴室用品	-54.7
6	活动类	-82.4	活动类	-32.8	活动类	16.4	活动类	-8.2
7	家居用品	-32.0	家居用品	34.5	家居用品	-2.6	家居用品	-74.7
8	家用电器	0.8	家用电器	17.6	家用电器	4.2	家用电器	-30.6
9	交通	-32.1	交通	-19.2	交通	-21.8	交通	-38.5
10	金融业	-3.3	金融业	-2.2	金融业	-21.3	金融业	-15.3

北京/上海/广州/深圳 2020 年广告花费——品牌

单位：%

序号	北京		上海		广州		深圳	
	品牌	同比变化	品牌	同比变化	品牌	同比变化	品牌	同比变化
1	伊利	34.7	尚海	260.7	天草	12.3	康师傅	-25.9
2	蒙牛	684.1	沪尚茗居	86.0	陈李济	70.0	东鹏	22.7
3	君乐宝	754.6	蒙牛	529.8	同溢堂	6.3	天草	-49.2

续表

序号	北京		上海		广州		深圳	
	品牌	同比变化	品牌	同比变化	品牌	同比变化	品牌	同比变化
4	全包圆	10.5	伊利	10.4	养无极	115.7	豆本豆	-6.2
5	百岁山	18.4	2020第3届中国国际进口博览会	New	阿房宫	18.0	都市	4.1
6	三元	14.2	极家	956.1	倍力邦	272.3	乐虎	23.1
7	牛栏山	-2.6	张奶奶	96.5	2020广东广电养生文化节暨冬虫夏草新草直供节	New	雅诗兰黛	-46.6
8	京东商城	-20.7	申通德高	151.4	汤臣倍健	83.2	汤臣倍健	447.9
9	本来旺	New	沪佳	-29.7	好易康	-32.3	德芙	-34.9
10	猎聘	>1000	西域草堂	15.4	珠江	-13.0	芬必得	-13.2

北京/上海/广州/深圳2020年电视广告花费——品牌

单位：%

序号	北京		上海		广州		深圳	
	品牌	同比变化	品牌	同比变化	品牌	同比变化	品牌	同比变化
1	伊利	52.6	沪尚茗居	113.8	天草	9.1	康师傅	-26.3
2	蒙牛	805.7	尚海	100.2	陈李济	63.7	东鹏	23.1
3	君乐宝	763.4	蒙牛	528.9	同溢堂	4.1	天草	-49.2
4	百岁山	18.4	2020第3届中国国际进口博览会	New	养无极	115.7	豆本豆	-6.1
5	三元	6.8	伊利	4.4	阿房宫	18.0	都市	2.7
6	牛栏山	-1.7	张奶奶	96.5	倍力邦	272.3	乐虎	23.5
7	本来旺	New	沪佳	-25.8	2020广东广电养生文化节暨冬虫夏草新草直供节	New	雅诗兰黛	-46.7
8	金龙鱼	50.3	西域草堂	15.4	汤臣倍健	86.7	汤臣倍健	447.9
9	健达	4.6	飞科	8.3	好易康	-32.3	德芙	-34.9
10	可口可乐	-36.6	极家	>1000	珠江	-13.9	芬必得	-13.2

北京/上海/广州/深圳2020年报纸广告花费——品牌

单位：%

序号	北京		上海		广州		深圳	
	品牌	同比变化	品牌	同比变化	品牌	同比变化	品牌	同比变化
1	美冠塔	-33.6	上汽通用别克	33.5	广东广州	19.1	博汇	New
2	集美	77.8	上汽通用雪佛兰	-38.1	路易威登	-8.6	深圳联合产权交易所	28.2
3	锦州银行	216.5	交通银行	-43.0	信达	406.2	中国银行	5.7
4	民正	143.1	聚通	-76.5	中国移动通信	18.1	中岩大地	New
5	物美	New	劳力士	-44.7	劳力士	-2.5	和顺	New
6	国家大剧院	-63.9	进念	-1.2	香奈儿	-33.0	聚合顺	New
7	美观天下	-75.0	上汽大众	57.4	中国农业银行	-26.4	雪龙	New
8	盯客	-62.9	百姓	-13.6	中国工商银行	-14.9	玻纤	New
9	中国银行	-21.6	红星美凯龙	-40.6	广州南沙区	204.2	深圳坪山新区	-39.2
10	中国建设银行	17.6	中国电信	150.1	克丽斯汀迪奥	-14.4	良品铺子	New

北京/上海/广州/深圳2020年杂志广告花费——品牌

单位：%

序号	北京		上海		广州		深圳	
	品牌	同比变化	品牌	同比变化	品牌	同比变化	品牌	同比变化
1	卡地亚	68.6	香奈儿	-12.5	香奈儿	-30.7	三和	780.0
2	梅赛德斯-奔驰	-7.7	迪奥	16.3	克丽斯汀迪奥	-5.6	玛吉斯	19.4
3	PLEATS PLEASE	-45.2	路易威登	-10.0	麦弗逊	-12.9	倍耐力	862.5
4	克丽斯汀迪奥	-25.9	克丽斯汀迪奥	-7.0	茅台	-33.3	美宝莲	-23.9
5	谢瑞麟	72.7	圣罗兰	31.0	小罐	-30.4	邓禄普	44.4

续表

序号	北京		上海		广州		深圳	
	品牌	同比变化	品牌	同比变化	品牌	同比变化	品牌	同比变化
6	RIEDEL	-13.3	GUCCI	17.1	欧米茄	87.3	沃尔沃	11.8
7	迪奥	-26.9	宝格丽	-2.7	云米	16.7	红旗	New
8	香奈儿	-50.0	梵克雅宝	13.8	卡地亚	-49.4	一汽大众奥迪	New
9	百达翡丽	-45.4	卡地亚	-20.4	华茅	27.8	玉兰油	-27.3
10	江诗丹顿	149.9	ELLE	36.8	华为	-2.7	飞劲	9.1

北京/上海/广州/深圳2020年广播广告花费——品牌

单位：%

序号	北京		上海		广州		深圳	
	品牌	同比变化	品牌	同比变化	品牌	同比变化	品牌	同比变化
1	全包圆	10.0	尚海	>1000	天草	33.2	深爱听	New
2	业之峰	-37.9	极家	708.4	燕之屋	-4.3	中国工商银行	-2.9
3	同仁堂	-21.1	沪尚茗居	-7.8	好视力	19.5	一汽大众奥迪	-30.4
4	中国人民财产保险	12.7	光明	18.6	吉盛伟邦	11.6	中国农业银行	3.3
5	一汽大众奥迪	-21.0	汇正	8.4	竹笋	-13.6	中国银行	13.3
6	天眼查	New	上汽通用别克	142.0	陈李济	210.1	2020首届大湾区太空科学创意大赛	New
7	2020第10届书香中国北京阅读季	New	九方	New	中国农业银行	40.4	口味王	New
8	中国移动通信	-10.6	上海松江区	223.9	白云山	New	交通银行	57.7
9	北京银行	1.0	上海农商银行	-43.0	明兴	46.6	中国人民财产保险	-34.3
10	2020V蓝北京我的环保日记	New	格乐利雅	2.1	北单体育	265.3	深圳前海交广微贷易金融服务有限公司	-82.0

北京/上海/广州/深圳 2020 年传统户外广告花费——品牌

单位：%

序号	北京		上海		广州		深圳	
	品牌	同比变化	品牌	同比变化	品牌	同比变化	品牌	同比变化
1	伊利	8.5	全景	41.3	曼秀雷敦	1.5	朴朴超市微信公众号	>1000
2	猎聘	>1000	中国银联	-14.8	京东金融	>1000	碧桂园	72.0
3	北京记忆	23.9	VIVO	128.2	VIVO	30.1	深圳交通集团	69.9
4	猿辅导	New	雍禾	New	伊利	-31.8	猿辅导	New
5	作业帮直播课	New	中国电信	19.0	猿辅导	New	VIVO	-12.0
6	京东金融	New	华为	91.9	雍禾	-30.7	京东商城	29.0
7	VIVO	21.6	京东金融	New	YY	604.7	华为	-29.7
8	京东商城	-56.0	苹果	10.7	好大夫在线	New	OPPO	10.4
9	中国建设银行	148.8	上海农商银行	-13.5	火花思维	New	中国移动通信	-16.0
10	视觉中国	-34.0	天猫	-49.7	58 同城	302.1	苹果	25.6

B.47

2020年中国媒介市场数据*

全国2020年移动App月到达人数及月到达率TOP10

单位：人，%

排名	移动App	月到达人数	月到达率
1	微信	129650393	71.2
2	支付宝	92249286	50.7
3	爱奇艺	72019220	39.6
4	淘宝	71664178	39.4
5	QQ	64259580	35.3
6	腾讯视频	61608583	33.9
7	抖音短视频	59337610	32.6
8	优酷视频	53748298	29.5
9	百度	42848798	23.5
10	快手	42692641	23.5

全国2020年广播频率日到达人数及日到达率TOP10

单位：人，%

排名	广播频率	日到达人数	日到达率
1	中央人民广播电台中国之声(一套)	2159041	1.2
2	中央人民广播电台音乐之声(三套)	1586660	0.9
3	中央人民广播电台经济之声(二套)	1551498	0.9
4	中央人民广播电台华夏之声	984105	0.5
5	中央人民广播电台文艺之声(第九套)	962184	0.5
6	中央人民广播电台中华之声(五套)	965284	0.5
7	中央人民广播电台都市之声(四套)	945230	0.5

* 中国媒介市场数据来源：CTR中国城市居民调查，CTR CNRS - TGI（01/2020 - 12/2020）。

续表

排名	广播频率	日到达人数	日到达率
8	北京人民广播电台 - 交通广播 FM103.9/CFM95.6	848115	0.5
9	中央人民广播电台民族之声(八套)	861427	0.5
10	中央人民广播电台神州之声(六套)	860546	0.5

全国 2020 年报纸平均每期阅读人数及平均每期阅读率 TOP10

单位：人，%

排名	报纸	平均每期阅读人数	平均每期阅读率
1	南方周末	2078789	1.1
2	广州日报	2000398	1.1
3	中国青年报	1720882	1.0
4	新民晚报	1619572	0.9
5	参考消息	1339957	0.7
6	健康报	1190587	0.7
7	每日经济新闻	1174511	0.7
8	北京晚报	1055778	0.6
9	新京报	925895	0.5
10	成都商报	880984	0.5

全国 2020 年新闻时政类杂志平均每期阅读人数及平均每期阅读率 TOP10

单位：人，%

排名	杂志	平均每期阅读人数	平均每期阅读率
1	环球人物	987382	0.5
2	看世界	823038	0.5
3	半月谈	802637	0.4
4	环球	738087	0.4
5	海外文摘	690305	0.4
6	凤凰周刊	602278	0.3
7	新周刊	606121	0.3
8	瞭望东方周刊	542310	0.3
9	人物	451150	0.3
10	世界博览	404131	0.2

全国 2020 年时尚类杂志平均每期阅读人数及平均每期阅读率 TOP10

单位：人，%

排名	杂志	平均每期阅读人数	平均每期阅读率
1	时尚芭莎 BAZAAR	3271720	1.8
2	时尚 COSMOPOLITAN	3152940	1.7
3	瑞丽服饰美容	3125639	1.7
4	服饰与美容 VOGUE	2957055	1.6
5	红秀 Grazia	2852791	1.6
6	周末画报 Modern Weekly	2696900	1.5
7	时尚健康 TRENDSHEALTH	2324873	1.3
8	瑞丽伊人风尚	2284006	1.3
9	世界时装之苑 ELLE	2245961	1.2
10	优家画报 U + Weekly	2198446	1.2

全国 2020 年财经管理和商业经济类杂志平均每期阅读人数及平均每期阅读率 TOP10

单位：人，%

排名	杂志	平均每期阅读人数	平均每期阅读率
1	商业周刊/中文版	935207	0.5
2	财经	663597	0.4
3	中国经济周刊	468696	0.3
4	环球财经	455842	0.3
5	中国财富	318171	0.2
6	胡润百富	295796	0.2
7	新财富	294031	0.2
8	证券市场周刊(周六版)	248486	0.1
9	财新新世纪周刊	235772	0.1
10	中国企业家	231538	0.1

北京 2020 年移动 App 月到达人数及月到达率 TOP10

单位：人，%

排名	移动 App	月到达人数	月到达率
1	微信	9846552	77.5
2	支付宝	7206026	56.7
3	淘宝	6807744	53.6
4	爱奇艺	5693934	44.8
5	腾讯视频	5059427	39.8
6	QQ	4734968	37.2

续表

排名	移动 App	月到达人数	月到达率
7	百度	4721959	37. 1
8	抖音短视频	4462679	35. 1
9	优酷视频	4289607	33. 7
10	今日头条	4137180	32. 5

北京 2020 年广播日到达人数及日到达率广播 TOP10

单位：人，%

排名	广播频率	日到达人数	日到达率
1	北京人民广播电台－交通广播 FM103. 9/CFM95. 6	848115	6. 7
2	北京人民广播电台－音乐广播 FM97. 4/CFM94. 6	477821	3. 8
3	北京人民广播电台－新闻广播 FM100. 6/AM828	393471	3. 1
4	北京人民广播电台－文艺广播 FM87. 6/CFM93. 8	315666	2. 5
5	北京人民广播电台－长书广播 CFM104. 3	268184	2. 1
6	北京人民广播电台－新闻广播 FM100. 6/AM828/CFM90. 4	231732	1. 8
7	中央人民广播电台音乐之声(三套)	205898	1. 6
8	中央人民广播电台经济之声(二套)	186200	1. 5
9	中央人民广播电台中国之声(一套)	170312	1. 3
10	北京人民广播电台－古典音乐广播 CFM98. 6	154637	1. 2

北京 2020 年报纸平均每期阅读人数及平均每期阅读率 TOP10

单位：人，%

排名	报纸	平均每期阅读人数	平均每期阅读率
1	北京晚报	1054486	8. 3
2	新京报	918492	7. 2
3	北京青年报	403324	3. 2
4	北京日报	389304	3. 1
5	南方周末	337653	2. 7
6	参考消息	185214	1. 5
7	中国财经报	137708	1. 1
8	中国青年报	129188	1. 0
9	环球时报	126647	1. 0
10	21st Century	122711	1. 0

北京 2020 年杂志平均每期阅读人数及平均每期阅读率 TOP10

单位：人，%

排名	杂志	平均每期阅读人数	平均每期阅读率
1	读者	1163252	9. 2
2	瑞丽服饰美容	536448	4. 2
3	服饰与美容 VOGUE	464074	3. 7
4	时尚 COSMOPOLITAN	445788	3. 5
5	时尚芭莎 BAZAAR	403718	3. 2
6	时尚健康 TRENDSHEALTH	367444	2. 9
7	世界时装之苑 ELLE	360416	2. 8
8	周末画报 Modern Weekly	354783	2. 8
9	瑞丽伊人风尚	344147	2. 7
10	红秀 Grazia	344643	2. 7

上海 2020 年移动 App 月到达人数及月到达率 TOP10

单位：人，%

排名	移动 App	月到达人数	月到达率
1	微信	10018198	66. 8
2	支付宝	7250394	48. 3
3	爱奇艺	6904687	46. 0
4	淘宝	6205338	41. 4
5	腾讯视频	5229826	34. 9
6	优酷视频	5109026	34. 1
7	抖音短视频	4959293	33. 1
8	QQ	4469901	29. 8
9	今日头条	3474017	23. 2
10	新浪微博	3413907	22. 8

上海 2020 年广播日到达人数及日到达率 TOP10

单位：人，%

排名	广播频率	日到达人数	日到达率
1	上海人民广播电台－流行音乐广播(动感 101)FM101. 7	636385	4. 2
2	上海人民广播电台－AM990/FM93. 4	506965	3. 4
3	上海流行音乐广播 Love Radio FM103. 7	412231	2. 8
4	上海人民广播电台－交通广播 AM648/FM105. 7	377724	2. 5

续表

排名	广播频率	日到达人数	日到达率
5	上海人民广播电台 - 第一财经广播 FM97.7	316113	2.1
6	上海人民广播电台 - 东方都市广播 AM792/FM89.9	287463	1.9
7	上海人民广播电台 - 东广新闻台 AM1296/FM90.9	254324	1.7
8	上海人民广播电台 - 经典音乐广播(经典947)FM94.7	221493	1.5
9	上海人民广播电台 - 五星体育广播 FM94	155404	1.0
10	中央人民广播电台中国之声(一套)	138737	0.9

上海 2020 年报纸平均每期阅读人数及平均每期阅读率 TOP10

单位：人，%

排名	报纸	平均每期阅读人数	平均每期阅读率
1	新民晚报	1504379	10.0
2	解放日报	339047	2.3
3	新民晚报社区版	257065	1.7
4	南方周末	252080	1.7
5	新闻晨报	247406	1.7
6	中国青年报	243356	1.6
7	上海证券报	230859	1.5
8	扬子晚报	219453	1.5
9	文汇报	216702	1.4
10	劳动报	172642	1.2

上海 2020 年杂志平均每期阅读人数及平均每期阅读率 TOP10

单位：人，%

排名	杂志	平均每期阅读人数	平均每期阅读率
1	读者	1051569	7.0
2	服饰与美容 VOGUE	425248	2.8
3	瑞丽服饰美容	396348	2.6
4	时尚 COSMOPOLITAN	382117	2.6
5	时尚先生 Esquire	372951	2.5
6	智族 GQ	369926	2.5
7	男人装 For Him Magazine	363008	2.4
8	芭莎男士	313646	2.1
9	时尚芭莎 BAZAAR	307616	2.1
10	世界时装之苑 ELLE	295579	2.0

广州 2020 年移动 App 月到达人数及月到达率 TOP10

单位：人，%

排名	移动 App	月到达人数	月到达率
1	微信	5831389	72.8
2	支付宝	4596718	57.4
3	爱奇艺	4334308	54.1
4	抖音短视频	3554396	44.4
5	淘宝	3533056	44.1
6	腾讯视频	3427833	42.8
7	优酷视频	3173624	39.6
8	快手	3082300	38.5
9	QQ	2898333	36.2
10	今日头条	2399503	29.9

广州 2020 年广播日到达人数及日到达率 TOP10

单位：人，%

排名	广播频率	日到达人数	日到达率
1	广东广播电视台－羊城交通广播台 FM105.2	284182	3.6
2	广州交通电台 FM106.1	187650	2.3
3	广东广播电视台珠江经济广播电台(E FM 财富 974)	168468	2.1
4	广州电台－金曲 1027 汽车音乐广播 FM102.7	165352	2.1
5	广东广播电视台－音乐之声 FM99.3	158824	2.0
6	广东广播电视台－新闻广播 FM91.4/AM648	153833	1.9
7	广东广播电视台－城市之声 FM103.6	137856	1.7
8	广东广播电视台南粤之声(汽车优悦广播)FM105.7	123177	1.5
9	中央人民广播电台中国之声(一套)	116880	1.5
10	中央人民广播电台经济之声(二套)	112921	1.4

广州 2020 年报纸平均每期阅读人数及平均每期阅读率 TOP10

单位：人，%

排名	报纸	平均每期阅读人数	平均每期阅读率
1	广州日报	1709740	21.3
2	南方都市报	434640	5.4
3	南方日报	252614	3.2
4	新快报	118453	1.5

续表

排名	报纸	平均每期阅读人数	平均每期阅读率
5	南方周末	97228	1.2
6	老人报	87389	1.1
7	中国青年报	82130	1.0
8	信息时报	67377	0.8
9	每日经济新闻	65415	0.8
10	参考消息	61902	0.8

广州 2020 年杂志平均每期阅读人数及平均每期阅读率 TOP10

单位：人，%

排名	杂志	平均每期阅读人数	平均每期阅读率
1	读者	824713	10.3
2	红秀 Grazia	318433	4.0
3	周末画报 Modern Weekly	280874	3.5
4	时尚芭莎 BAZAAR	279164	3.5
5	瑞丽服饰美容	256178	3.2
6	服饰与美容 VOGUE	254145	3.2
7	时尚 COSMOPOLITAN	237292	3.0
8	优家画报 U + Weekly	196133	2.5
9	时尚健康 TRENDSHEALTH	189717	2.4
10	世界时装之苑 ELLE	182500	2.3

深圳 2020 年移动 App 月到达人数及月到达率 TOP10

单位：人，%

排名	移动 App	月到达人数	月到达率
1	微信	7047836	78.0
2	支付宝	5000350	55.3
3	爱奇艺	4484057	49.6
4	腾讯视频	3928437	43.5
5	QQ	3914876	43.3
6	淘宝	3888567	43.0
7	优酷视频	3423060	37.9
8	抖音短视频	3262567	36.1
9	百度	3186783	35.3
10	新浪微博	2963565	32.8

深圳 2020 年广播日到达人数及日到达率 TOP10

单位：人，%

排名	广播频率	日到达人数	日到达率
1	深圳广播电台 - 交通频率 FM106. 2	172574	1. 9
2	深圳广播电台 - 私家车广播 FM94. 2	103068	1. 1
3	深圳广播电台 - 新闻频率 FM89. 8	84717	0. 9
4	中央人民广播电台音乐之声(三套)	78107	0. 9
5	中国华艺广播电台 - FM107. 1	75308	0. 8
6	深圳广播电台 - 音乐频率 FM97. 1	70668	0. 8
7	深圳广播电台 - 飞扬 971 数字音乐台 FM102. 0	65257	0. 7
8	广东广播电视台 - 新闻广播 FM91. 4/AM648	62055	0. 7
9	中央人民广播电台中国之声(一套)	58083	0. 6
10	中央人民广播电台华夏之声	50788	0. 6

深圳 2020 年报纸平均每期阅读人数及平均每期阅读率 TOP10

单位：人，%

排名	报纸	平均每期阅读人数	平均每期阅读率
1	南方都市报	236971	2. 6
2	深圳特区报	77104	0. 9
3	南方日报	52706	0. 6
4	经济观察报	45236	0. 5
5	深圳商报	41627	0. 5
6	深圳晚报	39419	0. 4
7	证券时报 - 财经周刊	39308	0. 4
8	中国经营报	38739	0. 4
9	南方周末	35992	0. 4
10	中国青年报	36537	0. 4

深圳 2020 年杂志平均每期阅读人数及平均每期阅读率 TOP10

单位：人，%

排名	杂志	平均每期阅读人数	平均每期阅读率
1	读者	765588	8. 5
2	周末画报 Modern Weekly	302808	3. 4
3	优家画报 U + Weekly	261599	2. 9
4	红秀 Grazia	259516	2. 9

续表

排名	杂志	平均每期阅读人数	平均每期阅读率
5	瑞丽服饰美容	210232	2. 3
6	时尚 COSMOPOLITAN	185722	2. 1
7	时尚健康 TRENDSHEALTH	172536	1. 9
8	服饰与美容 VOGUE	162208	1. 8
9	时尚芭莎 BAZAAR	161831	1. 8
10	瑞丽伊人风尚	151197	1. 7

B.48

2020年中国快速消费品市场数据*

全国 2020 年快速消费品品类、平均家庭花费及零售渠道（现代渠道）TOP10（16 城市总体）

排名	品类		平均家庭花费		零售渠道(现代渠道)	
	品类	市场份额(%)	品类	平均花费(元)	零售商	客流量(百万人)
1	护肤品	12.3	护肤品	1145.2	华润万家集团	240.35
2	液态奶	6.7	婴儿纸尿裤	806.5	物美集团	179.17
3	食用油	5.7	营养保健品	759.7	永辉集团	169.92
4	酸奶	4.9	奶粉	717.4	苏宁集团	132.16
5	生活用纸	4.5	猫粮	639.5	高鑫零售集团	121.85
6	奶粉	4.4	白酒	638.1	沃尔玛集团	114.66
7	营养保健品	4.4	液态奶	619.4	百联集团	110.12
8	白酒	4.1	食用油	532.1	武商联集团	64.52
9	洗护发	3.9	酸奶	450.6	新世纪	39.82
10	香肠	3.0	狗粮	443.8	京客隆	37.21

说明：①客流量，即购物者触及数（SRP），指有多少购物者进店购买，且购买了多少次。

②高鑫零售集团包括：大润发、欧尚；沃尔玛集团包括：沃尔玛、Sam's Club；华润万家集团包括：华润万家、Ole、华润苏果、洪客隆、乐购；百联集团包括：世纪联华、GMS，联华、华联、快客等；步步高集团：步步高，南城；红旗集团：红旗，互惠；屈臣氏集团：百佳，屈臣氏，品味（TASTE）超市；苏宁集团包括：家乐福，迪亚天天、苏宁小店；物美集团包括物美、麦德龙。

* 中国消费市场数据来源：Kantar Worldpanel | a CTR Service in China（01/2019 - 12/2020）。

北京/上海/广州/深圳 2020 年快速消费品品类 TOP10

单位：%

排名	北京		上海		广州		深圳	
	品类	市场份额	品类	市场份额	品类	市场份额	品类	市场份额
1	护肤品	11.8	护肤品	10.9	护肤品	11.7	护肤品	14.1
2	液态奶	6.7	液态奶	7.6	奶粉	7.5	奶粉	6.2
3	食用油	5.5	酸奶	5.4	液态奶	5.2	液态奶	5.8
4	酸奶	5.3	营养保健品	4.5	营养保健品	5.1	食用油	5.7
5	白酒	4.8	食用油	4.3	食用油	5.0	生活用纸	5.3
6	生活用纸	4.7	生活用纸	3.9	生活用纸	4.6	酸奶	4.5
7	香肠	4.7	奶粉	3.8	饼干	4.2	营养保健品	3.9
8	营养保健品	3.8	洗护发	3.8	洗护发	3.7	洗护发	3.7
9	洗护发	3.5	饼干	3.8	酸奶	3.5	饼干	3.2
10	调味品	3.2	速冻食品	3.2	速冻食品	3.1	糖果类	2.6

北京/上海/广州/深圳 2020 年快速消费品类平均家庭花费 TOP10

单位：元

排名	北京		上海		广州		深圳	
	品类	平均花费	品类	平均花费	品类	平均花费	品类	平均花费
1	护肤品	1259.3	护肤品	1169.6	护肤品	1145.3	护肤品	1289.0
2	婴儿纸尿裤	854.5	营养保健品	797.3	奶粉	1142.4	奶粉	987.3
3	营养保健品	823.2	液态奶	795.4	婴儿纸尿裤	854.4	猫粮	764.2
4	猫粮	756.4	婴儿纸尿裤	777.9	营养保健品	770.8	婴儿纸尿裤	720.6
5	液态奶	709.2	奶粉	695.9	猫粮	510.9	营养保健品	707.1
6	白酒	704.9	猫粮	618.1	液态奶	502.4	洋酒	524.3
7	食用油	595.0	酸奶	566.6	食用油	496.5	食用油	516.1
8	酸奶	564.0	白酒	498.8	洋酒	470.8	液态奶	511.1
9	奶粉	528.6	狗粮	486.0	生活用纸	439.1	狗粮	502.1
10	香肠	505.5	食用油	473.5	狗粮	406.3	白酒	491.5

北京/上海/广州/深圳 2020 年快速消费品零售渠道（现代渠道）TOP10

单位：百万人

排名	北京		上海		广州		深圳	
	零售商	客流量	零售商	客流量	零售商	客流量	零售商	客流量
1	物美集团	98.55	百联集团	75.88	华润万家集团	26.81	华润万家集团	38.74
2	京客隆	37.21	苏宁集团	61.67	永旺集团	13.06	沃尔玛集团	34.75
3	永辉集团	35.07	高鑫零售集团	36.40	沃尔玛集团	11.52	天虹商场	15.09
4	超市发	15.49	农工商集团	20.49	永辉集团	9.94	美宜佳	6.30
5	苏宁集团	12.57	全家	16.86	广州胜佳超市	8.98	永辉集团	5.65
6	顺天府	8.56	华润万家	14.67	7~11	8.26	苏宁集团	3.43
7	首航国力	7.20	永辉集团	14.40	高鑫零售集团	6.07	人人乐	3.01
8	沃尔玛集团	6.91	沃尔玛集团	12.81	苏宁集团	6.06	永旺集团	2.97
9	高鑫零售集团	6.17	卜蜂莲花	10.10	卜蜂莲花	5.82	7~11	2.73
10	北京联华	5.68	物美集团	7.12	兴安超市	5.27	高鑫零售集团	1.91

说明：①客流量，即购物者触及数（SRP），指有多少购物者进店购买，且购买了多少次。

②高鑫零售集团包括：大润发、欧尚；沃尔玛集团包括：沃尔玛、Sam's Club；华润万家集团包括：华润万家、Ole、华润苏果、洪客隆、乐购；百联集团包括：世纪联华、GMS，联华、华联、快客等；步步高集团：步步高，南城；红旗集团：红旗，互惠；屈臣氏集团：百佳，屈臣氏，品味（TASTE）超市；苏宁集团包括：家乐福，迪亚天天、苏宁小店；物美集团包括物美、麦德龙。

B.49
2020年中国电视收视数据*

2016～2020年全国样本城市及北上广深收视调查网人均收视时间

单位：分钟

城市	2016年	2017年	2018年	2019年	2020年
全国	152	139	129	124	132
北京(M)	172	160	155	153	149
广州(M)	142	136	131	136	155
上海(M)	162	155	144	128	148
深圳(M)	111	103	100	104	104

说明：(1) 全国：2016年包括129个样本城市，2017年包括120个样本城市，2018年包括116个样本城市，2019年包括104个样本城市，2020年包括109个样本城市；(2) 标有(M)的城市为采用测量仪调查城市。

2020年全国样本城市及北上广深收视调查网人均时移收视时间及其占直播收视时间的比例

单位：分钟，%

城市	人均时移收视时间	人均时移收视时间占直播收视时间的比例
全国	6.2	4.8
北京(M)	7.0	4.9
广州(M)	6.1	4.1
上海(M)	10.3	7.5
深圳(M)	3.4	3.4

说明：(1) 全国：2020年包括59个采用测量仪方式进行调查的城市；(2) 标有(M)的城市为采用测量仪调查城市。

* 中国电视收视数据来源：中国广视索福瑞媒介研究(CSM)。

2016～2020 年全国样本城市各目标观众人均收视时间

单位：分钟

目标观众		2016 年	2017 年	2018 年	2019 年	2020 年
4 岁及以上所有人		152	139	129	124	132
性别	男	149	136	127	121	129
	女	156	142	132	126	134
年龄	4～14 岁	124	114	105	98	110
	15～24 岁	83	70	61	56	66
	25～34 岁	103	89	77	71	76
	35～44 岁	124	108	95	88	95
	45～54 岁	194	177	163	150	151
	55～64 岁	254	240	229	220	224
	65 岁及以上	281	273	275	277	288
文化程度	未受过正规教育	154	143	134	128	139
	小学	180	170	163	159	165
	初中	173	161	153	149	152
	高中	150	137	127	122	133
	大学及以上	118	103	91	84	94
职业	干部/管理人员	129	114	97	91	96
	个体/私营企业人员	136	123	111	104	110
	初级公务员/雇员	117	104	92	83	91
	工人	129	114	102	99	109
	学生	97	85	76	71	81
	无业	237	223	217	215	221
	其他	181	174	169	165	169
个人月收入	0～600 元	136	122	113	109	115
	601～1200 元	194	189	186	192	202
	1201～1700 元	185	175	168	170	183
	1701～2600 元	177	166	159	157	167
	2601～3500 元	153	142	136	138	149
	3501～5000 元	137	128	123	118	131
	5001 元及以上	128	115	104	96	104

2020 年全国样本城市所有频道及各类频道观众构成

单位：%

目标观众		所有频道	中央广播电视总台	中国教育台频道	省级卫视频道	其他频道
4 岁及以上所有人		100.0	100.0	100.0	100.0	100.0
性别	男	50.3	53.5	53.9	48.0	50.0
	女	49.7	46.5	46.1	52.0	50.0
年龄	4～14 岁	7.5	4.9	5.5	8.0	12.1
	15～24 岁	6.2	5.4	6.8	6.8	6.8
	25～34 岁	13.8	9.5	11.5	15.2	18.3
	35～44 岁	11.7	10.2	10.9	12.3	15.3
	45～54 岁	20.7	20.9	20.5	20.5	20.9
	55～64 岁	17.7	19.5	18.4	17.1	13.6
	65 岁及以上	22.3	29.5	26.5	20.1	12.9
文化程度	未受过正规教育	4.2	3.4	3.5	4.5	5.2
	小学	16.7	15.9	18.3	15.8	15.6
	初中	31.8	34.1	34.6	31.2	27.2
	高中	27.0	27.9	25.9	27.1	27.6
	大学及以上	20.3	18.8	17.8	21.5	24.4
职业	干部/管理人员	1.8	1.8	1.4	1.8	2.4
	个体/私营企业人员	11.2	11.0	12.3	10.9	12.7
	初级公务员/雇员	18.2	15.8	15.9	19.1	21.6
	工人	13.2	11.9	12.4	13.3	13.1
	学生	7.7	5.8	7.0	8.4	11.4
	无业	43.7	48.9	45.9	42.6	35.9
	其他	4.1	4.8	5.0	3.8	2.9
个人月收入	0～600 元	21.9	18.1	20.9	23.0	27.1
	601～1200 元	3.5	3.9	4.2	3.2	2.6
	1201～1700 元	3.5	4.0	4.0	3.5	2.3
	1701～2600 元	14.8	16.9	15.5	14.6	11.0
	2601～3500 元	18.9	21.3	19.4	18.3	15.9
	3501～5000 元	21.6	21.4	20.6	21.5	21.3
	5001 元及以上	15.8	14.4	15.3	15.9	19.7

2016～2020年全国样本城市电视收视市场各类频道的市场占有率

单位：%

频道类别	2016年	2017年	2018年	2019年	2020年
中央广播电视总台	30.0	29.9	30.2	27.2	26.3
中国教育台频道	0.1	0.1	0.2	0.1	0.2
省级卫视频道	30.0	28.7	26.4	27.4	29.4
其他频道	39.9	41.3	43.2	45.3	44.1

2018～2020年各类频道在全国样本城市各目标观众中的市场占有率

单位：%

频道类别		中央广播电视总台			省级卫视频道			中国教育台频道		
年份		2018年	2019年	2020年	2018年	2019年	2020年	2018年	2019年	2020年
4岁及以上所有人		30.2	27.2	26.3	26.4	27.4	29.4	0.2	0.1	0.2
性别	男	32.5	29.3	28.0	24.4	25.9	28.1	0.2	0.2	0.2
	女	27.8	25.0	24.6	28.5	28.9	30.7	0.1	0.1	0.1
年龄	4～14岁	23.1	19.3	17.2	33.5	31.8	31.1	0.1	0.1	0.1
	15～24岁	26.2	22.9	22.9	28.5	28.9	32.7	0.2	0.2	0.2
	25～34岁	22.7	19.4	18.2	29.6	30.1	32.4	0.1	0.1	0.1
	35～44岁	28.8	24.9	22.9	28.1	29.5	30.7	0.1	0.1	0.1
	45～54岁	29.6	26.6	26.6	25.8	26.9	29.0	0.2	0.2	0.2
	55～64岁	32.3	29.7	28.9	24.3	25.9	28.4	0.2	0.2	0.2
	65岁及以上	39.0	35.5	34.8	22.5	24.5	26.4	0.2	0.2	0.2
文化程度	未受过正规教育	27.5	23.5	20.9	30.3	29.8	31.2	0.1	0.1	0.1
	小学	29.4	26.0	25.1	25.8	26.0	27.8	0.2	0.2	0.2
	初中	31.3	28.5	28.2	25.8	27.2	28.8	0.2	0.2	0.2
	高中	30.8	28.0	27.2	26.6	27.4	29.5	0.2	0.1	0.1
	大学及以上	28.5	25.5	24.3	27.0	28.4	31.1	0.1	0.1	0.1
职业	干部/管理人员	29.8	26.3	25.7	26.5	27.2	29.3	0.1	0.1	0.1
	个体/私营企业人员	29.7	26.9	25.9	25.7	27.3	28.6	0.2	0.2	0.2
	初级公务员/雇员	26.6	23.7	22.8	26.7	28.0	30.8	0.1	0.1	0.1
	工人	28.2	24.6	23.8	26.1	27.2	29.7	0.2	0.1	0.1
	学生	25.1	21.4	19.7	31.7	30.8	31.7	0.2	0.1	0.1
	无业	33.1	30.0	29.4	25.7	26.9	28.7	0.2	0.2	0.2
	其他	32.0	30.1	30.5	25.6	25.5	27.3	0.2	0.2	0.2

续表

频道类别		中央广播电视总台			省级卫视频道			中国教育台频道		
年份		2018年	2019年	2020年	2018年	2019年	2020年	2018年	2019年	2020年
个人月收入	0~600元	26.5	22.7	21.7	30.1	29.8	30.8	0.2	0.1	0.1
	601~1200元	31.2	29.1	29.3	25.5	26.1	26.9	0.2	0.2	0.2
	1201~1700元	34.1	31.2	30.9	25.6	27.0	29.4	0.2	0.1	0.2
	1701~2600元	33.2	30.7	30.0	25.2	26.8	29.0	0.1	0.1	0.2
	2601~3500元	31.9	30.0	29.7	25.2	26.4	28.5	0.1	0.1	0.2
	3501~5000元	29.8	27.0	26.1	25.1	26.7	29.2	0.2	0.2	0.1
	5001元及以上	27.8	24.7	23.9	26.0	27.3	29.5	0.2	0.1	0.1

2018~2020年全国样本城市市场各类频道在各时段的市场占有率

单位：%

频道	中央广播电视总台			省级卫视频道			中国教育台频道		
年份	2018年	2019年	2020年	2018年	2019年	2020年	2018年	2019年	2020年
02:00~03:00	29.2	21.8	20.0	24.9	27.7	28.8	0.2	0.2	0.3
03:00~04:00	30.4	23.6	21.5	23.4	25.7	27.0	0.2	0.2	0.2
04:00~05:00	30.6	28.9	26.7	23.7	23.8	25.3	0.2	0.2	0.2
05:00~06:00	36.3	34.9	35.8	24.8	23.0	23.0	0.2	0.4	0.3
06:00~07:00	45.6	41.5	44.1	21.4	20.2	18.4	0.1	0.3	0.3
07:00~08:00	42.8	38.3	39.9	21.1	20.6	19.4	0.2	0.3	0.3
08:00~09:00	40.0	37.3	36.8	24.0	22.9	22.8	0.3	0.2	0.2
09:00~10:00	35.6	32.9	30.9	29.1	28.1	28.0	0.3	0.3	0.3
10:00~11:00	34.0	30.7	28.7	30.8	30.4	30.5	0.3	0.3	0.4
11:00~12:00	35.5	31.9	30.6	29.7	29.5	29.6	0.2	0.2	0.2
12:00~13:00	36.3	33.2	33.3	27.0	26.9	25.7	0.1	0.1	0.1
13:00~14:00	32.1	28.3	27.8	30.5	30.6	30.8	0.2	0.2	0.2
14:00~15:00	30.7	26.7	26.2	33.3	33.8	33.6	0.3	0.3	0.3
15:00~16:00	31.1	26.7	26.1	33.7	34.5	34.1	0.3	0.3	0.3
16:00~17:00	31.9	27.6	27.1	32.5	33.3	33.1	0.3	0.3	0.3
17:00~18:00	29.8	27.1	27.0	27.4	28.0	28.0	0.2	0.2	0.1
18:00~19:00	28.4	26.0	25.2	16.0	16.7	17.2	0.1	0.1	0.1
19:00~20:00	30.5	28.1	27.4	20.6	22.5	25.7	0.1	0.1	0.1
20:00~21:00	25.9	23.7	21.9	29.2	31.4	36.7	0.1	0.1	0.1
21:00~22:00	27.1	24.6	23.0	25.9	27.9	33.5	0.1	0.1	0.1
22:00~23:00	25.1	22.7	22.7	26.8	27.5	30.2	0.1	0.1	0.1
23:00~24:00	27.4	23.9	23.8	28.1	28.5	29.7	0.1	0.1	0.1
24:00~25:00	29.2	24.8	24.4	24.6	25.3	24.3	0.2	0.1	0.2
25:00~26:00	28.1	23.4	21.6	25.0	26.5	25.5	0.2	0.2	0.3

2020 年各月全国样本城市市场各类频道的市场占有率

单位：%

月份	中央广播电视总台	中国教育台频道	省级卫视频道	其他频道
1 月	28.6	0.2	28.3	42.9
2 月	25.7	0.2	28.8	45.3
3 月	25.1	0.2	29.9	44.8
4 月	26.2	0.1	29.3	44.4
5 月	26.0	0.1	29.6	44.3
6 月	26.4	0.1	29.8	43.7
7 月	26.4	0.1	29.9	43.6
8 月	26.7	0.1	29.3	43.9
9 月	26.3	0.1	30.0	43.6
10 月	26.7	0.2	28.8	44.3
11 月	26.4	0.1	29.1	44.4
12 月	25.4	0.1	30.2	44.3

2020 年全国样本城市频道市场份额 TOP20

单位：%

名次	频道名称	市场份额	名次	频道名称	市场份额
1	中央电视台综合频道	3.9	11	中央台三套	1.9
2	中央台四套	3.8	12	湖南电视台金鹰卡通频道	1.1
3	湖南卫视	3.6	12	广东卫视	1.1
4	中央电视台新闻频道	3.3	12	安徽卫视	1.1
5	中央台八套	3.2	12	深圳卫视(新闻综合频道)	1.1
6	中央台六套	2.9	12	中央台五套	1.1
7	上海东方卫视	2.8	17	中央电视台少儿频道	1.0
8	浙江卫视	2.7	17	广东广播电视台珠江频道	1.0
9	江苏卫视	2.6	19	中央台二套	0.9
10	北京卫视	2.3	19	天津卫视	0.9

2018～2020 年全国样本城市市场各类节目的播出比重与收视比重

单位：%

节目类别	2018 年		2019 年		2020 年	
	播出比重	收视比重	播出比重	收视比重	播出比重	收视比重
新闻/时事	10.5	13.3	10.5	13.3	10.8	16.8
综艺	5.6	11.2	4.9	11.1	4.5	10.1

续表

节目类别	2018 年		2019 年		2020 年	
	播出比重	收视比重	播出比重	收视比重	播出比重	收视比重
电视剧	28. 2	31. 9	29. 4	33. 7	29. 8	34. 8
体育	2. 5	4. 2	2. 7	3. 7	2. 6	2. 2
专题	8. 7	6. 2	9. 1	6. 2	8. 9	5. 9
教学	0. 3	0. 1	0. 3	0. 1	0. 4	0. 1
外语	0. 1	0. 0	0. 1	0. 0	0. 1	0. 0
青少	4. 6	5. 5	4. 9	5. 1	5. 0	4. 8
音乐	1. 0	1. 0	1. 4	1. 2	1. 3	1. 2
电影	3. 1	4. 7	2. 9	4. 7	2. 7	4. 2
戏剧	0. 7	0. 4	0. 8	0. 5	0. 8	0. 4
财经	1. 1	0. 7	1. 1	0. 7	0. 9	0. 7
生活服务	13. 3	7. 1	12. 5	6. 7	13. 9	6. 1
法制	1. 5	1. 3	1. 4	1. 2	1. 2	0. 9
其他	18. 8	12. 4	18. 0	11. 8	17. 1	11. 8

2018～2020 年中央广播电视总台各类节目的播出比重与收视比重

单位：%

节目类别	2018 年		2019 年		2020 年	
	播出比重	收视比重	播出比重	收视比重	播出比重	收视比重
新闻/时事	12. 7	16. 4	12. 1	16. 9	12. 4	23. 5
综艺	8. 6	11. 6	7. 4	11. 0	6. 0	8. 7
电视剧	13. 4	18. 6	14. 4	19. 5	15. 2	20. 7
体育	11. 3	8. 4	11. 5	7. 8	11. 2	4. 3
专题	18. 0	10. 4	19. 8	11. 2	20. 8	10. 1
教学	0. 3	0. 1	0. 4	0. 1	0. 3	0. 1
外语	0. 4	0. 0	0. 3	0. 0	0. 4	0. 0
青少	3. 6	4. 0	3. 2	3. 4	3. 2	2. 8
音乐	4. 1	2. 3	4. 2	2. 7	4. 4	2. 8
电影	5. 3	9. 2	5. 0	9. 4	5. 0	9. 6
戏剧	2. 3	0. 8	3. 1	0. 9	2. 7	0. 8
财经	3. 0	1. 4	2. 8	1. 5	2. 6	1. 5
生活服务	4. 6	4. 3	4. 0	3. 8	3. 7	3. 5
法制	1. 9	1. 9	1. 9	1. 9	1. 8	1. 5
其他	10. 5	10. 6	9. 9	9. 9	10. 3	10. 1

2018～2020 年省级卫视各类节目的播出比重与收视比重

单位：%

节目类别	2018 年		2019 年		2020 年	
	播出比重	收视比重	播出比重	收视比重	播出比重	收视比重
新闻/时事	8.8	7.1	9.2	7.6	9.8	9.7
综艺	6.1	15.1	5.7	15.4	4.8	14.3
电视剧	34.5	41.0	34.2	42.6	33.8	44.3
体育	1.0	0.4	1.9	0.5	2.1	0.4
专题	14.2	3.2	13.7	3.3	13.3	3.6
教学	0.3	0.0	0.3	0.0	0.3	0.1
外语	0.0	0.0	0.0	0.0	0.1	0.0
青少	9.3	9.8	10.0	8.9	10.0	7.8
音乐	0.5	0.3	0.9	0.4	0.8	0.4
电影	1.5	1.8	1.7	1.8	1.6	1.1
戏剧	0.6	0.1	0.6	0.2	0.5	0.1
财经	0.3	0.2	0.3	0.2	0.3	0.1
生活服务	7.3	8.0	6.2	6.9	6.0	6.2
法制	0.4	0.3	0.1	0.0	0.1	0.0
其他	15.2	12.7	15.2	12.2	16.5	11.9

2020 年全国样本城市市场所有节目收视率 TOP20

单位：%

名次	节目名称	节目类别	播出频道	平均收视率	平均占有率
1	2020 中央广播电视总台春节联欢晚会	综艺	中央电视台综合频道	7.8	22.9
2	中央广播电视总台 2020 年元宵节特别节目	综艺	中央电视台综合频道	4.1	10.5
3	开学第一课	青少	中央电视台综合频道	3.9	13.5
4	2020 年中央广播电视总台中秋晚会	综艺	中央电视台综合频道	3.2	12.4
5	笑起来真好看(6 月 26 日)	综艺	湖南卫视	2.6	9.9
6	元气满满的哥哥(8 月 21 日)	综艺	湖南卫视	2.6	9.6
7	中国好声音(9 月 11 日)	综艺	浙江卫视	2.5	14.3
8	奔跑吧(5 月 22 日～8 月 14 日)	综艺	浙江卫视	2.5	11.7

续表

名次	节目名称	节目类别	播出频道	平均收视率	平均占有率
9	快乐中国 20~21 跨年演唱会	音乐	湖南卫视	2.5	11.3
10	618 超拼夜	综艺	湖南卫视	2.4	9.6
11	歌手当打之年(4 月 10 日)	综艺	湖南卫视	2.3	8.1
12	新春喜剧之夜	综艺	中央台三套	2.3	7.0
13	安家	电视剧	上海东方卫视	2.3	6.7
14	中国梦之声我们的歌(10 月 25 日)	综艺	上海东方卫视	2.1	11.8
15	亲爱的自己	电视剧	湖南卫视	2.1	8.5
16	我就是演员(12 月 12 日)	综艺	浙江卫视	2.1	8.3
17	以家人之名	电视剧	湖南卫视	2.1	8.1
18	清平乐	电视剧	湖南卫视	2.1	7.6
18	2020 春节联欢晚会	综艺	北京卫视	2.1	7.5
20	完美关系	电视剧	湖南卫视	2.1	6.7

2020 年全国样本城市市场电视剧收视率 TOP20

单位：%

名次	节目名称	播出频道	平均收视率	平均占有率
1	安家	上海东方卫视	2.3	6.7
2	亲爱的自己	湖南卫视	2.1	8.5
3	以家人之名	湖南卫视	2.1	8.1
4	清平乐	湖南卫视	2.1	7.6
5	完美关系	湖南卫视	2.1	6.7
6	下一站是幸福	湖南卫视	2.1	5.9
7	巡回检察组(1~31 集)	湖南卫视	2.0	8.0
8	蜗牛与黄鹂鸟	湖南卫视	2.0	7.9
9	幸福触手可及	湖南卫视	2.0	7.7
10	如果岁月可回头	上海东方卫视	2.0	6.2
11	爱的厘米	湖南卫视	1.9	7.7
12	二十不惑	湖南卫视	1.9	7.5
13	大明风华(25~64 集)	湖南卫视	1.9	6.7
14	安家	北京卫视	1.9	5.6
15	我在北京等你	浙江卫视	1.9	5.5
16	我在北京等你	江苏卫视	1.9	5.4

续表

名次	节目名称	播出频道	平均收视率	平均占有率
17	决胜法庭	浙江卫视	1.9	5.0
18	猎狐	上海东方卫视	1.8	6.0
19	如果岁月可回头	北京卫视	1.8	5.8
19	绿水青山带笑颜	湖南卫视	1.8	5.8

2020 年全国样本城市市场新闻类节目收视率 TOP20

单位：%

名次	节目名称	播出频道	平均收视率	平均占有率
1	新闻联播	中央电视台综合频道	1.8	7.4
2	东方时空(4 月 4 日)	中央电视台综合频道	1.3	4.9
3	焦点访谈	中央电视台综合频道	1.2	4.0
4	深度国际	中央台四套	1.1	3.9
5	中国舆论场	中央台四套	1.1	3.8
6	今日关注	中央台四套	1.0	4.4
7	国务院总理会见中外记者并回答提问	中央电视台综合频道	1.0	3.6
7	2020 年中国国际服务贸易交易会全球服务贸易峰会特别报道	中央电视台综合频道	1.0	3.6
9	海峡两岸	中央台四套	1.0	3.4
10	深切悼念新冠肺炎疫情牺牲烈士和逝世同胞	中央电视台综合频道	0.9	10.1
11	疫情下的美式人权危机	中央台四套	0.9	3.7
12	今日亚洲	中央台四套	0.9	3.3
13	中国新闻	中央台四套	0.9	3.2
14	新闻 30 分	中央电视台综合频道	0.8	7.2
15	共同关注(4 月 4 日)	中央电视台综合频道	0.8	4.6
16	第三届中国国际进口博览会特别报道	中央台四套	0.8	3.1
17	红场阅兵俄罗斯纪念卫国战争胜利 75 周年特别报道	中央台四套	0.7	9.6
18	2020 全国两会特别报道	中央电视台综合频道	0.7	6.9
19	传奇中国节特别报道	中央电视台综合频道	0.7	4.4
20	全球战疫特别报道	中央台四套	0.7	4.0

2020 年全国样本城市市场电影类节目收视率 TOP20

单位：%

名次	节目名称	播出频道	平均收视率	平均占有率
1	中国机长(1 月 27 日)	中央台六套	2.0	6.1
2	战狼二(9 月 19 日)	中央台六套	1.6	6.5
3	湄公河行动(1 月 30 日)	中央台六套	1.5	4.6
4	叶问(1 月 28 日)	中央台六套	1.5	4.5
4	唐人街探案二(1 月 29 日)	中央台六套	1.5	4.5
6	西游记之孙悟空三打白骨精(2 月 7 日)	中央台六套	1.5	4.4
6	云南虫谷(1 月 31 日)	中央台六套	1.5	4.4
8	平原枪声(8 月 16 日)	中央台六套	1.4	5.5
9	鲛珠传(2 月 6 日)	中央台六套	1.4	4.1
10	红海行动(1 月 24 日)	中央台六套	1.3	5.1
11	倚天屠龙记之魔教教主(7 月 18 日)	中央台六套	1.3	5.0
11	狩猎者(12 月 13 日)	中央台六套	1.3	5.0
13	叶问外传张天志(4 月 11 日)	中央台六套	1.3	4.6
14	白蛇传说(1 月 11 日)	中央台六套	1.3	4.5
15	中国蓝盔(1 月 28 日)	中央台六套	1.3	4.2
16	密战(2 月 12 日)	中央台六套	1.3	3.9
16	新龙门客栈(2 月 26 日)	中央台六套	1.3	3.9
18	流浪地球(1 月 31 日)	中央台六套	1.3	3.8
18	龙形侠影黄澄可(2 月 29 日)	中央台六套	1.3	3.8
20	铁道飞虎(9 月 4 日)	中央台六套	1.2	4.9

说明：多次播出电影取收视率最高值参与排名，括号中为播出日期。

2020 年全国样本城市市场综艺节目收视率 TOP20

单位：%

名次	节目名称	播出频道	平均收视率	平均占有率
1	2020 中央广播电视总台春节联欢晚会	中央电视台综合频道	7.8	22.9
2	中央广播电视总台 2020 年元宵节特别节目	中央电视台综合频道	4.1	10.5
3	2020 年中央广播电视总台中秋晚会	中央电视台综合频道	3.2	12.4
4	笑起来真好看(6 月 26 日)	湖南卫视	2.6	9.9
5	元气满满的哥哥(8 月 21 日)	湖南卫视	2.6	9.6
6	中国好声音(9 月 11 日)	浙江卫视	2.5	14.3

续表

名次	节目名称	播出频道	平均收视率	平均占有率
7	奔跑吧(5 月 22 日 ~8 月 14 日)	浙江卫视	2.5	11.7
8	618 超拼夜	湖南卫视	2.4	9.6
9	歌手当打之年(4 月 10 日)	湖南卫视	2.3	8.1
10	新春喜剧之夜	中央台三套	2.3	7.0
11	中国梦之声我们的歌(10 月 25 日)	上海东方卫视	2.1	11.8
12	我就是演员(12 月 12 日)	浙江卫视	2.1	8.3
13	2020 春节联欢晚会	北京卫视	2.1	7.5
14	春满东方 2020 东方卫视春节晚会	上海东方卫视	2.0	7.0
15	新春相声大联欢	中央台三套	2.0	5.9
16	好看中国蓝之蓝莓孵化营(12 月 12 日)	浙江卫视	1.9	10.2
17	王牌对王牌	浙江卫视	1.9	8.6
18	美好奇妙夜	浙江卫视	1.9	8.5
19	梦圆东方 2021 跨年盛典	上海东方卫视	1.9	8.1
20	追光吧哥哥(12 月 5 日)	上海东方卫视	1.9	7.3

2020 年北京/上海/广州/深圳市场各类频道的市场占有率

单位：%

北京		上海		广东		深圳	
频道类别	市场占有率	频道类别	市场占有率	频道类别	市场占有率	频道类别	市场占有率
中央广播电视总台频道	27.4	中央广播电视总台	17.2	中央广播电视总台	13.4	中央广播电视总台	16.3
中国教育台频道	0.4	中国教育台频道	0.1	中国教育台频道	0.1	中国教育台频道	0.1
北京台频道	29.5	上海市级频道	36.9	广东省级频道	26.5	广东省级频道	8.4
其他省级卫视频道	19.8	其他省级卫视频道	18.7	广州市级频道	9.9	深圳市级频道	22.0
其他频道	22.9	其他频道	27.1	其他省级卫视频道	17.7	境外频道	2.4
				境外频道	9.0	其他省级卫视频道	24.6
				其他频道	23.4	其他频道	26.2

2020 年北京/上海市场频道收视份额 TOP10

单位：%

名次	北京		名次	上海	
	频道名称	收视份额		频道名称	收视份额
1	北京卫视	13.4	1	上海电视台新闻综合频道	10.9
2	北京电视台影视频道	5.4	2	上海东方卫视	10.1
3	中央台四套	5.0	3	上海电视台东方影视频道	5.6
4	中央台八套	3.8	4	上海电视台都市频道	3.7
5	中央电视台新闻频道	3.7	5	中央台四套	3.5
6	中央电视台综合频道	2.7	5	湖南卫视	3.5
7	北京电视台生活频道	2.6	7	中央电视台新闻频道	2.5
8	中央台六套	2.2	8	上海电视台五星体育频道	2.4
9	湖南卫视	2.1	9	江苏卫视	2.3
10	北京电视台文艺频道	2.0	10	浙江卫视	2.2

2020 年广州/深圳市场频道收视份额 TOP10

名次	广州		名次	深圳	
	频道名称	收视份额		频道名称	收视份额
1	广东广播电视台珠江频道	8.4	1	深圳电视台二套（电视剧频道）	7.3
2	翡翠台（中文）（有线网转播）*	6.6	2	湖南卫视	5.2
3	广州市广播电视台综合频道	4.1	3	深圳电视台一套（都市频道）	4.9
4	广东广播电视台影视频道	3.7	4	深圳卫视（新闻综合频道）	4.1
4	广东广播电视台南方卫视	3.7	4	江苏卫视	4.1
6	广州市广播电视台影视频道	3.4	6	浙江卫视	3.5
7	湖南卫视	3.1	6	中央电视台综合频道	3.5
8	广东广播电视台公共频道	2.8	8	安徽卫视	2.3
9	江苏卫视	2.5	9	深圳电视台七套（公共频道）	2.2
10	浙江卫视	2.2	9	广东卫视	2.2
10	广东卫视	2.2	—	—	—

注：*翡翠台（中文）（有线网转播）收视份额为市网翡翠台（中文）、省网翡翠台（中文）、翡翠台（中文）（广州其他有线网转播）和翡翠台（中文）（有线网转播）的收视份额的总和。

2020 年北京/上海/广州/深圳市场各类节目的播出比重和收视比重

单位：%

节目类别	北京		上海		广州		深圳	
	播出比重	收视比重	播出比重	收视比重	播出比重	收视比重	播出比重	收视比重
财经	1.5	0.6	1.7	1.1	1.0	0.4	1.3	0.5
电视剧	20.5	31.4	20.7	32.8	21.8	32.2	22.6	41.4
电影	3.6	3.2	3.6	3.1	3.4	2.3	3.2	2.0
法制	1.0	0.6	0.6	0.7	1.0	0.3	0.6	0.2
教学	0.7	0.1	0.4	0.1	0.3	0.1	0.3	0.1
青少	7.1	2.5	6.9	1.4	7.8	3.9	8.0	5.1
生活服务	8.2	9.0	8.7	7.9	7.6	7.5	7.8	6.2
体育	3.7	3.2	4.9	4.7	5.4	3.3	4.8	1.4
外语	0.2	0.0	0.2	0.0	0.3	0.0	0.2	0.0
戏剧	0.6	0.4	1.7	0.6	0.6	0.1	0.5	0.1
新闻/时事	16.6	17.6	16.0	20.3	16.3	20.9	16.8	16.5
音乐	1.8	0.9	1.8	1.0	1.9	1.6	1.8	1.1
专题	15.1	8.3	14.4	5.1	13.8	5.8	13.0	4.8
综艺	7.0	12.3	6.1	10.6	5.8	7.6	6.1	9.9
其他	12.3	10.1	12.3	10.6	13.0	14.0	13.0	10.7

2020 年北京市场所有节目收视率 TOP20

单位：%

名次	节目名称	节目类型	播出频道	平均收视率	平均占有率
1	2020 春节联欢晚会	综艺	北京卫视	13.8	43.7
2	2020 中央广播电视总台春节联欢晚会	综艺	北京卫视	12.3	33.7
3	2020 一年又一年	专题	北京卫视	8.9	29.0
4	天气预报	生活服务	北京卫视	8.6	36.1
5	安家	电视剧	北京卫视	8.5	23.7
6	新世界	电视剧	北京卫视	8.2	22.7
7	精英律师(21～42 集)	电视剧	北京卫视	7.3	23.9
8	猎狐	电视剧	北京卫视	7.2	24.5
9	转播中央台新闻联播	新闻	北京卫视	7.0	26.7
10	胜算	电视剧	北京卫视	6.9	26.3
11	燃烧	电视剧	北京卫视	6.4	24.8
12	爱我就别想太多	电视剧	北京卫视	6.4	24.7

续表

名次	节目名称	节目类型	播出频道	平均收视率	平均占有率
13	幸福里的故事	电视剧	北京卫视	6.0	23.9
14	如果岁月可回头	电视剧	北京卫视	5.8	18.1
15	北京新闻	新闻	北京卫视	5.7	25.9
16	生命缘(19点档)	专题	北京卫视	5.7	19.5
17	鬓边不是海棠红	电视剧	北京卫视	5.5	21.8
18	亲爱的你在哪里	电视剧	北京卫视	5.3	21.4
19	燕云台	电视剧	北京卫视	4.9	18.9
20	战疫情特别报道(1月26日)	新闻	中央电视台新闻频道	4.9	18.0

2020年上海市场所有节目收视率TOP20

单位：%

名次	节目名称	节目类型	播出频道	平均收视率	平均占有率
1	安家	电视剧	上海东方卫视	8.6	25.1
2	如果岁月可回头	电视剧	上海东方卫视	7.7	24.0
3	春满东方2020东方卫视春节晚会	综艺	上海东方卫视	7.6	26.7
4	猎狐	电视剧	上海东方卫视	7.6	24.5
5	大江大河二	电视剧	上海东方卫视	6.9	20.7
6	新闻透视	新闻/时事	上海电视台新闻综合频道	6.3	26.6
7	勇立潮头庆祝浦东开发开放30周年文艺晚会(11月13日)	综艺	上海东方卫视	6.3	22.1
8	新世界	电视剧	上海东方卫视	6.3	18.9
9	观众中来	新闻/时事	上海电视台新闻综合频道	6.1	25.6
10	只为那一刻与你相见	电视剧	上海东方卫视	6.1	19.4
11	三十而已	电视剧	上海东方卫视	6.0	20.6
12	梦圆东方2021跨年盛典	综艺	上海东方卫视	5.9	17.7
13	燃烧	电视剧	上海东方卫视	5.8	20.9
14	2020中央广播电视总台春节联欢晚会	综艺	上海东方卫视	5.6	20.0
15	精英律师	电视剧	上海东方卫视	5.6	19.2

续表

名次	节目名称	节目类型	播出频道	平均收视率	平均占有率
16	新闻报道	新闻/时事	上海电视台新闻综合频道	5.4	24.8
17	快乐中国20~21跨年演唱会	音乐	湖南卫视	5.4	17.9
18	中国梦之声我们的歌(12月27日)	综艺	上海东方卫视	4.8	19.7
19	舞者(8月1日)	综艺	上海东方卫视	4.8	17.8
20	中国梦之声我们的歌(1月5日)	综艺	上海东方卫视	4.7	19.8

2020年广州市场所有节目收视率TOP20

单位：%

名次	节目名称	节目类型	播出频道	平均收视率	平均占有率
1	开学第一课	青少	中央电视台综合频道	6.4	16.7
2	郑少秋汪明荃喜多郎新纪元演唱会	音乐	翡翠台(中文)(有线网转播)	5.6	12.3
3	天气预报	生活服务	广东广播电视台珠江频道	5.2	18.9
4	元气满满的哥哥(8月21日)	综艺	湖南卫视	5.1	15.5
5	2020中央广播电视总台春节联欢晚会	综艺	中央电视台综合频道	5.1	14.1
6	歌词大师卢国沾作品演唱会	音乐	翡翠台(中文)(有线网转播)	5.1	11.9
7	小娘惹	电视剧	广东广播电视台珠江频道	5.0	14.9
8	2020珠江频道春节特别节目珠江贺岁综艺剧金鼠迎春乐缤纷	综艺	广东广播电视台珠江频道	5.0	13.8
9	女管家	电视剧	广东广播电视台珠江频道	4.9	14.9
10	爱来的刚好	电视剧	广东广播电视台珠江频道	4.9	14.6
11	大酱园	电视剧	翡翠台(中文)(有线网转播)	4.6	12.7
12	顾嘉辉大师经典演唱会	音乐	翡翠台(中文)(有线网转播)	4.6	11.4

续表

名次	节目名称	节目类型	播出频道	平均收视率	平均占有率
13	当张德兰遇上顾嘉辉演唱会	音乐	翡翠台(中文)(有线网转播)	4.5	11.1
14	家和万事兴之花好月圆	电视剧	广东广播电视台珠江频道	4.3	14.5
15	吕方好情歌演唱会	音乐	翡翠台(中文)(有线网转播)	4.3	11.0
16	再创世纪	电视剧	广东广播电视台珠江频道	4.3	10.7
17	法证先锋四	电视剧	翡翠台(中文)(有线网转播)	4.3	10.5
18	我就是演员(12月12日)	综艺	浙江卫视	4.2	16.3
19	只为遇见你	电视剧	广东广播电视台珠江频道	4.2	13.4
20	好妻子	电视剧	广东广播电视台珠江频道	4.2	12.6

2020年深圳市场所有节目收视率TOP20

单位：%

名次	节目名称	类型	播出频道	平均收视率(%)	平均占有率(%)
1	2020中央广播电视总台春节联欢晚会	综艺	中央电视台综合频道	5.4	23.8
2	冰糖炖雪梨	电视剧	江苏卫视	5.0	18.2
3	中国梦之声我们的歌(1月19日)	综艺	上海东方卫视	4.8	24.0
4	梦圆东方2021跨年盛典	综艺	上海东方卫视	4.8	19.0
5	中国好声音(8月21日)	综艺	浙江卫视	4.7	18.4
6	天赐的声音(4月5日)	综艺	浙江卫视	4.6	18.8
7	歌手当打之年(3月6日)	综艺	湖南卫视	4.6	16.5
8	元气满满的哥哥(9月18日)	综艺	湖南卫视	4.1	15.6
9	亲爱的自己	电视剧	湖南卫视	4.0	16.9
10	幸福触手可及	电视剧	湖南卫视	3.9	17.8
11	2020年中央广播电视总台中秋晚会	综艺	中央电视台综合频道	3.8	14.9

续表

名次	节目名称	类型	播出频道	平均收视率(%)	平均占有率(%)
12	决胜法庭	电视剧	江苏卫视	3.8	11.9
13	梦在海这边(37~44集)	电视剧	江苏卫视	3.6	13.1
14	一千零一夜	综艺	江苏卫视	3.5	17.0
15	还没爱够	电视剧	江苏卫视	3.5	13.5
16	绿水青山带笑颜	电视剧	湖南卫视	3.5	13.0
17	11.11直播超级夜	综艺	江苏卫视	3.4	17.7
18	一站到底青创纪(10月26日)	综艺	江苏卫视	3.4	16.9
19	快乐中国20~21跨年演唱会	音乐	湖南卫视	3.4	14.9
20	四海同春2020全球华侨华人春节大联欢	综艺	湖南卫视	3.4	14.8

B.50

2020年中国广播市场数据*

2018～2020年城市组各目标听众人均收听时间

单位：分钟

目标听众		2018年	2019年	2020年
15岁及以上所有人		57.9	57.3	54.5
性别	男	59.4	59.5	57.6
	女	54.3	53.0	51.1
年龄	15～24岁	34.8	35.7	35.0
	25～34岁	48.0	47.4	45.2
	35～44岁	57.4	56.3	51.3
	45～54岁	65.1	65.1	62.4
	55～64岁	84.1	83.0	80.9
	65岁及以上	97.3	98.2	95.8
文化程度	未受过正规教育	54.6	38.3	28.4
	小学	55.6	51.4	59.5
	初中	66.6	64.2	58.5
	高中	60.3	61.7	59.9
	大学及以上	49.0	48.7	48.7
职业	干部/管理人员	52.6	52.9	51.9
	初级公务员/雇员	49.8	50.5	50.9
	个体/私营企业人员	61.4	59.9	52.7
	工人	59.5	58.3	53.7
	学生	29.2	30.7	34.6
	无业(包括退休人员)	83.9	83.2	79.7
	其他	45.0	63.7	63.2

* 中国广播市场数据来源：中国广视索福瑞媒介研究（CSM）。

续表

目标听众		2018 年	2019 年	2020 年
个人月收入	没有收入	34.2	35.0	37.6
	1～2000 元	74.6	73.7	63.1
	2001～3000 元	73.7	72.0	71.0
	3001～4000 元	65.0	64.9	62.8
	4001～5000 元	59.0	59.8	56.0
	5001～6000 元	51.1	54.4	53.1
	6001 元及以上	49.5	49.7	50.2

说明：2020 年数据为 18 城市组合，2020 年之前数据为 24 城市组合。

2018～2020 年城市听众在不同收听地点的人均收听时间

单位：分钟

地点	2018 年	2019 年	2020 年	地点	2018 年	2019 年	2020 年
在家	28.1	26.6	28.6	工作/学习场所	4.8	5.1	3.3
车上	20.0	21.6	17.8	其他场所	4.9	4.0	4.9

说明：2020 年数据为 18 城市组合，2020 年之前数据为 24 城市组合。

2020 年 18 城市市场听众构成

单位：%

目标听众		听众构成	目标听众		听众构成
15 岁及以上所有人		100	职业	干部/管理人员	5.6
性别	男	55.8		初级公务员/雇员	34.1
	女	44.2		个体/私营企业人员	13.1
年龄	15～24 岁	12.4		工人	13.4
	25～34 岁	21.1		学生	8.0
	35～44 岁	22.4		无业(包括退休人员)	25.0
	45～54 岁	15.9		其他	0.8
	55～64 岁	14.3	个人月收入	没有收入	11.4
	65 岁及以上	13.9		1～2000 元	3.2
文化程度	未受过正规教育	0.2		2001～3000 元	14.6
	小学	2.8		3001～4000 元	22.2
	初中	20.3		4001～5000 元	17.5
	高中	37.0		5001～6000 元	11.4
	大学及以上	39.7		6001 元及以上	19.7

2018～2020 年城市组市场各广播电台的市场份额

单位：%

广播电台	2018 年	2019 年	2020 年	广播电台	2018 年	2019 年	2020 年
中央级频率	9.1	9.1	9.6	市(县)级频率	38.3	38.0	31.0
省级频率	49.9	50.6	58.3	其他频率	2.7	2.3	1.1

说明：2020 年数据为 18 城市组合，2020 年之前数据为 24 城市组合。

2020 年 18 城市市场各广播电台在不同目标听众中的市场份额

单位：%

目标听众		中央级频率	省级频率	市(县)级频率	其他频率
15 岁及以上所有人		9.6	58.3	31.0	1.1
性别	男	10.3	57.4	31.2	1.1
	女	8.7	59.3	30.8	1.2
年龄	15～24 岁	8.7	56.9	33.5	0.9
	25～34 岁	8.3	59.6	30.8	1.3
	35～44 岁	9.1	58.4	31.2	1.3
	45～54 岁	8.5	60.3	30.0	1.2
	55～64 岁	9.2	58.7	31.2	0.9
	65 岁及以上	15.0	54.4	30.0	0.6
文化程度	未受过正规教育	20.1	54.7	22.9	2.3
	小学	12.0	48.7	36.6	2.7
	初中	7.8	54.1	36.9	1.2
	高中	9.7	56.0	33.1	1.2
	大学及以上	10.2	63.1	25.7	1.0
职业	干部/管理人员	8.0	66.0	25.0	1.0
	初级公务员/雇员	10.0	60.3	28.5	1.2
	个体/私营企业人员	7.4	55.7	35.2	1.7
	工人	8.3	55.7	34.3	1.7
	学生	7.7	62.6	28.9	0.8
	无业(包括退休人员)	11.9	55.0	32.6	0.5
	其他	8.5	59.4	28.5	3.6
个人月收入	没有收入	8.0	60.4	30.8	0.8
	1～2000 元	10.1	49.0	39.9	1.0
	2001～3000 元	8.0	53.1	37.7	1.2
	3001～4000 元	10.0	55.1	34.0	0.9
	4001～5000 元	11.4	58.3	29.1	1.2
	5001～6000 元	9.7	61.0	27.7	1.6
	6001 元及以上	9.5	64.3	25.0	1.2

2018～2020 年北京/上海/广州/深圳听众在不同地点的人均收听时间

单位：分钟

地点	北京			上海		
	2018 年	2019 年	2020 年	2018 年	2019 年	2020 年
家中	17	17	30	19	23	32
车上	20	23	22	15	17	16
工作/学习场所	8	9	5	6	7	4
其他场所	9	6	8	10	8	11
地点	广州			深圳		
	2018 年	2019 年	2020 年	2018 年	2019 年	2020 年
家中	19	22	33	6	8	13
车上	22	23	20	22	22	16
工作/学习场所	8	12	9	5	6	3
其他场所	12	10	11	9	6	6

2020 年北京/上海/广州/深圳市场听众构成

单位：%

	目标听众	北京听众构成	上海听众构成	广州听众构成	深圳听众构成
	15 岁及以上所有人	100.0	100.0	100	100
性别	男	57.9	55.8	61.3	59.4
	女	42.1	44.2	38.7	40.6
年龄	15～24 岁	13.3	10.4	10.3	19.0
	25～34 岁	19.1	25.6	14.3	32.6
	35～44 岁	22.9	19.3	20.4	30.2
	45～54 岁	17.9	13.7	12.4	9.4
	55～64 岁	14.8	15.1	20.5	3.7
	65 岁及以上	12.0	15.9	22.1	5.1
文化程度	未受过正规教育	*	*	*	*
	小学	0.4	*	4.0	0.4
	初中	13.4	11.1	15.1	15.8
	高中	33.4	32.1	42.4	48.0
	大学及以上	52.8	56.5	38.5	35.8
职业	干部/管理人员	7.9	10.0	4.9	8.1
	初级公务员/雇员	49.4	43.8	27.8	47.0
	个体/私营企业人员	4.7	3.9	7.2	11.4
	工人	8.4	9.4	21.2	13.5
	学生	8.7	9.7	4.0	10.1
	无业(包括退休人员)	20.9	22.0	34.9	9.9
	其他	*	1.2	*	*

续表

	目标听众	北京听众构成	上海听众构成	广州听众构成	深圳听众构成
个人月收入	没有收入	10.2	10.1	4.9	13.7
	1~2000元	1.9	*	*	1.0
	2001~3000元	9.0	3.6	10.4	3.2
	3001~4000元	24.2	14.2	25.0	13.3
	4001~5000元	18.9	18.7	19.0	18.6
	5001~6000元	17.2	12.9	14.4	16.9
	6001元及以上	18.6	39.8	26.3	33.4

说明："*"表示目标听众样本量不足，无法进行统计推断。

2018~2020年北京/上海/广州/深圳市场各广播电台的市场份额

单位：%

北京							
广播电台	2018年	2019年	2020年	广播电台	2018年	2019年	2020年
中央人民广播电台	22.4	—	—	中央广播电视总台	—	27.6	27.1
中国国际广播电台	5.8	—	—	北京人民广播电台	71.8	72.4	72.9
上海							
广播电台	2018年	2019年	2020年	广播电台	2018年	2019年	2020年
中央人民广播电台	7.3	—	—	中央广播电视总台	—	8.8	7.5
中国国际广播电台	1.1	—	—	上海广播电视台	91.6	91.2	92.5
广州							
广播电台	2018年	2019年	2020年	广播电台	2018年	2019年	2020年
中央人民广播电台	4.6	—	—	广东广播电视台	60.0	58.5	60.6
中国国际广播电台	1.0	—	—	广州广播电视台	32.8	33.7	32.6
中央广播电视总台	—	6.7	5.8	佛山人民广播电台	1.6	1.1	1.0
深圳							
广播电台	2018年	2019年	2020年	广播电台	2018年	2019年	2020年
中央人民广播电台	8.1	—	—	广东广播电视台	10.2	6.0	5.7
中国国际广播电台	1.1	—	—	深圳广播电影电视集团	76.0	79.2	78.6
中央广播电视总台	—	10.3	10.9	其他广播电台	4.6	4.5	4.8

说明：2017年1月1日开始北京、上海采用虚拟测量仪进行收听率调查，广州从2017年4月1日开始采用虚拟测量仪进行调查，其他广播电台频率不再纳入监测范围。

2020 年北京市场各广播电台在不同目标听众中的市场份额

单位：%

	目标听众	中央广播电视总台	北京人民广播电台
	15 岁及以上所有人	27. 1	72. 9
性别	男	28. 3	71. 7
	女	25. 6	74. 4
年龄	15 ~ 24 岁	22. 0	78. 0
	25 ~ 34 岁	32. 7	67. 3
	35 ~ 44 岁	27. 6	72. 4
	45 ~ 54 岁	21. 2	78. 8
	55 ~ 64 岁	25. 8	74. 2
	65 岁及以上	33. 7	66. 3
文化程度	未受过正规教育	*	*
	小学	3. 2	96. 8
	初中	17. 4	82. 6
	高中	27. 1	72. 9
	大学及以上	29. 8	70. 2
职业	干部/管理人员	23. 1	76. 9
	初级公务员/雇员	28. 7	71. 3
	个体/私营企业人员	29. 3	70. 7
	工人	24. 8	75. 2
	学生	15. 7	84. 3
	无业(包括退休人员)	30. 7	69. 3
	其它	*	*
个人月收入	没有收入	19. 7	80. 3
	1 ~ 2000 元	18. 7	81. 3
	2001 ~ 3000 元	27. 0	73. 0
	3001 ~ 4000 元	23. 7	76. 3
	4001 ~ 5000 元	25. 7	74. 3
	5001 ~ 6000 元	29. 9	70. 1
	6001 元及以上	35. 8	64. 2

说明：* 表示目标听众样本量不足，无法进行统计推断。

2020 年上海市场各广播电台在不同目标听众中的市场份额

单位：%

目标听众		中央广播电视总台	上海广播电视台
15 岁及以上所有人		7.5	92.5
性别	男	8.3	91.7
	女	6.4	93.6
年龄	15~24 岁	4.8	95.2
	25~34 岁	5.2	94.8
	35~44 岁	8.2	91.8
	45~54 岁	7.8	92.2
	55~64 岁	4.1	95.9
	65 岁及以上	15.0	85.0
文化程度	未受过正规教育	*	*
	小学	*	*
	初中	4.4	95.6
	高中	10.3	89.7
	大学及以上	6.2	93.8
职业	干部/管理人员	6.3	93.7
	初级公务员/雇员	6.0	94.0
	个体/私营企业人员	5.0	95.0
	工人	8.7	91.3
	学生	5.3	94.7
	无业(包括退休人员)	12.3	87.7
	其他	1.7	98.3
个人月收入	没有收入	4.8	95.2
	1~2000 元	*	*
	2001~3000 元	2.1	97.9
	3001~4000 元	9.1	90.9
	4001~5000 元	12.3	87.7
	5001~6000 元	6.1	93.9
	6001 元及以上	6.3	93.7

说明：*表示该目标听众样本量不足，无法进行统计推断。

2020 年广州市场各广播电台在不同目标听众中的市场份额

单位：%

目标听众		中央广播电视总台	广东广播电视台	广州广播电视台	佛山人民广播电台
15 岁及以上所有人		5.8	60.6	32.6	1.0
性别	男	6.0	60.4	32.7	0.9
	女	5.4	60.9	32.6	1.1
年龄	15～24 岁	7.7	46	46.0	0.3
	25～34 岁	7.2	64.9	27.3	0.6
	35～44 岁	6.4	58.1	34.2	1.3
	45～54 岁	3.4	59.3	36.9	0.4
	55～64 岁	2.0	66.9	29.8	1.3
	65 岁及以上	8.4	61.7	28.6	1.3
文化程度	未受过正规教育	*	*	*	*
	小学	4.3	84.1	10.4	1.2
	初中	1.8	60.1	35.6	2.5
	高中	6.3	57	36.3	0.4
	大学及以上	6.9	62.2	29.9	1.0
职业	干部/管理人员	2.1	61.9	35.0	1.0
	初级公务员/雇员	7.0	62	30.7	0.3
	个体/私营企业人员	2.8	69.9	27.1	0.2
	工人	3.6	55.9	39.4	1.1
	学生	16.6	21.5	61.3	0.6
	无业（包括退休人员）	6.1	64.6	27.6	1.7
	其他	*	*	*	*
个人月收入	没有收入	13.7	27.2	57.3	1.8
	1～2000 元	*	*	*	*
	2001～3000 元	2.3	68.7	26.9	2.1
	3001～4000 元	4.0	66.1	28.7	1.2
	4001～5000 元	6.3	58.4	34.2	1.1
	5001～6000 元	5.4	61	33.5	0.1
	6001 元及以上	7.3	59	33.2	0.5

说明：* 表示该目标听众样本量不足，无法进行统计推断。

2020 年深圳市场各广播电台在不同目标听众中的市场份额

单位：%

目标听众		中央人民广播电台	广东广播电视台	深圳广播电影电视集团	其他广播电台
15 岁及以上所有人		10.9	5.7	78.6	4.8
性别	男	12.6	6.2	75.4	5.8
	女	8.4	5.0	83.2	3.4
年龄	15 ~ 24 岁	5.6	1.1	91.7	1.6
	25 ~ 34 岁	8.5	9.1	78.1	4.3
	35 ~ 44 岁	11.2	6.2	77.0	5.6
	45 ~ 54 岁	9.3	4.3	77.0	9.4
	55 ~ 64 岁	27.7	3.9	60.2	8.2
	65 岁及以上	34.8	2.6	57.7	4.9
文化程度	未受过正规教育	*	*	*	*
	小学	1.7	16.5	81.0	0.8
	初中	12.3	3.2	81.7	2.8
	高中	11.1	3.7	80.6	4.6
	大学及以上	10.1	9.4	74.4	6.1
职业	干部/管理人员	11.1	7.2	74.1	7.6
	初级公务员/雇员	8.8	6.9	78.5	5.8
	个体/私营企业人员	21.0	5.9	68.0	5.1
	工人	10.2	6.6	78.5	4.7
	学生	0.9	1.0	97.3	0.8
	无业(包括退休人员)	20.7	2.0	75.3	2.0
	其他	*	*	*	*
个人月收入	没有收入	1.3	1.4	96.5	0.8
	1 ~ 2000 元	3.9	1.7	92.3	2.1
	2001 ~ 3000 元	29.5	11.6	43.7	15.2
	3001 ~ 4000 元	18.1	2.8	76.2	2.9
	4001 ~ 5000 元	9.8	7.2	80.8	2.2
	5001 ~ 6000 元	10.3	5.8	74.7	9.2
	6001 元及以上	11.5	7.3	75.6	5.6

说明：* 表示该目标听众样本量不足，无法进行统计推断。

2020年北京/上海/广州/深圳市场频率份额TOP5

单位：%

北京		
排名	频率名称	市场份额
1	北京交通广播(FM103.9/CFM95.6)	37.4
2	北京新闻广播(FM100.6/AM828/CFM90.4)	14.8
3	北京文艺广播(FM87.6/CFM93.8)	10.1
4	中央人民广播电台第一套节目中国之声	8.7
5	北京音乐广播(FM97.4/CFM94.6)	5.8
上海		
排名	频率名称	市场份额
1	上海流行音乐广播动感101 FM101.7	27.3
2	上海人民广播电台上海新闻广播FM93.4/AM990	23.6
3	上海经典金曲广播LoveRadio最爱调频FM103.7	11.7
4	第一财经广播FM97.7	7.7
5	第一财经广播FM90.9	6.8
广州		
排名	频率名称	市场份额
1	广东广播电视台羊城交通广播台FM105.2	20.3
2	广东广播电视台珠江经济广播电台(EFM财富974)	14.1
3	广州交通电台FM106.1	11.6
4	广州新闻电台FM96.2	10.2
5	广东广播电视台音乐之声FM99.3	9.2
深圳		
排名	频率名称	市场份额
1	深圳人民广播电台音乐广播FM97.1	27.3
2	深圳广播电台交通频率FM106.2	23.1
3	深圳广播电台新闻频率FM89.8	19.7
4	深圳电台生活频率FM94.2	8.4
5	中央人民广播电台第一套节目中国之声	5.2

2020年北京市场节目收听率TOP20

单位：%

排名	节目名称	播出频率	收听率	市场份额
1	今日交通	北京交通广播(FM103.9/CFM95.6)	4.2	37.1
2	交通新闻热线	北京交通广播(FM103.9/CFM95.6)	4.0	37.3

续表

排名	节目名称	播出频率	收听率	市场份额
3	欢乐正前方	北京交通广播(FM103.9/CFM95.6)	3.5	39.3
4	一路畅通	北京交通广播(FM103.9/CFM95.6)	3.2	38.7
5	1039 新闻早报	北京交通广播(FM103.9/CFM95.6)	3.0	35.7
6	汽车天下	北京交通广播(FM103.9/CFM95.6)	2.7	38.4
7	1039 慧旅行	北京交通广播(FM103.9/CFM95.6)	2.3	38.4
8	北京新闻	北京新闻广播(FM100.6/AM828/CFM90.4)	2.2	19.9
9	一起午餐吧	北京交通广播(FM103.9/CFM95.6)	2.0	34.3
10	主播在线	北京新闻广播(FM100.6/AM828/CFM90.4)	2.0	16.5
11	徐徐道来话北京	北京交通广播(FM103.9/CFM95.6)	1.8	34.4
12	航空在线	北京交通广播(FM103.9/CFM95.6)	1.8	33.0
13	1039 生活 +	北京交通广播(FM103.9/CFM95.6)	1.7	32.1
14	新闻晚知道	北京交通广播(FM103.9/CFM95.6)	1.6	35.3
15	1039 听天下	北京交通广播(FM103.9/CFM95.6)	1.5	33.6
16	新闻晨报/新闻和报纸摘要	北京新闻广播(FM100.6/AM828/CFM90.4)	1.5	21.3
17	1039 都市调查组	北京交通广播(FM103.9/CFM95.6)	1.4	33.6
18	1039 交通服务热线	北京交通广播(FM103.9/CFM95.6)	1.3	37.0
19	交通新闻	北京交通广播(FM103.9/CFM95.6)	1.2	37.4
20	蓝调北京	北京交通广播(FM103.9/CFM95.6)	1.2	30.3

2020 年上海市场节目收听率 TOP20

单位：%

排名	节目名称	播出频率	收听率	市场份额
1	990 早新闻	上海人民广播电台上海新闻广播 FM93.4/AM990	3.9	31.9
2	转播中央人民广播电台新闻和报纸摘要节目	上海人民广播电台上海新闻广播 FM93.4/AM990	3.5	38.1
3	奋力博取疫情防控和实现经济社会发展目标双胜利专题报	上海人民广播电台上海新闻广播 FM93.4/AM990	3.4	29.6
4	上海第 15 届人大 3 次会议全体会议	上海人民广播电台上海新闻广播 FM93.4/AM990	3.2	28.6

续表

排名	节目名称	播出频率	收听率	市场份额
5	坚定信心同舟共济打赢疫情防控阻击战特别节目	上海人民广播电台上海新闻广播 FM93.4/AM990	3.0	29.1
6	春暖花开五月风	上海人民广播电台上海新闻广播 FM93.4/AM990	2.5	24.7
7	清晨新闻	上海人民广播电台上海新闻广播 FM93.4/AM990	2.4	39.7
8	庆丰收说小康上海新闻广播中国农民丰收节特别节目	上海人民广播电台上海新闻广播 FM93.4/AM990	2.4	34.7
9	直通990	上海人民广播电台上海新闻广播 FM93.4/AM990	2.4	27.7
10	晓君有话头	上海流行音乐广播 动感101 FM101.7	2.4	25.3
11	家国正清明	上海人民广播电台上海新闻广播 FM93.4/AM990	2.4	23.4
12	小畅翻牌	上海流行音乐广播动感101 FM101.7	2.3	25.1
13	音乐早餐	上海流行音乐广播动感101 FM101.7	2.2	19.9
14	端午小长假特别直播	上海流行音乐广播动感101 FM101.7	2.1	34.5
15	绕着地球跑	上海流行音乐广播动感101 FM101.7	2.1	29.8
16	新闻午间道	上海流行音乐广播动感101 FM101.7	2.1	24.0
17	音乐课代表	上海流行音乐广播动感101 FM101.7	2.0	42.7
18	2020上海广播民生访谈	上海人民广播电台上海新闻广播 FM93.4/AM990	2.0	27.1
19	东方风云榜	上海流行音乐广播动感101 FM101.7	1.9	41.4
20	活过100岁(2月17日~3月15日)	上海人民广播电台上海新闻广播 FM93.4/AM990	1.9	25.6

2020 年广州市场节目收听率 TOP20

单位：%

排名	节目名称	播出频率	收听率	市场份额
1	大吉利车队(9 点)	广东广播电视台羊城交通广播台 FM105.2	2.3	23.3
2	朝朝早精神好	广东广播电视台羊城交通广播台 FM105.2	2.2	22.4
3	律师说法	广东广播电视台羊城交通广播台 FM105.2	2.1	22.9
4	全国汽车音乐榜	广东广播电视台羊城交通广播台 FM105.2	2.1	22.7
5	随心出发/1052 航班	广东广播电视台羊城交通广播台 FM105.2	2.0	22.7
6	宝宝私家车	广东广播电视台羊城交通广播台 FM105.2	1.9	21.9
7	小说连播	广东广播电视台珠江经济广播电台(E FM 财富 974)	1.9	21.8
8	珠江第一线	广东广播电视台珠江经济广播电台(E FM 财富 974)	1.8	18.0
9	欢笑出行(大吉利车队重播)	广东广播电视台羊城交通广播台 FM105.2	1.7	25.4
10	早安,亲爱的	广东广播电视台羊城交通广播台 FM105.2	1.7	24.1
11	有车有得挥	广东广播电视台羊城交通广播台 FM105.2	1.7	20.1
12	念念旧/傅 sir 教路	广东广播电视台羊城交通广播台 FM105.2	1.5	18.7
13	周末随身听	广东广播电视台羊城交通广播台 FM105.2	1.5	18.5
14	厨王驾到	广东广播电视台珠江经济广播电台(E FM 财富 974)	1.5	16.7
15	1052 欢乐帮	广东广播电视台羊城交通广播台 FM105.2	1.4	16.4
16	一些事一些情	广东广播电视台珠江经济广播电台(E FM 财富 974)	1.3	24.5
17	旗开得胜	广东广播电视台珠江经济广播电台(E FM 财富 974)	1.3	14.9

续表

排名	节目名称	播出频率	收听率	市场份额
17	汽车音乐大激赏	广东广播电视台羊城交通广播台 FM105. 2	1. 2	23. 0
19	羊城交广晚间新闻	广东广播电视台羊城交通广播台 FM105. 2	1. 2	19. 2
20	1052 欢乐通	广东广播电视台羊城交通广播台 FM105. 2	1. 2	18. 3

2020 年深圳市场节目收听率 TOP20

单位：%

名次	节目名称	播出频率	收听率	市场份额
1	深圳早班车	深圳广播电台交通频率 FM106. 2	1. 4	26. 8
2	民歌味道	深圳人民广播电台音乐广播 FM97. 1	1. 3	27. 6
3	898 早新闻	深圳广播电台新闻频率 FM89. 8	1. 3	25. 3
4	一路飞扬	深圳人民广播电台音乐广播 FM97. 1	1. 3	23. 7
5	音乐私享家	深圳人民广播电台音乐广播 FM97. 1	1. 2	29. 4
6	971 放轻松	深圳人民广播电台音乐广播 FM97. 1	1. 2	29. 1
7	潮玩智多星	深圳人民广播电台音乐广播 FM97. 1	1. 2	28. 9
8	因为爱	深圳人民广播电台音乐广播 FM97. 1	1. 2	27. 1
9	898 早新闻(重播)	深圳广播电台新闻频率 FM89. 8	1. 2	24. 2
10	七点早自习	深圳人民广播电台音乐广播 FM97. 1	1. 2	23. 4
11	TA 们的歌	深圳人民广播电台音乐广播 FM97. 1	1. 1	30. 9
12	馨竹的格调生活	深圳广播电台交通频率 FM106. 2	1. 1	21. 9
13	晚安收音机	深圳人民广播电台音乐广播 FM97. 1	1. 0	31. 9
14	最懂女人心	深圳人民广播电台音乐广播 FM97. 1	1. 0	30. 0
15	乔飞出国攻略	深圳广播电台交通频率 FM106. 2	1. 0	28. 8
16	林凡的电影美乐地	深圳广播电台交通频率 FM106. 2	1. 0	27. 5
17	971 晒太阳	深圳人民广播电台音乐广播 FM97. 1	1. 0	27. 1
18	深圳事大家议	深圳广播电台新闻频率 FM89. 8	1. 0	26. 8
18	古典音乐喵	深圳人民广播电台音乐广播 FM97. 1	1. 0	26. 5
20	时尚航向标	深圳人民广播电台音乐广播 FM97. 1	1. 0	26. 4

Abstract

Report on Development of China's Media Industry is an annual work started in 2004. It is a collaborative innovation project led by the Center of Media Economy and Management Research, Tsinghua University, co-edited by CTR, CSM, and many domestic and foreign experts and scholars. The report has been authenticated as a source periodical of the Chinese Social Sciences Citation Index (CSSCI) since 2012 and has become an authoritative reference book on the study of China's media industry and understanding of the global media industries.

Report on Development of China's Media Industry (2021) not only systematically sorts out the development status of various fields of Chinese media in 2020, but also analyzes the development trends of domestic and foreign media industries in the past 20 years. The whole book is divided into six major sections: General Report, Media Industry Insight, Media Industry and Market Reports, Media Convergence & Innovation Reports, Global Media Market Reports, and Key Media Market Data. The content covers film, television, newspapers, books, broadcasting, advertising, online games, and online video and other industry development reports, combined with the development of the media industry in various regions of the world to conduct a comprehensive comparative study. Readers can learn about the global media industry through this book.

In 2020, affected by the Covid - 19 epidemic and economic downward pressure, the output growth rate of China's media industry has fallen, traditional media revenue has severely declined, and the development of Internet-related businesses such as mobile video and other Internet-related businesses has been extremely hot. In the post-epidemic era, the widespread application of digital technology and the profound changes in consumer behavior will give us a new outline of the media ecology. The video as a new form of information dissemination will stimulate a new round of innovation and transformation in the media industry.

This book examines the media industry from a global perspective and supports the analysis of the media industry with solid data, and describes the media industry from the aspect of revenue scale and industrial structure. The analysis of the ecological changes and development trends of the media industry has reference meanings to government authorities, the industry, academia, and media management institutions. It has an important impact on the design and planning of the national information dissemination system, media policy formulation, and media organization development. It is also an empirical basic research book for college teachers and researchers who are engaged in journalism research, especially media economics and management research.

Contents

I General Report

Abstract: In the first 20 years of the 21st century, great changes have taken place in the connotation and extension of the media. The boundary of the media is becoming more and more blurred. We need some new expressions, new systems and new thinking to understand the media. In 2020, the gross value of China's media industry reach 2522.97 billion yuan, with a growth rate of 6.51%. Under the influence of the overall environment, the income of traditional media such as newspapers, periodicals and books declined, but the income of the online field increased rapidly. Popular areas such as online video, online education, and e-sports games are favored by capital. The rise of digital economy, the change of world pattern and the change of global communication pattern have a profound impact on the development of media industry.

Keywords: Media Industry; Digital Economy; Anti-Monopoly

Ⅱ Media Industry Insight

Abstract: Since 2020, media convergence in China has come into a more crucial stage of in-depth development. Coupled with the impact of COVID－19, the clock is ticking for traditional media. Based on the memorabilia of domestic media convergence since 2020, this report analyzes new challenges brought by the pandemic, new media development in the main battlefield of the Internet, as well as the media's promotion of market-oriented reform, participation in social governance, and innovation in media management, so as to observe the main thread of media convergence during the year of pandemic.

Keywords: Media Convergence; Marketization; Social Governance; Media Management

Abstract: With the evolvement of media integration, constant changes in terms of contents, distribution channels, devices, users and marketing measures, are taking place in the media market, and the media industry will have to cope with many challenges and reforms. This paper, in regard of the changes in the media market, presents a variety of predictions from different points of views, covering several topics ranging from reform of broadcasting institutions, diversification of mainstream values, content trends, marketing innovations, the development of broadcasting technologies, internationalization of content production to innovation of audience measurement methods. The paper is expected to provide helpful references to the media industry.

Keywords: Media Market; Media Integration; Online Video Consumption; Marketing Upgrade

B.4 Transformation Path of Mainstream Media in Media Convergence Practice *Yu Guoming* / 041

Abstract: The emergence of internet platform has brought revolution to communication ecology. Mainstream media and internet platform differ in nature, characteristics, value logic and appeals. The gap and difficulty are obvious if mainstream media sees internet platform as the goal of convergence and transformation. In this regard, this report proposes a transformational strategy for mainstream media, pointing out that only collaboration and symbiosis between platform and new mainstream media can create greater value.

Keywords: Media Convergence; Mainstream Media ; Internet Platform; Value Dividend

Ⅲ Media Industry and Market Reports

B.5 China's TV Industry Report 2020 *Zheng Weidong* / 048

Abstract: 2020 is an extraordinary year. This year is not only a difficult year due to the epidemic situation, but also a key year for the transformation and innovation of TV industry. This paper attempts to analyze the TV consumption and advertising management under the epidemic situation, focusing on the hot spots and industrial trends of long and short videos, live stream selling and copyright marketing, concentrating more on the TV industry innovation in terms of content, users and marketing, etc. This paper also discusses the new problems and opportunities faced by the TV industry in the process of media deep integration from multiple perspectives.

Keywords: Epidemic Situation and Audience Viewing; Long/Short Video Development; Live Stream selling, Copyright Marketing; New TV Industry

B.6 China's Film Industry Report 2020 *Yin Hong*, *Sun Yanbin* / 056

Abstract: The film market affected by the Covid -19 around the world. In 2020, Chinese film market took the lead in recovering. The government launched a series of policies, the capital market becomes more rational, film enterprises accelerate the integration, the market is concentrating, and the market structure is regulating deeply. Film genres maintain wide variety and strong films getting more market share. When the box-office remain stable in the future, it is urgent to stabilize the quality of movies, enrich and enhance the competitiveness of products, strengthen the theatricality of art movies, and improve the film industry system.

Keywords: China's Film; Film Industry; Film Market; Film Recovery

B.7 China's Press and Publication Industry Report 2020

Wei Yushan / 066

Abstract: In 2020, due to the impact of the Covid -19 epidemic, the development of the book, newspaper and magazine publishing industry is hovering at a low level. Book retailing market has seen its first negative growth in nearly 20 years, and the newspaper market continues to shrink. During the epidemic, the advantages of digital publishing have been highlighted, and the enthusiasm of press and publishing units to devote themselves to the production of digital publishing products has increased. The coherence of production and demand has provided impetus for the development of digital publishing.

Keywords: Book Publishing; Newspapers; Periodicals; Media Convergence

B.8 Prospect of New Media Communication During COVID -19 Epidemic in China

Peng Lan / 076

Abstract: For the new media in China in 2020, epidemic is no doubt the most important key word. When disconnection happened in some social circumstances, many organizations and individuals made great efforts in connection with the help of new media. Under the special situation, in-depth report was recovering to meet people's need for truth cognition. The mobile video platforms rising in recent years played important roles in public information distribution, as well as people's life and work. All kinds of power in we-media, professional or unprofessional, influenced the information ecology of new media. In the epidemic period, the ordinary new media users played the role of public information dissemination media, and lived a mediated life at the same time. There was also an infodemic with the eruption of information virus, which should make us rethink the weakness of communication models on social media.

Keywords: Social Media; Mobile Video Platform; We-Media; Infodemic

B.9 WeChat 10 Years: Thinking about Product

Zhang Xiaolong / 088

Abstract: After text and pictures, video has become an important form of information transmission. Video expression should be a main theme in the field of content in the next decade. This paper reviews the birth of WeChat video account, live broadcast and other functions, and makes a brief summary of the development of WeChat in ten years.

Keywords: WeChat; Video Expression; Internet Product; Live Broadcasting

Abstract: As the biggest Chinese social media, Weibo has extensive influence due to its huge user group and rich product functions. 2020 Weibo fouces on user habits, classifies and analyzes the content and data of the whole station, and puts forward the characteristics and value of Weibo in four aspects, Also confirms the positive role of Weibo in all fields.

Keywords: Weibo; Social Media; Product Value

Abstract: With the advancement of basic Internet technology, there are prfound changes in both elements of connection and computing during the video era. The Larger market, video era has the following three basic characteristics: Larger market, faster transactions, and deeper context, which leads to a large-scale C2B (consumer to business) phenomenon. Servitization and non-standardization are also constantly improving. The video era will bring about a new technological-economic paradigm and new business species, and the most typical of the species is e-commerce livestreaming.

Keywords: Video; Livestreaming; New Commercial Species; Kuaishou

Abstract: In recent years, the business of advertising market has changed quietly, new advertising marketing methods and new media give more opportunities to the market, while also making participants anxious and tangled. The complex external economic environment makes advertisers constantly seek for the way of reducing cost and efficiency. The arrival of COVID －19 makes all things come more quickly. The digital process acceleration, new marketing methods such as, live streaming commerce, short video rapidly popular. Internet brand has been fully developed, various kinds of Internet brands of life service have sprung up, which has become the main force of media advertising market. In the complicated marketing environment, the audience is constantly distracted, the trend of marketing communication decentralization is obvious, and single media strategy is difficult to meet the present needs. So the mode of marketing resonance emerges. Marketing resonance can be divided into propagation resonance, effect resonance, scene resonance and so on. Under the combination of various marketing methods and media communication, marketing resonance has gradually become an important strategy of advertising. Meanwhile, in the era of marketing resonance, advertisers have higher and higher requirements for monitoring and evaluation the real effect of series marketing activities.

Keywords: Digitization; Internet Brands; Mode of Marketing Communication; Marketing Scene; Marketing Resonance

B.13 Summary of TV Viewing in China 2020 *Feng Xiang* / 117

Abstract: In 2020, the prevention of COVID －19 pandemic causing social isolation promoted TV media consumption. Daily average viewing minutes in main-land China rose to 132 minutes by 6.4% from what it was in 2019, and the growth of viewing minutes among younger audience is most obvious as time spent by audience aged 4 －24 increased by 10%, and same figure for audience aged 15 ~24 is 18%. Consequent to the pandemic control measures, production and broadcast of entertainment programs declined and that of news programs increased, with the Troika of news, TV drama and entertainments remaining to be the major top three categories of TV programs. TV programs produced and broadcast in

relatively reached 704 million and 873 million. The pattern of a booming industry has been gradually established and the scale of the market exceeded 600 billion Yuan in 2020.

Keywords: Online Video; Online Variety Show; Online Drama; Online Movie

B.16 China's Short Video Industry Development Report 2020

Abstract: The year 2020 was unusual for the whole world. The unexpected COVID -19 pandemic had a strong negative impact on many industries, whereas the "Stay -at -Home Economy" has brought more traffic and longer user time to short video platforms. The scale of short video consumers has climbed close to that of Chinese netizens, and the competition in the industry is heating up. In this situation, each role of the industry has to explore innovative ways in order to accelerate the develop process based on existing resources. This report will elaborate on the role of each entrant-platforms, contents, creators, users, MCNs and the whole new situation they are faced with.

Keywords: MCN; KOL; Short Videos

B.17 Analysis of Radio Listening in China 2020

Abstract: In 2020, the growing availability of 5G technology enabled a diversification of listening devices, and the traditional radio stations have now come to be confronted with the competition from the new media. In-car listening ceased to grow in 2020 as the Covid -19 pandemic prevention measures took their toll while the listening minutes at home increased. The communication value of radio media continued to grow as the audience's income was increased. Local radio stations were leading in the local market with direct competitions sustained between the provincial stations and the city stations. Those stations and programs specializing in news report usually had higher ratings in the peak hours in the morning and the evening.

Keywords: 5G Technology; Listening Devices; In-car Listening; Local Stations in the Lead

B.18 China's Online Game Industry Report 2020

Abstract: The Chinese game market growth stable in 2020, part of the market develop rapidly. E-sports industry usher in leap forward, mobile game is still occupying the main share of the market. The head manufacturers began to explore the new development route gradually. Independent R&D and overseas sales model also become mature. All industries break the circle and integrate with each other. The ever-expanding gaming scene and the innovation of media technology become an important development direction in the future.

Keywords: Research and Operation Integrated; Head Effect; Transboundary Fusion; Technology Enabling

B.19 China's Animation Industry Report 2020

Abstract: In 2020, China's animation industry will continue to accelerate, and new growth points will continue to appear under the new media environment. The development of animation film and TV animation is stable, and the characteristics of high-quality works are obvious. The development of network animation is rapid, and the new communication form is widely accepted by subdivision groups. The development of derivatives market presents the overall trend of innovation and acceleration.

Keywords: Animation Industry; Animation Film; Television Animation; Network Animation Derivatives

B.20 China's E-commerce Market Report 2020

Yin Zichun / 173

Abstract: Residents' online consumption habits become more common in 2020 due to COVID -19 pandemic. China's online retail sales reach 11.76 trillion RMB. The top e-commerce companies are competing fiercely in sinking to the lower tier markets, brand coordination, shopping subsidies and community-oriented group buying, which shows that the "Big Change" of market structure is about to come. As the policy and market environment is favorable, e-commerce companies gain huge benefits from capital market that the market value of many companies has doubled. Live streaming e-commerce explodes, thus reshaping retail business models and boosting the economic recovery. At the same time, the large-scale appliance of 5G technology brings more opportunities to the new form of commerce.

Keywords: E-commerce; Live Streaming; Community-oriented Group Buying; Platform Monopoly

Ⅳ Media Convergence & Innovation Reports

B.21 China Listed Media Companies Performance Report 2020

Hu Yu, Hu Xuejie and Wang Jiajing / 180

Abstract: As of December 31, 2020, the weighted change of the total market value of the media industry is −0. 63% , which is −18. 27% compared to the same period in 2019. Although the performance of the media industry is not as good as in 2019, the performance of the media industry in the secondary market has gradually get out of the "gloom" of continuous sharp adjustments since 2016. In the first three quarters of 2020, the total operating income of listed media companies was 326. 515 billion yuan, a year-on-year decrease of 6. 61% , and the net profit attributable to the parent company was 28. 725 billion yuan, a year-on-year decrease of 20. 59%. Among them, the operating income and the net profit attributable to the parent company fell more than that The decline in the interim financial report has narrowed. The overall growth momentum of the Internet audio and digital reading industries is good. The performance of companies in the gaming and marketing industries is highly polarized. The overall performance of the publishing, broadcasting and television industries is stable, but loss-making companies have increased. The performance adjustment period of the film and animation industries affected by the epidemic has been prolonged, and the industry has suffered large losses.

Keywords: Media Industry; Listed Companies; Capital Market; Secondary Market

B. 22 China's Media Industry Capital Operation Report 2020

Guo Quanzhong, *Guo Fengjuan* / 191

Abstract: In 2020, the capital operation of China's media industry presents the following characteristics: First, public companies especially Internet giants like Tencent and Alibaba are the dominant forces; secondly, the number of financing is cut down year-on-year but the amount of financing increased significantly year-on-year; thirdly, traditional media businesses such as film and television have been hit hard and the Internet business has grown rapidly; what's more, privately-owned film and television public companies have introduced state-owned actual shareholder controllers.

Keywords: Accelerating Internet; Secondary Listing; China Radio and Television Network Stock

B.23 5G Development and Its Application in Media Industry

Fu Yuhui / 203

Abstract: From the Implementation of 5G standards to the official commercialization of 5G, China's 5G industry has gone through an extraordinary development process, and is in a leading position in the world, providing strong support for the high-quality development of China's social economy. In practice, since the commercialization of 5G in China, integrated application innovation has made a rapid start and achieved a series of achievements. With the further development of omnimedia communication system practice, 5G plays an increasingly important role in the development process of the media industry.

Keywords: 5G; Omnimedia communication; Internet Governance; Media Industry

B.24 Process and Inflection Point of Internet Platform Anti-monopoly

Fang Xingdong, Zhong Xiangming and Xu Zhongliang / 211

Abstract: The anti-monopoly wave of global Internet platform in 2020 ends the relatively free of the Internet, bring it into a new stage of strengthened supervision, and will lead to a multi-coordinated governance process. This historic inflection point is not only a major adjustment and reconstruction of the long-term one-way monopoly of the Internet platform and abuse of digital space power, but also a competition based on their institutional innovation ability among China, the United States and Europe. In 2020, with the global outbreak of COVID -19, the

Internet, as a key infrastructure of society, will be deeply embedded in all levels of human society. That accelerates the process of reshaping the power structure and social development.

Keywords: Platform; Anti-monopoly; Internet Governance; Digital Economy

Abstract: Global COVID -19 in 2020, people travel and life style change, the influence of traditional radio to listen to the listening volume shrink, but with the depth of the traditional broadcast and new media, broadcasting station building at all levels of financial media, matrix have been forming, broadcasting and deep ploughing in the field of financial media results to show for many years, especially in the special period, the broadcasting authority increasingly highlighted as a mainstream media, the cloud propagation force, for the next broadcast melting media products laid a solid foundation.

Keywords: Integrated Broadcast Media; Media Transformation; Multi-Channel Network

Abstract: In recent years, driven by disruptive growth of digitalization, brands have continuously increased their advertising investment on digital media, and required quantifiable measurement on the effectiveness at the same time. By utilizing Ocean Engine platform (including Douyin and Xigua, owned by ByteDance), brands established growth mechanism and extended its commercialization capability through full linkage from advertising to conversion. The Marketing Technology Team of Ocean Engine has worked closely with Kantar Worldpanel (a CTR Service in China) to evaluate the conversion effectiveness from omni-channel purchase of their short video platforms. The study concluded that the value of Douyin not only resides on large active monthly user base and their stickiness, but also reflects on the impact of buyers, including reaching and converting young buyers, retaining loyal buyers and switching buyers from competitors, as well as upgrading buyers' consumption.

Keywords: Short Video; New Marketing Mode; Value of Platform

Abstract: Under the background of new consumption, communication, channel, 2B&2C Internet technology and other factors reshaping marketing, media advertising market in China showed a slight decline in total business volume but better than the global trend by the influence of COVID −19 in 2020. There is a certain category fluctuation in the advertising of brands, some of them pay more attention to "integration of communication and marketing" when they set marketing goals. In terms of the operation of media platform, Internet advertising revenue is the highest, among which the effect advertising business grows significantly. Meanwhile, the performance of intelligent terminal devices is worthy of attention because of its scene value, and almost all kinds of media advertising services show the characteristics of integration and productization. Marketing agencies are speeding up their adjustment to adapt to the changes in the environment: transformation of traditional agents has been accelerated, at the same time new agencies continue to emerge, which of them use integration & digital tools and services to meet the needs of the market.

Keywords: New Marketing Environment; Integration of Communication and Marketing; Advertising Production; Digital Marketing Tools; Scene Value

Abstract: The COVID – 19 epidemic situation has accelerated the digital transformation of advertisers, and the media and platforms have entered the stage of upgrading data and algorithms after the digital transformation of transmission network. The overlap of media and platform in content niche leads to the win-win attempt of joint innovation. The digital transformation of marketing communication support organizations has made steady progress, taking advantage of data algorithm and strengthening professional value. The new adjustment of digital marketing has also brought new opportunities and development space for marketing communication support organizations.

Keywords: Digital marketing communication; Advertising ecology; Advertisers

Abstract: In 2020, COVID – 19 pandemic drastically changed Chinese people's way of life, and TV audiences' viewing behaviors were no exception. Innovated news and entertainment programs actively aimed to meet audiences' viewing needs during this special period on different platforms including live TV, IPTVs and OTTs (i. e: Smart TVs and OTT boxes). Under special pandemic prevention and control protocols, audiences stayed at home longer which brought more younger viewers back to the TV screen, prompted IPTVs and OTTs to become a more balanced and family-oriented media platforms.

Keywords: TV; IPTV; OTT

B.30 Report on the Media Convergence Communication Effect of Radio and Television Agency 2020

Abstract: The outbreak of COVID－19 makes 2020 become unexpected, which is not only a test but also a chance for traditional media. The constraint of coronavirus for the production of traditional media made the live stream and home economy an instant hit. With a series of changing, however, the traditional media transferred to the new racing track, providing targeted service and news with authority, accuracy and integrity. Besides, they propagated the main theme report, transferred crisis to the opportunity and thus became reborn on the new media platform. Basing on the previous situation, CTR media convergence communication effect evaluation system monitored 38 state media consistently in 2020, focusing on the communication result of six channels of new media products of these state media. According to the data analysis, each one was exploring the new way of media convergence with its own characteristics.

Keywords: Media Convergence; Media Convergence Effect; Network Communication

B.31 Research on News Media Convergence Index of Provincial TV Station 2020

Abstract: In 2020, the transformation of radio and television media convergence has entered into a further stage. Affected by the COVID－19, the transmission mode and content expression of provincial TV stations have been further improved. As an important part of the integrated development of media, provincial TV stations have accelerated construction of media convergence last year, making many efforts to create new mainstream media and increase the mainstream influence. Based on the data of CSM media research News Media Convergence Index, this paper focuses on the actions and achievements of provincial TV stations in news convergence communication and public opinion guidance in 2020, and tries to analyze the development characteristics of current and future TV media news integration and communication.

Keywords: News Media Convergence; Provincial TV Stations; Internet Communication

Abstract: With the continuous and rapid development of media convergence, Chinese local radio and television organizations continue to deepen their transformation and upgrading, and show main features such as: there are obvious differentiation characteristics of contents generation and dissemination among inter-agencies; the matthew effect is significant, while accounts that name after TV columns and inner convergence media organizations construct the communication ecology together; News and Short form video aggregation platforms are mainly function on contents, distribution and communication separately.

Keywords: Local TV Organization; Short Form Video News; Third-Party Distribution Platform

B.33 China's IP industry Report 2020

Huang Xinyuan, *Yang Xinyue* / 276

Abstract: The entire intellectual property (IP) industry chain can be sorted into the upstream market that is mainly engaged in copyright reserve transactions, the midstream market that monetizes a variety of film and television content, and the downstream market that focuses on derivatives, and these three markets are all growing. In the future, with cross-platform attribution, the generalization of IP will continue in production and applications, and IP will be significant throughout the cultural industry and even other industries, and relevant to important means of monetization in the consumer market.

Keywords: IP Industry; Mystery Boxes; Short Video; IP Relaziation

B.34 Application of Blockchain Technology in the Copyright Field of Audiovisual Media in China

Yan Bo, *Wang Yuqi* / 281

Abstract: With the development of media convergence, on one hand, audiovisual media have welcomed the newest market and the best chance for business development; on the other hand, piracy in the environment of the internet is still crucial and hindering the sustainable development of the copyright industry. The utility of the newest technology, typically blockchain, has given the audiovisual industry a new opportunity for strengthening the copyright protection and expanding the market. How to grasp the chance to use blockchain in a good way is one of the most significant task for the future of the audiovisual media in China.

Keywords: Audiovisual Media; Media Convergence; Copyright Protection; Copyright Trading; Blockchain

Abstract: Since the beginning of the Internet, the education industry has begun its Internet exploration, which evolves with the development of Internet technology. Nowaday's online education can not only reduce learning costs and operating costs based on technical methods, but also solve communication difficulties and enhance learning effects. As a result, the penetration rate of online education continues to increase. During the epidemic, online education, which is free from restriction by time and space, made it possible to "suspend classes without stopping learning". More people recognized this form of education according to its performance in the quarantine time. In the future, online education will inevitably continue to develop. Under the guidance of national policies, it will deepen the exploration of the integrated development model of online and offline education to empower teaching outcome.

Keywords: Online Education; Distance Education; Education Informatization; Education OMO

Abstract: Since the first radio-and-television-owned MCN in China was founded in 2018, more than 20 radio-and-television institutions across the country has established their own MCN, showing that the process of mainstream media MCN expansion is speeding up. Earlier MCNs such as MANGO MCN have their industrial chain completed and have stepped in the stage of brand upgrading, while recent ones are integrating multiple resources on the purpose of a rapid development. For instance, the Radio and Television Bureau of Zhejiang established "Bulu Culture" MCN by combining the strength of internal and external resources; the Radio and Television Bureau of Heilongjiang adopted the strategy of convergence to design the future layout; the "Lightening" MCN from the Radio and Television Bureau of Shandong has succeeded in balancing social and economic benefits; Chongqing Media MCN has put effort in film and television production and created a new business model based on content production and operation. In Practice, radio-and-television-owned MCNs has been exploring diversified business models, some of which have earned remarkable profits, showing the mainstream media the possibility of reconstructing their business ecology.

Keywords: Mainstream Media; MCN; Innovation

Abstract: The digital economy become an important force for countries to fight Covid －19 epidemic in 2020, and will play a key role in the global economic recovery in the post epidemic era. China's digital economy is in reverse, with all indicators heading for better. The understanding of digital economy has gradually changed from broad digital economy to core industry of digital economy and the method of calculating and statistics is further improved.

Keywords: Digital Economy; ICT; Calculation Method; Platform Economy

Ⅴ Global Media Market Reports

Abstract: Global media industry has undergone significant structural changes as the COVID －19 pandemic and associated economic downturn spread worldwide in 2020, which revolutionized digital technology transformations and radically changed consumer behaviors. The industry shows an overall trend of synchronized fluctuations with the global economy, and also epitomizes the ' Matthew effect', which has further exacerbated the disproportioned development in sub-sectors. New forms of businesses in the industry are maturing with the evolution of emerging technologies, such as Artificial Intelligence, Extended Reality, and big data, which has necessitated the development of digitalized and intelligentized media ecosystem. The acceleration of paid content, data services, and digitalization are becoming new factors driving the global media and entertainment market reconfiguration. The deep integration of media, culture, and technology will continuously reshape the future of the industry.

Keywords: Media Industry; Media Ecology; Smart Technology; Digitalization

Abstract: The U. S. media industry in 2020 could be characterized by market fragmentation and ecological reshaping under the impact of the COVID－19 pandemic and the U. S. presidential election. Traditional newspapers and cable networks have been hit by COVID－19 pandemic with a sharp decline in advertising revenue, exacerbating the crisis of small media. Home quarantine and telecommuting lead to the development of online meetings and audio-based social platform. The pandemic forced the closure of U. S. movie theaters, hitting the traditional movie industry but becoming an opportunity for the rapid development of streaming entertainment; Emerging communication technologies including 5G and Blockchain have started to find suitable commercial scenarios after their rapid expansion in the early stage. Based on typical cases and industry data in 2020, this article focuses on the newspaper and TV industry, Internet and social media, film and streaming entertainment, advertising industry, and emerging media industries, to analyze and forecast the development trend of the U. S. media industry.

Keywords: U. S. ; Media Industry; COVID – 19 Pandemic; Digital Media; Media Convergence

B.40 Media Industry in European Union 2020

Zhang Li, *Wang Yuhuan* / 334

Abstract: In 2020, Brexit and the sudden spread of Covid –19 epidemic caused a great impact on the media industry in the EU. The circulation and the number of readers of the newspaper industry continue to decrease, and the newspaper industry is still facing a difficult transformation. Television and radio are important sources of information for the people of the European Union. More and more viewers and listeners choose to receive TV and radio programs through the Internet. The cinema closures are a devastating experience for the industry, which is still being squeezed by American films and streaming. As the digital music industry continues to develop, physical music is facing difficulties. The Internet and mobile Internet industries are developing strongly. Home working and online classes increase the demand for the Internet, and social media is widely welcomed in the mobile Internet industry. To further regulate the business of large American Internet companies in Europe, the European Union has introduced a series of digital regulations to promote fair competition.

Keywords: EU Media Industry; Media Trust; Streaming Media; Digital Regulation

B.41 Media Industry in UK 2020

Xu Jia / 344

Abstract: Digitisation, de-localisation and the return of traditional journalistic values featured UK's media industry during the first year of Covid –19.

National internet infrastructure further improved both in terms of speed and penetration rate. In all sections of the media industry, contents and services further transferred from offline to online and business models were now apparently online oriented. A prominent outcome of digitisation was British media being further de-localised. Social media and instant messaging products of global names took over the whole British market. Global or foreign audio-video platforms seized over half of British audience attention. The unbalanced international communication structure was taking a new shape but among developed countries. Covid −19 on the other hand, awakened the British value towards traditional media as sources of trustworthy information, giving institutional media, in particular public broadcasting services, new vitality for development, although this might only be momentary.

Keywords: UK Media Industry; Digitisation; De-localisation; Return of Traditional News Values

Abstract: The German media industry has presented a stable but changing ecological landscape under the influence of multiple factors such as the epidemic, politics and the economy. During the COVID −19 pandemic, social isolation has become a New Normal in Europe, public's demand for entertainment and information has continued to increase, bringing revolution in media contents, value-added production capacity, the enhanced use of new media technologies, and the flourishing of online digital content. Meanwhile, the traditional industry, including the paper media, is experiencing an unprecedented impact. In this report, the development of the media industry in Germany in 2020 will be discussed from the perspective of media ecology in relation to specific media forms.

Keywords: Germany Media Industry; Media Ecology; Digital Content

B.43　Media Industry in France 2020　*Zhang Wei* / 359

Abstract: Under the influence of the "Mouvement des gilets jaunes yellow vest", the overall growth of French economy slowed down in 2019. The French media industry has been affected in this economic and social environment. Traditional industries such as press and publishing, broadcasting and film shows a downward trend, while the Internet industry maintains an upward trend.

Keywords: Culture and Media Industry; Cultural Economy; Digitalization

B.44　Media Industry in Japan 2020　*Lin Yang* / 364

Abstract: Driven by the growth of domestic demand in Japan, the development of certain industries in the Japanese media market in 2019 saw a promising momentum: movie box office revenue hit a new high in the past ten years, the advertising market has risen for eight years consecutively, the volume of Internet advertising exceeded TV for the first time and the electronic publishing market promoted the publishing market's overall growth. Despite the prosperous digital economy, the market size of traditional media industries, like newspapers, radio, television, recording fields, is still declining slightly. With the further popularization of mobile Internet, the management problems faced by the traditional media will become more and more obvious.

Keywords: Japanese Media Industry; Japanese Media; Japanese Advertising Market

B.45　Report on Overseas Development of Chinese Media Agencies 2020　*Li Dongxiao*, *Zhou Changcheng* / 371

Abstract: Based on the stable growth at home, China's media agencies are aggressively developing the overseas market. At present, there are still huge opportunities among international users. With the continuation of COVID - 19, the "home economy" has become a strong driving force for economic development. Users' demand for social media and online entertainment is strong, which creates favorable conditions for the media to go abroad. This report will focus on the 5 core media sectors, i. e. news media, publishing, film and music, social media, and game industry to investigate the status of overseas development of representative Chinese media agencies, and summarize the trend and challenges of the overseas communication.

Keywords: Chinese Media Agencies; Overseas Development; News Agencies; Social Media

VI Key Media Market Data

皮书

智库报告的主要形式
同一主题智库报告的聚合

✤ 皮书定义 ✤

皮书是对中国与世界发展状况和热点问题进行年度监测，以专业的角度、专家的视野和实证研究方法，针对某一领域或区域现状与发展态势展开分析和预测，具备前沿性、原创性、实证性、连续性、时效性等特点的公开出版物，由一系列权威研究报告组成。

✤ 皮书作者 ✤

皮书系列报告作者以国内外一流研究机构、知名高校等重点智库的研究人员为主，多为相关领域一流专家学者，他们的观点代表了当下学界对中国与世界的现实和未来最高水平的解读与分析。截至 2021 年，皮书研创机构有近千家，报告作者累计超过 7 万人。

✤ 皮书荣誉 ✤

皮书系列已成为社会科学文献出版社的著名图书品牌和中国社会科学院的知名学术品牌。2016 年皮书系列正式列入“十三五”国家重点出版规划项目；2013~2021 年，重点皮书列入中国社会科学院承担的国家哲学社会科学创新工程项目。

S 基本子库
UB DATABASE

中国社会发展数据库（下设 12 个子库）

整合国内外中国社会发展研究成果，汇聚独家统计数据、深度分析报告，涉及社会、人口、政治、教育、法律等 12 个领域，为了解中国社会发展动态、跟踪社会核心热点、分析社会发展趋势提供一站式资源搜索和数据服务。

中国经济发展数据库（下设 12 个子库）

围绕国内外中国经济发展主题研究报告、学术资讯、基础数据等资料构建，内容涵盖宏观经济、农业经济、工业经济、产业经济等 12 个重点经济领域，为实时掌控经济运行态势、把握经济发展规律、洞察经济形势、进行经济决策提供参考和依据。

中国行业发展数据库（下设 17 个子库）

以中国国民经济行业分类为依据，覆盖金融业、旅游、医疗卫生、交通运输、能源矿产等 100 多个行业，跟踪分析国民经济相关行业市场运行状况和政策导向，汇集行业发展前沿资讯，为投资、从业及各种经济决策提供理论基础和实践指导。

中国区域发展数据库（下设 6 个子库）

对中国特定区域内的经济、社会、文化等领域现状与发展情况进行深度分析和预测，研究层级至县及县以下行政区，涉及省份、区域经济体、城市、农村等不同维度，为地方经济社会宏观态势研究、发展经验研究、案例分析提供数据服务。

中国文化传媒数据库（下设 18 个子库）

汇聚文化传媒领域专家观点、热点资讯，梳理国内外中国文化发展相关学术研究成果、一手统计数据，涵盖文化产业、新闻传播、电影娱乐、文学艺术、群众文化等 18 个重点研究领域。为文化传媒研究提供相关数据、研究报告和综合分析服务。

世界经济与国际关系数据库（下设 6 个子库）

立足“皮书系列”世界经济、国际关系相关学术资源，整合世界经济、国际政治、世界文化与科技、全球性问题、国际组织与国际法、区域研究 6 大领域研究成果，为世界经济与国际关系研究提供全方位数据分析，为决策和形势研判提供参考。